태봉학회 총서 **6**

근현대 철원의 역사와 문화

HISTORY AND CULTURE OF MODERN AND CONTEMPORARY CHERWON

近現代 鐵原 歷史·文化

태봉학회

 철원군
Cheorwon

태봉학회 총서 6

근현대 철원의
역사와 문화

엮은이 | 태봉학회 · 철원군

펴낸이 | 최병식

펴낸날 | 2024년 12월 20일

펴낸곳 | 주류성출판사

주소 | 서울특별시 서초구 강남대로 435(서초동 1305-5) 주류성빌딩 15층

전화 | 02-3481-1024(대표전화)   팩스 | 02-3482-0656

홈페이지 | www.juluesung.co.kr

값 25,000원

잘못된 책은 교환해 드립니다.

ISBN 978-89-6246-546-4 94910

ISBN 978-89-6246-415-3 94910(세트)

태봉학회 총서 **6**

근현대 철원의 역사와 문화

HISTORY AND CULTURE OF MODERN AND CONTEMPORARY CHERWON

近現代 鐵原 歷史·文化

태봉학회

 철 원 군
Cheorwon

 주류성

총서를 펴내며

철원은 태봉국의 도읍지였던 것으로 유명하다. 고려 성립 후 철원은 동주로 개편되었고, 조선 초에는 철원도호부가 되었다. 조선 후기에는 철원부사가 강원도 병마방어사를 겸임하게 되면서 인근 3개 도호부와 6개 현을 진관하였다.

철원은 일제 강점기에 근대 도시로 번성하였다. 경원선이 개통되면서 철원은 중부 지역 교통의 중심지 중 하나로 부상하였다. 봉래호 저수지 건설을 계기로 철원 평야는 강원도를 대표하는 곡창지대로 개발되었다. 금강산전기철도가 놓인 후 도시화는 더욱 가속화되었다. 해방 후 강원도청이 있던 춘천이 38선 이남에 속하게 되자 북한은 철원에 강원도 인민위원회를 설치하였다.

철원은 6.25 전쟁 때 큰 참화를 입었다. 철원은 3번 국도를 통해 서울과 직결되는 군사적 요충지였다. 백마고지 전투를 비롯하여 크고 작은 전투가 치열하게 전개되었다. 군민들의 삶은 말할 것도 없고, 도시는 크게 파괴되었다. 남북이 분단되면서 철원도 남북으로 갈렸다. 철원은 남과 북이 첨예하게 대립하는 분단의 현장이 되었다.

태봉학회는 태봉국의 역사를 비롯하여 철원 지역의 역사를 연구하고 조사하기 위해 설립된 학회이다. 따라서 2018년 창립 이래 근현대 철원의 변모에 대해서도 적지 않은 관심을 기울여왔다. 2020년 7월 "6.25 전쟁 70주년의 역사적 의미와 철원"이라는 주제로 학술회의를 열어 6.25 전쟁이 철원에 미친 영향을 살펴보았다. 그 결과물들을 모아 태봉학회 총서 제 2권 『6.25전쟁과 철원』을 펴냈다.

학회는 2023년 10월 '근현대 철원의 형성과 사회변화'를 주제로 학술회의를 개최하였다. 2024년 8월에는 '금강산전기철도 개통 100주년 기념행사-금강산 가던 옛길 인문학적 차원 복원을 중심으로-'라는 주제의 세미나를 열었다. 발표된 논문들과 글들을 모아 태봉학회 총서 제 6권 『근현대 철원의 역사와 문화』를 펴내기로 하였다.

학술회의와 세미나에서 발표, 토론과 사회를 맡아주신 여러분들과 원고를 내주신 집필자들께 감사드린다. 학회를 물심양면으로 도와주시는 이현종 철원 군수 이하 철원군 관계자 여러분께도 고마움을 전한다. 학회의 김용선·이재범 고문과 정성권 이사의 도움도 잊을 수 없다. 특히 김영규 사무국장은 학술회의와 세미나 개최를 위해 크게 애썼을 뿐만 아니라 이번 총서의 기획도 도맡았다. 노고에 깊이 감사를 드린다. 출판을 맡아주신 주류성의 최병식 회장과 이준 이사에게도 고마움을 표하는 바이다.

2024년 12월
태봉학회 회장 조 인 성

목차

태봉학회 총서 **6**

제1부

근백년 철원의
사회변화

근현대 철원의
역사와 문화

HISTORY AND CULTURE OF
MODERN AND CONTEMPORARY
CHERWON
近現代 鐵原 歷史·文化

전통 시대 철원과 김화 고을의 도시 구성과 풍경

이기봉

국립중앙도서관 학예연구관

목차

1. 철원과 김화 고을의 읍치는 풍수의 명당 논리로 잡은 것일까?

조선시대 현재의 강원특별자치도의 철원군 영역 안에는 철원과 김화 두 개의 고을이 있었고, 두 고을의 읍치(邑治)는 각각 철원읍의 관전리와 김화읍의 읍내리에 있었다. 철원군 관련 관계자나 연구자라면 이런 역사적 사실을 모르는 사람은 없을 것이라고 본다. 그런데 이런 질문을 던지면 어떤 반응을 보일지 궁금하다.

"철원 고을의 읍치는 왜 철원읍의 관전리에 있게 된 것일까?"
"김화 고을의 읍치는 왜 김화읍의 읍내리에 있게 된 것일까?"

이 질문에 어떤 대답을 하시겠는가?

먼저 풍수를 떠올리는 사람들이 다수가 아닐까 한다. 풍수(風水)가 중국에서 유래되어 우리나라로 전파되었다고 보든 우리나라에서 자생적으로 발생했다고 보든 우리나라의 풍토에 적합한 자연관으로 삼국시대부터 또는 통일신라시대부터 우리나라 고을 읍치의 입지를 결정하는데 중요한 영향을 미쳤던 것으로 이해하는 경향이 있다. 혹시 그렇지 않다고 해도 개성을 중심으로 한 국도풍수가 유행했던 고려시대에는 확실하게 영향을 미쳤다고 보고 있다. 하지만 전혀 그렇지 않다. 그런 사례로 강원도 사람들이 아주 친근하게 여길 두 개의 고을을 먼저 소개하고자 한다.

강원도의 이름은 강릉과 원주 두 고을에서 '강'자와 '원'자를 따서 만들어진 것이다. 지금은 강원특별자치도의 도청소재지가 춘천이지만 조선시대 강원도에서 영역과 인구가 가장 많은 고을은 춘천이 아니었다. 1789 년경에 편찬된 『호구총수』에 기록된 강원도의 인구 1위는 37,909명의 원주이고, 2위는 34,324명의 강릉이며, 3위가 19,895명의 춘천이었다. 1위와 2위의 차이가 3,000명대인데 비해 2위와 3위의 차이는 14,000명대로 그 간격이 아주 크다. 그만큼 조선시대 강원도 26개 고을 중에서 원주와 강릉이 차지하고 있는 위상이 압도적으로 중요했다는 의미다. 이런 위상에 맞게 강원도의 감영은 원주에 있었다.

그림 1은 강원도의 감영이 있던 원주의 읍치를 보여주는 일제강점기 1:5만 지형도와 감영 선화당의 좌향(坐向)을 알 수 있는 현대 지도다. 원주의 읍치는 동남쪽에서 흘러와 서북쪽으로 빠져나가는 원주천가의 넓은 평지에 자리 잡고 있었고, 감영의 선화당은 평지의 방향과 거의 비슷하게 북서쪽을 등지고 서남쪽을 향해 있었다. 이는 감영의 선화당이 뒤쪽으로 풍수의 주산을 등지고 있지 않았다는 의미로, 주산이 없으니 좌청룡-우백

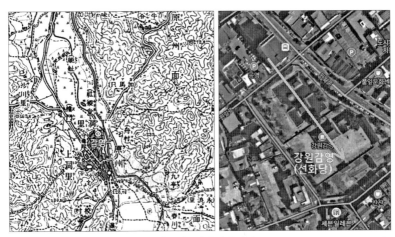

그림 1. 원주의 읍치와 감영

호-안산 또한 설정할 수 없다. 조선의 수도 서울의 풍수 형국이 정궁인 경복궁을 중심으로 뒤쪽에 주산(북악)을 등지고 그로부터 좌청룡(낙산)-우백호(인왕산)-안산(남산)이 설정되었다는 점을 고려할 때 원주의 읍치는 풍수의 명당 형국과는 전혀 관련이 없다.

그림 2는 강릉의 읍치를 보여주는 일제강점기 1:5만 지형도와 동헌, 객사의 좌향(坐向)을 알 수 있는 현대 지도다. 강릉의 읍치는 서쪽에 산지가 있고 남쪽에 남대천이 서쪽에서 동쪽으로 흘러가는 평지에 자리 잡고 있었다. 만약 동헌이 서쪽의 산지를 등지고 동쪽을 향해 있었다면 풍수의 주산을 설정할 수 있는데, 강릉의 동헌은 북북서쪽을 등지고 남남동쪽을 향해 들어서 있었다. 객사는 거의 정북을 등지고 정남을 향해 들어서 있었다. 따라서 동헌과 객사 어느 것을 기준으로 해도 강릉의 읍치 또한 뒤쪽으로 주산을 설정할 수 없어 풍수의 명당 형국과 전혀 관련이 없다.

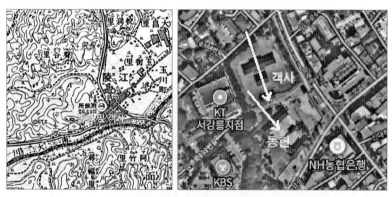

그림 2. 강릉의 읍치와 동헌, 객사

철원과 김화가 강원도에 있기 때문에 강원도의 대표적인 고을인 원주와 강릉만 사례로 들었지만 충청도 이름의 기원이 된 충주와 청주, 전라도 이름의 기원이 된 전주와 나주, 경상도 이름의 기원이 된 경주와 상주도 모두 허허벌판의 가운데에 들어서 있어 풍수의 명당 형국과는 전혀 관련이 없다. 전국적으로 유명하고 큰 고을일수록 풍수의 명당 입지와는 아무런 관련이 없음을 알려주고 있는 사례들이다. 이외에도 풍수의 명당 형국과 전혀 관련이 없는 고을로 경기도의 광주와 여주, 충청도의 영춘, 전라도의 광주·담양·무장·무안, 경상도의 영해·영덕·흥해·고성·함양 등 꽤 많다. 이들 고을들의 대다수는 고려시대의 어느 시기에 허허벌판의 평지로 읍치를 옮겼는데, 정확한 이동 시기에 대한 문헌 기록을 찾을 수는 없다.

고을 읍치의 입지와 관련하여 일반인뿐만 아니라 연구자들도 거의 모르고 있는 사실이 있다. 고려시대까지 풍수가 적극적으로 적용된 고을의 읍치는 수도의 하나로서 선택된 지금의 서울인 남경을 제외하면 없었다. 풍수가 고을 읍치의 입지에 처음으로 적용되기 시작한 시기는 조선의 4대 임금인 세종(재위: 1418~1450) 때부터다. 그렇다고 이때 모든 고을에 일률적으로 적용된 것은 아니며, 읍성을 새로 축조해야 하는 상황이 발생할 경우에만 풍수의 명당터를 잡아서 새읍성을 축조한 다음 읍치를 옮기도록 하였다. 대표적인 사례로 전라도 낙안 고을의 읍치를 사례로 들어보겠다.

낙안 고을은 세종 7년인 1424년 10월 1일 지금의 낙안읍성을 새로 완성하면서 읍치를 옮겼는데, 이때의 읍치 이동을 보여주는 지도가 그림 3이다.

그림 3에서 확인할 수 있듯이, 1424년 낙안 고을의 읍치 이동은 주산-좌청룡-우백호-안산이란 풍수의 명당 논리에 더 부합한 장소를 찾아가기 위한 것이었다. 옛읍치가 있던 고읍리의 경우 서쪽의 노성산을 주산으로

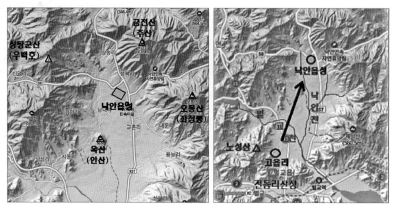

그림 3. 1424년 낙안 고을의 읍치 이동(좌) / 낙안읍성 주변의 산과 산줄기(우)

하여 남쪽의 우백호는 설정할 수 있지만 북쪽의 좌청룡과 동쪽의 안산은 설정할 수 없다. 반면에 새읍치가 있는 낙안읍성은 금전산을 주산으로 하여 오봉산의 좌청룡, 상탕군산의 우백호, 옥산의 안산이란 풍수의 명당 형국이 명확한 장소였다. 낙안읍성의 방향도 주산과 안산을 잇는 선과 거의 비슷하게 북북동-남남서를 향해 만들어졌다. 이러한 낙안읍성과 서울이 처음 만들어졌을 때의 도시구조를 비교한 것이 그림 4다.

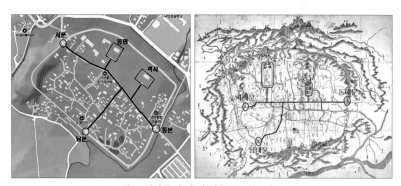

그림 4. 낙안읍성(좌)와 서울(우)의 도시구조

임금과 수령이란 통치자의 공간인 경복궁=동헌의 등식을, 임금과 수령이 제사의식 또는 충성의식을 통해 국가와 고을의 통치권을 부여받았음을 보여주는 공간인 종묘=객사라는 등식을 적용시켜 보면 두 권위 공간의 위치, 두 권위 공간과 연결된 간선도로망의 흐름이 거의 동일하다. 1424년에 이루어진 낙안 고을의 읍치 이동은 풍수의 명당 논리에 따라 '작은 서울'을 만들고자 했던 것이다.

　그런데 현대든 전통시대든 사람들은 시각적으로 2차원의 평면이 아니라 3차원의 입체로서 세상을 인식하고 의미를 부여하며 살았다. 이런 간단한 객관적 사실에 기초한다면 풍수의 명당 논리 또한 명당을 평면이 아니라 입체의 상징 풍경으로서 보여주려고 했을 것임을 추론해 낼 수 있다. 그리고 서울과 낙안읍성 모두 동서대로에서 북쪽으로 꺾어 경복궁과 동헌으로 진입하는 지점에 이르기까지 경복궁과 동헌의 풍경을 볼 수 없게 만들었다는 점에서 동일하다. 이렇게 꺾어지는 지점에서 바라본 두 곳의 풍경이 바로 그림 5다.

그림 5. 서울의 하늘-주산-경복궁(좌) / 낙안읍성의 하늘-주산-동헌(우)

　꺾어지는 지점에서 경복궁을 바라보면 하늘-주산(북악산)-경복궁(광화문), 동헌을 바라보면 하늘-주산(금전산)-동헌(정문)의 3단계 풍경이 동일하게 나타난다. 이 3단계 풍경은 궁궐의 경우 후삼국시대 고려의 수도 개성에서 시작되어 조선의 수도 서울로 이어졌고, 지방 고을 관아의 경우 세종 임금 때부터 시작되었다. 여기서 중요한 사실은 궁궐이나 관아에서 나타난 하늘-산-건축물의 3단계 풍경이 동아시아는 물론 세계를 대상으로 해도 우리나라에서만 볼 수 있는 독특한 풍경이란 점이다.

세계 다른 나라나 문명권에서 궁궐이나 관아, 또는 영주성의 입지는 크게 두 가지 형태로 나눌 수 있다. 하나는 높지 않은 산이나 언덕 위처럼 올려다 보이는 곳에, 다른 하나는 산이 저 멀리 떨어진 허허벌판의 평지에 만드는 것이다. 둘 다 궁궐이나 관아 건물, 또는 영주성을 정면에서 바라보면 하늘-건축물의 2단계 풍경밖에 없으며, 앞서 허허벌판에 들어서 풍수와 전혀 관련 없는 입지를 하고 있던 원주와 강릉의 동헌 또한 하늘-건축물의 2단계 풍경을 보여주고 있다.

어쨌든 1424년 전라도의 낙안고을에서 이루어진 읍치의 이동은 풍수의 명당 논리에 따라 산줄기의 흐름, 도시의 구조, 상징 풍경 모두에서 서울을 닮은 '작은 서울'을 만들기 위한 의도적인 결과였다. 비록 형태적으로 똑같지는 않지만 세종 이후 1400년대 후반까지 주산-좌청룡-우백호-안산이란 풍수의 명당 논리에 더 부합한 장소를 찾아가기 위해 읍치를 이동시킨 현상은 낙안 이외에도 충청도의 보령 · 면천 · 당진 · 비인 · 서천, 전라도의 임피 · 진도 · 해남 · 보성 · 진도, 경상도의 청하 · 남해 · 곤양 · 웅천 · 영일 · 장기 · 사천 · 동래 · 거제 · 울산 등 새로운 읍성을 건설해야 하는 삼남지방의 해안가 고을에서 주로 나타났다. 그리고 1600년대를 거치면서 삼남지방의 해안가뿐만 아니라 내륙에서도 풍수의 명당 논리에 따라 읍치의 새로운 터를 잡아서 옮기는 고을들도 꽤 나타났다.

지금까지 풍수의 명당 논리에 따라 읍치를 옮긴 고을들을 열거해 놓으니 상당히 많은 것처럼 오해할 수 있다. 하지만 지금까지 필자가 북한을 제외한 남한 지역 전체를 살펴본 바로는 풍수의 명당 논리에 따라 읍치를 옮긴 고을의 수는 조선후기 약 335개의 고을 중 30% 안팎에 정도다. 즉, 다수보다는 소수에 가까웠다는 말이다. 철원과 김화 고을에서는 읍치를 옮겼다는 기록을 찾을 수 없고, 실제로도 읍치를 옮긴 적이 없다. 철원과 김화 고을의 읍치 입지 또한 풍수의 명당 논리에 따라 정한 것이 아니라는 의미다. 그러면 언제 왜 그곳에 자리를 잡게 된 것일까?

2. 산성이나 요새성에 지배자가 살고 그 아래 주거지가 펼쳐진 도시

우리나라의 도시 역사를 살펴볼 때 이런 질문을 꼭 던져야 한다.

"풍수의 명당 논리로 잡은 고을 읍치의 입지는 시공간적 관점에서 보편적인가?"

1장에서 했던 설명을 잘 상기해 보면 '보편성은 전혀 없다!'
풍수의 명당 논리에 따르면 궁궐이나 관아는 산줄기로 둘러싸인 분지 안의 산 밑에 짓는 것이 최고다. 그런데 분지 안의 산 밑에 궁궐이나 영주성을 짓는 것은 세계 역사에서 일반적으로 금기사항이었다. 첫째, 궁궐이나 영주성 주변에 밖으로부터 공격하기 좋은 높은 곳이 있어서 방어에 불리하고 둘째, 시각적인 권위가 중요한 궁궐이나 영주성 뒤에 웅장하고 화려한 산이 있으면 아무리 웅장하고 화려하게 지어도 웅장하고 화려하게 보이지 않으며 셋째, 신성해야 할 궁궐과 영주성 안이 밖의 더 높은 곳에서 훤하게 보이기 때문이다. 그래서 전 세계적 차원에서 볼 때 분지 안의 산 밑에 일반적으로 궁궐이나 관아를 지은 나라는 우리나라밖에 없는 것이다. 다른 나라나 문명권에서 궁궐이나 영주성은 산이나 언덕 위에, 또는 산이 저 멀리 떨어진 허허벌판에 지었다.

그러면 우리나라의 역사 속에서는 보편성을 갖고 있었을까? 이 또한 1장에서 이미 이야기했다. 풍수의 명당 논리가 고을 읍치의 입지에 적극적으로 도입되기 시작한 시기는 조선의 4대 임금인 세종 재위 시기였다. 그 이전의 고려시대에는 그러면 어떤 곳에 읍치가 있었을까? 1장에서 원주같이 산이 저 멀리 떨어진 허허벌판에 지어진 읍치를 살펴보았고, 이런 유형이 꽤 있었던 것으로 이야기했다. 하지만 고려에 있었던 모든 고을의 차원에서 보면 이런 유형은 다수가 아니라 소수였다. 다수는 또 하나의 사례로 들었던, 낙안읍성으로 옮겨가기 전의 고읍리 읍치처럼 비록 풍수의 명당 논리에 따라 입지를 결정하지는 않았지만 산 밑에 있는 유형이다. 철원읍의 관전리에 있던 철원의 읍치와 김화읍의 읍내리에 있던 김화의 읍치도 낙안의 고읍리 읍치처럼 산 밑에 있었다.

낙안의 고읍리 읍치는 풍수의 명당 논리에 따라 잡지 않았기 때문에 주산-좌청룡-우백호-안산이란 풍수의 전형적인 명당 형국을 갖출 수 없었다고 이미 말했다. 더불어 산 밑에 있는 철원과 김화의 읍치도 풍수의 명당 논리에 따라 잡지 않았기 때문에 풍수의 전형적인 명당 형국을 갖추지는 못했다. 그렇다면 풍수의 명당 논리에 따르지 않았음에도 이들 읍치가 산 밑에 있게 된 이유는 무엇인가? 이 물음에 답하기 위해 먼저 중세의 유럽의 도시를 떠올려보자.

높은 곳에 통치자인 영주가 사는 영주성이 있고, 그 아래에 일반 주거지가 들어섰다. 그런 도시가 어디에 있는지 어렵게 찾지 않아도 된다. 그냥 유럽 여기저기를 여행 가서 과연 그런 형태의 전통도시를 얼마나 여행했는지 기억해 보면 된다. 여행을 가지 못했다면 텔레비전이나 유튜브에서 봤던 역사 다큐멘터리나 여행 프로그램을 떠올려도 좋다. 아마 많았을 것이다. 왜냐하면 정말 흔했기 때문이다. 고대 그리스의 도시국가들도 다 저런 형태의 도시였고, 이웃 나라인 일본에서도 전국시대의 영웅 오다 노부나가(織田 信長)가 지은 아즈찌성(安土城)을 비롯하여 에도시대 이전에는 흔했다. 중앙아시아나 인도, 이슬람 지역에 가도 희귀하지 않았다. 그러면 우리나라에는 없었을까? 그림 6의 지도를 한 번 보자.

그림 6의 경기도 포천과 파주의 읍치 지도는 지금까지 필자가 본 그

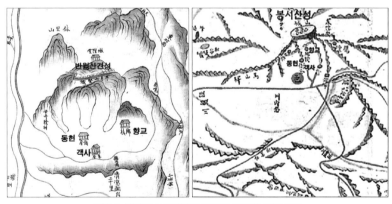

그림 6. 경기도 포천(좌)와 파주의 그림식 읍치 지도
(출처: 규장각한국학연구원 『해동지도』와 1872년 지방지도)

림식 고을지도 중에서 고대도시의 모습을 가장 잘 상상할 수 있게 그렸다. 만약 저 견성과 봉서산성에 지배자가 살고 있고 그 아래에 일반 주거지가 형성되어 있었다면 유럽의 중세도시와 하등 다를 바가 없다.

왜구의 침입이 극심했던 고려말부터 읍치를 방어하는 읍성이 대대적으로 축조되었다. 하지만 조선 전체에서 보면 읍성이 없는 고을이 읍성이 있는 고을보다 수적으로 다수였다. 그래서 우리나라 사람들은 통치자가 거주하며 고을을 통치하는 읍치에 성곽이 없는 경우를 너무 자연스럽게 여기는 경향이 있다. 하지만 세계적 관점에서 볼 때 통치자의 공간에 대한 방어 성곽을 갖추지 않은 도시가 전혀 없었다고 말할 수는 없더라도 다수가 아니라 소수였다. 더 정확하게 말하면 극소수였다. 통치자가 거주하는 전통시대의 도시는 거의 대부분 방어 성곽을 갖추고 있었다고 보면 된다.

현재 읍치의 정확한 위치가 확인되지 않는 극히 일부를 제외하면 우리나라의 삼국시대와 통일신라시대 고을 읍치의 절대 다수는 견성과 봉서산성과 같은 산성, 극소수는 진주의 진주성 같은 절벽지형의 요새성을 갖추고 있었음이 확인되고 있다. 이는 조선시대와는 전혀 다른 모습인데, 도시의 방어 성곽이란 관점에서 볼 때 읍성이 없는 읍치가 다수였던 조선이 세계적으로 예외적인 것이지 모든 읍치에 산성이나 절벽지형의 요새성이 있었던 삼국시대와 통일신라시대가 예외적인 것이 아니다. 즉, 삼국시대와 통일신라시대의 읍치 모습은 세계적으로 흔하게 찾아볼 수 있는 일반적인 것이었다.

우리나라 사람들은 산성이나 절벽지형의 요새성이라고 하면 일상적으로는 거주하지 않다가 외적이 쳐들어왔을 때만 피난하며 방어하는 성으로 생각하는 경향이 있다. 경기도의 남한산성이나 경상도의 금오산성처럼 오르내리기 힘든 높고 험한 곳에 있는 포곡식의 초대형 산성은 그런 목적으로 축조한 것이 맞다. 하지만 삼국시대와 통일신라시대의 읍치에 있었던 산성이나 요새성은 그렇지 않았다. 중소형의 테뫼식 산성이 다수를 차지하고 있었는데, 중소규모의 단기전에는 높은 방어력을 갖추고 있지만 골짜기를 두르지 않아 대규모 외적의 장기 포위전에 필요한 마르지 않는 신선한 물을 확보할 수 없었다. 그래서 39년에 걸친 몽골과의 전쟁, 임진왜란, 병자호란 등 대규모의 외적이 장기간 침입했던 시기에는 제대로 된 방어 거점의 역할을 하지 못했다.

이런 산성들은 초대형 산성과 비교하여 몇 개의 공통점을 갖고 있었다. 첫째, 아무리 높아야 생활면으로부터 200~300m를 넘지 않은 곳에 만들었기 때문에 일상적으로 오르내리는 데 별로 불편함이 없었다. 둘째, 높지 않은 곳에 만들었음에도 평지가 많은 곳에서는 고을의 대부분, 산지가 많은 지역에서는 고을의 주요 부분이 한눈에 조망되었다. 셋째, 통일신라시대 9주 5소경과 같이 중요한 고을에 있던 포곡식의 대형산성을 제외하면 중소규모의 단기전에 높은 방어력을 갖고 있는 테뫼식의 중소형 산성이었다. 이와 같은 특징들은 그림 6의 유럽 영주성들에서 일반적으로 나타나는 것이다. 다시 말해서, 지배자가 일상적으로 거주하면서 고을을 통치하는 통치성이었던 것이다.

삼국시대와 통일신라시대 고을의 읍치는 지배자가 일상적으로 거주하며 통치하는 산성 또는 절벽지형의 요새성과 그 아래의 일반 주거지로 구성되어 있었다. 이때 고을 읍치의 위치를 선택할 때 중요하게 여겼던 요인들은 앞에서 언급했던 공통점들을 역으로 이해하면 된다. 첫째, 일상적으로 오르내리는 데 불편함이 없는 높이어야 하고 둘째, 고을의 대부분 또는 주요 부분이 한눈에 조망되어야 하며 셋째, 통일신라시대의 9주 5소경처럼 중요한 고을이 아니라면 중소규모의 단기전에 높은 방어력을 갖고 있는 테뫼식의 산성을 축조하기에 알맞아야 한다. 9주 5소경처럼 중요한 고을의 경우 장기전을 수행하기 위해 물을 확보할 수 있는 골짜기를 두른 포곡식의 대형산성 형태였지만 첫 번째와 두 번째의 특징은 예외 없이 공유되었다. 테뫼식의 중소형 산성 중에는 특이한 지형으로 인해 일부 작은 골짜기를 두른 경우도 있었다.

3. 김화와 철원 고을의 역사적인 뿌리, 성산성과 동주산성

지금의 철원군에 속한 김화와 철원 고을 또한 삼국시대부터 존재하였다. 따라서 두 고을의 읍치도 지금까지 살펴본 세 가지 요소를 고려하여 잡았다고 보면 된다. 우선, 문헌기록이 풍부한 김화의 읍치부터 살펴보기로 한다. 그림 7은 일제강점기 1:5만 지형도에 그려진 좁고 넓은 범위의 김화 고을의 읍치 모습이다.

조선시대 읍치의 서북쪽에 성산성(城山城)이 선명하게 그려져 있는데, 지금은 자모산성(慈母山城) 또는 성제산성(城齊山城)이라 부르기도 한다. 『신증동국여지승람』 김화현의 고적조에 "성산성(城山城): 고을 읍치의 북쪽 4리에 있고, 돌로 쌓았다. 둘레는 1,489척이고, 높이는 4척이다."라고 나온다. 『여지도서』 김화의 성지조에 "산성(山城): 고을 읍치의 서쪽 4리에 있고, 돌로 쌓았다. 둘레는 1,489척이고, 높이는 4척이다. 지금은 허물

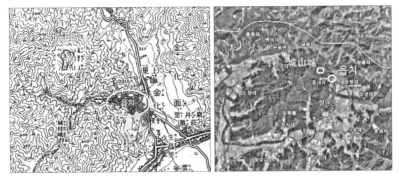

그림 7. 일제강점기 1:5만 지형도(좌)와 현대지도(우)의 김화 읍치와 城山城

어져 못쓰게 되었고, 연못은 없다."
라고 기록되었고, 그림 8의 지도에
도 산성이 강조되어 그려져 있다.
전통시대에는 동서남북 네 방향만
기록하는 것이 일반적이었기 때문
에 읍치의 서북쪽에 있는 산성을
전자와 후자의 기록에 '북'과 '서'
로 다르게 기록한 차이만 있을 뿐
내용은 동일하다.

그림 8. 『여지도서』 김화의 지도에 그려진
읍치와 산성

김화의 성산성(城山城)은 첫째, 생활면(350m 안팎)으로부터 높지 않은
440m 안팎의 높이에 있어 일상적으로 오르내리는 데 불편하지 않고 둘
째, 북쪽과 동남쪽의 주요 지역이 한눈에 조망되며 셋째, 중소규모의 단기
전에 높은 방어력을 갖고 있는 둘레 982m의 테뫼식 중형산성으로 조사
되었다. 삼국시대와 통일신라시대 부여(夫如)와 부평(富平)의 이름을 갖고
있던 김화 고을의 지배자는 성산성에 거주하였고, 그 아래에 주거지가 펼

쳐진 형태의 읍치가 있었다.

여기서 김화 읍치의 성곽 이름에 대해 간단하게 짚고 넘어가고자 한다. 『용비어천가』에서 성(城)에 대한 우리말 이름은 '잣'으로 기록되어 있고, 일제강점기까지만 하더라도 고대 통치성 주위에는 우리말 지명인 잣미, 잣고개, 잣골(또는 잿골), 잣뒤 등이 전국 곳곳에서 불리고 있었다. 김화 읍치의 성산성(城山城)에서 성산(城山)은 '통치성이 있는 또는 있던 산'이란 우리말 이름인 '잣뫼' 또는 발음하기 쉽게 변한 '잣미'에 대해 한자의 뜻(城, 잣)+뜻(山, 뫼) 형식으로 표기한 것이다. 자모산성(慈母山城)에서의 자모(慈母)는 잣뫼 또는 잣미와 비슷한 한자의 소리(慈, 자)+소리(母, 모)의 형식으로 표기한 것이다.

고려 말부터 축조된 읍성과 산성 주변에서는 '잣'과 관련된 지명이 거의 발견되지 않는데, 이때부터는 '잣'보다는 城의 한자 소리인 '성'이 일반적으로 사용되었기 때문이다. 그리고 읍치에 있는 성곽이 통치성으로 기능할 때 성의 이름은 고을 이름을 붙여서 불렀는데, '○○山城'이 아니라 '○○城' 또는 '○城'으로 부르는 것이 일반적이었다. 김화 읍치에 있는 산성의 경우 당시 부르던 고을의 이름을 따서 삼국시대에는 夫如城(부여성), 통일신라시대에는 富平城(부평성), 고려시대에는 金化城(김화성)으로 불렸을 것으로 추정된다. '○○성'이 아니라 '○○산성'으로 부르기 시작한 것은 통치성으로의 기능이 정지된 후 고려 말부터 축조된 평지의 읍성과 비교하면서부터이다. 城山城(성산성)은 김화에서만 부르던 고유 명사가 아니라 전국 다수의 고을에서 '통치성이 있던 산에 있는 성'이란 뜻으로 부르던 일반 명사였다.

조선시대의 문헌 중 철원의 읍치에 있었던 산성을 전해주는 기록은 없

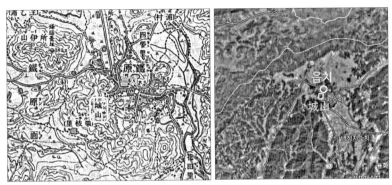

그림 9. 일제강점기 1:5만 지형도(좌)와 현대지도(우)의 철원 읍치와 城山

다. 다만 철원 고을의 통일신라 때 이름이 철성군(鐵城君)이었는데, 고을 이름에 성(城)이 들어가 있다. 『삼국사기』에는 궁예가 군사를 이끌고 "저족(猪足, 인제), 성천(狌川, 화천), 부약(夫若, 김화), 금성(金城), 철원(鐵圓) 등의 성(城)을 격파하여" 점령했다는 기록이 나와 철원에도 성(城)이 있었음을 알 수 있다. 『고려사』에는 1253년 8월 27일 "몽골군이 동주산성(東州山城)을 함락시켰다"는 기록이 있는데, 여기서 동주(東州)는 후삼국시대 바뀐 철원의 이름이다. 이런 기록들을 통해 철원의 읍치에도 통치성이 있었음을 충분히 짐작할 수 있는데, 그림 9에 통치성의 위치를 알 수 있는 내용이 있다.

그림 9에서 좌측 지도는 고을 읍치를 상세하게 보여주는 것이고, 우측 지도는 고을 전체는 아니더라도 상당히 넓은 범위에서 읍치의 위치를 보여주고 있다. 좌측 지도를 보면 읍치의 서남쪽에 城山(성산)이 있는데, 이는 앞의 김화 부분에서 이미 설명한 것처럼 '통치성이 있는 산'이란 의미의 우리말 '잣뫼 또는 잣미'에 대해 한자의 뜻(城, 잣)+뜻(山, 뫼) 형식으로 표기한 것이다. 그리고 발굴조사 결과 이 산에는 약 360m 내외 봉우리 2

개의 8부 능선을 둘러싼 둘레 800m의 포곡식 중형산성인 동주산성이 있었다. 하지만 말이 포곡식 산성이지 남한산성처럼 큰 골짜기를 둘러싼 분지 지형의 포곡식 산성은 아니다. 골짜기를 살짝 두른 포곡식 산성으로 실제로는 테뫼식 산성에 가깝다.

철원의 동주산성도 첫째, 생활면(200m 안팎)으로부터 높지 않은 340m 안팎의 높이에 있어 일상적으로 오르내리는 데 불편하지 않고 둘째, 우측 지도에서 볼 수 있는, 우리나라의 내륙에서 가장 큰 평원 중의 하나인 동북쪽과 동남쪽의 주요 지역이 한눈에 조망되며 셋째, 중소규모의 단기전에 높은 방어력을 갖고 있는 둘레 800m의 테뫼식에 가까운 포곡식 중형산성의 특징을 갖고 있다. 삼국시대와 통일신라시대 鐵圓(철원)과 鐵城(철성)으로 기록된 鐵原(철원) 고을의 지배자는 동주산성에 거주하였고, 그 아래에 주거지가 펼쳐진 형태의 읍치가 있었던 것이다.

이제 여기서 1장에서 제시한 "철원 고을의 읍치는 왜 철원읍의 관전리에 있게 된 것일까?" "김화 고을의 읍치는 왜 김화읍의 읍내리에 있게 된 것일까?"란 질문에 대한 답을 내려야 할 때가 되었다.

철원과 김화 고을의 영역이 오랜 역사의 흐름 속에서 상대적으로 자연스럽게 정해졌건 아니면 국가가 일정 시기에 의도적으로 획정을 했건 일단 고을이 형성되면 그 고을을 통치하는 중심인 읍치의 위치를 어떻게든 잡을 수밖에 없다. 그 원리에 대한 답은 이미 앞에서 제시했다. 첫째, 일상적으로 오르내리는 데 불편하지 않고 둘째, 고을의 대부분 또는 주요 지역이 한눈에 조명되며 셋째, 중소규모의 단기전에 높은 방어력을 갖고 있는 곳이다. 이런 세 가지 요인을 고려하여 잡은 철원과 김화 읍치의 중심이 바로 둥주산성과 성산성이며, 삼국시대와 통일신라시대 읍치 전체의 모습은 통치자가 거주하며 고을을 통치하는 산성과 그 아래의 일반주거지로 형성되어 있었다. 그곳이 바로 철원읍의 관전리와 김화읍의 읍내리였던 것이다.

읍치를 이동시키지 않는 한 전국 모든 고을에 하나씩 있었던 삼국시대와 통일신라시대의 통치성에 대해 '국토 전체 또는 어느 지역을 효과적으로 방어하는 전략적 요충지'라는 설명을 그동안 너무나 많이 보아왔다. 이런 설명은 결국엔 우리나라 어디에나 있던 통치성이 다 전략적 요충지라는 의미가 되기 때문에 다른 곳보다 특별히 중요한 방어처라는 의미의 전략적 요충지란 개념 자체가 쓸모없게 된다. 읍치에 있던 고을의 통치성은 아주 특별한 경우가 아니라면 거의 모두 앞에서 들었던 세 가지 원칙을 적용하여 그 위치가 결정되었다. 다행스럽게도 아직까지 필자는 철원의 동주산성과 김화의 성산성에 대해 '전략적 요충지'라는 설명을 보지 못했다.

지금까지 이야기한 삼국시대와 통일신라시대의 철원과 김화 읍치의 모습은 문헌이나 유적 발굴 자료로 증명할 수 있는 것이 아니다. 증명할 자료가 부족한 것도 사실이지만 아무리 자료가 많다고 하더라도 세계적으로 특이한 조선시대의 읍치 모습이 일반적이었던 것처럼 습관적으로 강하게 인식해온 경향이 사라지지 않는 한 받아들이기 쉽지 않다. 필자는 아마 이번 학술대회에 참여한 연구자들, 그리고 철원군 관계자들도 별로 다르지 않을 것이라 여기고 있다. 그래서 필자가 제시한 삼국시대와 통일신라시대의 철원과 김화 읍치의 모습에 대해 증명이 아니라 선택의 문제로 제기하고자 한다.

혹시라도 필자의 주장에 찬성하는 분이 있다면 철원과 김화 고을의 역사적 정체성의 출발점은 동주산성과 성산성이 되어야 한다는 점을 강조하고 싶다. 동주산성과 성산성에 대한 체계적이고 치밀한 발굴, 그리고 이런 발굴 성과에 기반한 최대한의 복원은 그냥 두 개의 산성을 발굴하고 복원한다는 의미를 뛰어넘는 차원에서 이루어지기를 기대해 본다. 동주산성과 성산성은 철원과 김화 고을의 역사적 뿌리이자 지역 정체성의 출발점이 되어야 한다.

산성이었던 통치성에 대한 다른 지역의 복원 및 정비 과정에서 나타난 아쉬운 점도 하나 언급하고 싶다. 통치성은 지배자가 거주하면서 자신이 통치할 지역을 항상 내려다보면서 자신의 권위를 느끼고, 아래쪽의 피지배자들이 우뚝한 모습을 올려다보면서 범접하기 어려운 지배자의 권위를 항상 느낄 수 있게 만들어졌다. 전투가 벌어졌을 때도 방어자들이 아래쪽의 공격자들을 내려다보면서 방어의 자신감을 얻게 하고, 공격자들이 우뚝한 성곽을 아래쪽에서 올려다보면서 공격의 성공에 대한 불안감을 느낄 수 있게 했다. 이를 위해서는 산성이 있는 산의 모든 나무는 제거되어야 하는데, 실제로 통치성이 기능할 때는 그렇게 되어 있었다. 지금 그렇게까지 하기 어렵더라도 최소한 산성의 성곽 주변 30~50m의 나무는 모두 제거되어야 그 옛날 통치성의 위용을 조금이라도 맛볼 수 있을 것이다. 혹시라도 김화의 성산성과 철원의 동주산성이 복원 정비된다면 성곽 주변 30~50m의 나무를 모두 제거한 후 관리하면서 그 우뚝한 위용을 제대로 보여주면 좋겠다.

4. 고을을 지켜주는 신전, 성황사를 통치성에 건설하다

우리나라 고대의 통치성과 관련된 중요한 또 다른 역사적 사실을 이해하기 위해 그리스 아테네의 아크로폴리스 성곽을 떠올려보자.

아테네 시가지의 한가운데에는 우뚝 솟은 산 위에 지은 아크로폴리스 성곽이 있고, 그 아래에는 민회의 공간이자 시장이었던 아고라 광장, 원형 극장, 일반 주거지 등이 형성되어 있다. 앞에서 이야기한 우리나라 고대의 통치성을 중심으로 한 고을의 읍치와 별 차이가 없다. 필자가 아는 한 고대 그리스 도시국가의 중심 도시 거의 대부분이 이런 형식의 모습을 하고 있었다. 그런데 필자가 아테네란 도시에서 특별히 눈여겨보고자 하는 것은 아크로폴리스 성곽 안에 웅장하게 건축된 파르테논 신전이다.

파르테논 신전에 안치된 주신인 아테나는 그리스 전체의 관점에서 볼 때 올림포스 12신 중의 하나로 지혜, 전쟁, 기술, 직물, 요리, 도기 등을 관장하는 여신이라고 한다. 하지만 아테네라는 도시국가의 차원에서만 보면 아테나는 도시를 중심으로 형성된 도시국가의 수호신으로서 아테네란 도시 이름의 유래가 되었다고 한다. 그리고 필자가 아는 한 이러한 도시국가의 수호신을 모시는 신전이 아테네뿐만 아니라 그리스의 모든 도시국가에 있었다. 그렇다면 도시국가의 중심도시에 수호신을 모신 신전의 건설이 우리나라의 고대 역사에서는 없던 것일까? 『삼국지』 위서 동이전 한조의 다음 기록은 잘 알려진 내용이다.

"귀신을 믿기 때문에 국읍(國邑)에 각각 한 사람씩을 세워서 천신(天神)의 제사를 주관하게 하는데, 이를 천군(天君)이라 부른다.”

『삼국지』 위서 동이전 한조에는 마한이 50여국, 진한과 변한 합해 24
개국으로 구성되어 있다고 나오는데, 여기서 국(國)을 보다 학술적인 보편
용어로 바꾸면 도시국가다. 그리고 앞의 기록에 나오는 국읍(國邑)도 보다
학술적인 보편 용어로 바꾸면 도시국가의 중심도시를 가리키고, 천신은
그 도시국가의 수호신을 의미하며, 천군은 도시국가의 수호신에 대해 제
사를 주관하는 제사장이다. 천군이 천신에게 제사를 주관하는 곳, 그곳은
당연히 신전일 수밖에 없다. 신전의 규모가 얼마나 되었는지 발굴로 확인
된 것은 없지만 아무 곳에서나 제사를 지냈을 리는 만무하기에 아테네의
파르테논 신전처럼 고정된 신전 건물이 있었을 것이다.

　삼한시대 마한, 진한, 변한의 도시국가들은 562년 대가야의 멸망을 끝
으로 백제와 신라란 중앙집권적 영역국가로 확실하게 정립되었다. 이러한
중앙집권적 영역국가의 등장은 도시국가마다 존재했던 자체적인 수호신
과 그 수호신을 모신 신전, 신전의 제사를 주관하던 제사장의 존재를 부정
하고 전국의 신과 제사처 사이에 위계질서를 갖춘 일원화된 제사 체제로
의 재편을 추구할 수밖에 없게 만들었을 것이다. 그리고 그 역사가 오랫동
안 진행되면 도시국가마다 갖고 있던 수호신, 제사장, 신전에 대한 기억은
강제적으로, 그리고 자연스럽게 점점 희미해질 수밖에 없다. 우리나라의
역사에서는 대가야가 멸망한 562년을 기준으로 잡아도 통일신라가 후삼
국으로 분열되는 900년까지 338년간이나 계속되었다.

　마한 50여국, 진한과 변한 24국이 서로 경쟁하면서 수백 년 동안 존
재했다면 각각의 도시국가마다 신화를 갖추었을 것이다. 하지만 지금 우

리에게 전해지는 것은 백제, 신라, 금관가야의 신화 세 개에 불과하다. 최소 338년이나 계속된 중앙집권적 통일국가의 힘이 도시국가마다 갖추었을 신화, 그리고 그것과 함께 있었을 수호신과 신전에 대한 기억을 저 깊은 역사의 심연에 잠기게 하여 전해지지 않게 만들었을 것으로 필자는 판단한다. 그런데 우리나라의 역사에서 각 지역마다 수호신, 제사장, 신전을 갖출 수 있는 가능성의 새로운 시대가 한 번 더 만들어졌다. 바로 후삼국 시대다.

필자는 당나라와 연합하여 백제와 고구려를 멸망시키고 대동강-원산만 이남의 땅을 차지한 신라를 통일국가가 아니라 정복국가라고 불러야 역사를 올바르게 이해하는 것이라 여기고 있다.

통일신라는 소국 시절의 신라였던 왕경 출신과 그 외 지역이었던 지방 출신의 철저한 차별을 전제로 운영된 골품제란 신분제를 근간으로 정치, 사회, 문화도 함께 따라갔다. 왕경 출신에게는 경위(京位)가, 지방출신에게는 외위(外位)가 주어지는 이원적인 관등제가 있었고, 외위 11개의 관등 중 가장 높은 1위 악간(嶽干)이 경위 17개의 관등 중 7위 일길찬(一吉湌)의 대우를 받았을 뿐이다. 외위제가 폐지되고 나서도 지방 출신자는 경위 관등을 아무리 높게 받아야 5두품보다는 높지만 6두품보다는 낮은 8위 사찬(沙湌)을 받을 수 있었을 뿐이다. 중앙과 지방의 관직은 당연히 관등제와 연동되어 운영되었는데, 요즘 중앙정부의 장관과 차관에 해당되는 령(令)과 경(卿), 주-군·소경-현의 3단계로 운영된 지방통치체제에서도 주-군·소경의 지방관은 모두 왕경 출신의 진골과 육두품이 독점하였다. 게다가 주택 등 사회적 측면에서 여러 제한을 가할 때 지방 고을의 지배신분 중에서 가장 높은 신분인 진촌주(眞村主)가 왕경 출신의 오두품과, 차촌주(次

村主)가 사두품과 같은 대우를 받았을 뿐이다.

소국 시절의 신라였던 왕경과 그 외 지역의 지방 출신에 대한 이러한 철저한 차별은 통일이 아니라 정복이라는 관점에서 바라볼 때만 이해가 가능하다. 백제와 신라를 포함하여 마한, 진한, 변한의 소국들은 원래 하나의 나라였던 역사적 경험을 공유한 적이 없으며, 중앙집권적 영역국가로 발돋움한 신라·백제·고구려도 마찬가지였다. 이런 나라들끼리의 무력 통합은 통일이 아니라 정복이며, 정복을 통한 통합의 결과는 정복 지역과 피정복 지역 출신 지배신분 사이의 차별이다. 그리고 통일신라의 정치, 사회, 문화에 대한 여러 문헌 기록들이 그런 사실을 잘 보여주고 있다.

통일신라가 정복국가이자 지방 차별을 전제로 전국 모든 고을에 지방관을 파견하여 다스린 중앙집권적 영역국가였다는 사실을 길게 이야기한 것은, 이런 국가에서는 지방 세력의 자체적인 수호신, 그 수호신에게 제사 지내는 신전과 독립적인 제사장이 존재하기 어렵다는 것을 말하기 위함이다. 중앙집권적 영역국가가 아니면서 독립적이고 자체적인 수호신, 그 수호신을 제사 지내는 신전과 제사장이 존재하기 위해서는 첫째, 아테네를 포함한 그리스 도시국가나 우리나라 삼한시대의 마한 50여 개국, 진한과 변한 24개국처럼 완전히 독립된 도시국가이어야 한다. 둘째, 독립국가까지는 아니더라도 중앙정부의 일정한 통제를 받으면서도 내부적인 통치에 대해서는 자치를 누리는 지방분권적 국가이어야 한다.

우리나라의 역사에서 첫 번째 국가는 동예, 옥저, 삼한 등이 고구려, 백제, 신라로 통합된 이후에는 존재하지 않았다. 두 번째 국가는 고구려, 백제, 신라로 통합되었더라도 모든 고을에 지방관을 파견하여 다스리는 중앙집권적 영역국가로 정립되지 못한 시기에 있었고, 그 이후 딱 한 번 더 있었다. 바로 후삼국시대와 고려 초기다. 철저한 지방 차별이 실행된 통일신라에서 지방 고을 출신의 세력은 표면적으로 나타나지 않았더라도 잠재적으로는 큰 불만을 가질 수밖에 없었는데, 국가의 통치시스템이 흔들리기 시작한 800년대 말부터 폭발적으로 분출했다.

중앙에 복종하지 않는 독립적인 호족들이 지방의 고을을 장악하여 스스로 통치하는 현상이 나타난 것이다. 그런 호족들 중에 중앙에서 지방으로 옮겨간 6두품 세력들도 일부 있었을 것이지만 왕건과 같은 고을 토착 지배층 출신이었든, 죽주(죽산)의 기훤과 국원경(원주)의 양길과 같은 도적 또는 반란의 우두머리였든, 견훤과 같이 신라 정규군에 소속된 군인이었든 지방 출신이 대다수를 차지하였다. 이들은 통일신라와 같이 지방 차별을 전제로 한 중앙집권적 통치 시스템에 대해 큰 반감을 가졌을 수밖에 없으며, 고려의 왕건은 그 스스로도 지방 고을의 호족 출신이었기 때문에 그런 호족들의 분위기를 충분히 고려하여 새로운 통일국가의 상으로 지방관을 한 명도 파견하지 않는 지방분권적 통치 시스템을 제시하여 후삼국 통일의 대업을 달성하였다.

후삼국시대 호족들은 삼국시대와 통일신라시대 읍치의 통치성을 장악하여 고을을 다스렸다. 고려 초기에 들어서면 호족들의 명칭이 향리(鄕吏)로 정해졌는데, 향리들이 고을을 통치하는 핵심 관아인 읍사(邑司)도 통치성 안에 있었다. 이때 도시의 형태는 삼국시대와 통일신라시대와 마찬가지로 최고 통치 기능의 읍사가 있는 산성 또는 절벽지형의 요새성인 통치성과 그 아래의 일반주거지가 결합된 형식이었다. 그리고 통치성 안에는 고을을 지켜주는 수호신에게 제사지내는 신전이 건립되었는데, 바로 성황사(城隍祠)다.

성황사(城隍祠)에서 성(城)과 황(隍)은 고을의 중심도시를 방어할 수 있게 해주는 성곽과 물웅덩이인 해자를 가리킨다. 성황사에는 고을의 수호신으로 성황신(城隍神)을 모셨고, 향리가 제사장이 되어 고을 전체의 축제 형식으로 거행된 제사인 성황제가 주기적으로 거행되었다. 고려의 읍치에 있던 통치성은 대부분 산성이었기 때문에 성곽은 있었지만 해자는 없었다. 그럼에도 신전의 이름이 성황사였던 것은 그것의 기원이 평지 성곽 중심의 중국 도시에 있었고, 고을마다 도입 시기의 편차가 있었겠지만 후삼국시대 또는 고려 초기에 중국에서 성행하던 성황사를 각 고을의 호족 또는 향리들이 도입하여 신전의 이름으로 삼았기 때문이다.

　　당연하게 추정할 수 있는 것인데, 고려시대 고을의 수호신이었던 성황신은 고을마다 달랐다. 후삼국시대 통치성을 장악했던 고을의 영웅 호족인 곳도 있었고, 고려시대 중앙 관직으로 진출하거나 전쟁에서 혁혁한 공을 세워 고을을 빛낸 인물인 곳도 있었으며, 비록 고을 출신은 아니더라도 전국적으로 지명도가 높은 인물이면서 해당 고을과 관계된 인물인 곳도

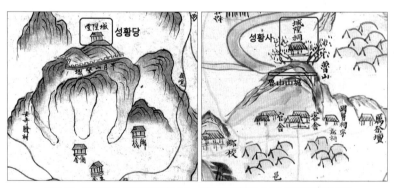

그림 10. 산성 안의 성황당(포천) 또는 성황사(평창)를 그린 그림식 고을지도

* 평창 지도에는 산성이 그려져 있지 않아 필자가 그려 넣음

있었다. 그리고 성황사에 있던 성황신은 유교의 영향으로 잘 다듬은 나무 토막에 '○○○○城隍之神'이란 글씨를 써넣은 위패를 선호했던 조선과 달리 사람 모습의 인형으로 제작되어 성황사에 모셔졌다.

그림 10은 산성에 성황사가 있는 조선후기 그림식 고을지도의 사례를 보여주는 것이다. 규모나 건축 양식은 달랐을지라도 기능과 입지가 고대 아테네의 파르테논 신전과 같았다고 보면 된다. 이번 학술대회의 대상인 철원과 김화의 읍치 모습 또한 다르지 않았다. 철원의 읍치는 읍사를 비롯한 주요 통치 관아와 성황사가 있던 동주산성과 그 아래의 주거지가, 김화의 읍치 또한 읍사를 비롯한 주요 통치 관아와 성황사가 있던 성산성(자모산성)과 그 아래의 주거지가 결합된 형태였다.

『신증동국여지승람』김화현의 사묘조에는 성황사가 산성 즉, 성산성(자모산성) 안에 있는 것으로 기록되어 있다. 그리고 『여지도서』김화의 단묘조에는 성황사가 고을 읍치의 서쪽 4리에 있다고 나오는데, 성지조에도 산성이 읍치의 서쪽 4리에 있다고 기록되어 성황사가 산성에 있었음을 알 수 있다. 『신증동국여지승람』철원도호부의 사묘조에는 성황사가 고을 중심지의 서쪽 2리에, 『여지도서』철원의 단묘조에는 남쪽 2리에 있는 것으로 기록되어 있다. 서쪽과 남쪽으로 다르게 기록된 것은 실제로는 서남쪽에 있었기 때문이다. 그림 9의 지도를 보면 동주산성이 철원 읍치의 서남쪽 2리 정도의 거리에 있어 철원의 성황사도 동주산성 안에 있었을 것으로 추정된다. 앞으로 발굴을 통해 확인할 필요가 있다.

5. 고을의 통치성과 성황사가 부정되다

고려 태조 왕건은 후삼국 통일 과정에서 지방관을 전혀 파견하지 않고 호족의 자치적인 고을 통치를 인정했다. 후삼국을 통일한 936년부터 40여 년이 지난 983년(성종 2)에야 최초로 전국 12개 고을에 지방관을 파견했다. 이를 보완하기 위해 호족, 그리고 그 후예들인 향리들을 간접적으로 감시하고 통제하는 사심관(事審官) 제도나 인질제도인 기인제(其人制) 같은 장치가 마련되었다.

『고려사』 지리지에는 504개의 고을이 기록되어 있는데, 1018년(현종 9)에는 고려의 전형적인 지방행정체제가 정비되었다. 이때 지방관을 파견한 고을인 주현(主縣)이 130개, 지방관이 파견되지 않아 통치 관련 주요 행정을 주기적으로 주현의 지방관에게 보고해야 했던 고을인 속현(屬縣)이 374개였다. 철원에는 995년(성종 14)에 단련사(團練使)가 파견되었다가 1005년(목종 8)에 폐지되었고, 1018년에 다시 지동주사(知東州事)가 파견되어 주현이 되었다. 김화는 1018년에 동주, 즉 철원의 속현이 되었다가 1143년(인종 21)에 감무가 파견되면서 주현이 되었다.

고려에서는 정치적·사회적 격변이 일어날 때마다 사회 안정책 중의 하나로 지방관을 파견하는 고을을 늘렸고, 그 결과 고려 말에는 속현이 약 160개 정도로 줄었다. 조선의 제3대 임금인 태종 때는 지방관이 파견되지 않은 속현의 독자성을 부정하고 주현의 땅으로 완전히 편입시키는 직촌화(直村化) 정책을 강력하게 추진하였고, 모두 성공하지는 못했지만 상당수의 속현이 혁파되었다. 그 결과 1530년(중종 25)에 완성된 『신증동국여지승람』에는 72개의 속현만이 기록되었고, 조선후기에 이르면 거의 완전히 소멸되었다.

후삼국시대 고을을 장악하여 직접 통치하기 시작한 호족의 후예인 고려시대의 향리들에게 고을 읍치의 통치성과 그 안에 건설된 성황사는 자신들의 신분적 특권을 상징적으로 보여주는, 그래서 영원히 지켜내야 하는 정신적 고향이자 신성한 공간이었다. 하지만 지속적으로 지방관을 파견하여 직접 통치를 실시하고자 했던 중앙정부의 입장에서 통치성과 성황사는 직접 통치를 방해하는 상징적 공간이었을 뿐이다. 따라서 중앙집권화 정책이 강화되면 강화될수록 통치성과 성황사는 부정될 수밖에 없는 운명이었고, 1231년부터 1270년까지 진행된 몽골과의 기나긴 전쟁은 그런 부정의 경향을 더욱 강하게 만들었다.

고려시대 고을의 읍치에 있었던 대다수의 통치성이 대규모의 장기전에 필요한 물을 얻기 어렵고 중소형의 단기전에 방어력이 높은 테뫼식의 중소형 산성이었다는 것은 이미 앞에서 말한 바 있다. 이 때문에 39년에 걸친 몽골과의 전쟁 기간 동안 고을 읍치의 통치성 대다수는 고을의 백성들이 모두 들어가 장기항전을 펼칠 수 있는 거점성의 역할을 할 수 없었고, 그 결과 고을을 지켜주는 신성한 공간이란 이미지에 큰 타격을 받을 수밖에 없었다. 1350년대부터 시작되어 1380년대에 극에 달했다가 조선의 건국 전후부터 잠잠해지기 시작한 왜구의 대대적인 침략 때 통치성의 대부분은 이미 황폐화 되어 있었고, 그래서 몽골과의 전쟁기처럼 왜구의 침략 때도 방어의 거점성 역할을 거의 하지 못했다. 이런 과정을 통해 통치성은 더 급격하게 부정된 것으로 추정되며, 조선 초에 이르면 읍치의 주요 통치 기능을 수행하던 관아시설이 들어선 통치성은 거의 없게 되었다.

통치성이 부정되면 그 안에 있던 관아들은 첫째, 다수가 통치성 바로 아래의 일반 주거지로 내려온 후 더 이상의 이동은 없었고 둘째, 소수는 원주와 강릉처럼 통치성 바로 아래의 일반 주거지로 내려왔다가 관아를 포함한 읍치 자체가 넓은 평지로 옮겨갔으며 셋째, 역시 소수의 경우인데, 통치성 바로 아래의 일반 주거지로 내려왔다가 조선 세종 때부터 풍수의 명당 형국을 찾아서 관아를 포함한 읍치 자체가 다시 이동한 경우가 있었다. 다만 통치성이 언제 부정되었는지에 대한 고려시대의 문헌기록은 전하는 것이 거의 없다. 필자가 여러 연구 성과에 검토와 답사를 병행해 본 결과 통치성이 부정된 시기는 고을마다 달랐을 것으로 추정하고 있다.

1300년대부터는 고을의 일류 지배 신분이 향리층에서 양반층으로 변하는 과정이기도 했는데, 1400년대에 들어서면 대다수의 고을에서 양반층이 향리층보다 확실한 우위에 서게 되었다. 조선의 향리와 양반 신분 모두 고려의 향리층으로부터 분화되었다는 것은 잘 알려진 사실이다. 고을의 향리층 중 조선 초까지 계속 고을 읍치의 관아 아전이 되어 향리 신분을 유지한 경우 계속 향리 신분이 되었고, 과거 등을 통해 중앙으로 올라가 관직 생활을 하다가 친가, 처가, 외가 등의 연고로 고을에 내려온 경우에는 양반 신분이 되었다. 중앙으로 올라가 관직 생활을 하지 않고도 양반 신분이 되기도 했는데, 고려 말의 혼란 때 실직은 아니지만 중앙 관직과 관련된 첨설직(添設職)을 얻거나 군공을 세워 향리의 신분으로부터 벗어난 경우다.

일류 지배층인 양반들은 고을의 읍치를 이류 지배층인 향리들의 공간으로 인식하여 그들의 거주 공간을 읍치가 아닌 마을에 마련하였다. 양반들이 고을의 통치에 어느 정도 역할을 맡긴 했지만 통치 기구에 직접적으로 참여하지는 않았고 유향소(留鄕所) 등을 통해 간접적으로만 영향을 미쳤다. 양반들의 신분 획득과 유지는 기본적으로 고을의 통치 기구가 아니라 중앙 관직과의 관련 속에서 이루어졌기 때문이다. 그리고 조선은 유교, 그중에서도 성리학의 나라였고, 고을의 양반들 또한 성리학으로 무장하고는 조선의 모든 것을 성리학적 규범이나 질서 속에 담아내고자 하였다. 모두 성공한 것은 아니었지만 성리학적 규범이나 질서와 맞지 않으면 어떻게든 바꾸려고 시도하였고, 고을의 읍치에서 그것이 가장 잘 나타난 것이 바로 제사처였다.

조선의 읍치에는 지방관이 제사를 주관하는 제사처로 첫째, 유교 성현에게 제사지내는 향교의 문묘(文廟) 둘째, 토지신과 곡식신에게 제사지내는 사직단(社稷壇) 셋째, 고을을 지켜주는 성황신에게 제사지내는 성황사(城隍祠) 넷째, 돌림병을 예방하기 위해 주인이 없는 외로운 혼령에게 제사지내는 여단(厲壇) 네 곳이 있었다. 이 중에서 문묘는 유교 국가 조선에서 더 설명할 필요가 없는 것이고, 사직단과 여단은 명나라의 홍무예제를 본받아 3대 임금 태종 때 고을 읍치의 서쪽과 북쪽에 일률적으로 설치한 제사처이므로 역시 마찬가지다. 문제는 성황사다. 성황사의 기원 또한 중국이지만 후삼국시대와 고려 초에 수입된 통치성에 건립된 후 토착화하여 향리 신분의 정신적 고향이 되었다.

조선 전기 산성 또는 절벽 지형의 요새성에 있던 통치성은 황폐화되고, 읍치의 중심 공간으로서의 성격을 완전히 잃게 되었다. 하지만 통치성 안에 있던 성황사만은 상당수의 지역에서 아직도 건재했다. 유교 국가 조선에서도 토착화된 오랜 역사성을 쉽게 깨지 못한 것이다. 그래도 조선은 성황사의 오랜 역사성을 부수기 위해 첫째, 사람 모습의 인형이었던 성황신을 위패로 바꾸고자 둘째, 통치성 안에 있던 성황사를 통치성 아래나 밖으로 또는 새로 옮겨간 읍치 주변으로 옮기고자 부단히 노력하였다. 첫째의 노력은 거의 결실을 이루었다. 둘째의 노력 또한 조선전기에 비해 더 큰 성과를 거두긴 했지만 끝끝내 통치성 안에서 끌어내지 못한 고을의 읍치도 꽤 존재했다.

김화와 철원의 성황사에 대해서 이미 앞에서 살펴본 바 있다. 다시 정리하면 김화의 성황사는 조선전기를 대표하는 『신증동국여지승람』(1531)에도, 조선후기를 대표하는 『여지도서』에도 통치성이었던 자모산성 안에 있었고, 철원의 성황사도 통치성이었던 동주산성 안에 있었을 것으로 보인다. 이것은 조선시대의 김화와 철원의 읍치가 우리나라 고대와 중세 도시의 강력한 두 축, 즉 고을의 주요 지역이 한눈에 조망되는 통치성과 그 안의 신성한 공간에 건립된 성황사의 역사성이 강한 생명력을 유지해온 대표적인 고을 중의 하나라는 의미다.

한국전쟁의 오랜 휴전회담 기간 동안 남북 간 최대의 격전지였기 때문에 통치성과 성황사의 유적이 너무 많이 파괴된 아픔을 갖고 있다. 하지만 휴전선에 너무 가까워 1960년대 이후의 경제발전과 도시 팽창의 파괴를 경험하지 않은 행운을 갖고 있는 곳이기도 하다. 김화와 철원의 통치성과 성황사에 대한 충분한 발굴과 복원을 통해 철원군 지역 정체성의 중심으로 설 수 있기를, 그리고 우리나라 고대와 중세 도시의 대표적인 유적으로 거듭나 전국적인 관광 상품화가 이루어지기를 기대해 본다.

6. 조선의 읍치,
제한된 조건 속에서 풍수읍치를 구현하다

이미 앞에서 이야기한 바 있듯이 조선 세종(재위: 1418~1450) 때부터 중앙정부 주도로 경상도·전라도·충청도 해안가의 고을을 중심으로 풍수의 명당 논리에 따라 새로운 읍성터를 선정하여 읍치 자체를 옮기는 고을이 나타나기 시작했고, 1600년대 이후에는 고을 스스로 선택하여 옮기는 현상이 나타났다. 하지만 앞에서 이미 이야기했듯이 조선 전체의 관점에서 보면 이런 고을이 다수가 아니라 소수였으며, 모두 통계를 내보지는 못했지만 대략 30% 안팎이었다.

다수의 고을은 읍치를 옮기지 못했다. 일부 특이한 경우를 제외하면 첫째, 고려시대에 이미 고대의 통치성이었던 산성 또는 절벽지형의 요새성 아래로 내려왔다가 허허벌판의 완전 평지로 옮겨간 경우 둘째, 산성 또는 요새성 아래로 내려온 이후 다시 옮겨가지 못한 경우 두 가지 유형이었다. 철원과 김화의 읍치는 두 번째 유형이었다. 두 번째 유형의 경우에도 풍수가 고을 읍치의 권위를 표현하는 문화유전자로 자리 잡은 이후에는 이미 주어진 산줄기와 물줄기의 흐름 속에서 어떻게든 풍수의 명당 형국으로 재구조화 하고자 하였고, 이때 도시의 구조와 풍경의 모범이 되었던 도시는 당연히 그림 4와 5에서 볼 수 있는 수도 서울이었다.

1) 철원의 읍치

그림 11은 일제강점기와 현대 지도의 조선시대 철원의 읍치를 보여주고 있다. 고대 철원의 읍치는 동주산성에 있던 통치성과 그 동북쪽 아래의

일반 주거지로 이루어져 있다가 고려시대의 어느 시기에 통치의 핵심 기능까지 동북쪽의 일반 주거지로 내려왔다. 고려시대만 하더라도 고을의 읍치와 풍수는 관련이 없었다. 하지만 풍수가 고을의 읍치에서도 권위를 표현하는 핵심 논리가 된 조선에서는 이미 주어진 주변의 산과 산줄기를

그림 11. 조선시대 철원의 읍치 : 일제강점기(위)와 현대(아래)

풍수의 논리에 따라 인식하여 고을 통치의 핵심인 동헌의 위치를 새롭게 잡아서 만들어나갈 수밖에 없었을 것이다.

우연이지만 철원의 읍치에는 그림 11에서 보이는 것처럼 풍수의 명당 형국에 가까운 산과 산줄기의 흐름이 존재했다. 동주산성이 있던 가장 높은 성산이 읍치의 서남쪽에 치우쳐져 있어 아쉽게도 풍수의 주산으로 삼지는 못했지만 북쪽의 산을 주산으로 하여 좌청룡(동)-우백호(서)-안산(남)의 형세가 상당히 뚜렷하다. 그 주산 바로 아래에 동헌이 있는데, 정면에서 바라보면 하늘-주산-동헌(정문)의 3단계 풍경이 분명하게 나타나는 구조다. 간선 도로는 이 3단계 풍경이 시작되는 지점에서 남북도로와 동서도로가 교차하는 구조로 이루어졌을 것으로 추정된다.

여기서 잠깐 조선 읍치의 도시 구조에서 풍수 형국의 중심을 건물 규모가 가장 컸던 객사를 중심으로 보려는 경향에 대해 다시 한 번 말해둘 필요가 있다. 서울을 처음 만들 때 도시 구조에서 명당 형국의 중심은 선대 임금에 대한 제사를 통해 나라를 통치하는 현세 임금의 권위를 부여받거나 과시하는 종묘가 아니라 임금이 거주하며 나라를 통치하던 궁궐, 즉 경복궁이었다. 고을의 읍치에서 객사는 현세 임금에 대한 충성 의식의 망궐례를 통해 고을을 통치하는 지방관의 권위를 부여받거나 과시하는 관아로, 서울에서 종묘와 같은 역할을 했다. 읍치에서 서울의 궁궐, 즉 경복궁에 해당하는 곳은 지방관이 거주하며 고을을 통치하던 동헌이었다. 따라서 고을에서 가장 큰 규모의 관아는 객사였지만 풍수 형국의 중심은 동헌이었다.

그림 12는 최초본이 1720년 안팎에 편찬된 규장각 소장 『해동지도』와 1872년에 제작된 그림식 고을지도 속 철원 읍치의 모습이다. 비록 읍치의

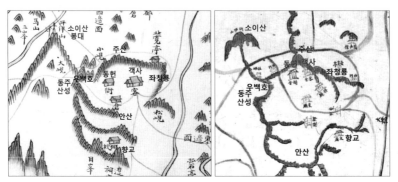

그림 12. 규장각 『해동지도』(좌) / 1872년 지방지도(우)

중심이 동헌인지 객사인지 분명하게 표현되지는 않았지만 주산-좌청룡-우백호-안산이란 풍수의 명당 형국으로 그려져 있다. 산줄기의 전체적인 흐름은 실제 모습과 비슷하기 때문에 특별한 것은 아니다. 다만 주산의 모습과 좌청룡의 흐름, 주산에서 우백호로 이어지는 산줄기의 흐름을 실제보다 더 강조하여 그려서 풍수의 전형적인 명당성을 부각시키고 있다.

2) 김화의 읍치

그림 13는 일제강점기의 조선시대 김화의 읍치를 보여주고 있다. 고대 김화의 읍치는 자모산성에 있던 통치성과 그 동남쪽 아래의 일반 주거지로 이루어져 있다가 고려시대의 어느 시기에 통치의 핵심 기능까지 동남쪽의 일반 주거지로 내려왔다. 그리고 풍수가 고을의 읍치에서도 권위를 표현하는 핵심 논리가 된 조선에서는 이미 주어진 주변의 산과 산줄기를 풍수의 논리에 따라 인식하여 고을 통치의 핵심인 동헌의 위치를 새롭게 잡아서 만들어나갈 수밖에 없었을 것이다.

그런데 북쪽의 봉우리(310.7m)를 주산으로 삼을 수는 있지만 좌청룡

그림 13. 조선시대 김화의 읍치

(동)으로 설정할 수 있는 산줄기가 형성되어 있지 않다. 또한 주산에서 서쪽으로 산줄기가 뻗어 있지만 읍치를 감싸는 형세의 우백호가 되기는 어려우며, 남쪽에도 산과 산줄기가 있기는 하지만 주산과 마주보는 형세의 안산을 설정하기도 쉽지 않다. 따라서 조선시대 김화의 읍치는 풍수의 명당 형국이란 관점에서 주산만 설정할 수 있는 불완전한 모습일 수밖에 없는데, 그렇다고 풍수의 명당성에 대한 인식을 포기했다고 볼 필요는 없다.

조선의 고을에서는 읍치 바로 주변의 산과 산줄기로 풍수의 명당 형국을 갖추지 못했을 경우 조산과 숲의 조성, 풍수 지명으로의 개명 등을 통해 다양한 비보풍수를 행하여 부족한 풍수의 명당 형국을 만들어 나갔다. 그래도 어려운 경우 읍치 바로 주변이 아니라 더 큰 범위에서, 심한 경우는 고을 전체로 확장시켜서 풍수의 명당 형국을 보고자 하였다. 철원의 읍치와 달리 바로 주변의 산과 산줄기에서는 풍수의 전형적인 명당 형국을

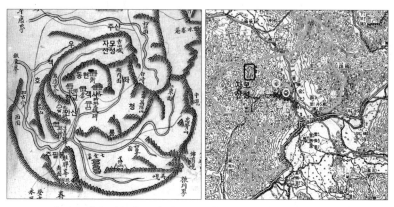

그림 14. 규장각 『해동지도』(좌)와 일제강점기 지형도(우) 위 김화 읍치의 풍수

만들어낼 수 없었던 김화의 읍치에서도 그런 현상이 나타났는데, 그림 14
이 그것을 잘 보여주고 있다.

그림 14의 왼쪽은 규장각 『해동지도』의 김화 지도에 그려진 산과 산줄
기의 흐름으로, 자모산성이 있는 성제산을 주산으로 하여 주산-좌청룡-
우백호-안산이란 전형적인 명당 형국을 잘 보여주고 있다. 물줄기 흐름도
주산과 좌청룡 사이에서 하나가, 주산과 우백호 사이에서 하나가 발원하
여 읍치 앞에서 만나고 안산 옆을 지나서 바깥쪽의 객수에 합류되고, 객수
와 합류되는 지점에는 주필봉, 즉 풍수의 조산이 솟아나 있다. 그리고 동
헌과 객사가 있는 김화의 읍치는 주산에서 뻗어 내린 산줄기가 포근히 감
싸는 곳에 자리 잡고 있다. 아마 이보다 더 풍수의 명당 형국을 그리기는
쉽지 않을 것이라고 본다.

그림 14의 오른쪽은 『해동지도』의 김화 지도에 그려진 산과 산줄기의
흐름을 일제강점기의 지형도 위에 그린 것이다. 읍치 바로 주변이 아니라
꽤 넓은 범위에서 주산-좌청룡-우백호-안산이란 명당 형국을 바라보고

있음을 알 수 있다. 그리고 『해동지도』의 김화 지도에서 읍치 남쪽 평지의 멀리에 있던 주필봉을 마치 읍치 가까이에 있는 것처럼 그렸음도 확인할 수 있다. 결국 김화의 읍치는 읍치 바로 주변에서 실현시킬 수 없는 풍수의 명당 형국을 꽤 넓은 범위에서 바라보면서 실현시킨 대표적인 사례 중의 하나라고 말할 수 있다.

한국전쟁 후 김화 읍치는 휴전선에서 너무 가까워 지금은 건물과 도로 등 모든 구조가 사라지고 농경지로 변해 조선시대의 읍치 모습을 전혀 찾을 수 없다. 따라서 읍치의 도로구조와 풍경을 말하기가 쉽지는 않지만 동헌의 풍경에 대해 이런 추론은 할 수 있다. 동헌에서 눈으로 확인할 수 있는 실질적인 주산은 자모산성이 있는 성제산이 아니라 그로부터 동남쪽으로 뻗어나가다 솟아난 봉우리(310.7m)다. 그리고 그림 13의 일제강점기 지형도에서 주산-동헌과 일직선의 진입로가 확인되고 있는데, 이 진입로의 시작점에서 동헌을 바라보면 하늘-주산-동헌(정문)의 3단계 풍경이 나타났을 것으로 판단된다. 그리고 자모산성이 있는 성제산도 같은 방향에 있기 때문에 하늘-성제산·주산-동헌(정문)의 중첩적인 3단계 풍경이 나타났을 가능성도 있다.

철원과 김화의 읍치는 휴전선에서 너무 가까워 극도로 축소되거나 완전히 파괴됨에 따라 옛날 읍치의 모습을 알아보기 힘든 아픔을 갖고 있다. 하지만 그 아픔 때문에 1960년대부터 시작된 급속한 경제성장과 도시 팽창의 결과 조선시대의 읍치 모습을 복원하기 어려울 정도로 파괴되는 또 다른 아픔을 피할 수 있는 행운을 가졌다. 앞으로 철원과 김화의 두 읍치에 대한 철저한 발굴, 지도와 여러 자료를 통한 철저한 고증을 통해 조선시대의 읍치를 복원할 수 있다면 전국에서 손꼽히는 전통시대 역사 관광

상품을 개발할 수 있을 것이라고 본다. 특히 고대의 통치성이었던 철원의 동주산성과 김화의 자모산성도 가까이에 있어 우리나라의 고대부터 고려-조선을 거쳐 한국전쟁 그리고 현대에 이르는 우리나라 도시 역사의 풍부한 스토리텔링이 만들어질 수 있는 최적지 중의 한 곳이다.

7. 철원도성,
궁예의 꿈과 좌절을 담고 있는 수도

『삼국사기』의 신라본기와 열전 궁예전에는 궁예가 903년에 도읍을 옮기려고 철원과 부양(평강)에 이르러 산수를 두루 살펴보았고, 904년 7월에는 청주 고을의 인호 1천을 옮겨 철원성으로 들이고 수도로 삼았으며, 905년 2월에 새로운 수도로 들어가 대궐과 누대를 수리하였는데 극히 사치스러웠다고 기록되어 있다. 이후 궁예는 918년 6월 14일에 있었던 왕건의 역성혁명으로 몰락하여 죽음을 맞이하였고, 왕건은 다음날인 6월 15일에 새로운 나라 고려를 개국하고는 919년 1월에 송악(개성)으로 수도를 옮겼다. 이로써 철원은 15년 가까운 수도로서의 기능이 정지되고 일반 고을이 되었다.

그림 15에서 보는 것처럼 철원도성은 직사각형에 가까운 외성이 북북동-남남서 방향을 취하고 있었고, 내성도 같은 방향으로 약간 서쪽에 치우쳐져 있었다. 궁궐은 내성 안쪽에, 외성 전체의 차원에서 보면 북쪽으로 치우쳐져 있었다. 철원도성의 위치는 휴전선이 가운데를 지나가는 비무장지대 안에 조선시대 풍천원이라 불리는 허허벌판의 한가운데에 있었다.

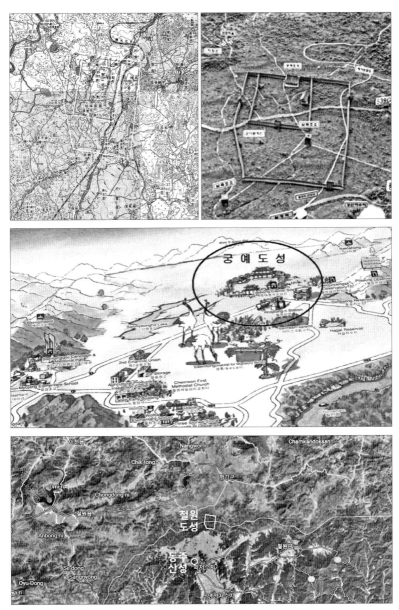

그림 15. 궁예의 철원도성 : 일제강점기 지형도 / 모형 / 관광안내도 / 구글지도

뒤쪽에 해당되는 북북동쪽으로도, 앞쪽에 해당되는 남남서쪽으로도 우리나라의 내륙에서 가장 넓은 철원 평야가 끝없이 펼쳐진다. 규모에서는 차이가 있지만 전체적인 입지와 도시의 구조라는 관점에서 철원도성은 618년에 건국되어 907년에 멸망할 때까지 동아시아 초강대국으로 군림했던 당나라의 수도 장안(長安)과 유사하다.

그러면 궁예가 직접 철원과 부원(평강) 지역의 산천을 두루 살펴 도성의 터를 잡아 건설한 후 철원도성으로 수도를 옮긴 이유는 무엇일까? 우리나라 사람들은 잘 모르는 것 같은데, 송악은 우리나라의 역사에서, 나아가 세계의 역사에서 풍수의 명당 논리에 따라 주산-좌청룡-우백호-안산이란 명당 형국이 분명한 곳에 건설된 최초의 수도이다. 그런데 철원도성은 산과 산줄기가 뒤쪽으로 10km 이상, 앞쪽으로 5km 이상 떨어진 허허벌판의 한가운데에 자리 잡고 있어서 주산-좌청룡-우백호-안산이란 명당 형국을 전혀 설정할 수 없다. 게다가 남북으로 긴 직사각형의 외성과 내성, 궁궐이 북쪽에 있는 모습은 당나라의 장안을 닮았다.

도시의 입지와 구조라는 관점에서 볼 때 궁예는 풍수도시 송악을 거부하고 당나라의 장안과 같은 도시를 건설하여 수도로 삼고자 했던 것이다. 그럼 궁예는 송악을 거부하고 왜 당나라의 장안과 같은 수도를 갖고 싶어 했던 것일까? 『고려사』 세가의 태조총서에는 송악이 조선·숙신·변한의 땅에서 왕이 될 수 있는 곳이라는 대목이 나오는데, 당시 동아시아 천하의 관점에서 이들 지역은 중심이 아니라 동쪽과 동북쪽의 변방이다. 반면에 철원도성이 닮고자 했던 장안을 수도로 삼았던 당나라는 동아시아 천하의 핵심을 장악한 후 사방의 변방에 강력한 영향력을 발휘하던 초강대국이었다.

이렇게 대비해 본다면 앞의 물음에 대한 답을 찾을 수 있다. 궁예는 동아시아 천하의 동쪽과 동북쪽 변방을 통일하는 왕이 아니라 동아시아 천하의 핵심을 차지한 후 사방의 변방까지 아우르거나 그것이 어렵다면 당나라처럼 강력한 영향력을 발휘하는 초강대국을 건설하고자 했던 것으로 볼 수밖에 없다. 궁예는 철원도성을 수도로 삼은 904년에 국호를 고려에서 마진(摩震)으로 바꾸고, 연호를 무태(武泰)라고 하였다. 이때의 국호인 마진의 의미에 대해 다양한 견해가 있지만 필자가 보기에는 이병도의 견해가 가장 타당한 것 같다. 즉, 마진은 '마하신단(摩訶震旦)'의 줄임말로서, 원래는 인도인이 중국을 지칭한 명사인데 그 이름이 확대되어 동방 전체를 의미하는 대동방국(大東方國)이란 의미를 갖고 있었다는 풀이다.

궁예는 당나라를 대체하여 동아시아 천하의 중심을 차지하는 대동방국을 건설하는 꿈을 가졌고, 조선·숙신·변한의 땅에서 왕이 될 수 있는 송악은 그의 그러한 꿈을 담아낼 수 없었기 때문에 버리고는 그의 꿈을 담아낼 수 있는 당나라의 장안과 닮은 철원도성을 건설하여 수도를 옮긴 것이다. 이런 해석에 많은 이들이 허망하다거나 비합리적으로 볼 가능성이 있다. 하지만 이것은 우리나라 사람들의 쪼그라든 사고방식 때문에 역사 기록과 유적의 의미를 제대로 읽지 못하는 것을 보여줄 뿐이다. 가깝게는 인구가 적은 몽골과 만주족이 동아시아를 제패할지, 멀리 유럽의 섬나라 영국과 그 영국으로부터 독립한 힘없던 미국이 세계를 제패할지 그 당시에는 누구도 알지 못했다. 미래는 모르는 것이다.

궁예는 철원도성으로의 천도 후 포악한 정치를 일삼음으로써 그 스스로 자신의 포부를 이룰 가능성을 제로로 만드는 원인을 제공했다. 왕건은 대동방국을 만들겠다는 궁예의 포부가 우리나라의 실질적인 힘과 역량을 고려할 때 불가능할 것이라고 본 것 같다. 그는 조선·숙신·변한의 땅 대부분을 차지하며 호령했던 고려란 국호를 다시 사용하였고, 수도도 대동방국을 아우르고자 했던 궁예의 포부가 서려있는 철원도성을 버리고 조선·숙신·변한의 땅에서 왕이 될 수 있다는 송악으로 천도하였다. 필자는 궁예가 옳고 왕건이 옳지 않았다거나 그 반대를 말하려고 하는 것이 아니다. 지금의 관점이 아닌 당시의 관점에서 기록과 유적에 담긴 역사의 의미를 선입견 없이 전하고자 할 뿐이다.

참고문헌

● 필자의 저서

『산을 품은 왕들의 도시, 서울편 1: 서울 풍경의 탄생』(2023, 평사리)

『산을 품은 왕들의 도시, 서울편 2: 서울 풍경의 확산』(2023, 평사리)

『산을 품은 왕들의 도시, 신라편: 풍수의 탄생과 확산』(2024, 평사리)

『우리고을 명당이라오』(2023, 덕주)

『육백리 퇴계길을 걷다』(공저, 2022, 덕주)

『조선 최고의 개발자 김정호, 내 삶은 항상 신제품 개발이었다』(2021, 덕주)

『하늘의 나라 신화의 나라』(2021, 덕주)

『잃어버린 우리말 땅이름』(2021, 새문사)

『독도는 환상의 섬인가?』(공저, 2020, 소수출판사)

『우산도는 왜 독도인가』(2020, 지식산업사)

『임금의 도시, 서울의 풍경과 권위의 연출』(2017, 사회평론)

『천년의 길』(2016, 소수출판사)

『땅과 사람을 담은 우리 옛 지도』(2014, 사계절)

『근대를 들어올린 거인, 김정호』(2011, 새문사)

『조선의 지도 천재들』(2011, 새문사)

『평민 김정호의 꿈』(2010, 새문사)

『조선의 도시, 권위와 상징의 공간』(2008, 새문사)

『지리학교실, 강의를 통해 만난 주제와 해석』(2007, 논형)

『고대도시 경주의 탄생』(2007, 푸른역사)

● 필자 편찬 국립중앙도서관 지명 연구 총서

『고지도를 통해 본 서울지명연구』(2010)

『고지도를 통해 본 경기지명연구』(2011)

『고지도를 통해 본 충청지명연구 1』(2012)

『고지도를 통해 본 충청지명연구 2』(2014)

『고지도를 통해 본 전라지명연구 1』(2015)

『고지도를 통해 본 전라지명연구 2』(2016)

『고지도를 통해 본 경상지명연구 1』(2017)

『고지도를 통해 본 경상지명연구 2』(2018)

『고지도를 통해 본 강원지명연구』(2019)

* 고지도를 통해 본 지명연구는 한국고문헌종합목록의 누리집(http://www.nl.go.
  kr/korcis/index.do)에서 '정보서비스→자료실'의 순서로 찾아가면 모든 자료
  의 pdf 파일을 다운받을 수 있습니다.

철원·김화지역의 교통로 변화와 읍치(邑治)의 이동

김종혁

강원대 연구교수·역사지도공작소 소장

1. 철원·김화의 역사지지(歷史地誌)

1) 철원과 김화의 지리환경

조선시대 강원도의 26읍 가운데에는 철원과 김화도 있었다. 철원은 읍격이 도호부(종 4품)이었고, 김화는 현감(종 6품)이었으니 읍격만 두고 보면 철원이 김화보다 읍세가 더 컸던 것으로 짐작할 수 있다. 두 읍 모두 임진강 유역에 속하지만, 임진강의 제1 지류인 한탄강 유역에 속한다. 한탄강은 평강에서 발원하여, 김화와 철원을 흐르고, 포천과 연천군 전곡읍에서 임진강 본류로 들어간다. 김화는 남대천 유역이고, 포천은 영평천 유역

에 속한다. 이 두 하천이 한탄강의 양대 지류이다. 한편 연천군 동부 지역
인 신서면, 연천읍, 청산면, 전곡읍 역시 한탄강 유역에 속한다.

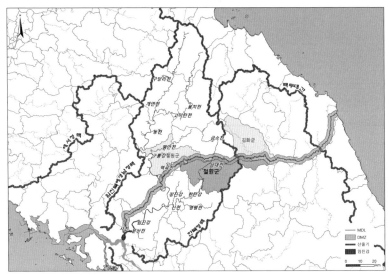

그림 1. 임진강 유역과 철원의 위치 (※ 이하의 편집도는 모두 필자가 제작함)

최상류 유역의 평강, 그 하류역에 김화와 철원, 그리고 다시 그 아래
에 포천과 연천의 동부지역, 이렇게 5개 읍이 한탄강 유역권에 속한다. 한
북정맥과 임북북예성남정맥 사이가 임진강 유역이다. 철원은 북쪽과 동
쪽이 지세가 높다. 한탄강 본류와 양대 지류의 하나인 남대천이 발원하
는 곳이다. 지세는 남쪽으로 내려올수록, 그리고 중앙부에 가까워질수록
낮아지고, 한탄강 건너 서쪽으로 더 가면 임진북예성남정맥을 만나기 전
에 임진강 본류와 한탄강 본류 사이에서, 두 정맥보다는 높지 않지만 그래
도 300m 내외의 산줄기가 다시 한번 고도를 높인다. 한북정맥은 철원 부
근에서 삼천봉(825m)-승암현(705m)-적근산(1,073m)-마현(558m)-대성산

(1,175m)-수피령(755m)-복주산(1,152m)-하오현(732m)-(1027m 산봉-회목현 831m)-상해봉(1,019m)-광덕산(1,044m)으로 이어진다.

이후 철원군의 외곽 산줄기는 포천군과 경계를 이루는데, 광덕산-자등현(423m)-명성산(922m)으로 이어지다가 갈말읍 강포리 부근에서 한탄강 본류에 의해 끊어진다. 이 부근에서 한탄강 연안의 저지는 해발고도가 130~140m 내외이다. 한탄강을 건너면 고도는 다시 올라가는데, 포천과의 경계 지점에 있는 금학산(947m)과 연천과의 경계를 이루는 고대산(832m)이 한탄강 유로와 멀지 않아 동쪽 사면이 급경사를 이룬다. 이 산줄기는 한탄강의 지류로 연천읍 시가지를 관통하며 흐르는 차탄천과 한탄강 본류를 가르는 분수계이다. 즉 한탄강 유역권 내의 내부 지맥이다. 고대산 서쪽으로 얼마 가지 않아 산줄기는 다시 급격히 낮아져 연천군 신서면 대광리와 철원읍 율이리 사이에서 해발고도 130m까지 떨어진다. 이곳은 차탄천의 최상류 지점이기도 한데, 이 협곡을 따라 경원선 철도가 놓여 있다.

한북정맥 위에는 삼천봉(825m), 광덕산(1,046m), 복주산(1,152m), 복계산(1,057m), 대성산(1,174m) 등 1,000m 이상의 고봉이 연속되며, 사이사이에 승암현(705m), 사동령(889m), 수피령(755m) 등 북한강 유역을 잇는 주요 고개들도 험준하다. 한편 연천이나 장단, 포천, 파주 등의 하류지역은 지세가 평평하여 한탄-임진강 뱃길뿐 아니라 육로로도 잘 연결되어 있다.

2) 철원의 영역 변동과 치소의 이동

철원은 고구려 때에 철원(鐵圓)이었고, 고려 초기에는 동주(東州)였다. 철원이 지금의 철원(鐵原)이 된 것은 고려 말 충선왕 때, 1310년이었다. 철

그림 2. 조선시대 철원 치소의 위치(1918)

원은 조선 초기에 경기도 소속이었는데, 1434(세종 16)년에 강원도로 옮겨
갔다. 철원의 읍격은 1413년부터 읍격이 모두 군으로 단일화되는 1895년
까지 계속 도호부(종 3품)였다. 강원도에서는 강릉이 대도호부(정 3품), 원
주가 목(정 3품)으로 가장 높았고, 이어서 철원과 함께 회양, 양양, 춘천, 삼
척이 내내 도호부였다.

조선시대에 철원의 치소는 오늘날 철원읍 관전리, 사요리, 중리 일대

이다. 『여지도서』 철원부 방리(坊里) 조에 따르면 철원의 중심지는 서면이었다. 대체로 치소가 위치한 면의 이름은 군내면, 현내면, 읍내면, 주내면, 부내면 등으로 명명되는데, 철원은 부내면이 없다.[1] 서면에는 읍내관동리, 중리, 월음리, 와요산리, 율지리 등의 소속 리가 있었는데, 일부는 지금도 그대로 이름이 남아 있다. 한편 산천 조에는 소이산(所伊山)이 '관아의 서쪽 5리에 있다. 평평한 들판에서 우뚝 솟아 있다. 누구는 읍터의 후맥이라 하고, 또 다른 이는 읍의 뒷산으로부터 온다고 한다'고 기술되어 있다. 일제시기 1:50,000 지형도(1917년 측도, 1919년 발행; 이하 '3차 지형도'로 약함)에도 위 취락명과 군청 서쪽에 소이산이 보인다(그림 2). 목측(目測)으로 제작한 1890년 중반의

그림 3. 1890년대 중반 철원 치소

1:50,000 지형도(그림 3. 1차 지형도)에 철원의 중심 마을은 '상와요'이고, 시가지가 형성된 곳의 해발고도는 258m이다. 치소는 북쪽의 작은 구릉지를 포함하면 사방이 높지 않은 산지로 둘러싸여 아늑한 느낌을 주는 곳에 자리를 잡았다.

〈그림 4〉는 2차 지형도에, 그리고 〈그림 5〉는 3차 지형도에 표현된 철원 치소이다. 『여지도서』의 와요산리가 2차 지형도에서도 그대로 사용되었고, 3차 지형도에서는 사요

---

1) 『여지도서』에 철원도호부에는 북, 무장, 서, 동, 어은동, 갈종, 송내, 외서, 관인면 등 모두 9개의 면이 있었다.

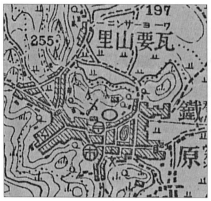

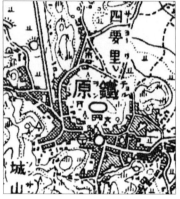

그림 4. 철원읍 시가지(1911년 측도, 1913년 발행)　　　그림 5. 철원읍 시가지(1917년 측도)

리가 되었다. 현재의 사요리이다. 합병 직후 철원 군청이 작은 구릉지의 남록에 자리를 잡았다. 조선시대 동헌(치소) 자리이다(그림 6). 군청 서쪽에는 헌병대가, 남쪽에는 우편전신국과 시장, 그리고 학교가 위치해 있었다. 시가지는 환상도로 안에 있는 작은 구릉지와 그 남쪽의 구릉지 사이에 분포한다.

　　3차 지형도에는 구릉지 남록에

그림 6. 해동지도(18세기 중반)

군청, 신사, 학교가 환상도로 안에 있고 그 밖에 (철원)면사무소, 우편국이 있다. 지금 관전리 마을회관이 면사무소가 있던 자리이고(그림 8), 군청 자리는 군부대가 꿰찼다. 시가지 대부분은 한국 전쟁 당시 소실되어 현재는 대부분 논과 도로, 그리고 일부 취락지로 이용되고 있다(그림 7-9).

그림 7. 옛 철원 치소터(2015)

그림 8. 관전리 마을회관(일제 면사무소 터, 2023)

그림 9. 마을회관 앞 관전리 마을(2023)

조선시대에 김화의 읍격은 대
대로 현감(종 6품)으로 낮았다. 치소
위치는 일제시기 행정구역 기준으
로 김화군 김화면 중리로 비정된
다. 1910년대 지형도에 김화 읍내
에는 군청과 면사무소, 우편국은
물론, 시장, 학교, 병원, 도살장, 그

그림 10. 1910년대 김화 읍내
(※ 이하의 편집도는 모두 필자가 제작함)

리고 병영까지 설치되어 있었다. 중리와 생창리에 형성된 1910년대 김화
의 시가지 규모는 철원과 큰 차이가 없었다.

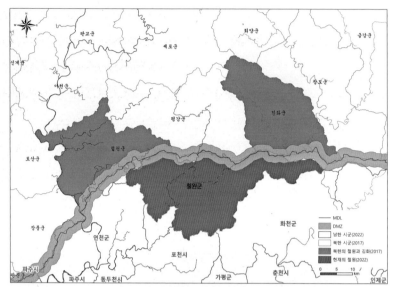

그림 11. 현재의 철원(남한 2022, 북한 2017)

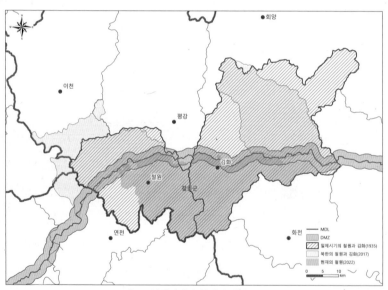

그림 12. 일제시기의 철원과 김화(1935)

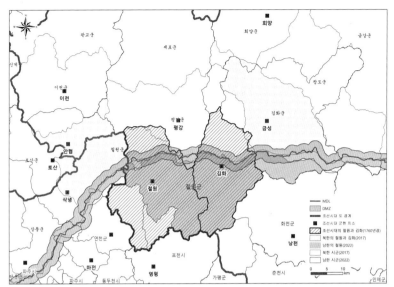

그림 13. 조선시대의 철원과 김화(1760년 경)

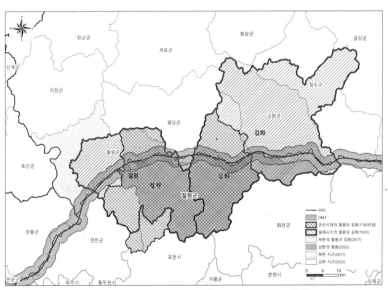

그림 14. 철원과 김화의 행정구역 변동(1760, 1935, 현재)

철원·김화지역의 교통로 변화와 읍치(邑治)의 이동　　**65**

강원도는 남한뿐 아니라 북한에도 있다. 시군급에서는 철원군, 고성군 (이상 강원도) 그리고 옹진군이 남·북한이 공유하는 이름이다. 김화는 조선시대는 물론 일제시기에도 존재했다. 1914년에 금성군과 김화군은 김화군으로 통합되었고, 전술했듯이 김화면 중리에 군청을 두었다. 한국 전쟁 이후에는 기존의 김화군 가운데 남부의 일부 지역이 철원군에 편입되었다. 오늘날 철원군 근북면, 근동면, 김화읍, 서면, 근남면, 원남면, 원동면, 임남면 등 8개 면이 일제시기 김화군 땅이었고, 이 가운데 원남·원동·임남 세 면은 조선시대에 금성군 땅이었다. 현재 북한의 김화군은 1읍 1구 13리로 편제되었는데, 군청은 일제시기 기준 김화군 금성면 상리에 있었다. 조선시대에 금성현 치소 자리이다. 한편 현재 북한의 철원군은 1읍 36리로 편제되어 있는데, 군청은 일제시기 기준 안협면 읍내리에 있다. 옛 조선시대 안협현의 치소이다.

간단히 정리하면, 오늘날 철원군 서쪽의 세 면 철원·동송·갈말읍은 일제시기에 철원군 소속이었고, 나머지 동쪽 지역은 김화군 소속이었다. 철원군은 1914년에 기존의 철원군과 삭녕군의 동부 지역을 포함하여 영역이 넓어졌고,

그림 15. 현재의 철원군청과 1910년대 갈말면 지포리

김화군은 기존의 금성군 전체를 병합하여 영역이 두 배 이상 늘었다. 조선시대에 철원의 치소는 현재 철원읍 중리 일대로 일제시기까지 이어졌다. 철원 군청이 현재의 갈말읍 신철원리에서 새로 움을 튼 것은 1954년이다. 이곳은 일제시기 갈말면 지포리 일대이고, 군청 자리에는 보막마을이 있

었다.

현재 북한의 철원군은 조선시대에 철원군 일부와 안협군 일부, 삭녕군 일부를 합한 것이다. 이 중에서는 삭녕군 땅이 가장 넓다. 일제시기에는 북부 지역 약 1/3이 이천군 소속이었고, 그 아래는 철원군과 연천군 땅이었다. 현재 철원의 중심지는 일제시기에 이천군 안협면 읍내리로 조선시대에 안협의 치소였다. 한편 북한 김화군은 조선시대에 금성군 땅이었고, 일제시기에는 김화군이었다. 현재 김화의 군청은 일제시기 김화군 금성면 상리에 있다. 이 곳 역시 조선시대 금성현의 치소였다. 조선시대 금성현의 치소가 현재 김화군의 중심지가 되었고, 마찬가지로 조선시대에 안협현의 치소가 현재 북한 철원군의 중심지가 되었다. 군 이름만 바뀌었을뿐, 조선시대의 지역 중심지가 여전히 그 기능을 유지하고 있다.

3) 철원의 인구 변동

『호구총수』(1789)에 철원군과 김화군의 인구는 1만 5,610명(남 8,283명, 여 7,327명)과 1만 3,082명(남 5,610명, 여 7,472명)이고 인구밀도는 각기 21.7명(전국 순위 256위)과 26.6명(전국 335군 가운데 235위)이었다. 인구 수로는 철원군의 순위가 166위, 김화군은 193위이다. 인구 수 및 인구밀도 순위 모두 중·하위권에 속한다. 인구가 기본적으로 적은 지역이라 할 수 있으며, 인구밀도의 순위가 인구 수의 순위보다 낮은 것으로부터 철원과 김화 두 지역은 인구 수에 비해 군의 면적이 넓다는 것을 알 수 있다. 이는 비거주 지역의 비율이 높다는 것을 의미하고, 곧 거주지로서의 환경이 양호하다기보다는 척박한 편이라고 추정할 수 있다.

1935년에 철원군의 인구는 9만 1,427명으로, 전국 237개 부군 가운데 102위이다. 전국 평균은 9만 6,620명이다. 동년 인구밀도는 108명/㎢으로 전국 순위는 142위로 역시 인구밀도가 인구 수에 비해 더 낮다. 전국 평균은 549명/㎢이다. 김화군의 인구는 9만 7,844명으로 전국 순위가 철원보다 높은 84위이다. 그러나 인구밀도는 63명/㎢로 전국 190위이다. 금성군을 병합하면서 면적이 크게 늘었기 때문이다. 한편 강원도 21개 군 가운데 인구 수로 철원군은 5위, 김화군은 2위였다. 당시 인구가 가장 많았던 곳은 강릉군이고, 삼척군과 춘천군이 3위와 4위를 기록했다.

표 1. 강원도의 인구(1925-35)

부군	1935	1930	1925
강릉군	104,300	92,507	80,905
김화군	97,844	92,622	81,183
삼척군	93,278	85,054	78,288
춘천군	92,308	83,352	79,801
철원군	91,427	80,479	69,825
홍천군	90,172	77,245	73,541
평창군	82,706	84,779	75,478
회양군	82,044	83,886	70,234
횡성군	79,587	71,842	63,458
원주군	78,826	72,691	69,513
이천군	77,676	74,046	66,170
울진군	77,133	69,427	63,040
인제군	76,456	78,631	66,259
양양군	70,053	64,670	59,756
영월군	69,558	67,788	62,749
평강군	68,913	62,228	51,749
고성군	67,318	53,057	46,529
통천군	55,847	53,587	45,888
양구군	54,814	52,124	48,975
정선군	52,006	47,464	44,420
화천군	43,008	40,236	34,591

　철원군과 김화군은 1925년 대비 1930년 인구증가율이 15.3%와 14.1%로 전국 45위와 50위, 강원도 내에서는 6위와 8위로 상위권에 속했다. 1930년 대비 1935년에는 인구증가율이 각기13.6%와 5.6%로, 전국 순위가 철원은 37위로 상승했고, 김화는 150위로 급락하였다. 강원도 내에서는 3위와 14위를 기록했다. 1925년부터 10년 동안 두 군 모두 인구는 증가했지만, 철원은 꾸준히 증가세를 유지한 반면, 김화는 하반기 5년 동안 증

표 2. 철원군과 김화군의 인구와 인구증가율(1925-35)

군	읍/면	인구 수(명)			인구증가율(%)		
		1925	1930	1930	25-30	30-35	25-35
김화군	근남면	6,761	7,876	7,137	16.5	(9.4)	5.6
	근동면	6,678	6,834	7,070	2.3	3.5	5.9
	근북면	7,169	7,482	8,711	4.4	16.4	21.5
	금성면	6,520	7,330	7,429	12.4	1.4	13.9
	기오면	8,656	9,405	11,696	8.7	24.4	35.1
	김화면	6,684	8,009	9,271	19.8	15.8	38.7
	서면	5,233	5,525	5,966	5.6	8.0	14.0
	원남면	7,411	8,050	8,114	8.6	0.8	9.5
	원동면	5,765	6,900	7,937	19.7	15.0	37.7
	원북면	5,717	7,413	6,710	29.7	(9.5)	17.4
	임남면	7,193	9,383	9,738	30.4	3.8	35.4
	통구면	7,396	8,415	8,065	13.8	(4.2)	9.0
철원군	갈말면	7,323	7,499	7,741	2.4	3.2	5.7
	내문면	5,104	4,750	5,010	(6.9)	5.5	(1.8)
	동송면	8,194	10,444	11,129	27.5	6.6	35.8
	마장면	5,590	5,925	6,544	6.0	10.4	17.1
	무장면	5,360	6,324	6,829	18.0	8.0	27.4
	북면	6,645	9,050	10,952	36.2	21.0	64.8
	신서면	5,964	6,210	6,052	4.1	(2.5)	1.5
	어운면	6,970	8,673	10,122	24.4	16.7	45.2
	인월면	5,967	6,146	7,172	3.0	16.7	20.2
	철원면	12,708	15,458	19,876	21.6	28.6	56.4
철원군		69,825	80,479	91,427	15.3	13.6	30.9
김화군		81,183	92,622	97,844	14.1	5.6	20.5
강원도		1,332,352	1,487,715	1,605,274	11.7	7.9	20.5
전 국		19,522,945	21,058,299	22,899,038	7.9	8.7	17.3

자료 : 국세조사 각 년도

가세가 둔화되었다.

　1935년 철원군 인구 9만 1,427명 가운데 1/5이 넘는 1만 9,876명 (21.7%)이 철원읍에 살았다. 이어서 동송면, 북면, 어운면, 갈말면 순으로 인구가 많았는데, 당시 1읍 9면 가운데 이 5개 면에 5만 9,820명(65.4%)이 거주하였다. 위 5면 가운데 북면을 제외한 4개 면이 오늘날 철원군에 속한다. 최소한 인구분포 면에서 일제시기의 철원군의 주요 지역은 북한 철원군보다는 남한 철원군이었음을 알 수 있다. 한편 김화군에서는 인구 97,844명 가운데 기오면의 인구가 1만 1,696명(12.0%)가장 많았다. 전체 12개 면 가운데 특별히 인구가 집중된 곳 없이 면 인구 비율이 6.1~12.0% 사이에서 분포한다. 오늘날 철원군에 속하는 김화면(9,271명), 원남면(8,114 명), 근남면(7,137명), 서면(5,966명) 등 4면의 인구는 3만 488명(31.2%)으로 모두 1만 명 미만이었다. 김화면과 원남면은 12면 가운데 세번째와 다섯번 째로 인구가 많았고, 원남면은 10번째, 서면은 12번째로 가장 적었다.

　2023년 8월 기준 철원의 인구는 4만 1,554명이다. 이 가운데 남자가 2 만 1,535명(51.8%), 여자가 2만 19명(48.2%)으로 성비가 107.6의 남초 지역 이다. 세대 수는 2만 500세대이고, 세대당 인구가 2.03명으로 전국 평균 (2.31명, 2022년)에 미치지 못한다. 4읍 7면 1출장소 중에 인구가 가장 많은 곳은 동송읍(14,210명, 34.2%)이고, 갈말읍(11,673명, 28.1%)과 철원읍(5,053 명, 12.2%)이 뒤를 따른다. 세 읍이 철원군 인구의 3/4를 차지한다. 일제시 기에 김화군 땅이었던 근동·원동·원남·임남면에는 인구가 없으며, 김 화읍과 서면, 서면와수출장소, 근남면, 근북면에 1만 618명(25.6%)이 거 주한다. 1935년에도 두 군의 22읍면 가운데, 오늘날 철원·동송·갈말 3 읍에 해당하는 당시 철원읍과 동송·어운·갈말면 등 1읍 3면의 인구가

25.8%(48,868명/189,271명)를 차지하였다. 최소한 일제시기부터 철원군의 중심지역은 현재의 3읍이었다. 다만, 이 중에서도 최고차 중심지가 일제시기의 철원읍에서 현재에는 동송읍으로 이전했다는 특징을 지닌다. 군 단위에서 중심지가 이전하는 사례는 흔치 않은데, 주지하듯 철원의 경우는 한국전쟁이라는 변수 때문에 가능했다. 한편, 또 한가지 철원의 특수한 인구현상의 하나는, 군청이 소재한 읍의 인구가 군내 최다 인구지가 아니라는 것이다. 인구가 가장 많은 읍은 동송읍이지만, 군청은 갈말읍에 있다.

표 3. 철원군의 인구(2023.8)

행정기관	인구 수(명)			구성비(%)			성비	세대수	세대당 인구
	계	남	여	계	남	여			
철원군	41,554	21,535	20,019	100.00	51.82	48.18	107.57	20,500	2.03
철원읍	5,053	2,585	2,468	12.16	6.22	5.94	104.74	2,399	2.11
김화읍	3,240	1,730	1,510	7.80	4.16	3.63	114.57	1,577	2.05
갈말읍	11,673	6,180	5,493	28.09	14.87	13.22	112.51	5,770	2.02
동송읍	14,210	7,199	7,011	34.20	17.32	16.87	102.68	6,951	2.04
서면	1,742	963	779	4.19	2.32	1.87	123.62	1,009	1.73
서면와수 출장소	3,493	1,754	1,739	8.41	4.22	4.18	100.86	1,663	2.10
근남면	2,044	1,077	967	4.92	2.59	2.33	111.38	1,073	1.90
근북면	99	47	52	0.24	0.11	0.13	90.38	58	1.71
근동면	0								
원동면	0								
원남면	0								
임남면	0								

2. 일제시기 도로망의 정비

1) 조선시대 철원 일대의 도로망

조선시대에 전국의 간선 도로망을 체계적으로 정리한 최초의 문헌은 여암 신경준(旅庵 申景濬, 1712-1781)이 1770년에 펴낸『도로고』(道路考)이다. 이 책에는 6개의 대로와 각 대로별 지선이 기록되어 있는데, 그 방식은 경유지 및 경유지 간 거리를 적는 것이다. 18세기 중반 6대체 체제는 19세기 후반『대동지지』단계에 10대로 체제로 확대된다. 그렇다고 약 1세기 동안 4개의 대로가 새로 만들어진 것은 아니고,『도로고』에 별로 또는 지선으로 기록된 노선 중 일부가 대로로 승격한 결과이다.

10대로 가운데 철원과 김화로는 제2로인 경흥로 본선이 지난다. 경흥로는 한성에서 출발하여 의정부-포천-영평을 지난 후 포천시 영북면 자일리에서 철원군 갈말읍 강포리로 들어온다.『대동지지』에 표기된 경유지로는 굴운천-혜재곡-풍전역-갈현으로 이어지는데, 혜재곡을 지난 후 방축동에서 43번 국도를 살짝 벗어나 시내 도로로 들어온 다음 풍전역이 있었던 풍전마을(군탄리) 앞에서 다시 43번 국도로 이어진다(그림 16-18). 철원 군청은 대대로 철원읍 관전리 일대에 있다가 한국 전쟁 이후에 갈말읍 신철원리로 옮겨왔는데, 삼방로 연변에서 경흥로 본선 연변으로 이전한 셈이다. 지포교 너머 지포2리 마을회관 부근에 일제시기 갈말면사무소가 있었고, 현재의 군청 일대는 보막(보매기)마을이 있었다.

경흥로에는 모두 9개의 지선이 있었는데, 그 중 하나가 유명한 삼방로(三防路)이다. 삼방로는 의정부에서 본선과 갈라져 양주-대탄진-연천-용담역-철원-월내정참을 경유, 평강까지 이어진다. 평강 이후의 삼방로는

그림 16. 철원 군청 일대의 경흥로와 43번 국도

그림 17. 경흥로 본선(갈말읍 지포리, 463번 지방도로, 2023)

그림 18. 경흥로 본선과 43번 국도(호국로, 2023)

추가령을 넘어 안변군 용지원에서 경흥로 본선과 다시 만나 원산으로 들어간다. 18세기 경에 원산은 조선 내 최대의 북어 산지로 부각되면서 전국적인 유통망을 지닌 도회로 성장하였고, 원산과 한성을 잇는 삼방로 상의 철원은 중간 기착지로 기능하면서 동반 성장하였다. 일제시기에는 삼방로 노선 옆으로 경원선 철도가 부설되었고, 이로써 일제시기에 철원은 강

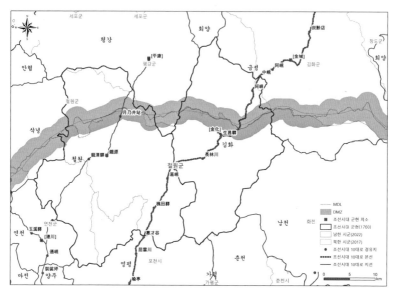

그림 19. 조선시대 철원 일대의 경흥로(慶興路) 본선과 지선

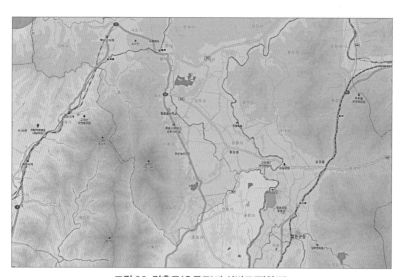

그림 20. 경흥로(호국로)과 삼방로(평화로)

릉·춘천 등과 더불어 강원도의 중심 도회의 하나가 되었다. 18세기 이후 삼방로는 경흥로 본선 못지 않은 주요 도로로 기능하였다. 경흥로 본선이 '호국로'로 불리는 것과 같이 삼방로(3번 국도)는 '평화로'로 불린다.

2) 일제시기 신작로의 정비

일제는 도로에 등급을 매기면서 근대적 관리를 시도한다. 1911년에 반포된 도로규칙(조선총독부령 제51호)에 따르면 도로는 1등, 2등, 3등, 등외 등 네 개의 등급으로 구분되는데, 일제시기 철원과 김화에서는 옛 경흥로 본선이 1등 도로로 정비되었다. 2등 도로는 김화군청에서 평강과 화천을 연결하는 도로가 유일했고, 철원 읍내에서 평강, 김화, 포천, 연천, 안협으로, 그리고 옛 금성 읍내에서 화천으로 이어지는 길이 달로(達路, 3등도로)

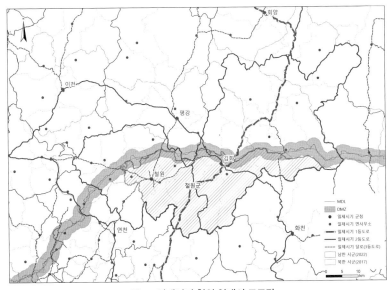

그림 21. 일제시기 철원 일대의 도로망

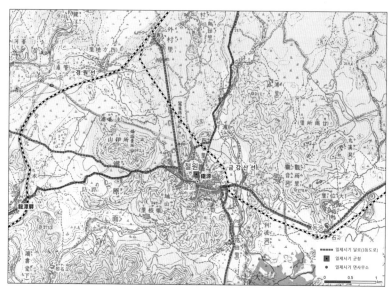

그림 22. 일제시기 철원의 교통망(1930년대)

였다.

　조선시대에 철원읍
으로는 경흥로의 지선
인 일명 삼방로가 관통
하였지만, 1910년대 후
반까지는 달로만이 분
포했다. 전술한 5개 노
선 외에 읍내와 외촌리
에 설치된 경의선 철원

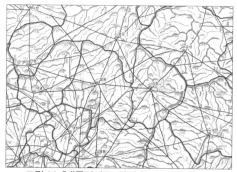

그림 23. 「대동여지도」 상의 철원·김화 도로망
(지도 제작 : 김현종)

역을 잇는 도로가 달로였다. '금강산로'로 명명된 이 도로 연변에는 유명
한 노동당사와 철원경찰서지 그리고 2022년에 개장한 철원역사문화공

원이 있으며, 왕복 2차선 도로지만 국도 87번으로 지정되었다. 노동당사를 지나 계속 북쪽으로 직진하면 철원역이지만 현재 그 도로는 군부내 안에 있어 이용이 자유롭지 않다. 일제시기의 달로 노선망은 마치 조선시대 「대동여지도」에 그려진 철원의 도로망과 흡사하다. 「대동여지도」에 철원 치소에서는 모두 9개 방향으로 도로가 뻗었는데, 금성·춘천·삭녕 가는 길을 제외하면 6개 노선이 일제시기에 달로로 계승된 셈이다. 일제시기에 철원과 가장 밀접한 관계에 있는 도회로는 평강, 김화, 포천, 연천, 토산(금천)을 들 수 있으며, 도로망으로 유추해 보면, 이 중 평강과 연천은 조선시대 이래로 계속 교류가 많았다.

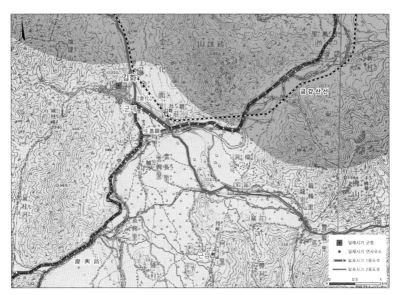

그림 24. 일제시기 김화의 교통망(1930년대)

일제시기에 김화면(1941년 읍 승격)은 조선시대 및 일제시기 김화군의 군청소재지이다. 43번 국도 종점(생창리길)과 5번 국도의 기점(영서로)이 만나는 읍내삼거리(김화읍 읍내리)에 있는 군 부대 위병소가 일제시기 김화 읍내장과 면사무소 자리이며, 여기서 보이는 위병소 너머 군 부대 안쪽의 작은 구릉지에 군청이 있었다. 전쟁으로 폐허가 된 후 지금은 논으로 이용되고 있지만, 생창리 29번지 앞 개울 건너기 전에 원 생창리 마을이 있었고, 조선시대에는 여기에 생창역도 있었던 것으로 추정된다. 김화읍에는 읍내리가 있지만 읍사무소는 읍내리가 아닌 학사리에 있다.

김화읍에는 조선시대 경흥로 본선을 비롯하여 일제시기의 1등 도로, 그리고 현재에는 43번 국도와 5번 국도가 놓여 있다. 통일이 된다면, 경흥

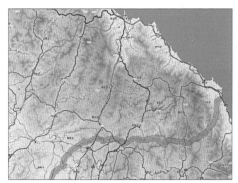

그림 25. 현재 북한의 국도와 일제시기의 도로망

로 본선은 김화-금성-창도-회양-원산으로 연장될 것이며, 회양이나 창도에서는 금강산을 잇는 도로 또한 새로 건설될 것이다. 한편 43번 국도 또한 평강으로 연결된 후, 이천과 원산을 이어줄 것으로 예상된다. 실제 이들 노선은 현재 북한의 국도이기도 하다.

3) 일제시기 도로망과 장시망

20세기 초 전국에는 약 1,100여 기(基)의 장시(場市, 5일장)가 개설되고

있었다. 산간 오지를 제외하면 전국이 1일 장시권 안에 있었던 것으로 평가된다. 이러한 정기시장은 일제시기 이후 계속 증가, 해방 즈음 전국에서 개시되던 시장 수는 1,500기를 넘었다. 강원도는 아무래도 산지가 많고 인구와 취락이 적어 시장도 발달한 편이 아니었다.

『대동지지』(1864)에 강원도에는 모두 60기의 장시가 있었고, 이 가운데 철원에는 읍내장, 외서면장, 북면장 등 3기, 김화에는 읍내장 1기가 있었다. 당시 철원읍내장이 어디서 열렸는지 정확히 알 수 없지만, 일제시기 자료에 근거하여 역추적하면 현 철원읍 사요리로 추정된다. 외서면장은 현재 연천군 신서면 대광리에서, 북면장은 현재 북한 철원군 소속으로 일제시기 기준 철원군 북면 회산리에서 개시되었던 것으로 추정된다. 김화읍내장은 전술했듯이 현 김화읍 읍내리에서 열렸을 것이다.

1910년대에는 전국에 925기의 장시가 있었고, 강원도에는 81기(8.8%)가 개시되고 있었다(『조선지지자료』). 이 가운데 철원에는 읍내장, 석교장, 대광리장 등 3기가 개설 중이었다. 읍내장은 당시 철원면 월하리, 중리, 관전리, 서요리 일대에서, 석교장은 마장면 장포리와 밀암리 일대에서, 그리고 대광리장은 신서면 대광리와 도신리 일대에서 열리고 있었다. 철원읍내장의 연간 거래액은 14만원이었는데, 5일장 중에서는 전국 31위 규모로 대장(大場)에 해당하였다.

김화군 역시 김화 읍내장, 창도장, 금성장 등 3기의 시장이 있었다. 김화장은 당시 김화면 읍내리에서, 창도장(기오장)은 기오면(창도면) 창도리에서, 금성장은 금성면 방충리에서 열렸다. 김화장과 창도장의 연간 거래액은 4.2~4.8만원으로 적지 않다. 당시 전국의 평균 거래익은 약 3.5만원이었다. 강원도에서는 철원읍내장의 거래액이 가장 많았고, 이어서 횡성장(13.7만), 강릉장(12.1만원), 홍천장(7.4만원), 춘천장(6.5만원), 북평장(삼척, 5.1만원)이 뒤를 이었고, 김화 읍내장이 7위를 차지했다. 철원군의 석교장과 대광리장은 각기 48위와 67위에, 김화군의 창도장과 금성장은 각기 10위와 32위에 위치한다. 1910년대에 철원 읍내장은 군 내에서 압도적인 대장이었지만, 다른 두 시장은 거래액 면에서 김화군에 미치지 못했다.

표 4. 철원·김화군의 정기시장(1864~1938)

군	장시	소재지 (1935년 기준)	개시일				거래액(圓)		비고
			1864	1910's	1926	1938	1909	1938	
철원	철원	철원읍 사요리	2·7	2·7	2·7	2·7	140,025	1,332,870	
	대광리	신서면 대광리	4·9	4·9	3·8	3·8	530	74,490	외서장(1864)
	북면	북면 회산리	1·6						
	석교	마장면 장포리		4·9	1·6	1·6	3,791	153,250	
김화	김화	김화면 읍내리	1·6	1·6	1·6	1·6	48,166	288,848	
	창도	창도면 창도리		4·9	4·9	4·9	42,440	686,500	기오장(1919)
	금성	금성면 방충리		5·10	5·10	5·10	6,729	193,474	
	현리	통구면 현리				3·8		259,000	
	사천	임남면 사천리				3·8		63,660	

자료: 1864—『대동지지』; 1910's—『조선지지자료』; 1926—『朝鮮の市場經濟』; 1938—『朝鮮の市場』

합병 후 조선총독부는 1929년에 『朝鮮の市場經濟』라는 책자를 발간하는데, 전국의 1,352기의 시장 정보를 실었다. 조사 시점은 1926년으로 합병 후 15년이 지난 상황에서 시장의 개황을 보여준다. 강원도에서는 모두 110기(8.1%, 6위)의 장시가, 이 중 철원과 김화에서는 각기 3기씩(2.7%)의 시장이 개시되고 있었다. 가장 많은 시장을 보유한 곳은 삼척(10기, 9.1%)이고, 통천이 9기(8.2%), 울진과 회양이 각 8기(7.3%), 그리고 양구와

인제가 각 7기(6.4%)로 뒤를 잇는다.

철원군과 김화군의 세 시장은 1910년대의 『조선지지자료』 상황과 다르지 않다. 다만 철원군 시장의 개시일에 변동이 있었다. 1910년대 후반 ~1926년 사이에 대광리장은 개시일을 4·9일에서 3·8일로, 석교장은 4·9일에서 1·6일로 옮겼다. 아직 정확히 알 수 없지만, 두 시장의 장날이 동일함으로써 오는 장돌림의 불편함을 해소하기 위해 읍내장의 개시일과 중복되지 않는 인접한 날짜로 조정한 듯하다.

1941년에는 『朝鮮の市場』(문정창, 일본평론사)이라는 책이 발간되는데, 이 안에는 1,371기의 정기시장(2, 3, 5, 10일장)을 비롯하여 상설시장과 가축시장까지 모두 1,457기의 시장이 기록되어 있다. 이 가운데 5일장이 1,331기(91.4%)로 대부분을 차지했고, 월 12회 개시하는 2일장(19기, 1.3%), 3일 간격으로 개시하는 3일장(2, 0.1%), 월 3회 개시하는 10일장(18기, 1.2%)까지 포함하여 이들 정기시장의 비율은 94.0%에 달한다. 이밖에도 매일 열리는 상설시장이 72기(4.9%)가 있었는데, 강원도에는 춘천읍 본정에 위치한 춘천신탄곡류시장이 유일했다.

1938년에 강원도의 시장 147기 가운데 상설시장이 1기, 10일장이 4기이고, 나머지 142기가 5일장이다. 가장 많은 시장을 보유한 군은 14기의 삼척군이고, 철원은 화천과 더불어 3기로 가장 적다. 평강이 4기이고, 김화와 고성이 5기이다. 당시 강원도는 21군 262면이었으므로 1.78면당 1기(56%)의 시장이 분포한 셈이다. 전국은 1.67면당 1기(60%)였으므로 강원도는 전국 평균에 약간 못 미친다. 철원군은 면이 10개, 김화군은 12개였으므로 강원도에서 시장밀도가 매우 낮은 지역에 속했다.

그럼에도 철원 읍내장은 거래액이 133만원으로, 상설시장 포함, 전국 순위가 52위에 해당한다. 1910년대보다 순위가 떨어졌지만 여전히 대장의 면모를 유지하고 있으며, 거래액 69만원의 김화군 창도장(123위) 역시 상위 10% 안에 드는 대장이었다. 연간 시장 거래액의 전국 평균은 26.1만원, 강원도의 평균은 16.8만원이었다.

거래액으로 강원도 최고차 시장은 횡성 읍내장으로 연간 거래액이 315만원에 달했다. 두번째는 강릉 읍내장(193만원)이고, 세번째는 삼척 북평장(136만원)이다. 네번째가 철원 읍내장이고, 김화군의 창도장이 7위, 읍내장이 18위, 현리장이 23위, 금성장이 35위, 사천장이 67위, 그리고 철원군의 석교장이 43위, 대광리장이 62위였다. 두 군은 도 내에서 시장밀도가 높지 않은 반면 거래액은 큰 편에 속했다. 그 만큼 5일장에 출시하는 상인과 소비자가 타 지역의 시장에 비해 상대적으로 많았음을 시사한다.

전통시대에 한국의 유통구조는 수운과 육운이 결합된 2중 구조로 요약할 수 있다. 해로와 내륙수운이 연계된 장거리 수송과 하천 연안의 포구로부터 내륙 산간 지역으로 물화를 운반하는 국지적 수송이 전국적인 유통망의 근간을 이루고 있었다. 이러한 근간은 20세기 철도의 도입 이후 서서히 바뀌기 시작하였고, 1930년대 후반부터는 내륙수운의 기능을 철도가 대체한 것으로 이해되고 있다.

1926년 당시 철원과 김화 지역의 5일장 6기는 예외 없이 1등, 2등, 3등 도로 연변에 위치해 있다. 김화군의 읍내장, 금성장, 창도장은 조선시대 경흥로 본선이자 일제시기 1등 도로 노상에 장시가 개설되었으며, 이후로도 1등 도로 노변에는 거의 규칙적인 간격으로 5일장이 분포한다. 철원군의 5일장 3기가 도로변에 위치한 것은 김화군과 다르지 않다. 철원 읍내장은 조선시대 삼방로의 주요 경로였으며, 읍내에서 연천 방향(삼방로)의 3

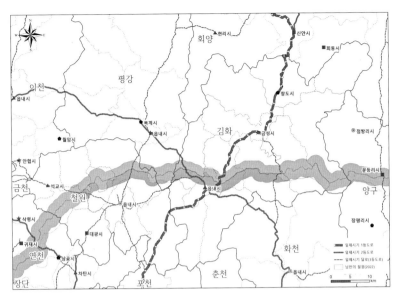

그림 26. 일제시기 교통망과 5일장의 분포(1926)

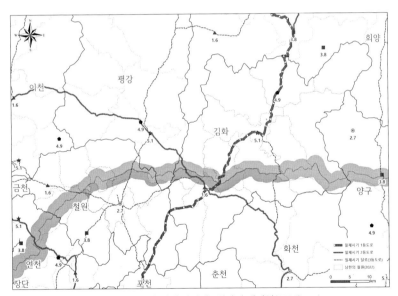

그림 27. 철원·김화 지역의 5일장의 개시일(1926)

등 도로 변에는 대광리장이, 금천으로 이어지는 노변에는 석교장이 위치하였다.

전통적으로 읍내장은 개시일이 2·7일이 많았는데, 철원 읍내장은 연천군의 시장과 연계하여 3·8일 대광리장, 4·9일 삼곳장, 5·10일 삭령장, 1·6일 석교장을 장돌림 단위로 삼았을 가능성이 매우 높다. 위 도로들을 이용하여 차례대로 어렵지 않게 돌 수 있었을 것이다. 일제시기 김화군의 중심장은 읍내장이 아니라 창도장이었다. 창도장은 조선시대에 금성군 땅이었는데, 한탄강 유역의 김화군과 달리 한강 유역권이다. 이에 같은 유역권에 속하는 회양의 전탄장/현리장·화천장(1일)-회양 읍내장(2일)-신안장/회동장(3일)-창도장(4일)-금성장(5일), 즉 한탄강 유역의 김화를 넘나들지 않고 한강 유역의 1등 도로(경흥로 본선)를 따라 장을 순회했을 가능성이 있다. 장돌림의 양상은 달랐을지라도, 철원과 김화 지역의 장시 분포를 보면, 1920년대까지 이 지역에서 교통망은 장시 입지와 장시망 형성에 매우 중요한 요인인 것으로 인정할 수 있다.

3. 철도의 유입과 확산

1) 경원선과 금강산선의 부설과 철원의 성장

경부선과 경의선이 완공되자 서울을 중심으로 그 반대 축에 해당하는 호남선 및 경원선 공사가 시작되었다. 두 노선 모두 1911년 공사를 시작하여 1914년에 개통되었고, 경원선을 연장하는 청진까지의 함경선이 1914에 착공하여 1928년에 완공되었다. 이로써 1905년 경부선 개통과 함께 시

작된 남북 방향의 종관 철도는 1928
년에 틀을 완전히 잡았다. 이후 한국
철도망의 확산 과정은 이 뼈대에서
지선이 뻗어나가거나, 뼈대선과 뼈
대선을 잇는 교량선을 부설하는 것
과 크게 다르지 않다.

경원선은 서울과 함경남도 원산
을 잇는 철도이다. 1905년 11월 경성
의 용산과 원산에서 따로 착공하여
9년이 지난 1914년 9월 16일 원산에
서 전 구간 개통식을 거행하였다. 다
만 용산-철원 구간은 1912년에 개통
되었으므로, 1912년부터는 기차로
서울을 다녀올 수 있었다. 1941년 시
각표에 따르면 원산까지 226.9km
구간에는 모두 32개의 역이 있었다.
철원역은 경성역을 포함하여 15번째
역이고, 101.8km 거리를 약 2시간
50분만에 주파하였다. 경성-용산-
서빙고-수철리-왕십리-동경성(청량
리)-연촌-창동-의정부-덕정-동두천-
전곡-연천-대광리-철원으로 이어졌
고, 철원과 원산 사이에는 월정리, 가

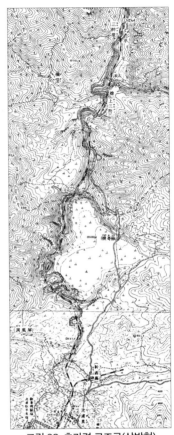

그림 28. 추가령 구조곡(삼방협)

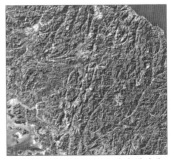

그림 29. 추가령 구조곡 위성 이미지

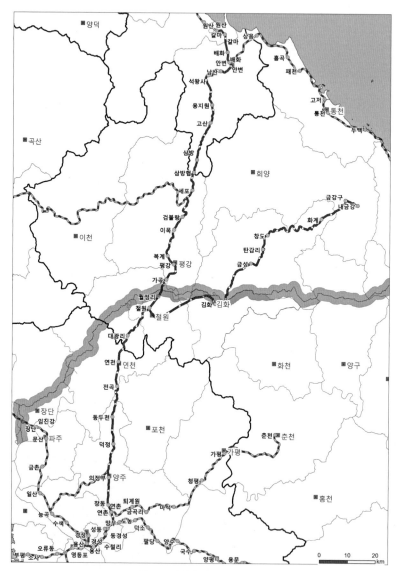

그림 30. 경원선과 금강산선 노선

곡, 평강, 검블라, 삼방, 석왕사, 안변 등 17개의 역이 설치되어 있었다. 경성에서 철원까지는 하루에 5번의 차편이 있었다. 경성발 첫차는 5:10에 있었는데 철원에 8:02에, 막차는 12:05에 출발하여 14:53에 도착하였다. 다섯 편 중에는 중국 무단장(牡丹江)으로 연결되는 목단강행 특급 한 편이 있었는데, 경성역을 15:55에 출발해서 용산, 동경성, 연천 세 역만 정차한 후 17:57에 도착하였다.

경원선 노선은 조선시대 경흥대로의 지선인 삼방로 루트를 따랐다. 고도가 더 높고 경사도 더 심한 철령을 넘는 것보다는 추가령을 통하는 것이 거리도 가깝고, 운행 시간도 단축할 수 있으며, 공사 비용이나 기간에도 더 유리했기 때문이다. 경원선 철도는 이른바 추가령구조곡 안에 놓여 있다. 북북동-남남서 방향으로 형성된 지질구조선을 따라 침식곡이 형성되었는데, 이 침식곡은 삼방로, 경원선 철도, 3번 국도를 품고 있고, 침식곡 안쪽의 곡저평야와 철원·평강 일대의 용암대지 지형 위에 취락을 형성, 삶을 꾸려왔다. 철원이 강원도에 속해 있으면서도 경기도와 친하게 된 기저의 요인이 여기에 있다.

금강산선은 철원 교통사에서 획기적인 사건이라 할 만하다. 1914년 경원선이 완공되고 7년이 지난 1921년 공사를 시작하여 1924년에 철원-김화 구간을 완공, 이후 1931년에 전 구간 공사가 완료되었다. 이 금강산선은 금강산 전기 철도 주식회사가 부설한 사철이고, 동력으로 증기가 아닌 전기를 사용하는 조선 최초의 전동 철도였다. 전기 공급을 위해 1920년부터 북한강 상류에 댐을 막고 수력발전소를 지었다. 금강산을 보기 위한 대역사(大役事)였다. 일본인에게도 금강산의 풍광은 꽤 매력적이었다.

금강산선은 1924년에 철원에서 김화, 1925년에 금성, 1926년에 탄감리,

1927년에 창도, 1929년에 화계, 1930년에 금강구(말휘리), 그리고 1931년에 내금강 구간까지 순차적으로 개통하였다. 1941년 시각표에는 출발점 철원역부터 종착역 내금강역까지 모두 26개의 역이 설치되었으며, 전체 길이는 116.6km였다. 철원 출발은 모두 6편인데, 창도행이 2편이고, 나머지 4편은 내금강역까지 운행했다. 8:15에 철원을 출발하는 첫차는 4시간 조금 더 걸려 12:32에 내금강역에 도착하였다. 역 정차 시간을 고려하면 평균 시속은 약 27km/h 정도로 생각된

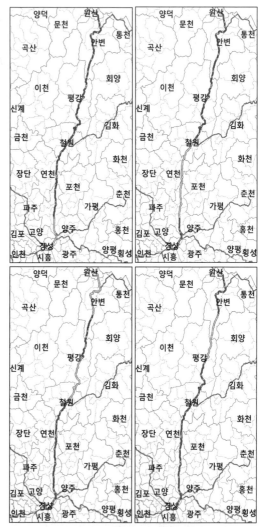

그림 31. 경원선의 시기별 개통 구간(1911-1914)
좌상 : 1911년 개통 구간, 용산-의정부
우상 : 1912년 개통 구간, 의정부-철원
좌하 : 1913년 개통 구간, 철원-검블랑, 고산-원산
우하 : 1914년 개통 구간, 검블랑-고산

다. 경원선과 금강산선의 결합으로 철원은 또 새로운 국면을 맞는다.

경원선과 금강산선이 철원-김화-금성 지역에 가져온 가장 큰 변화의 하나는 금강산 여행에 있다. 금강산은 한국의 유사 이래 가장 인기있는 핫 스팟이다. 그러나 전근대에 여행이란 동서양을 막론하고 지배층의 전유물이었고, 일반인이 향유하기 시작한 것은 근대 이후이다. 이 점에서 여행은 근대적 산물이다. 한국에서 이를 현실화한 요소의 하나가 철도이다. 철도는 비록 좌석에 차등은 있지만, 차비만 내면 누구든 탑승이 가능한 최초의 '탈것'이었다. 조선시대까지 '탈것'을 탈 수 있는 신분은 양반에 제한되어 있었으므로 철도 교통 초기 시대에 기차는 역사문화적 관점에서 평등의 상징이기도 했다.

금강산선은 철원역에서 분기하여 동쪽으로 뻗쳐 있다. 가장 험한 구간은 단발령을 넘는 화계역~말휘리역(금강구역) 사이이다. 1941년 금강산선의 평균 역간 거리는 4.7㎞이고 평균 역간 소요 시간은 차편에 따라 10분에서 11분 30초 정도였다. 그런데 위 구간은 거리도 13.3㎞로 가장 길고, 소요 시간도 41분에서 46분까지 걸려 평균을 훨씬 상회하였다. 단발령은 해발고도가 약 824m로 금강산선이 놓여 있는 가장 높은 곳이다. 전통적으로 금강산을 가는 길은 출발지에 따라 다르지만, 서울에서 출발한다면 대체로 삼방로를 따라 철원까지 왔다가, 금강산선 노선을 따라 단발령을 넘어 장안사로 들어가는 것이 가장 일반적이었다(정치영, 2014, 192-203쪽). 즉, 철원/포천-김화-금성-창도역-통구-단발령-장안사 루트인데, 창도역까지는 경흥로 본선을 따르는 길이고, 창도역부터 장안사까지는 금강산선 철로와 같다. 「대동여지도」에도 창도역-다경진-통구-추정촌-단발령-장안사 루트가 그려져 있다.

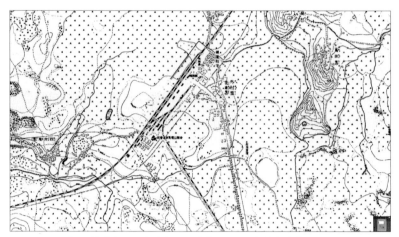

그림 32. 철원역 부근의 경관(1927년 측도, 1933년 인쇄·발행, 1:10,000)

그림 33. 철원 중심부의 경관(1927년 측도, 1933년 인쇄·발행, 1:10,000)

서울에서 금강산까지는 보통 7일 내외가 걸렸고, 서울에서 철원까지
는 이틀 반 일정이므로 철원에서 금강산 장안사까지는 4-5일 정도 걸린
것으로 추산할 수 있다. 「대동여지도」에 표시된 방점으로 보면 철원에

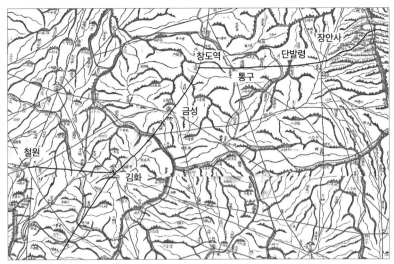
그림 34. 「대동여지도」에 그려진 철원/포천에서 금강산 가는 길

서 장안사까지는 약 240리 길이다. 아주 험한 길이 아니라면 하루에 최대 100리, 보통은 70리 정도 이동했는데, 이 길은 고개를 자주 넘어야 하므로 1일 이동 거리가 70리를 넘기 어려웠을 것이다. 그런데 1910년대 중반 경원선 개통 이후에는 서울에서 철원까지 기차를 타고 오면 3시간 남짓 지나 도착하였고, 1920년대 중반 이후 금강산선이 순차적으로 개통되면서부터는 시간이 점차 단축되었고, 전 구간 개통 이후에는 철원역에서 내금강역까지 4시간이면 도착할 수 있었으므로, 서울에서 오전에 출발하면 당일 금강산 초입에서 첫날 밤을 보낼 수 있게 되었다.

경원·금강산 두 선이 다른 노선과 차별되는 특징의 하나는 수학여행과 관련된다. 두 노선은 1920년대 조선의 10대 중반 학생들에게 금강산을 최고의 수학여행지, 꿈의 수학여행지로 만들었다. 배재학당 학생들은 1921년 9월 28일, 수요일 오전 10시 20분에 용산역에서 경원선을 탔고

(『동아일보』 1921.9.21. 기사), 다음 주 일요일, 10월 9일에는 보성고보 학생 4학년이 금강산 여행을 떠났다. 당시 보성고보 3학년은 경주, 2학년은 평양, 1학년은 개성이 여행지였다(『동아일보』 1921.10.9. 기사), 금강산은 최고참 학년이 되어야 갈 수 있는 곳이었다. 1923년 10월 14일 일요일에는 중앙고보 5학년생이 금강산으로, 4학년생은 경주로 수학여행을 떠났고, 이듬해 10월 11일 토요일에는 작년에 경주에 갔던 학생들이 드디어 금강산 여행을 시작하였다(각 『동아일보』 해당 일자 기사). 이러한 수학여행 풍토는 1930년대에 한반도 너머 만주나 일본으로까지 확대되었지만, 1930년대 후반 중일전쟁 발발과 함께 크게 위축되었다. 결국 1920년대가 국내 수학여행이 가장 활성화된 시기로 볼 수 있는데, 그 가운데 금강산선은 그야말로 꿈에 그리던 금강산 '원족'(遠足)을 가능케 하였고, 경원선과 금강산선의 결절점이자, 원산과 서울의 중간 기착지로서 중요한 철원은 두 철도에 힘입어 1930년대에 한탄강 유역의 최고차 중심지로 더욱 입지를 공고히 할 수 있었다. 철원이 동시대 최고의 전성기는 1930년대로 상정해 볼 수 있을 듯하다.

2) 철도 부설과 지역 변화 : 장시의 확산과 인구의 증가

1925년, 1930년, 1935년 국세조사에서 철원군의 인구는 각각 69,825명, 80,479명, 91,427명으로, 김화군은 81,183명, 92,622명, 97,844명으로 늘었다. 각 시기별 인구 수의 전국 순위로는 철원이 144위, 119위, 102위로 중하위권에 속했고, 김화가 97위, 80위, 84위로 상위 약 35% 순위에 들어 있다. 도 내에서는 김화가 1위, 1위, 2위이고, 철원이 8위, 7위, 5위였다. 두 군 모두 10년 사이에 인구가 늘었지만 순위는 김화에 비해 철원이

상대적으로 급상승하였다. 이러한 현상은 인구증가율에서 좀 더 분명하게 드러난다.

1925년 대비 1930년, 1930년 대비 1935년, 1925년 대비 1935년의 인구증가율을 보면, 철원이 각기 15.3%, 13.6%, 30.9%이고, 김화가 각기 14.1%, 5.6%, 20.5%이다. 1925년부터 1935년까지 10년 간 김화는 약 1.2배 늘었고, 철원은 1.3배 가량 늘었다. 또한 철원은 5년 전 대비 꾸준히 증가한 추세를 보이는 반면, 김화는 1925-1930년 사이에 인구의 상승 폭이 컸음을 알 수 있다. 1925-1935년 10년 간 강원도의 인구증가율은 20.5%이고 전국은 17.3%였으므로 두 군 모두 전국적인 차원에서나 도 차원에서 모두 인구증가가 높았던 지역으로 분류할 수 있다.

1935년 인구밀도는 철원이 108명/㎢, 김화가 63명/㎢으로 전국 142위, 190위이다. 전국 평균이 104명/㎢이었으니 철원은 중위권에 김화는 하위권에 속했다. 철원의 인구밀도가 높은 것은 읍내면의 인구 집중 현상으로 해석할 수 있다. 1935년 철원읍의 인구는 1만 9,876명으로 가장 적은 내문면보다 4배 가량 더 많았다. 김화에서는 이러한 현상을 찾아보기 어렵다. 동 시점 김화군의 최대 인구 집중 면은 김화면이 아니라 옛 금성군 소속의 기오면(창도면, 11,696명)인데 인구가 가장 적은 서면(5,966명)의 채 2배가 되지 않았다. 1935년 강원도에서 인구가 가장 많은 면은 회양군 장양면(20,040명)이었고, 철원읍이 두 번째로 많았다. 오늘날 철원읍 관전리 일대이다.

1920-30년대에 철원이 인구증가 집중 지역으로 분류되는 데에는 경원선과 금강산선 철도망이 경유하는 점, 그리고 옛 경흥로와 삼방로를 근간하는 기존 도로망을 신작로로 정비함으로써 함경도와 경기도 및 서울

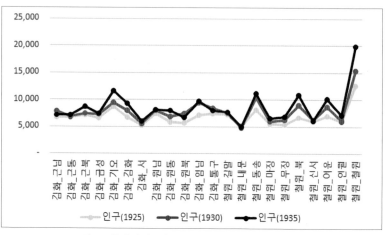

그림 35. 철원·김화군의 면별 인구 변동(1925, 1930, 1935)

을 잇는 중간 기착지로서의 효과를 계속 유지한 것에서 그 주요 요인을 찾을 수 있다. 용암대지로 불리는 철원평야는 한탄강 수면과 토지 지면 간 고도 차가 너무 커서 전근대에는 논으로 사용할 수 있는 곳은 그리 많지 않았다. 『세종실록지리지』에 철원은 경지 면적이 4,300결인데, 논이 1/4에 불과하다고 기록되어 있다. 군 면적이 철원의 두 배에 달하는 평강 역시 용암대지가 철원보다 더 넓게 펼쳐져 있지만 『세종실록지리지』에 토지 면적이 3,778결에 불과하고 이 가운데 논은 겨우 58결뿐이라는 기사가 실려 있다.

전근대에 철원에서 벼의 재배가 활발하지 못했던 까닭은 철원 일대의 토질이 현무암이라서가 아니다. 이곳의 용암대지는 철원·평강 용암대지의 일부로, 추가령구조곡(삼방로선, 경의선)의 검블랑 북동쪽 약 5km 지점의 해발고도 680m의 화산 또는 이와 관련된 열하(裂罅) 부근에서 분출한 현무암과 평강 남쪽 3km 지점의 오리산(453m, 鴨山)에서 분출한 현무암이 합쳐져서 만들어진 것이다. 이 현무암은 임진강 하곡을 따라 파주 율곡리 또는 그 아래 문산까지 내려갔다. 철원·평강 용암대지는 해발 200-400m, 너비 6-15km, 현무암층 두께 10-20m, 길이는 약 150km이다.

용암대지 전체는 주변의 해발고도 약 500-700m의 산지에 둘러싸여 있는데, 이 산지의 기반암은 화강암이다. 분출이 멈추고 현무암이 식은 다음, 이 주변 산지에서 공급된 화강암 풍화산물이 용암대지 위에 쌓여 충적토를 형성했다. 충적토는 깊은 하곡이 파이기 전에 용암대지의 표면을 덮어 흐르던 물에 의해 퇴적된 것이다. 한때 전곡에 많았던 벽돌공장에서 사용한 '원토'가 바로 이 충적토이다. 현재 철원평야가 평야로서 벼를 생산하고 있는 것은 토지 최상층부의 지표가 현무암이 아니라 화강암 풍화토에 기반한 충적토이기 때문이며, 용암대지의 표면이 기복 없이 평평해진 것도 이 때문이다(권혁재, 1995, 165; 1996, 54-55).

철원·평강 용암대지는 20세기 전반, 경원선이 개통하고 근대적 수리시설이 갖추어지면서 강원도 내 최대의 곡창지대로 개발되었다. 불이흥업주식회사는 '조선의 수리왕'(水利王)으로까지 불리는 후지이 간타로(藤井寬太郞)가 1914년에 세운, 일본인이 조선에 세운 대표적인 농업회사이다(민족문화백과사전, 불이흥업주식회사). 이 회사는 수리조합을 중심으로 사업을 펼쳐나가는데, 1922년 10월 1일 철원중앙수리조합을 설립, 본격적으로 철원 일대의 용암대지를 개간한다. 정확한 시간 정보를 알 수 없는데, 철원 지역 불이농장의 경지 면적은 밭 776정보(7.7㎢), 논 2,215정보(22㎢)였으며, 농장에 속한 임차농이 7천 명이 넘었다. 이 가운데 약 5천 명은 철원 사람이 아닌 타지에서 모집 공고를 보고 이주해 온 사람들이다(디지털철원문화대전, 불이농장). 동송읍 오덕리에 평안도촌, 장흥리에 함경도촌,

대위리에 경상도촌 등이 이때 만들어진 취락이다(디지털철원문화대전, 집단 이주 역사).

철원중앙수리조합이 다른 지역과 달리 철원에서 거의 유일하게 역점을 둔 사업 부문은 양수장 설치였다. 기본적으로 내륙의 하천 연안의 평야 개발은 통상 세 가지 부문으로 구성된다. 첫 번째가 상류 지역의 댐/저수지 건설인데, 농업 용수로 쓰기 위한 수자원 확보를 위해서이다. 두 번째가 제방 건설로, 여름철 집중 홍수 시 하천의 범람을 막기 위함이다. 세번째가 양수장, 배수장, 양·배수장의 건설인데, 이들은 갈수기에, 또는 지형적 장애로 수로가 연결되지 않는 논까지 용수를 원활히 공급하고, 홍수기에는 논 안의 물을 재빨리 하천 수로로 빼내 논이 침수되지 않도록 하기 위한 위함이다. 그런데 철원 일대의 핵심 개간지인 용암대지는 댐과 제방 건설이 필요 없었다. 수자원이 절대적으로 부족하지 않았고, 경지면(논)의 고도가 하천이 도저히 범람할 없을 정도로 유로(한탄강)의 수면보다 높기 때문이다. 이러한 고도 차는 용암대지(원 지형) 형성 후, 용암 분출 이전의 원 하도를 따라 다시 하천 침식이 시작되었고, 용암 분출이 신생대 4기였으므로 침식 기간이 엄청 짧아 측방침식보다는 하방침식이 더 집중적으로 진행되고 있기 때문에 하곡이 깊게 파인 것에 기인한다. 철원평야 개발의 관건은 한탄강 물을 어떻게 논 위까지 끌어올리느냐였다.

철원중앙수리조합의 당면 과제는 너무나 명확했다. 양수장의 설치이다. 철원에서 배수장이나 양·배수장은 큰 의미가 없었다. 용암대지가 논이 되느냐 마느냐는 양수장을 여하히 설치하느냐에 달려 있었다. 1:10,000 지도에 따르면 1920년대 후반에 중앙수리조합사무실이 금강산선 바로 아래 철원보통학교 북쪽에 붙어 있었다. 노동당사보다 좀 더 북쪽에 해당한다. 불이흥업 주식회사 역시 읍내 가까이 있었는데, 철원역에서 월정리역 방향으로 철로를 따라 조금만 더 올라가면 있었다(철원역사문화전시관).

그림 37. 불이흥업주식회사 위치(철원역사문화전시관 조감도)

조선시대에 이 일대의 군현에서, 토지 면적에 비해 논의 비율이 크게 낮았던 것은 용암대지의 현무암 때문이 아니라, 전근대에 한탄강의 물을 끌어올릴 수 있는 기술이 아직 없었기 때문이다. 1910년대까

그림 38. 금강산선의 선로 터(김화 방향, 철원읍 사요리·중리, 2023)

지만 해도 철원 일대의 논은 주로 주변 구릉지 안쪽 계곡 사면이거나 여기서 흘러 나오는 계류 연안의 자연제방이나 배후습지에 국한되어 있었다. 1920년대에 전기 동력을 이용한 양수장의 건설 이후에 논 면적은 크게 확장되었고, 경원선은 농업 생산물을 경성으로 실어 날랐고, 각종 농업용구와 생활품을 철원으로 공급했다. 경원선이 없었으면 불이흥업주식회사도 쉽게 개발을 결정하지 못했을 것이다.

1920년대 후반 철원과 김화의 인구증가는 강원도는 물론 전국 차원에서도 높은 편에 속했다. 이를 견인한 주요 요인 중의 하나가 금강산선이 경원선의 지선처럼 부설되었기 때문이다. 금강산선은 1924년 철원-김화 간 개통 후 순차적으로 매년 개통 구간을 늘려 나가면서 1931년에 완공되었다. 철원읍과 김화군 기오면(창도면)은 1930-35년 사이 인구증가율이 두 군 중에서 가장 높은 두 읍/면이다. 이러한 인구 증가는 금강산선의 개통이 크게 영향을 미친 것으로 생각되는데, 5일장의 확산은 이를 반영한다.

1926년 자료에 철원과 김화에 시장은 각기 3기씩이었으나, 1938년 자료에는 기존의 6기가 그대로 존치하는 가운데 2기가 늘어 모두 8기의 시장이 개시하고 있었다. 신설된 시장은 김화군 통구면 현리의 현리장, 그리고 김화군 임남면 사천리에 자리잡은 사천장이다. 신설 시점을 알지 못하

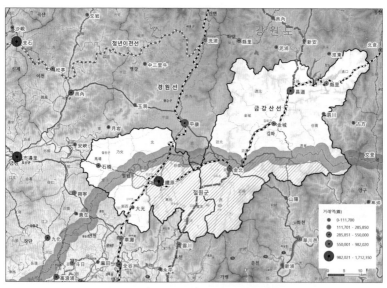

그림 39. 철원 일대 시장의 연간 거래액(1938)

고 규모도 아직 크지 않은 편이지만 두 시장이 금강산선 연변에서 개시한다는 점은 금강산선으로 인해 철도가 경유하는, 그리고 철도역을 유치한 지역에서 상대적으로 인구 증가가 심화되었음을 시사한다. 금강산선이 내금강역까지 개통되어 전 구간 영업을 시작한 것은 1931년이다.

금강산선 연변 지역에서 1925-35년 사이 10년 간 인구 증가 추세를 봐도, 금강산선이 경유하는 철원(56.4%) · 어운(45.2) · 김화(38.7) · 동송(35.8) · 기오면(35.1)이 경유하지 않는 면보다 증가율이 높음을 알 수 있다. 김화군 내 금강산선이 경유하지 않는 면은 모두 5개인데, 이 중 인구 증가율이 가장 높은 곳은 원동면(37.7%)과 임남면(35.4%)이고, 다른 세 면의 인구 증가율은 14% 이하이다.

4. 맺음말

한국에서 철원만큼 관할 구역에 우여곡절이 많은 시군도 그리 많지 않을 듯하다. 조선시대에는 도 소속을 바꾸었고, 일제시기에는 인접 군을 병합했으며, 한국 전쟁 이후에는 치소를 옮겨야 했으며, 이웃한 김화군을 품어야 했다. 더구나 김화와 철원은 현재 북한에도 존재하는 군이니, 명칭만으로 보면 어쨌든 현재 철원과 김화의 치소는 두 군데인 셈이다. 북한의 군청이 조선시대 안협과 금성현의 치소였다는 점도 행정중심지의 강한 관성을 보여준다. 현재 군청이 자리한 갈말읍 신철원리도 구 갈말면사무소가 있던 지포리에서 분화한 것이다. 그럼에도 철원군 최대 시가지는 신철원리가 아니라 동송읍 이평리와 철원읍 화지리가 연담해 있는 지역이

그림 40. 의정부지방법원 철원군법원　　　그림 41. 국세청 포천세무서
　　　(갈말읍 신철원리, 2023)　　　　　　　(갈말읍 신철원리, 2023)

라는 점도 이색적이다.

임진강의 제1 지류인 한탄강 연안에 자리잡은 철원과 김화는 동남부의 강원도와는 한북정맥이라는 험준한 산줄기로 막혀 있는 대신 북쪽의 평강과 남쪽의 연천·포천으로는 하천 수로로 열려 있어 예로부터 경기도와 친하게 지냈다. 이 근원적인 원인은 자연 지세에 있기 때문에 경기도와의 친연성은 오늘날에도 유효하다. 검찰·법원·세무·우편권이 경기도와 함께 묶여 있는 것은 이를 잘 방증해 준다.

조선시대 때 서면, 서변면은 1917년에 철원면이 되었고, 1923년에 지정면(指定面)이 되었으며, 1931년 읍제가 시작될 때 읍으로 승격하였다. 당시 강원도에 읍은 춘천읍, 강릉읍뿐이었으니, 일제시기에 철원은 강원 영서 북부의 중심지라 해도 과언이 아니다. 철원이 한탄강 유역의 맹주로 등극한 데에는 경원선의 역할이 무엇보다 컸다. 물론 조선시대에도 철원은 읍격이 도호부로 높았고, 한때 일국의 수도로 기능하였으니 지역적 자부심을 가질만하고, 오래전부터 응당 그러한 기능을 수행해 왔다. 그러나 경원선은 한반도에서도 경부선·경의선 다음으로 부설된 간선 철도이다. 더

구나 서울과 원산을 잇는 노선 중에 철원은 그 중간 기착지로서의 역할도 담당하고 있었다. 즉 중앙과 한반도 지방의 한 극지의 중심지를 잇는 노선 연변에 철원이 위치한다는 사실은 철원의 태생적 운명을 어느 정도 결정하고 있다. 전근대에 이를 연결해 준 것이 경흥로와 삼방로이며, 이를 바탕으로 일제시기 신작로로 정비한 1등도로, 그리고 경원선 철도이다.

경원선 철도에서 가장 중요한 도시는 원산이었고, 두번째가 철원이었다. 철원에 1924년에 다시 한번 철도에 기반하여 지역적 부상을 하는데, 곧 금강산 철도의 부설이다. 금강산선은 화물 운송보다는 여객 운송에 중점을 두었다. 일제시기에 부설된 여느 철도와 출발점부터 달랐다. 한탄강 유역과 북한강 유역을 가르는 산줄기를 넘어야 하고, 단발령이라는 험한 고갯길도 극복해 가면서 북한강 상류의 내륙 깊숙한 곳까지 철도가 놓이자, 점차 철도 연변으로 사람들이 모이면서 취락이 커졌고, 신흥 마을도 생겨났다. 김화군 통구면의 현리장과 임남면의 사천장은 금강산선이 유치한 5일장이라 해도 과언이 아니다.

김화는 금강산선이 폐선되면서 생기를 잃었다고 할 수 있다. 특히 조선시대로부터 치소였던 김화 읍내는 민통선 안쪽으로 편입되어 주민활동이 불가하다. 김화역과 군청이 있

그림 42. 구 김화 시가지 터(김화읍 생창리·읍내리, 2023)

던 곳은 지금 모두 군부대 안으로 편입되어 있거나 논으로 이용되고 있다.

구 김화군 지역 중에 현재 가장 번화한 곳은 서면이다. 철도의 부침에 따라 지역의 부침이 연동하는 패턴을 보이는 곳에서, 물론 그 근원은 전쟁과 분단의 지속에 있지만, 과거의 경관을 복원하고 이해하는 것은 향후 통일 시대의 철원의 미래를 전망하는데 유용할 것이다.

참고문헌

1. 지도류

1890년대 : 『구한말 한반도 지형도』, 성지문화사 영인본, 1996

1910년대 : 『근세한국오만분지일지형도』, 경인문화사 영인본, 1998

1950~1980년대 : 『(최근)북한오만분지일지형도』, 경인문화사 영인본, 1997

1:10,000 지도 철원 도엽, 1927년 수정측도, 1933년 인쇄, 발행, 조선총독부 육지
    측량부

2. 사료

『호구총수』, 『도로고』, 『대동지지』, 『대동여지도』, 『1872년 지방지도』

조선총독부 철도국, 『조선철도사』 권1, 1929.

조선철도사편찬위원회, 『조선철도사 권1, 창시시대』, 1937.

조선총독부 철도국, 『조선철도40년사』, 1940.

3. 해방 후 자료

철도국, 『철도건설약사』, 1965

철도청, 『한국철도 100년 자료집』, 1995

재단법인 선교회, 『조선교통사』 1986

재단법인 선교회, 『조선교통사 자료집』 1986

국토해양부(譯), 2010, 『조선 하천 조사서』(조선총독부, 1929)

환경부, 2022.11., 『한국하천일람』(2021.12.31. 기준). 한국하천협회(용역)

평화문제연구소, 2004, 『조선향토대백과 11권(강원도)』

권혁재, 1995, 『한국지리-각 지방의 자연과 생활(지방편)』, 법문사

정치영, 2014, 『사대부, 산수유람을 떠나다』, 한국학중앙연구원

19세기 말~20세기 초 철원·김화지역의 개신교 수용과 사회변화

홍승표

연세대 강사 · 한국기독교 역사학회 연구이사

목차

1. 여는 글

강원도는 개항시기 근대화와 선교의 주요 무대가 되었던 서울과 인접했으며, 국토의 중부에 위치해 선교사들이 서북지역이나 삼남지역으로 순회여행을 할 경우 자연스럽게 거치게 되는 경유지이자 중요한 선교거점으로 인식되었다. 특별히 철원과 김화는 강원 영동지역 선교의 베이스 캠프였던 원산을 향하는 도상에 위치한 지역이었으며, 서울에서 경기도를 지나 처음으로 접촉하는 강원도 땅이기도 했다. 이러한 역사적 맥락 위에서 철원지역은 강원도의 서북편 변방 땅이었지만, 한편으로는 한반도의 중심지로서 새로운 역사가 시작하는 땅이기도 했다. 강원도 최초의 개신교회가 철원·김화에 설립된 것도, 3.1독립만세운동이 당시 강원도에서의 첫 만세운동이 철원에서 일어난 것도 모두가 이러한 지정학적, 역사적 내력과 관련이 있다.

본 글에서는 한반도의 중심지이자 강원도의 변방이기도 했던 철원과 김화지역의 초기 기독교사[1]를 면밀히 살펴봄으로써 구한말 철원·김화지역 에 개신교가 전파됨으로 야기된 다양한 지역사회의 변화와 교회를 중심으로 촉발된 다양한 사건과 활동들을 조망해 보고, 철원·김화지역에 개신교의 전래가 미친 영향과 그 역사적 의미를 도출해 보고자 한다.

2. 미국 남감리회의 김화지역 선교

1) 미국 남감리회의 강원도 선교

미국 남감리회의 초기 강원도 선교는 초대 선교사 리드에 의해 1898

---

1) 철원·김화지역 개신교 수용과 관련한 선행연구로는 윤춘병의 『동부연회사』(1996)와 이덕주의 "원주제일교회의 어제와 오늘, 그리고 내일 : 원주 선교 및 원주제일교회 역사 전통과 선교과제"(2005)라는 발표문, 그리고 최근 간행한 『영의 사람 로버트 하디』(2021)에서 책과 글의 내용 중 일부에서 개관적으로 다루고 있다. 그러나 철원·김화지역의 개신교 수용과 관련해 독자적, 본격적으로 작성된 논문이나 저술은 없었다. 본 연구를 통해 철원·김화지역에 대한 관심과 후속 연구가 이어지길 바란다.

년부터 착수되었다. 원주를 중심으로 한 강원 남부지역은 이미 미감리회와 북장로회가 활동하고 있었기에 남감리회는 강원 북부에 집중하기로 했다. 리드는 1898년 김화와 춘천 두 곳에 매서인(춘천 - 나봉식, 정동렬 / 김화 - 윤성근)을 파송하는 것으로 강원선교를 시작했다.[2]

김화지역에서 초기 토착전도자로 활동한 윤성근은 경기도 고양읍 사람이었다. 그 또한 남감리회 토착전도인들에 의해 복음을 접했으며, 초기 남감리회의 선교는 한국인 전도자들의 자발적인 선교와 적극적 헌신에 기초해 그 기틀을 다질 수 있었다.[3]

이 시기, 미국 남감리회 한국선교회는 강원지역 선교에 대한 관심이 고조되고 있었다. 1897년 12월 개최된 1차 연회에서 개척 선교사들은 본국 선교부에 "개성에 파견할 의료선교사 한 명과 함께 강원도 사역을 전담할 선교사 한 명을 보내 달라."고 요청했다. 이에 대한 응답으로 1900년 무스가 내한하였다. 리드는 무스가 올 때까지 기다리지 않고 1898년 강원도 선교에 착수했다. 원주를 중심으로 한 강원도 남부 지역은 미국 북장로회와 미감리회에서 이미 선교사와 토착 전도인들을 보내 선교를 시작하였으므로 남감리회는 강원 북부 지역에 집중하기로 했다. 리드는 1898년 김화와 춘천, 두 곳으로 대영성서공회의 지원을 받는 권서(매서인)들을 파송하는 것으로 강원도 선교를 시작했다. 그리하여 남송현 서울교회 교인 나봉식과 정동렬을 춘천 방면으로, 고양읍교회 교인 윤성근을 김화 방

2) 이덕주, 서영석, 김흥수, 『한국감리교회 역사』 (kmc, 2017), 96.

3) 윤성근이 살았던 고양에 복음을 전한 전도자들은 김주현(金周鉉)과 김흥순(金興順)이었다. 일명 김선달(Kim Sundal)이라 불린 김주현(金周鉉)은 '선달(先達)'이라는 호칭에서 알 수 있는 것처럼 그는 일정 수준의 교육과 교양을 갖춘 자라고 추측할 수 있다. 홍민기, "고양읍교회의 설립과 성격에 관한 연구", 『한국기독교와 역사』 제554호, 2021년 9월, 44-45.

면으로 파송하였다. 이들 토착 전도인들의 전도활동으로 1년 만에 강원도 두 곳에 신도모임이 결성되었다. 즉 정동렬과 나봉식의 전도로 춘천 '퇴송골'(퇴계동)에, 윤성근의 전도로 철원 지경터(지경동)에 교인들이 생겨났고 리드가 두 곳을 방문하여 세례를 베풀었다.[4]

그렇게 시작한 춘천 퇴송골 집회는 춘천중앙교회로 발전하였고, 철원 지경터 모임도 지경교회로 발전했다. 리드는 그렇게 강원도 선교의 기틀을 마련한 후 떠났다. 남겨진 강원도 사역은 하디 선교사와 윤성근의 몫이 되었다. 김화 지역은 이미 윤성근에 의해 상당한 진척을 보이고 있었다. 개종하기 전 고양 벽제에서 유명한 '불량패류'(不良悖類)로 소문났던 윤성근은 김주현의 전도를 받고, 1897년 5월 고양읍교회에서 세례를 받은 후 자원 전도자로 나서 고양과 파주, 문산, 적성, 연천 지역에서 전도 활동을 벌였다. 그는 1898년부터 김화를 거점으로 강원도 북부 지역에서 사역하였는데 활동반경이 동해안 영동 지방까지 확장되었다.[5]

1898년 강원도로 파송된 이후 윤성근의 수년 동안의 노력 속에서 강원 북부지역에 큰 선교적 성과들이 있었으며, 그중 하나가 바로 지경터의 신앙공동체 형성이었다. 1901년 하디가 지경터를 방문해 교회를 조직하기 전부터 이미 윤성근의 전도를 통해 형성된 신앙공동체가 지경터에 초

---

4) C.F. Reid, "Superintendent's Report", *Minutes of the Annual Meeting of the Korea Mission of the Methodist Episcopal Church, South*[이하, *KMECS*], 1898, 8-10. ; J. R. Moose, "Report of Seoul Circuit Korea Mission Methodist Episcopal Church, South", *KMECS*, 1901, 18. ; 양주삼, "조선남감리교회 소사", 『조선남감리교회삼십주년기념보』 (조선남감리교회 전도국, 1929), 55. ; 이덕주, 『춘천중앙교회사 1898-2006』 (기독교대한감리회 춘천중앙교회, 2007), 79-87. ; 이덕주, 『영의 사람 로버트 하디』 (밀알북스, 2021), 272-273.
5) 이덕주, 『영의 사람 로버트 하디』 (2021), 273. ; 윤성근, "령동소식", 「죠션크리스도인회보」 1900년 7월 11일.

가집을 구입해 선교사의 방문과 교회의 조직을 준비했던 것[6]이다. 이러한 윤성근의 선교적 성취와 노력에 대해 하디 선교사는 1902년 연회에서 다음과 같이 보고하고 있다.

> "강원도 북서부 지역은 금년에 네 번 방문했습니다. 지난 [1901년 9월] 연회 이후 우리 권서 가운데 한 명인 윤성근을 그곳에 정착케 했습니다. 윤성근은 전적으로 자신을 바쳐 하나님과 하나님 사역에 헌신하는 모습을 꾸준히 보여주고 있습니다. 그리스도인으로서 그의 신실한 신앙과 사역 덕분에 우리는 한국의 다른 어떤 지역에서도 보기 어려운 진보의 결과를 이곳에서 확인할 수 있었습니다."[7]

남감리회의 강원 북부지역 초기 선교를 담당하던 윤성근은 1901년 경부터 김화에 정착하게 되었으며, 그 후 그는 그곳에서 남은 여생을 전도사업에 전념하다 1904년 폐결핵으로 별세[8]하였다.

2) 김화 '지경터교회'와 '새술막교회'의 설립(1901)

1898년부터 착수된 남감리회 소속 한국인 토착 전도인들의 전도 활동으로 강원도 춘천의 퇴송골(퇴계동), 김화의 지경터(지경리)[9]에 교인들이 생겨났다. 남감리회 초대선교사 리드는 이 두 곳을 방문해 강원지역 첫 개

---

6) R. A. Hardie, "Condensed Report of the Seoul Circuit and Work in Kang-won do, 1900", *KMECS*, 1901, 11-12.

7) R. A. Hardie, "R. A. Hardie's Report, *KMECS*, 1902, 32,

8) 이덕주, 『영의 사람 로버트 하디』 (2021), 369.

9) 선교사 보고에는 "Che-kyung-te" 또는 "Che-kyung-tu", "Chi Kyung The" 등으로 표기되었다.

종자들에게 세례를 베풀었다.[10] 1898년 리드의 보고서 내용이다.

> 이번에 [강원도] 여행을 한 결과 이 지역에 좋은 사역자 한 사람만 보내
> 도 일거리가 너무 많다는 점을 확인했습니다. 이 구역 말고도 적성구역이
> 라 하여 지난 1년 동안 수시로 방문하였던 곳을 [고양읍에서] 따로 떼어 두
> 지역으로 만들었습니다. 한 곳은 원산으로 가는 길목으로 서울에서 약 75
> 마일(120km) 떨어진 김화에 이르는 북쪽이고, 다른 한 곳은 서울에서 곧
> 바로 동쪽으로 가면 이르는 강원도 도청소재지 춘천과 인근 소규모 읍들을
> 포함하는데 먼 곳은 서울에서 100마일(160km) 정도[11] 됩니다.[12]

1899년 9월 강원도 선교 책임자로 임명된 하디는 서울에서 춘천, 김
화 지역을 네 차례 방문했다. 그리고 1900년부터 원산에 거주하면서 서울
과 원산의 경유지에 속하는 김화, 금성, 평강, 회양, 통천 등지를 주목 했
고, 그 중에서도 윤성근이 상당한 선교의 성과를 거둔 김화를 이 지역 선
교의 거점지역으로 지목하게 되었다.[13] 새로운 선교지를 모색하던 하디
는 강원지역에 특히 많은 관심을 보이며 한 해에 다섯 번이나 방문하기도
했다.[14] 그리고 강원지역의 여러 방문지들 중 매서인들의 활동을 통해 뚜

---

10) 이덕주, 『춘천중앙교회사 1898-2006』, 79-87. 이렇게 시작된 춘천 퇴송골 모임과 김화 지경터
모임은 각각 춘천중앙교회와 지경교회로 발전했다.

11) 서울에서 철원까지 실제거리가 80km, 춘천까지는 75km정도 되므로 선교사들의 기록은 다소
부정확하다고 볼 수 있다.

12) C, F. Reid, "Superintendent Report", *KMECS*, 1898, 10.

13) 이덕주, 『영의 사람 로버트 하디』 (2021), 273.

14) "Condensed Report of Wonsan circuit for the Year 1901", *KMECS*, 1901, 25.

렷한 희망을 발견한 곳이 바로 김화 지경터[15]였다. 1900년 하디 선교사의 연회 보고서 내용이다.

나는 강원도에서 66일을 보내면서 우리 매서인들에 의해서 얻어진 모든 지역을 둘러보았습니다. 나는 각 마을에서 복음에 관심을 보이는 사람들을 발견했습니다. 두 번째 방문했을 때 나는 지경터라는 곳에서 복음에 대한 관심이 분명하게 진척되었음을 발견하였습니다. 그들은 초가집을 사서 그곳에 예배당을 만들었습니다. 나는 강원도의 중앙지역(춘천)으로 알려진 이곳에서 훌륭한 선교가 이뤄졌고 20개의 마을에서 2명부터 7-8명까지의 사람들이 관심을 가지고 있으며, 그들 가운데 최소한 12명 내지 15명이 세례 받을 준비가 되어 있다는 사실을 발견했습니다.[16]

그 후 하디는 1901년 3월, 다시 지경터를 방문해 집회를 가졌으며, 3월 31일 15명에게 세례를 거행함으로써 강원도에 첫 교회가 건립되었다.[17]

[1901년] 3월 지경터에 가서 두 주간 지냈는데 인근 40-50리 주변에 관심 있는 이들이 모여 성경공부를 하였습니다. 오후 시간에 성경공부를 하고 나머지 시간에는 전도에 집중하였는데 고무적인 결과를 얻었습니다. 주

---

15) 원래 지경리(지경터) 일대는 원래 김화군 서면 지경리에 있었으며, 지경대라고도 하였는데 1954년 〈수복지구임시행정조치법〉 행정구역 폐합에 따라 토성리에 편입되었다가 1956년 3월 26일 갈곡, 불당곡, 신촌을 병합하여 지경리라 하여 토성리에서 분리 독립된 행정리이다. 철원군 홈페이지 읍면 안내, https://www.cwg.go.kr ;『한국민족문화대백과사전』(한국정신문화연구원, 1991), 22권, 43.
16) R. A. Hardie, "Condensed Report of the Seoul Circuit and Work in Kang-won do, 1900", *KMECS*, 1901, 11-12.
17) "조선남감리교회 역사상에 특출하는 사건",『조선남감리교회 30주년 기념보』(1929), 23.

님은 능력 가운데 우리와 함께하셨고 나는 처음으로 한국인들이 죄책감에 사로잡혀 자기 죄로 인해 소리쳐 우는 것을 보았습니다. 모임이 끝나고 22명이 세례를 받겠다고 하여 3월 31일 그중 15명에게 세례를 준 후 강원도에서 첫 번째 교회를 조직하였습니다. 그곳 사역은 계속 발전하여 지난번 방문했을 때 12명이 더 세례를 받았습니다. 거기서 10리 떨어진 새술막에도 속회가 새로 조직되었습니다. 두 곳 속회에 입교인 27명, 학습인 63명이 등록되었습니다.[18]

지경터에 이어 새술막(학포, 현재의 학사리)[19]에도 교회가 생기고 교회 건축도 착수[20]하는 등 선교에 활기가 띄는 듯했다. 세례교인도 이듬해 (1902) 41명으로 증가하기도 했다.[21] 그러나 하디 선교사의 기대와 달리 1902년에 이르러 지경터교회는 큰 위기와 침체[22]를 맞게 되었다. 세속적 목적으로 교회에 유입된 토착 교인들과의 갈등과 문화적 충돌로 인한 교

---

18) R. A. Hardie, "Condensed Report of the Wonsan Circuit for the year 1901", *KMECS*, 1901, 26.
19) 선교사 보고에는 "Sai-sule-mak"이라고 표기 되었다.
20) R. A. Hardie, "R. A. Hardie's Report", *KMECS*, 1902, 33.
21) "전체적으로 보면 지난해 **지경터와 학포(또는 새술막)** 두 교회에서 27명의 세례교인과 63명의 학습인을 보고했을 때보다 훨씬 더 희망적인 상황입니다. … **두 조직교회**의 교인이 41명으로 늘었으며 … " R. A. Hardie, "R. A. Hardie's Report", *KMECS*, 1902, 33.
22) 지경터에서의 초기 선교 과정에서 다수의 한국인 개종자들은 교회를 통해 자신의 생명과 가족의 안전, 경제적 이익을 보호받기 위한 목적이 앞선 경향이 있었으며, 한국적인 문화와 기독교적 가르침 간의 충돌, 기독교의 상징물인 십자기의 오용(誤用)에 대한 주의와 철거 과정에서 토착 교인들과의 갈등 등으로 인해 이내 침체기에 접어들었다. 이 시기 등장한 소위 '거짓 교인들'의 성격과 그들로 인한 선교의 파행과 역사적 상황에 대해서는 조만간 필자가 추가 연구논문을 발표할 예정이다. "Our May Itinerating Trip", Priscilla Welbon Ewy, *Arthur Goes To Korea, The Early Life of Arthur Garner Welbon and his First Years as Missionary to Korea, 1900-1902*, (Colorado Springs : Esther Foundation), 2008, 236. ; "5월 순회여행", 1902년 6월, 『아서 한국에 가다』(에스더재단, 2010), 206. ; 이덕주, 『영의 사람 로버트 하디』(2021), 308-309.

회의 침체는 하디에게 큰 충격을 주었으며, 그러한 경험은 이후 하디가 원산에서 특별한 신앙체험을 하는 계기로 작동하게 되었다.

3) 1903년 '원산 대부흥'[23]과 지경터의 부흥

지경터에서의 실패는 하디에겐 매우 쓰라린 경험이었다. 이 과정에서 그는 원산에서의 사역도 이어갔지만, 의도한 성과를 거두지 못하는 좌절을 연이어 겪어야 했다.

하디가 원산에서 활동할 당시 원산지역은 남감리회, 캐나다장로회, 대한기독교회(침례교) 세 교파가 정착하고 있었다. 이러한 다양한 교파의 선교 경합지역인 원산에서 새로운 영적 체험과 부흥이 일어나기 시작했다. 원산과 강원도 지역에서 의료선교사로 활동해 오던 하디는 자신의 선교 활동에 큰 성과가 없는 것에 대해 고민하다가 자신의 선교 동기와 신앙 상태를 근본적으로 반성하기 시작하였다. 그는 당시의 고뇌를 다음과 같이 쓰고 있다.

> "나는 지난 3년 동안 강원도에서 첫 번째로 교회를 조직한 지경터에서 열심히 일했지만, 결과가 없어 그 실패감으로 나락에 떨어지고 벼랑 끝에 내몰린 심정이었습니다. 그러나 성령 세례를 받자마자 깨달은 것은 내가 애를 쓰기는 했으나 육적인 노력일 뿐이었다는 점이었습니다.[24]

---

23) 본고에서는 원산에서 일어난 부흥사건에 대해 '원산 대부흥'이라고 칭했다. 이는 김칠성의 연구 중 "원산부흥 기간 동안 다양한 사람들에게 부흥이 임하였고, 또 그 부흥이 교단과 지역을 초월하여 한반도 전역으로 뻗어 나갔기 때문에 일반부흥(General Revival), 혹은 평양대부흥을 위한 준비적 부흥이 아니라, 그 자체가 '대부흥(Great Revival)'이라고 분석한 결론에 의거한 것이다. 김칠성, "원산부흥, 일반부흥인가, 대부흥인가", 「한국교회사학회지」 제34집, (2013), 276.

그러던 중 그는 동료 선교사들과 함께 모인 이 사경회에서 기도에 대한 연구를 발표하는 순서를 맡게 되었는데, 이 과정에서 강력한 성령의 임재와 새로운 신앙의 갱신을 경험하게 되었다. 그는 자신의 체험을 동료 선교사들에게 이야기하였고, 그의 간증에 다른 선교사들은 큰 감동을 받았다. 그는 한국 교인들도 자기처럼 죄의 고백과 실제적인 살아있는 종교적 체험을 하기를 바라는 마음으로 한국인 교인들 앞에서 자신의 신앙적 허물과 교만, 그리고 백인으로서 가졌던 우월감 등의 죄를 고백하였다.[25] 그의 고백은 선교사로서의 자존심과 외국인이라는 거만을 모두 내려놓은 행위였고, 따라서 이에 감동한 한국인 교인들도 커다란 신앙의 체험을 하게 되었던 것이다.[26]

원산의 회개 운동은 1904년 1월에도 각 교파 연합으로 모인 사경회에서 계속되었다. 이번에는 캐나다장로회 선교사 럽(A. F. Robb, 업아력)의 회개운동은 큰 반향을 일으켰으며 그 회개와 자복의 열기는 이듬해 여름에 열린 원산 제직사경회에서도 계속되었다. 장로회의 전계은(全啓恩)과 감리회의 정춘수(鄭春洙)도 이 집회에서 감화를 받아 원산대부흥의 주역이 되었다. 그들은 원산 거리에서 성령의 임재와 그 은사를 선포하며 대대적인 전도와 회개운동을 벌였다.[27]

하디 선교사는 1903년 원산 대부흥의 경험을 통해 과거 실패의 기억

24) R. A. Hardie, "R. A. Hardie's Report", *KMECS*, 1904, 27.

25) 한국기독교역사연구소, 『북한교회사』, (한국기독교역사연구소, 1996), 106. ; R. A. Hardie, "R. A. Hardie's Report", *KMECS*, 1904, 24.

26) 한국기독교역사연구소, 『북한교회사』, (1996), 107. ; R. A. Hardie, "R. A. Hardie's Report", *KMECS*, 1904, 27.

27) 양주삼, "조선남감리교회 소사", 『조선남감리교회삼십주년기념보』, (1929), 61. ; 전택부, 『토박이 신앙산백』, (대한기독교출판사, 1977), 174-205. 참조. ; 한국기독교역사연구소, 『북한교회사』, (1996), 107.

을 딛고 보다 적극적으로 지경터를 전도함으로써 1905년에 이르러 세례교인 51명[28], 학습인 75명, 주일학교 네 곳의 56명 등 강원도 지역의 모범적인 교회이자 독립된 구역으로 발전할 수 있었다.[29] 1903년 원산에서의 대부흥 당시 원산주변 각지의 교인들이 다수 참여한 것을 알 수 있는데 김화지역의 교인들도 함께 했음을 알 수 있다.

> 일천구백삼년 양력 정월 오일에 원산 남산동[남촌동] 감리교 새 회당에서 사경회를 하였는데 공부과정은 창세기와 성사총론과 마태복음과 찬미요, 가르치는 목사는 전[저다인] 목사와 하[하디] 목사와 나[로스] 의원 제씨요, 모여 공부하는 사람의 수효는 간성, 안변, 정평, 철원, 김화, 평강이요, 본 교회(원산) 고을까지 합 일곱 고을이더라. 이때 두 주일 동안을 가르치는데 낮이면 공부하고 저녁이면 기도회로 모여 각각 기도와 간증을 할 새 성신님이 여러 무리에게 감화하사 혹 슬프게도 하고 혹 기쁘게도 하시며 혹 열심나게도 하사 각각 신령한 양식을 많이 얻어가지고 돌아갔더라.[30]

한국의 개신교 신앙이 세속적 욕망과 정치, 경제, 사회적 목적을 통한 차원에 머물지 않고 종교적 체험을 집단적으로 공유함으로써 민족공동체의 공적 책임과 개인 죄책 고백을 통한 윤리적 성숙으로 나아가게 했던 1903년 원산 대부흥(이후 1907년 평양 대부흥으로 이어진다) 사건이 바로 강

---

28) 불과 2년 전 세례교인이 22명이던 것에 비해 괄목할만한 성장이었다. 윤춘병, 『동부연회사』, (1996), 93.

29) "Statistics 1904-1905", *KMECS*, 1905, 59.

30) 윤성근, "사경회를 함", 「신학월보」, 1903년 5월, 207.

원도 김화의 변방 지경터[31]에서부터 비롯되었다는 것은 한국 종교사 뿐만 아니라 한국 근대사에서의 중요한 변혁의 한 장면이 아닐 수 없을 것이다.

3. 미국 북장로회의 철원지역 선교

1) 미국 북장로회의 철원지역 선교 개시와 첫 교회

철원·김화지역 초기 개신교 선교역사를 논함에 있어 미국 남감리회의 선교 외에도 미국 북장로회의 선교 역사를 언급하지 않을 수 없다. 철원지역 선교의 두 축인 철원과 김화의 양 지역을 20세기 초 개신교 장로회와 감리회 두 선교회가 양분하여 초기선교를 수행했기 때문이다. 남감리회에서 김화지역에 지경터교회를 설립하고 강원도 선교를 착수하는 비슷한 시기에 황해도 남부와 경기도 북부지역을 관할하고 있던 미국 북장로회의 선교지역이 동진하여 철원에까지 이르게 되었다.

철원지역 최초의 장로교회에 관련한 기록은 미국 북장로회 서울선교지부의 1901년 연례보고서에서 확인된다. 이 기록에 의하면, 1890년대 말부터 장로회 소속 권서들이 경기 북부 지역과 강원도 철원까지 복음을 전하였고, 그 결과 철원읍에 교인이 생겨나 1901년 세례 입교인 2명, 학습인 20명으로 교회가 설립되었다.[32] 이 교회는 서울 승동교회를 담임하면

---

31) 지경터교회는 1924년에도 알 수 없는 사정에 의해 잠시 폐쇄되었다가 양주삼 목사와 여러 전도인들의 노력으로 1925년 심방전도를 실시해 기존 교인 20여명과 새신자 28명을 얻으며 재건되기도 했다. "디경터 교회 부활", 「기독신보」, 1925년 12월 16일.

32) *General Report of Seoul Station of Presbyterian Mission 1900-01*, 20-21.

서 경기 북부지역 선교를 담당했던 웰본(A. G. Welbon, 오월번)과 무어(S. F. Moore, 모삼열) 선교사가 관리하였는데, 처음엔 황해도 배천과 강원도 철원을 묶어 관리하다가 1902년부터 배천은 무어가, 철원은 웰본이 나누어 맡아 웰본은 철원을 중심으로 강원도를 독립 구역으로 삼아 관리하였다.[33]

웰본의 한국 선교는 1900년부터 시작되어 주요한 활동무대가 대구, 서울, 황해도 배천, 강원도 철원, 원주, 경북 안동으로 이어지는 노정을 보이고 있다. 웰본 부부가 황해도 배천으로 활동무대를 이전한 시기는 1901년 1월 즈음으로 보인다. 웰본의 1901년 6월 연례보고서의 내용이다.

> "저의 첫 해(1900년)는 10월 말에 시작되었습니다. 11월과 12월은 언어 공부를 하며 서울 사역과 사역자들을 알아가는 데 사용되었습니다. [1901년] 1월 첫째 주에 저는 무어 씨와 함께 언어 선생을 데리고 배천(서북쪽 80마일)으로 갔습니다. 신학반에 참여하고, 일부 시골 사역을 돌아보고, 순회 여행을 시작하기 위해서였습니다. 열흘 동안 말씀을 공부하기 위해 모인 사람들의 열심과 진지함을 보고 매 회기마다 성령의 임재를 느끼는 것이 매우 기뻤습니다. 시골 사역을 보는 것은 고무적이고 자극적이었습니다."[34]

이 시기에 웰본은 배천을 중심으로 인근 지역(경기북부와 강원북부)으로 선교영역을 확장해 나갔으며, 이때 철원도 그의 활동무대에 포함된 것으

---

33) 이덕주, "원주제일교회의 어제와 오늘, 그리고 내일 : 원주 선교 및 원주제일교회 역사 전통과 선교 과제", 「원주제일교회 창립 100주년 기념 강연 자료집」 (2005년 4월 11일).

34) "Personal Report of A. G. Welbon for Year Ending June 30, 1901", Priscilla Welbon Ewy, *Arthur Goes To Korea, 1900-1902*, (Colorado Springs : Esther Foundation), 2008, 159. ; "아서 웰본의 연례보고서", 1901년 6월 30일. 프리실라 웰본 에비, 「아서 한국에 가다」 (2010), 139.

로 보인다. 다음은 1902년 6월 제출된 웰본의 연례보고서의 내용이다.

> 지난 연례회의 이후로 6주간의 시간은 배천 지역에, 3주간은 강원도 북
> 부 지역과 경기도 북부 지역을 순회하는 데 사용하였습니다.[35]

위 웰본의 보고서에 의하면, 그는 1901년부터 황해도 배천을 거점으
로 경기 북부와 강원 북부지역 선교를 이미 실행하고 있었던 것으로 보인
다. 1902년 기승을 부렸던 철원과 김화지역 소위 '거짓 형제들'의 농단에
도 불구하고 이 시기 철원지역 장로교회의 선교 결실은 조금씩 거두어지
고 있었다. 웰본은 1903년 북장로회 서울선교지부 연례보고서에서 강원
도에 "세례교인 42명, 학습인 50명이 있으며 70명이 교리 공부를 하고 있
으며, 1년 사이에 세례 교인이 33명이나 늘었고 철원읍 외 11곳에 교인 모
임이 생겼다"는 사실을 보고하였다.[36] 1904년 연례보고서에서는 철원읍
에 선교부지를 마련하였고 철원읍을 비롯하여 강원도 지역에 교회가 18
개, 세례교인 71명, 학습인 52명을 포함, 전체 교인이 225명에 이르렀다고
확인된다.[37]

이상의 내용을 근거로 볼 때, 철원지역의 첫 교회는 미국 북장로회에
서 설립한 무명의 교회이며, 이 교회를 통해 형성된 신앙공동체는 이후 철

---

35) "Personal Report of A. G. Welbon for Year Ending June 30, 1902", Priscilla Welbon Ewy,
Arthur Goes To Korea, 1900-1902, 2008, 242. ; "아서 웰본의 연례보고서", 1902년 6월 30일,
『아서 한국에 가다』(2010), 211.

36) A. G. Welbon, "Pai Chun and Kang Wun District", *General Report of Seoul Station of Pres-
byterian Mission 1902-03*, 18.

37) "Kang Won District", *Annual Report of Seoul Station Presented to the Korea Mission of
the Presbyterian Church in the U.S.A.* 1904, 17-18.

원·김화지역의 주축교회 중 하나였던 철원제일감리교회의 뿌리가 되었다. 다시 말해 철원지역 첫 감리교회의 역사는 1901년 장로회 선교사 웰본의 철원선교에서부터 그 기원을 찾을 수 있을 것이다.

2) 웰본의 철원지역 선교활동과 철수

웰본 선교사의 1904년 보고에서는 선교 초기 철원을 비롯한 강원지역의 상황에 대해서 다음과 같이 구체적으로 묘사하고 있다.

"강원"으로 알려진 저의 시골 관할지역은 서울을 중심으로 지름 200마일(약 320km)에 달하는 원의 북동쪽 사분면에 속한 모든 영토를 포함합니다. 이 도(道)에는 대도시도 없고, 성벽으로 둘러친 성읍도 몇 안 되지만, 인구가 조밀하고 다른 지구의 웬만한 성읍들보다 규모가 큰 마을들이 많습니다. … 강원 지역 사역은 3년 전에 무어 씨와 제가 서울에서 25마일(40km) 내에 살고 있는 한 구역을 처음 여행하면서 시작되었습니다. 이 구역 구성원은 몇 사람을 제외한 대부분이 백정 계층이었습니다. 이듬해 무어 씨는 자신의 시골 사역을 모두 제게 맡기고 미국으로 돌아가야만 했습니다. 저는 이보다 더 진척된 사역을 돌보느라 어쩔 수 없이 이 신설 지구의 사역을 소홀히 할 수밖에 없었습니다. 다행이도 작년에 무어 씨가 귀국했지만, 집 짓는 일로 인해 지금까지 저 혼자서 세 번 그 지역에 짧은 여행을 다녀왔을 뿐이고, 그 중 한 번은 웰본 부인이 동반했습니다. 이러한 악조건에도 불구하고 사역은 성장했습니다.[38]

---

38) "Personal Report of A. G. Welbon for Year Ending June 30, 1904", Priscilla Welbon Ewy, *Daily Life with the Presbyterian Missionaries in Seoul, Korea, 1903-1905*, 2017, 134-135. ; "아

위 보고서에서 웰본은 "강원도에는 대도시도 없고 성읍도 없지만 인구가 조밀하고 규모가 큰 마을들이 많았다"고 전한다. 이 보고에 나오는 "규모가 큰 마을" 중 하나가 철원 일대의 주요 선교지역으로 짐작된다. 웰본은 1901년 무어 선교사와 함께 강원도 인근지역 선교를 시작했을 때 교인들의 대부분이 백정 계층이었던 마을을 특정하고 있다. 이는 서울 외곽지역의 초기 개종자들과 신앙공동체의 사회적 신분이 주로 하층민에 집중 되어 있었던 것으로 짐작할 수 있는 대목이다. 웰본은 무어 선교사가 미국으로 돌아간 이후, 이 지역은 단독으로 세 번 순회하였으며, 악조건에도 불구하고 사역은 성장했다고 보고하고 있다.

웰본은 1904년 2월에 강원도에서 처음으로 개최된 사경회에 참석하기 위해 준비했으나 러일전쟁의 발발로 인해 아쉽게도 두 명의 조사와 병원 전도사 서 씨를 대신 참석케 했다. 이 때의 사경회는 김화 새술막교회에서 2월 12일부터 12일간 진행된 사경회였다.[39] 사경회에 참석한 서 전도사는 이들처럼 배우기를 갈망하는 자들을 본 적이 없다며 감격했다.

강원지구에서는 처음으로 개최된 사경회였습니다.[40] 우리 모두가 몇 주 동안 고대해오던 것이었습니다. 그러했기에 우리는 더욱 그곳에 가기를 원했고, 사경회가 성공적이기를 바랐습니다. 따라서 우리는 파견했던 사람들

서 웰본의 연례보고서", 1904년 7월 1일, 『서울 장로교 선교사들의 일상』 (에스더재단, 2017), 116.

39) 이덕주, 『영의 사람 로버트 하디』 (2021), 368-369.

40) 웰본은 1904년 철원지역에서 열린 사경회가 강원도에서 처음 개최된 사경회라 진술하고 있으나, 하디의 기록에 의하면 지경터에서 그 전부터 두 차례 더 개최된 사실을 확인할 수 있다. R. A, Hardie, "Condensed Report of the Wonsan Circuit for the Year 1901", *KMECS*, 1901. 26. ; 윤성근, "감리교회 사경회", 「신학월보」 1902년 5월, 227.

이 가져온 보고서와 또 참석자들로부터 받은 호평이 담긴 많은 편지들을 읽고 매우 기뻤습니다. 모두 사경회가 정말로 새로워지는 시간이었다고 했습니다. 열흘간의 수업을 마치고 참석자들에게 수업 종료의 선택권을 주었더니 모두 수업을 계속하겠다고 해서 2주를 채웠다고 합니다. 총 여덟 그룹이 참여했습니다. 남성 32명과 여성 8명이 참석했습니다. 성경공부반은 전적으로 자체 부담이었습니다. 초기 개종자 중 한 사람인 서 전도사는 이 사람들처럼 배우기를 갈망하는 자들을 본 적이 없다고 했습니다.[41]

웰본이 보고한 사경회는 남감리회의 하디가 주도하고 감리회의 새술막교회에서 개최된 행사였지만, 교파의 연합과 일치를 모색한 연합사경회로서의 의미가 컸다.[42] 그런 연유였기에 장로교인들도 이 모임에 함께

41) "Personal Report of A. G. Welbon for Year Ending June 30, 1904", Priscilla Welbon Ewy, *Daily Life with the Presbyterian Missionaries in Seoul, Korea, 1903-1905*, 2017, 134-135. ; "아서 웰본의 연례보고서", 1904년 7월 1일, 『서울 장로교 선교사들의 일상』 (2017), 116-117.

42) 가족의 배웅을 위해 잠시 일본에 다녀온 하디는 1903년 12월 내한 직후 원산구역 '겨울사경회'를 준비했다. 하디는 전년도 처럼 사경회를 2회로 나누어 1차는 원산에서 원산과 원산 인근, 동해안 지역 교인들을 대상으로 개최하고, 2차는 김화에서 강원도 북서부 지역교인들을 대상으로 개최하기로 했다. 하디는 저다인과 캐롤, 노울즈 등 원산 선교부의 동료 선교사들과 사경회를 준비하면서 사경회 목적을 "토착교회 지도자 및 전도인 양성"에 두기로 했다.
그렇게 해서 1904년 1월 25일(월)부터 31일까지 한 주간 예정으로 원산 남촌동예배당에서 사경회가 열렸다. 이후 2월 8일에 러일전쟁이 발발하였고, 원산에서의 집회가 연장되었다. 원산사경회는 교인들의 '뜨거운 요청'으로 한 주간 더 연장되었다. 그리하여 2월 1일(월)부터 8일까지 남촌동감리교회에서 사경회가 다시 열렸다. 연장된 사경회는 감리교회뿐 아니라 창전동 장로교회, 관교동 침례교회 교인들도 참석하여 '초교파 연합집회'로 진행되었다. 세 교파교회 교인들은 1903년 9월 창전동장로교회 예배당에서 개최된 프란손 집회 때도 함께 모인 적이 있었다. 연장 집회를 통해 감리교회에서는 "학습인 중 여러 명이 회심을 체험했으며 참석자들은 모두 하나님을 아는 지식과 믿음, 성실함에 큰 진보를 이루었다." 사경회의 '뜨거운 열기'는 감리교 쪽보다는 오히려 장로교 쪽에서 나타났다. 이러한 교파연합 사경회의 뜨거운 분위기가 확산되어 한주 연기되어 개최된 김화 사경회로 이어진 것이었다. 웰본의 기록에 나타난 김화 사경회의 장로교인들의 참여는 이러한 교파연합적 분위기 속에서 이루어진 일들이었다. 이덕주, 『영의 사람 로버트 하디』 (2021), 356, 360, 366.

할 수 있었던 것이다.

특히 1904년 첫 사경회 개최 전에 여성들을 위한 건물을 지었으며, 이러한 건축비 마련을 위해 어린이학교 개설과 조사(helper) 사례비도 모금하는 열성을 보였다.

사경회를 개최하기 전에 그 지역 그룹은 한국 돈으로 24달러를 들여 기존 건물에 여성들을 위한 장소를 하나 더 지었습니다. 그리고 사경회가 끝난 뒤에는 건축비를 마련하기 위해 인근 그룹의 도움을 받아 어린이 학교를 개설하여 매달 7달러 50전씩 모았습니다. 그들은 자신들에게 할당된 조사 사례비도 모금했습니다.[43)]

웰본은 1907년 1월에 열린 강원도 사경회에도 참가했다. 웰본이 철원 사역을 마치고 원주로 떠나기 전에 참석한 마지막 사경회로서 그 당시 철원지역 선교 상황을 엿 볼 수 있다.

겨울에는 사경회와 훈련반이 열렸는데 올해는 유난히 좋았습니다. 지난 1월에 열린 강원도 사경회는 이 지역에서 가장 대표적이고 많이 참석한 영성 깊은 집회였습니다. 그 지역 교인들만으로는 다 감당하기에 벅찰 정도로 많은 대표단들이 올라와서 믿지 않는 이웃들까지 동원하여 도움을 받았습니다. 사경회가 끝나기 전에 이 모든 이웃들이 기독교인으로 등록되었다

---

43) "Personal Report of A. G. Welbon for Year Ending June 30, 1904", Priscilla Welbon Ewy, *Daily Life with the Presbyterian Missionaries in Seoul, Korea, 1903-1905*, 2017, 134-135. ; "아서 웰본의 연례보고서", 1904년 7월 1일, 『서울 장로교 선교사들의 일상』 (2017), 117.

122   근현대 철원의 역사와 문화

는 것을 기쁨으로 보고드립니다.[44]

1907년은 구한국 군대가 해산되고, 정미의병이 일어나던 민족적, 국가적 위기가 가장 고조되었던 때였다. 그리고 평양에서는 대부흥의 역사가 전국적으로 확산되던 때였다. 이러한 분위기 속에서 지역의 비신자들까지도 사경회에 참석해 마침내 기독교인으로 개종하는 사건이 철원에서 일어났음을 생생히 보고하고 있다.

또한 웰본은 3월부터 5월까지 철원에서의 마지막 강원도 순회를 실시했다. 그는 철원 주변 지역에 6개의 교회를 설립했으며, 3개의 학교도 시작했다. 신앙 문답자와 성인 세례자 수도 1906년에 비해 두 배가 넘었다. 웰본은 1907년에 가장 바쁜 해를 보냈고, 한국에서 가장 보람차게 보낸 한 해였다고 밝혔다. 그리고 그러한 성장의 지속에 대해 다음과 같이 전망했다.

3월 20일부터 5월 2일까지는 강원도를 순회하였습니다. 가을에 방문했던 모든 그룹들을 다시 한번 둘러보고 새로 조직된 다섯 교회도 찾아보았습니다. 이 신생 그룹 중 가장 큰 그룹 두 곳은 출석자가 40명 이상이었습니다. 올해 강원 지구에서 신앙 문답을 한 사람의 수는 작년의 181명과 비교하여 397명이었습니다. 성인 세례자 수도 전년도의 28명에 비해 73명으로 늘었습니다. 또한 6개의 새로운 교회가 세워졌고, 3개의 새로운 학교가 시작되었습니다. … 전체적으로 볼 때 올해는 제게 가장 바쁜 해였으며 한국에서 가장 보람차게 보낸 한 해였습니다. 사역 또한 이전의 어느 해보다

---

44) "아서 웰본의 연례보고서", 1907년 6월 30일, 『한국 선교 사역의 확장기』 (에스더재단, 2020), 96.

더욱 큰 성장을 보였고 양호한 상태가 계속될 것으로 보입니다.[45]

　1907년 미국 북장로회 연례보고서에 의하면 철원과 강원도에 54개 교회가 있어 1년 동안 860명이 세례 문답을 받고, 그 중 108명이 세례를 받았으며, 265명이 학습인 대상이 되었다.[46] 그러나 1907년 장로회 4개 선교회와 감리회 2개 선교회 간에 체결된 선교구역 분할협정으로 웰본은 철원지역을 남감리회에 이관하고 원주로 파송된다. 1908년 3월 안식년으로 귀국했다가 1909년 7월 재내한하여 원주에 도착했다. 그러나 웰본은 다시금 체결된 선교구역 분할협정으로 인해 1909년 9월 원주지역을 미감리회에 이관하고 경북 안동지역 선교에 착수한다.

　다음은 1908년 웰본의 아내 새디가 군산에서 남성 공부반을 지도하고 있던 웰본에게 보낸 편지를 통해 신설 원주지부를 웰본의 관할로 전환하는 건에 대한 첫 언급 내용이다.

　　밀러 씨는 집행위원회에 35개의 안건이 올라왔는데 그 중에 하나가 우리의 신설지부에 관한 것이었다고 하셨어요. 그들은 이 문제를 위해 아담스 씨, F. S. 밀러 씨, 클라크 씨, 당신, 그리고 또 다른 한 사람(누구인지기억이 안 나지만 마펫 박사로 생각됩니다)으로 구성된 위원회를 만들었다고 합니다. 밀러 씨에 따르면 해안가의 한 지점을 신설지부 장소로 생각하고 있지만 거의 모든 결정을 당신의 재량에 맡겼다고 합니다. 그래서 아마도 당신

45) "아서 웰본의 연례보고서", 1907년 6월 30일, 『한국 선교 사역의 확장기』 (2020), 97.
46) *Report of the Korea Mission of the Presbyterian Church in the U.S.A. to the Annual Meeting*, 1907, 9.

이 빼앗긴 지역을 대신하여 오히려 원하는 지역을 얻을 수 있을 것 같아요. 클라크 씨가 위원회에서 원주는 서울과 너무 가깝다고 생각한다고 했대요. 그래서 제가 서울에서 원주 간의 거리와 기차역에서 가깝지 않다는 점을 말했더니 밀러 씨가 웃으셨어요. 해안 지역에 마땅한 증기선 선착장이 없다면 그곳도 논의의 대상이 되지 않는다는 것에 밀러 씨도 동의하셨어요.[47]

이러한 과정을 통해 1901년경부터 시작된 웰본의 철원선교는 8년 동안의 성과를 뒤로하고 종료된다. 이상의 내용을 통해 웰본의 철원선교가 1901년경부터 착수되었으며, 이때에 철원에 첫 장로교회가 설립되었다는 점이다. 그 후로도 철원과 주변 강원지역에 복수의 교회가 설립되었으며, 여러 신앙공동체가 형성되었다는 점을 확인할 수 있었다. 이러한 웰본의 성과는 장로교회만의 단독선교가 아닌 당시 김화지역의 남감리회 선교사들과의 협력과 연대를 통한 공동의 결실이었다는 점도 주목할 만하다. 후에 장로교회의 철원지역 선교의 성과는 남감리회 선교구역에 자연스럽게 이관될 수 있었던 것도 모두 초기부터 협력하고 연대했던 에큐메니컬 선교의 자연스러운 귀결이라고 평가할 수 있을 것이다.

아울러 웰본이 1904년 경부터 설립한 장로교회의 신식학교들은 이후에 철원의 개신교인 김철회에 의해 계승되어 교회부지에 사립 배영학교(培英學校)가 건립되어 신문화교육, 육영사업, 군사훈련, 민족의식 고취 등이 이루어졌다. 그러나 1910년 한일강제병합 이후, 식민지 지배에 거슬린다는 이유로 1914년 철원교회와 배영학교는 폐쇄되었다. 그러나 철원의

---

47) "서울의 새디가 군산에서 남성 공부반을 가르치고 있던 아서에게 보낸 편지", 1908년 1월 25일, 『한국 선교 사역의 확장기』 (2020), 118.

기독교인들은 이에 굴하지 않고 그 자리에 철원제일감리교회를 재신축하며 배영학교는 전정의숙(耶蘇敎 私立專精義塾, 3.1운동 당시는 정의학교[貞義學校])로 계승해 기독교 신앙에 기초한 민족의식과 근대 시민의식을 가르치기에 이르렀다. 또 철원교회 내에 영동야간학교도 설치해 운영하였다.[48] 이렇듯 웰본이 구축해 놓은 선교 기반 위에 장로회 선교사들의 철수 이후에도 교회와 기독교 학교들을 통한 철원지역 근대화와 민족운동이 활발히 전개되었음을 알 수 있다.

1908년 웰본의 철수로 인해 그전까지 역동적으로 전개되었던 철원지역 장로교 선교의 역사와 그 흔적이 상당 부분 망실 되거나 잊히고 말았다는 점은 매우 안타까운 일이다. 그가 철원에서 남긴 선교의 흔적들이 마중물이 되어 철원지역 감리교회 선교의 든든한 기반이 되었다는 점을 꼭 기억할 필요가 있겠다.

4. 20세기 초 미국 남감리회의 철원지역 선교 확장

1) 선교 초기 철원·김화지역 개신교의 부흥과 학교의 설립(1901-1906)

미국 남감리회 하디 선교사를 비롯한 한국인 권서들의 노력으로 1901년부터 김화지역에 지경터와 새술막교회를 중심으로 한 신앙공동체들이

---

48) 윤정란, "강원지역 기독교 여성교육사업과 3.1운동", 「여성과역사」 10호, 2009, 86. ; 3.1운동 이후 철원감리교회의 정의학교와 노동야학은 결국 폐교되고 말았다. "강원도 철원 만세운동의 여전사 '곽진근'", 「우리문화신문」 2018년 2월 25일자. ; 이은상, 「독립운동사」 제2권, (고려도서, 1971), 531-532.

형성되었으며, 같은 해 미국 북장로회 웰본 선교사에 의해 경기 북부와 철원지역의 개척 선교가 착수되어 1901년부터 장로교회도 철원에 존재한 것이 확인된다.

철원과 김화는 인접한 생활권으로 교류와 소통이 원활하고 활발했기에, 두 장·감 선교회의 교파연합사업은 자연스러운 결과였으며, 한때 거짓 교인들의 농단에 의해 교회가 큰 위기와 침체를 경험하기도 했지만, 1903년 원산대부흥을 계기로 김화와 철원지역의 교회는 다시금 부흥의 전기를 마련할 수 있었다. 1905년 남감리회의 통계를 보면, 지경터는 이때부터 독립된 구역으로 설정되었으며, 교세도 세례교인 51명[49], 학습인 75명, 주일학교 네 곳의 56명 등의 독립된 구역으로 발전할 수 있었다.[50]

1906년 남감리회 한국선교연회에서는 처음으로 한국인 전도사들을 연회원으로 받아들여 공식 파송했다. 원산과 춘천에는 주한명 전도사, 지경터구역에는 개성에서 사역하던 김흥순 전도사를 파송했다.[51] 하디는 1906년 연회에서 원산구역 외에 지경터구역 담임으로 파송되었다.

1906년 연회에서는 지경터구역은 지경터교회와 새술막교회를 비롯해 김화와 철원, 금성, 평강지역에 14개 교회에 250여명의 교인을 확보한 것으로 보고 되었다.[52] 이 시기 지경터구역 관할의 인근 화천 사내면에 교회가 설립되어 있었고, 매우 영적인 각성과 부흥이 일어나고 있었음이 장로

---

49) 불과 2년 전 세례교인이 22명이던 것에 비해 괄목할만한 성장이었다. 윤춘병, 『동부연회사』 (1996), 93.

50) "Statistics 1904-1905", *KMECS*, 1905, 59.

51) "Appointment", *KMECS*, 1906, 5.

52) 이덕주, 『영의 사람 로버트 하디』 (2021), 447. 하디는 "나는 지경터구역을 포함해 지방을 순회하는 일로 원산교회에 시간을 많이 할애하지 못했다"라고 말할 정도로 1906년에 지경터교회에 공을 많이 들였다. R. A. Hardie, "Report of Wonsan Circuit", *KMECS*, 1907, 34.

회 선교사 언더우드가 간행한 「그리스도신문」에서 다음과 같이 보도하고 있다.

　김화 지경터 순환(구역)에 속한 춘천 실운창마을 교회 김기순은 본래 경기 김포 읍내 사읍고, 직업은 천한 이역을 하다가 신병(身病)이 있어 피접[53]차로 퇴촌하여 살았더니 신축년(1901년) 3월 중에 전도인 수로로 지나다가 김포 운영리 포구에서 예수의 말씀 전함을 듣고 『텬로지귀(天路指歸)』[54] 한 권 사서 보아도 그 뜻을 알지 못하여 답답하던 차에 마침 통진 기도리에서 몇 사람이 예수 씨를 믿기로 작정하였다는 말씀을 듣고 성경 뜻을 알고자하여 그곳에 다니었더니 불행히 흉년 당하여 육신이 살기가 어려워 집안 권솔을 데리고 춘천 실운(室雲)[55]으로 간즉 그곳에 또한 교회를 설시할 차로 김현숙 씨께서 전도한다는 말씀을 듣고 한편으로 반갑고 기쁜 마음으로 인사한 후에 두 집이 서로 합하여 주일을 지키며 세상 사람의 모본이 되고자 하였더니 작년 양 칠월에 무목사와 고목사와 우리 순환회(순환구역) 각지회 속장 유사와 여러 형제가 모여 하나님의 뜻대로 잘 지낸 후에 성경 말씀으로 죄를 뉘우쳐 고치는 것과 무거운 짐을 벗어 놓고 위로를

---

53) '비접'의 원래 말. '비접'은 아픈 사람이 거처를 옮겨 요양하는 것을 말한다.

54) 베어드가 한글로 『텬로지귀』라고 썼던 소책자가 『천로지귀(天路指歸)』인데 이 책은 버마(미얀마)의 첫 선교사였던 아도리람 저드슨(Adoriram Judson, 1788-1850)이 쓴 전도 책자였다. 1812년 인디아로 파송된 첫 미국 해외선교사 5명 중 한 사람이었던 그는 곧 미얀마로 임지를 옮기고 하루 12시간씩 버마어를 공부하며 문서 사역에 집중하였는데, 이때 쓴 책이 *Guide to Heaven*이었고, 이 책이 『天路指歸』라는 제목으로 중국에서 번역되었다. 바로 이 책을 한글로 번역한 이가 미국 북장로회 선교사 베어드였다. 베어드는 이 책을 1894년 전면 개정하였고, 1905년에는 조선예수교서회에 의해 14쪽의 소책자(17x8cm)로 출판했다.

55) 실운은 현재의 화천군 사내면(史內面) 지역이다. 본래 이름인 사탄향(史吞鄕)의 소재지였으며, 신룬 또는 실운(室雲)으로 변하여 곡운(谷雲)이라 했는데, 조선 영조 41년 춘천군 도호부(都護府)에 딸린 사탄내면(史吞內面)이었고, 고종 32년(1895)에 글자가 줄어 사내면이 되었다. (화천군 제공).

받음과 참 믿음에 증거로 거짓말을 버리는 것과 성신의 힘으로 영생을 얻는 것과 평안을 얻으리라 하는 말씀을 듣고 지우 금일까지 마음이 안연히 지내오니 하나님의 은혜를 감사하나이다.[56]

이러한 교회의 성장과 발전을 통해 지경터교회는 1906년 12월 8일부터 16일까지 개최된 '제1회 남감리회 한국지방회'(First District Conference of the Methodist Episcopal Church, South in Korea)를 유치[57]했다. 남감리회가 1896년 내한선교를 개시한 이듬해 '한국지방회'(Korea District)를 조직했지만 그 동안 매년 연회는 선교사들로 조직된 남감리회 한국선교회(Korea Mission) 중심으로 개최되었기 때문에 영어로 진행하는 연회에 한국인 전도사나 교회 대표자들은 참석할 수 없었다.[58] 바로 그러한 한계를 극복하고 한국인 전도자들이 주도해 한국인의 리더십이 본격적으로 발휘된 역사적인 남감리회 한국지방회의 개최장소가 바로 한반도의 중심 지경터였다

이러한 뜻깊은 해인 1906년에는 김화지역 감리교회에 처음으로 교육시설이 설립되기도 했다. 서울 배재학당 출신 김만길을 교사로 초빙해 20여 명의 학생으로 교회부속 신천학교(新泉學校)까지 설립한 것이다. 「그리스도신문」의 보도이다.

---

56) 언더우드가 김기순의 기사를 상세히 보도한 것은 그가 김포 출신 개종자로서 개인사정으로 김화인근 실운으로 이주했으며, 그 후로도 상호 소식을 주고 받는 과정에서 김화 지경터구역의 교회소식을 언더우드에게 전하여 「그리스도신문」에 게재하게 된 것으로 보인다. "교회통신 : 김화래신(金化來信) 김기순", 「그리스도신문」 1906년 5월 24일, 497-498.

57) J. L. Gerdine, "First District Conference of the Methodist Episcopal Church, South in Korea", The Korea Mission Field[이하 KMF], Jan, 1907, 2-3.

58) 이덕주, 『영의 사람 로버트 하디』 (2021), 447-448.

강원도 김화 지경터는 밝은 빛이 들어 간지 8-9년 되었으며, 지금 고목사와 이원한 두 분이 전도하시는 곳인데, 금년 양력 6월 18일에 학교 하나를 세웠는데, 학도는 거의 20명 가량이요, 과정은 성경, 한문, 국문, 산술, 지리 등 여섯 가지를 가르치며 교사는 황성(서울) 합성학교(배재학교)[59]에서 공부하는 김만길이온데, 교제도 가서 시초에 힘껏 도와 주시옵고, 재미를 많이 본 것은 본래 이곳이 극히 무식하고 어두운 곳이나 지금은 비록 소학교라도 있어 어린이들을 교육함이요, 그뿐 아니라 그 아이들이 힘쓰고 애써서 발달하고자 함이오니 심히 감사한 일이 아니겠는가. 현금 대한에 형편으로 인연하여 전국 인민이 도탄 가운데 있고 날로 치소(嗤笑, 조롱과 웃음거리)를 당함은 일필난기(一筆難記, 한 붓으로 모두 적을 수 없다)이오나 이것을 면하고 피하고자 할 진데, 전국 청년을 교육시켜서 인민이 발달하여야 할지니 한 곳이라도 어서어서 일어나 전에 알지 못한 것을 배우고 일하여서 남과 같이 된 후에야 나라를 중흥하고 독립을 세울 터이니 교우 형제자매께서 각 처 학교를 사랑하시며 위하여 기도하는 중, 이 학교 위하사 많이 기도로 도와주시면 힘써 보전하여 가서 학문이 날로 발달하고자 함이외다. 이 학교 이름은 신천(新泉)학교라 하였으며 학교마다 발달 되고 인민상하가 날로 사농공상(士農工商)간 힘쓰면 자기 직분을 다 하리니, 하나님께서 불쌍히 여기심이 미치는 날에 대한도 완전하게 독립하리니, 그치지 말고 기도하며 각 사람이 직분만 하사이다.[60]

---

59) 1905년 9월부터 1908년까지는 장로회의 경신학교와 감리회의 배재학당이 연합하여 합성중학교라는 이름으로 교육을 실시했다.

60) "김화 지경터 학교 설립한 형편", 「그리스도신문」 1906년 8월 16일, 788-789.

이 학교는 1906년 연회 보고서의 통계표에서 등장하는 지경터구역의 첫 소년매일학교로 보인다. 이 통계에 의하면 이 학교의 교사는 1명, 학생은 13명으로 보고된다.[61]

2) 선교구역 분할과 철원 · 김화지역 감리교회의 성장(1907-1910)

그 후 1905년부터 장로회와 감리회 두 선교회 간의 선교구역 분할협정이 진행되는 과정에서 1907년 철원지역은 남감리회로 이관이 결정되었다. 당시 상황을 회고한 원주지역 주재 선교사 모리스의 기록이다.

장로회와 감리회 두 선교회 사이의 최초의 명확한 선교구역 분할은 1905년 봄 북장로회 선교회와 미감리회 선교회 사이에서 완료되었습니다. 관련된 선교구역은 평안북도와 평안남도에 인접한 지역이었습니다. 이 구역의 만족스러운 조정은 같은 원칙이 한국 전역에 확대될 수 있다는 희망을 주었고, 같은 해 가을 재한복음주의선교사연합공의회가 조직되면서 이러한 정서가 조성되었습니다. 1907년 미감리회 선교회와 미국 남장로회 선교회는 각각의 선교구역 간에 경계를 설정했고, 같은 해 남감리회와 북장로회, 캐나다장로회 선교회 간에 더 중요한 협정들이 체결됩니다, 남감리회 선교회는 서울과 송도에서 원산까지 이르는 그들의 견고한 선교구역을 할당 받았습니다. 미국 북장로회 선교회와 미감리회 선교회 사이의 조정이 가장 어려웠습니다. 이 두 선교회는 거의 25년 동안 옆에서 일했고, 결과적으로 많은 중복이 있었기 때문입니다. 하지만, 많은 기도와 회의 후

---

61) "Statistics", *KMECS*, 1907, 64.

에 1909년 가을에 확실한 합의에 도달했고, 오늘날 이 선교사업은 이 합의와 조화를 통해 수행되고 있습니다.[62]

1907년 북장로회 선교회와 남감리회 선교회 사이에 선교지역 분할 논의가 이루어져 북장로회는 철원지역을 남감리회에 넘겨주고 대신 남감리회가 맡아 하였던 원주지역 선교를 이양받기로 한 것이다. 두 선교회가 원주와 철원을 주고받은 셈이다. 남감리회는 이미 철원읍에서 가까운 지경터와 김화 지역에서 선교활동을 펴고 있었던 터라 철원읍과 연천까지 선교 지역을 넓힐 수 있었다.[63] 이러한 선교회 결정에 따라 북장로회 강원도 선교를 관리하고 있던 웰본은 철원지역을 남감리회에 넘겨주고 원주로 옮겨야 했다. 북장로회의 원주 선교 준비 작업은 1908년이 되어서야 추진되었다. 즉 1908년 8월 열린 북장로회 한국선교회 연례회에서는 "원주 선교부를 개설하기 위한 작업을 시작할 것과 웰본에게 그 일을 맡길 것과 원주 사업을 위한 추가 교역자를 보내달라는 서울 선교부의 요청을 수락하기로 결정"했다.[64] 이 결의에 따라 안식년 휴가를 마치고 돌아온 웰본은 1909년 봄 클라크(C. A. Clark, 곽안련)와 함께 원주로 들어갔다.[65]

1907년 남감리회 선교구역 이관은 철원과 김화 지역을 남감리회가 단

---

62) C. D. Morris, "Division of Territory Between the Presbyterian and Methodist Missions", *KMF*, Jan, 1914, 18-19.

63) 이덕주, "원주제일교회의 어제와 오늘, 그리고 내일 : 원주 선교 및 원주제일교회 역사 전통과 선교 과제", (2005년 4월 11일).

64) Minutes and *Report of the Korea Mission of the Presbyterian Church in the U.S.A. to the Annual Meeting*, 1908, 43.

65) Minutes and *Report of the Korea Mission of the Presbyterian Church in the U.S.A. to the Annual Meeting*, 1909, 71.

독으로 관할하게 되는 중요한 전환점이 되었다. 다음은 남감리회 한국지방회가 1908년 세 지방회로 분화되기 직전인 1907년의 파송 현황이다.

1907년 9월 연회에서는 하디가 남감리회와 미감리회가 연합으로 설립한 협성신학교의 교수로 파송되면서 동시에 원산구역 담임도 겸하게 되었다. 이로 인해 지경터구역은 춘천선교부의 무스(J. R. Moose, 무야곱)에게 맡겼다.[67] 그리

〈표-1〉 1907년 남감리회 '한국지방회' 파송 현황[66]

구역명	파송자
감리사	크램
서울구역	하운셀
춘천구역	무스
원주구역	콜리어, 주한명
송도서구역	왓슨, 정춘수
송도북구역	크램
지경터구역	무스, 김흥순
원산구역	하디

고 눈에 띄는 점은 이때까지 남감리회에서 원주구역까지 담당하고 있었다는 점이다.[68]

1909년 9월 연회에서는 북간도에서 철수한 이화춘 전도사가 하디와 함께 지경터구역을 담당하게 되었다.[69] 철원에 정주 선교사가 파송된 것은 3.1운동 이후로 1920년 7월에 의사 선교사 앤더슨 부부와 여선교사 어윈이 처음으로 철원에 정착하면서 부터였다.[70]

---

66) "Appointments", *KMECS*, 1907, 12.

67) 이덕주, 『영의 사람 로버트 하디』, (2021), 483.

68) 원주구역은 1908년 미 북장로회 웰본이 원주로 이주하면서 남감리회가 철수했으며, 1909년 웰본이 안동으로 파견되면서 원주는 다시 미감리회로 이관되었다.

69) 차재명, 『朝鮮예수敎長老會史記 上』 (기독교창문사, 1928), 310-311.

70) 양주삼, "朝鮮南監理敎會 歷史에 特出하는 事件", 『朝鮮南監理敎會三十年紀念報』 (1929), 34. ; 윤춘병, 『동부연회사』 (1996), 96.

1908년에는 미북장로회와 캐나다장로회, 남감리회 등 3개 선교부 사이의 함경도와 강원도 지역에 대한 선교구역 분할협정이 이뤄져 캐나다 장로회와 북장로회가 담당했던 강원도지역의 모든 지역이 남감리회로 넘어왔다.[71] 이러한 과정을 거쳐 1909년 확정된 강원도의 남감리교 선교구역은 춘천, 양구, 인제, 홍천, 화천, 철원, 김화, 평강, 창도, 통천, 회양, 이천, 고성, 간성, 속초, 양양, 주문진 지역에 해당되었다.[72]

1900년대 초반 김화지역에 남감리회 선교가 개시된 이래 토착 전도인들과 선교사들의 노력 속에서 지경터교회는 독립구역으로 발전하여 1908년에 이르러서는 교회 33개소, 교인 891명에 이르는 규모로 성장하였다.

지경터구역은 1908년 남감리회 한국지방회가 서울·송도지방회, 춘천지방회, 원산지방으로 분리될 때, 서울·송도지방회에 소속하게 되었고, 1909년에는 지경터구역이 크게 성장하여 3개의 작은 구역(sub-circuit)으로 분할되었다. 1909년 연회 당시 성장한 지경터구역에 대한 보고 내용이다.

[지경터] 구역 곳곳에서 저는 유망한 청년들 중에서 14명의 자원봉사자들을 선발하여 그들과 함께 김성(금성)군으로 여행했습니다. 우리는 적어도 신생 교회가 있는 마을에만 갔고 최소 3일 동안 그곳에서 야영을 했습니다. 휴대용 칠판의 도움으로 저는 제 여행 동료들과 참여하길 원하는 다

---

71) R. A. Hardie, "Report of Wonsan Circuit : M. E. Church, South", *KMF*, 1908, 164.

72) C. G. Hounshell, "Seoul Circuit", *KMF* Dec, 1908, 189-190. ; H. G. Underwood, "Division of the Field", *KMF* November 1909, 213. ; "대한예수교회 지경을 나눔", 「신학월보」, 제7권 2-3호, 1909, 4.

른 사람들을 매일 아침 3시간 동안 가르쳤습니다. 오후에 이 사람들은 한 명 이상의 현지 기독교인들과 함께 두 명씩 파송 되었습니다. 반경 5마일 (8km) 이내의 모든 장소를 방문할 때까지 각 팀에게 마을이 배정되었습니다. 아침 공부에서 영감과 몇 가지 사항을 받은 이 사람들은 오두막이나 야외에서 집회를 열고, 굳게 닫힌 사람들에게 책을 팔고, 그들이 보내진 곳의 모든 피조물들에게 복음을 전하기 위해 할 수 있는 모든 것을 했습니다. 온 지역이 관심으로 들끓었습니다. 자리가 차고 넘침에도 불구하고, 철야 예배에 참석하기 위해 사방에서 사람들이 모였습니다.

저의 오후 시간은 지역 교회의 각 교인들과 학습인를 문답하는 데 사용되었습니다. 우리는 자신을 그리스도인이라고 부르는 사람들과 개인적인 대화를 나누기 전까지 우리는 다른 곳으로 이동하지 않았습니다. 슬픔과 고난의 이야기, 영적인 축복의 간증, 그리고 내 귀에 쏟아지는 확신은 감동적이었습니다. 이번 여행에서 우리는 가장 깊은 산속으로 들어갔고, 발이 튼튼하고 거친 한국의 조랑말 조차 지나칠 수 없는 위험한 길을 따라 들어갔습니다. 하지만 시간이 허락하지 않아 일의 물리적인 측면에 대해 말할 수 없습니다. 우리가 갔던 몇몇 장소들은 이전에 백인이 한 번도 방문한 적이 없는 곳들이었습니다. 덧붙여 말하자면, 한국은 아직 복음화되기까지 갈 길이 멀다고 할 수 있습니다!

이런 방식으로 일하면서 저는 이 한 군(郡)에서 약 한 달을 보냈습니다. 제가 그곳에 간 것은 우리 조사(助事)의 무분별한 행동 때문에 불만이 많았기 때문입니다. 어려움은 완화되었습니다. 저는 이 조사를 구역의 다른 지역으로 보냈고, 그의 자리에 제가 학생이자 설교자로 검증했던 사람 중 한 명을 배치했습니다. 지난 6개월 동안의 그의 기록은 좋습니다.

지경터구역은 커졌습니다. 그래서 저는 그것을 세 개의 하위 구역(sub-circuit)으로 나누었습니다. 각각의 하위 구역에 조사들을 배치했습니다. 이들은 효과적으로 일을 수행하고 있는 세 명의 선택된 사람들입니다. 저는 구역에서 너무 멀리 떨어져 있어야 했기 때문에 그들의 도움이 없었다면 그 일을 처리할 수 없었을 것입니다.

이 구역에는 현재 476명의 교인과 695명의 학습인이 포함된 35개의 신앙공동체가 있습니다.[73]

이상의 콜리어의 보고를 종합해 보면, 1909년에 이르러 금성지역까지 활동반경을 넓히고 있으며, 아직 선교사의 발길이 닿지 않는 심산유곡의 작은 마을까지 순회를 하며 전도가 활발하게 진행된 것을 알 수 있다. 아울러 지경터구역의 교회 규모가 교인과 학습인을 합해 1,000여명에 이르렀으며, 신앙공동체도 35개로 보고되고 있다. 그래서 콜리어는 이 구역을 3개의 하위 구역으로 분할해 각 조사들에게 할당했는데, 이 세 구역은 철원, 김화, 금성으로 보인다. 1910년이 되자 남감리회의 선교구역은 서울·송도지방회가 서울, 지경터, 송도, 송도동지방회로 분할되면서, 철원, 김화, 금성을 각각의 구역으로 한 지경터지방회가 처음으로 출범하게 되었기 때문이다. 다음은 1905년부터 1910년에 이르기까지의 지경터구역의 통계현황이다.

---

73) C. T. Collyer, "Report of Chi Kyung Teh Circuit and Water Gate Station", *KMECS*, 1909, 33-34.

<표-2> 지경터구역 통계 현황(1905-1909년 연회통계표)

년도	선교사		토착인 사역자					교인통계				교회	예배당	주일학교		
	남	여	권서	권사	전도사	조사	전도부인	입교인	학습인	성인세례인	아동세례인			학교	교사	학생
1904-1905	1		1					51	72	8		5	2	4	4	56
1906	1		1				1	67	192	16	32	14	7	2	9	70
1907			2		1		1	170	225	108	11	15	8	6	6	150
1908	1	2	7	2	1	3	2	370	521	133	31	33	12	5	21	250
1909			1	1	1	3		476	695	85	38	35	21	27	68	700
1910			2	1	1	3	1	508	327	143	35	34	24	27	50	500

『동부연회사』에 소개된 지경터지방의 1901-1912년 기간의 교세 증감 그래프를 보면, 1903년 이후부터 세례인과 학습인, 주일학교 학생 수가 증가하기 시작했으며, 특히 1907년부터 1909년 어간에는 2년 사이에 3배 정도의 성장률을 보여, 최고의 성장곡선을 그린다. 이때는 1903년 원산대부흥이 1907년을 정점으로 전국적으로 확산되어 한국 개신교 전체의 역사 속에서 급성장을 보인 기간이다. 그 후 1909년부터는 학습인과 주일학교 학생수가 정체기에 접어들었음을 알 수 있다. 그러나 세례인은 1909년 이전보다 증가율은 낮지만, 지속적으로 증가하고 있는데, 이것은 1909년 이후 부흥의 열기가 다소 가라앉는 상황에서도 교회의 성장은 꾸준히 계속되었음을 보여준다.[74]

1911년에는 평강구역이 지경터지방 내에 추가되었고, 1912년에는 '지경터지방'이 '강원서지방'으로 명칭을 변경하기도 했다.[75] 다음은 1908년

---

74) 윤춘병, 『동부연회사』, (1996), 95-96.

75) 윤춘병, 『동부연회사』, (1996), 94-95.

과 1910년 당시 남감리회 지방회 조직 현황 비교이다.

〈표-3〉 1908년과 1910년 남감리회 지방회 조직 현황

1908		1910	
지방	구역	지방	구역
서울·송도	서울, 송도북, 송도남, 송도동, 이천(伊川), 지경터	서울	서울, 양주, 포천,
		송도	송도남, 송도북, 송도서, 풍덕, 장단, 연천, 금천, 평산,
		송도동	송도동, 두산, 삭녕, 이천남, 이천북
		지경터	철원, 김화, 금성 (1911년 '평강' 추가)
춘천	춘천	춘천	춘천, 홍천, 양구
원산	원산, 영동, 회양, 안변	원산동	원산, 통천, 고성, 간성, 양양
		원산서	안변, 영풍, 고미탄, 회양동, 회양서

지경터지방은 1910년 이후 서울지방으로부터 독립했고, 조직이 확대된 만큼 교회도 커졌다. 이 시기 철원지역 개신교의 가장 주목되는 역사적 특징과 의미는, 이전에 서울·송도지방에 속해 있던 지경터구역이 1910년부터 독립적인 지경터지방으로 분립하여 철원, 김화, 금성, 평강구역(1911년에 추가)에 이르는 광역화된 선교 거점지역으로 발전하게 되었다는 점[76]이다. 이로써 오늘날 철원동지방과 서지방에 해당하는 철원지방의 기본적인 형태와 경계가 이 시기에 확정되었다. 아울러 신천학교와 같은 교육선교를 통해서 민족의식과 기독교신앙을 조화하는 민족교회로서의 정체성을 수립하여 이후에 전개된 철원지역 개신교의 항일투쟁과 민족운동의 기초가 다져지던 시기였음을 확인할 수 있다.

---

76) 인근 화천지역까지도 관할 했다.

5. 선교 초기 철원·김화지역의 교회와 사회 갈등

1900년대 초 철원·김화지역 거짓 신자들의 준동과 갈등의 문제는 1903년 하디를 중심으로 원산에서 전개되었던 원산 대부흥[77]에 간접적인 영향을 미친 사건이었다. 하디는 김화에서의 목회와 선교 실패로 매우 큰 심리적 고통과 종교적 도전을 겪어야 했으며, 이를 극복하는 과정에서 원산 대부흥이 촉발되었던 것이다. 그러나 하디가 겪은 목회적 위기와 실패의 구체적 실체는 그동안 뚜렷하게 규명되지 못했었는데, 최근 이덕주의 『영의 사람 로버트 하디』(2021)에서 그 내용이 일부 소명되었다. 이 글에서는 그 사건의 보다 구체적인 배경과 상황을 들여다 보고자 한다.

1) 철원·김화지역 개신교회에 침투한 거짓 신자들

1901년 남감리회 하디 선교사에 의해 김화의 지경터와 새술막에 교회가 설립되었다. 그러나 하디의 기대와 달리 지경터에서의 선교는 한국인들이 교회를 통해 자신의 생명과 가족의 안전, 경제적 이익을 보호받기 위한 목적이 앞섰으며,[78] 한국적인 문화와 기독교의 가르침 간의 충돌, 기독

---

77) 본고에서는 원산에서 일어난 부흥사건에 대해 '원산 대부흥'이라고 칭했다. 이는 김칠성의 연구 중 "원산부흥 기간 동안 다양한 사람들에게 부흥이 임하였고, 또 그 부흥이 교단과 지역을 초월하여 한반도 전역으로 뻗어 나갔기 때문에 일반부흥(General Revival), 혹은 평양 대부흥을 위한 준비적 부흥이 아니라, 그 자체가 '대부흥(Great Revival)'이라고 분석한 결론에 의거한 것이다. 김칠성, "원산부흥, 일반부흥인가, 대부흥인가", 「한국교회사학회지」 제34집, (2013), 276.

78) "Our May Itinerating Trip", Priscilla Welbon Ewy, *Arthur Goes To Korea, The Early Life of Arthur Garner Welbon and his First Years as Missionary to Korea, 1900-1902*, (Colorado Springs : Esther Foundation), 2008, 236. ; "5월 순회여행", 1902년 6월, 『아서 한국에 가다』, (Colorado Springs: 에스더재단, 2010), 206.

교의 상징물인 십자기의 오용(誤用)에 대한 주의와 철거 과정에서 토착 교인들과의 갈등 등[79]으로 인해 이내 침체기에 접어들었다.[80] 아래는 당시 '거짓 신자들'이 교회를 이용하여 지역사회 내에서 충돌과 갈등을 일으킨 현실을 우려한 하디의 진술이다.

"이 지역 교인들이 기독교로 개종하는 이유는 구원을 얻기 위함이 아닙니다. 오히려 '보부상패'(Pedlar's Guild)의 만행으로부터 (자신들이) 보호를 받기 위해서입니다. 1898년 독립협회가 해산되고 보부상패가 국가의 인증을 받으면서 이런 현상이 전국에서 일어나고 있습니다. 어떤 사람들은 여기서 더 나아가 건물을 사서 기독교와 교회를 빙자하고 주민들에게 금품을 갈취합니다. 1894년 동학군 소요 이후 교회 부지나 예배당 옆에 깃대를 세웠는데 그것은 교회라는 표식을 넘어 보부상이나 다른 협잡꾼들을 향한 경계의 표식이 되었고, 심한 경우엔 금품을 갈취하기 위해 볼기를 치는 곳으로 알려지기도 했습니다. 어떤 곳에서는 소위 '교회'라고 하는 곳이 실제로는 강도의 소굴이 되었습니다. 지방 관리들은 외국인들이 관여하는 곳으로 생각하고 개입하기를 꺼려 하였습니다."[81]

---

79) 이덕주, 『영의 사람 로버트 하디』 (서울: 밀알북스, 2021), 308-309.

80) 윤춘병, 『동부연회사』 (원주: 기독교대한감리회 동부연회본부, 1996), 92-93.

81) R. A. Hardie, "R. A. Hardie's Report", *Minutes of the Annual Meeting of the Korea Mission of the Methodist Episcopal Church, South*[이하, *KMECS*], 1902, 32. ; "이번 여행에서 나는 희망과 절망을 읽었습니다. 한 마을(지실개)에서는 관에서 체포하려는 사람이 속장을 찾아와 학습인으로 이름을 올렸답니다. 이는 단지 교인들의 보호를 받기 위함이었습니다. 우리가 그 마을에 들어간 다음 날 관에서 그를 잡으러 왔는데 속장 집에 숨어 있어서 체포하지 못했습니다. 대신 관리들은 그의 동생을 잡아가서 심하게 매를 때린 후 옥에 가두었습니다. 마을 사람들은 우리가 어떻게 하는지 관심 깊게 지켜보았습니다. 우리는 거기 머무는 것이 바람직하지 않다고 여겨 나흘 만에 그곳을 떠나 10마일 떨어진 지경터로 갔습니다." Arrena Carroll, "Report of Woman's Work in Wonsan", *KMECS* 1902, 47.

위 하디 선교사의 보고내용을 정리해 보면 다음과 같다.

첫째, 1902년 당시 상당수의 남성 중심의 개종자들이 교회에 유입되었다. **둘째,** 이들은 당시 국가의 비호를 받으며 세력을 확장하고 있던 보부상패의 위협과 금품갈취로부터 자신들의 재산과 생명을 보호하기 위해 교회 공간을 이용하였다. **셋째,** 이들은 개신교 신자라는 이름으로 세력을 확장하여 별도의 허가받지 않은 유사 교회 공간을 마련하고 십자가 깃발을 게양함으로써 지역주민들에게 위해를 가하고 금품을 갈취하는 세력으로 새롭게 부상하였다. **넷째,** 내한선교사들은 이러한 '거짓 신자들'의 활동에 대해 엄중한 경고와 함께 십자가 깃발의 철거를 요구하였다.[82]

이러한 지경터구역의 여러 교회들에서 일어난 소위 '거짓 신자'의 문제는 동 시기에 철원에서 활동하고 있던 북장로회 웰본 선교사의 기록에서도 유사하게 나타나고 있다. 다음은 1902년 6월 제출된 웰본의 연례보고서의 내용이다.

무어 씨에게 맡겨진 사역과 그가 돌아간 후 저에게로 이관된 사역이 도시교회를 제외하고는 거의 관심을 받지 못했다고 느낄 수밖에 없습니다. 아마 특별한 관심을 필요로 한 지 1년이 지났을지 모르지만 말입니다. 배천 지역의 기근, 강원도 지역의 거짓 형제들(false brethren)의 사역, 도시교회의 특수한 문제들, 그리고 정규 사역과 관련하여 제기되는 모든 질문들이 한 해를 힘들게 만들었습니다. 우리는 잘못을 반성하고 사역이 더 잘 이루어지기를 바랍니다. 그럼에도 불구하고 우리는 주님의 포도원에서 그분과

---

82) 실제로 하디는 책임있는 거짓 신자에 대해서 제명조치를 단행하였다. R. A. Hardie, "R. A. Hardie's Report", *KMECS*, 1902, 32.

함께 일하도록 허락받은 것에 대해 감사하고 있습니다.[83)]

이 시기 웰본도 "강원도 지역의 거짓 형제들의 사역"에 대해 언급하고 있는데, 이는 1902년 하디가 김화에서 겪었던 거짓(혹은 위장) 신자들로부터 비롯된 교회의 파행과 동일한 사건으로 사료된다. 웰본은 1902년 5월 순회 여행 중에 하디 선교사와 동행한 바 있으며, 함께 집회를 열고, 웰본이 설교, 하디가 통역을 하기도 했다.[84)] 이렇게 이미 하디 선교사와의 교류를 통해 경기북부와 강원북부의 장·감 연합사역을 병행하고 있던 웰본은 교회 내 잠입한 거짓 신자들의 농단에 대해서도 공동 대처했음을 알 수 있다.

바로 이 보고에서 웰본은 철원지역 거짓 신자들에 대한 상술에서 다음과 같이 철원의 첫 교회에 대한 언급을 한다.

우리가 최근에 맡게 된 사역지인 강원도 북부 지역은 매우 나쁜 상태에 있음을 알게 되었습니다. 이 문제는 서울의 한 교회에서 징계를 받고 있는 사람들에 의해 시작되었는데 단순히 오래된 빚을 받아 내거나 돈을 갈취하고 보부상단(peddler's guild)과 민간단체들(civil authorities)에 대항하기 위한 힘을 얻기 위한 수단이었습니다. 우리는 아직 이 지역에 하나의 교회만 가지고 있을 뿐이며 세례를 받은 성실한 교인은 한 명밖에 없습니다. 그런데 신자라고 주장하는 사람이 250명 이상입니다. 이들은 모두 여러 마을

---

83) "Personal Report of A. G. Welbon for Year Ending June 30, 1902", Priscilla Welbon Ewy, *Arthur Goes To Korea, 1900-1902*, 2008, 242. ; "아서 웰본의 연례보고서", 1902년 6월 30일, 『아서 한국에 가다』, 211.
84) "5월 순회여행", 1902년 6월, 『아서 한국에 가다』, 206.

에 살고 있는 남성들로서 가장들입니다. 그래서 이 나쁜 일은 우리가 보고한 신자들의 수보다 훨씬 더 널리 퍼져 있습니다.[85]

웰본은 보고서에서 "우리는 아직 이 지역[철원]에 하나의 교회만 가지고 있을 뿐"이라고 말하며, 지난해(1901년) 설립된 철원의 첫 교회에 대한 실체를 공식적으로 밝히고 있다. 당시 보부상패에 대응해 형성된 거짓 신자들의 활동이 철원과 김화지역에 골머리를 안기고 있었으므로, 이에 대해 김화지역에서 선교사역을 하던 하디와 연대하여 대처할 필요를 느꼈을 것이다. 이에 웰본은 인근지역의 남감리회 하디 선교사와의 공조와 협력을 통해 공동 대처를 했다.

> 우리는 교회의 이름으로 행해진 모든 악한 일을 근절하기 위해 이 지역에 교회를 가진 다른 교단 사람들(김화의 남감리회 선교사)과 호흡을 맞추며 일하고 있습니다. 이 일이 잘 처리되고 있어서 다음 해[1903년]에는 좋은 소식을 보고할 수 있으리라 믿습니다. 내년에는 조사가 이 지역에서 가르치는 데 많은 시간을 할애할 것입니다. 두 마을에서 새로운 사역이 시작되었고, 네 명이 학습 교인으로 접수되었습니다.[86]

이렇듯, 1902년을 전후로 전개된 철원·김화지역의 '거짓 신자들'의 문제는 북장로회와 남감리회 간의 협력과 연대를 통해 적극적으로 대응

---

85) "Personal Report of A. G. Welbon for Year Ending June 30, 1902", Priscilla Welbon Ewy, *Arthur Goes To Korea, 1900-1902*, 2008, 243. ; "아서 웰본의 연례보고서", 1902년 6월 30일, 『아서 한국에 가다』 212.

86) Priscilla Welbon Ewy, *Arthur Goes To Korea, 1900-1902*, 2008, 243. ; 『아서 한국에 가다』 212.

되었으며, 1903년에 이르러서는 어느 정도 진정국면으로 전환되었다는 것을 알 수 있다.

2) 보부상단과 황국협회 그리고 상무사

그러면, 철원과 김화지역에서 기승을 부린 거짓 신자들은 어떤 사람들이었을까? 그들은 아마도 웰본의 보고서에 나타난 "서울의 한 교회에서 징계를 받은 사람"[87]이라는 진술을 미루어 볼 때, 신앙적인 이유보다는 정치적, 경제적 이유로 교회 조직을 활용하고자 했던 특정인들이 주축을 이뤘을 가능성이 높다.

'거짓 신자들'의 출현을 자극했던 보부상단은 구한말 강력한 전국적 네트워크를 구축했던 상업 조직이었다. 1897년 10월 12일 대한제국이 선포되고, 근대적 전제군주제 국가가 성립되자 황제권 강화를 위한 정책추진 과정에서 보부상들의 역할이 더욱 부각 되었다.[88] 이들은 정부와 황실의 입장을 대변하며 외세의 노골적 침략을 저지하고, 관 주도의 지주제와 상업체제 구축을 위해 동원되었다.[89] 보부상들은 1894년 갑오개혁 시기 상리국(商理局) 해체 이후 전국적 규모의 상단(商團) 부활을 위해 지속적인 운동을 전개하였다. 그러한 움직임들이 서로 연결되면서 1898년(광무 2년) 6월 30일 조직원 대부분이 보부상으로 구성된 황국협회(皇國協會)[90]가 결성되었다.[91] 이렇게 조직된 황국협회의 주요 세력 중에서 철원과 김화의

---

87) Priscilla Welbon Ewy, *Arthur Goes To Korea, 1900-1902*, 2008, 243. ; 『아서 한국에 가다』 212.
88) 조재곤, "대한제국의 개혁이념과 보부상", 「한국독립운동사연구」 제20호, (2003년 8월), 128.
89) 조재곤, "대한제국의 개혁이념과 보부상", 134.
90) 황국협회는 1898년 정부가 일본 상인들의 상권 침투에 대항해 조선 상인들의 몰락을 타개하기 위해 조직했으나, 정부 정책을 비판하는 독립협회를 방해하는 공작을 펼치기도 했다.

보부상단이 큰 축을 형성하고 있었는데, 1900년 3월 22일 함흥의 태조 고황제 영정 봉안 시 "강원도 철원과 김화의 보부상 및 한성 내외의 보부상 수백 명이 각각 자비로 갖춘 황색 옷을 입고 태극기(太極旗)를 들고 황토현 대로에 도열하였는 데 매우 위엄이 있었다"는 기록에서 알 수 있듯이 매우 조직적이고 규모 있는 세력이었다고 추정해 볼 수 있다.[92]

이렇게 한층 권한이 강화된 보부상들은 정부의 준 군사적 조직으로 기능하였으며,[93] 그들 고유의 업무인 상업활동 외에 정부 외곽 치안부대의 성격을 띠게 되었다.[94] 이렇게 다방면에 동원된 보부상단은 조직적인 행동으로 정부와 황실의 별동대 역할을 하였기 때문에 외국인들에게 "황실의 발톱과 어금니"라고 불릴 정도였다.[95] 이러한 보부상들은 황국협회의 각종 행사에 총대위원을 두어 회원들 뿐 아니라 일반인들로부터 의연금을 거둬 비용으로 충당했다.[96] 하디의 진술에서 나타난 "보부상패의 만행"[97]은 이러한 보부상의 금전 모금행위와 관련이 깊어 보인다.

---

91) 조재곤, "대한제국의 개혁이념과 보부상", 135.

92) 『日新』광무 4년 3월 23일. ; 조재곤, "대한제국의 개혁이념과 보부상", 144.

93) 조재곤, "대한제국의 개혁이념과 보부상", 140.

94) 조재곤, "대한제국의 개혁이념과 보부상", 142. ; 당시 근대적 경찰제도로서 경무청과 경부가 설치되었지만 지방까지는 제 기능을 발휘할 수 없었다. 그리하여 당시 보부상들은 준 군사적 조직으로 기능하면서 지방군과 연합하거나 단독으로 영학당(英學黨, 동학당의 잔여세력들이 1898년 호남지역에서 동학대신 영학이란 이름을 사용하여 재건한 조직). 동비여당(東匪餘黨, 동학의 잔당을 도적으로 낮춰 부른 이름), 활빈당(活貧黨, 1900년 충남 일대에서 시작하여 남한 각지에서 반봉건주의와 반제국주의의 기치를 들고 봉기했던 무장민중집단) 등의 체포에 참여하였다. 1899년에는 전라도 고부.정읍 등지의 영학당 체포에 보상단(褓商團)이 참여하였다. 司法稟報「井邑古阜郡所捉匪類崔永年等二十九人處辦質稟; 附 供案」(1899. 7. 12.)

95) "(보부상은) 그 이름은 본시 상무(商務)에 종사하는 것이지만 그 본업은 도리어 완급의 일이 있을 때 왕실의 번병(藩屏)으로 장차 조아(爪牙, 발톱과 어금니)가 되는 데에 이르렀다"(信夫淳平, 韓半島, 東京堂書店, 1901, 60.).

96) 조재곤, "대한제국의 개혁이념과 보부상", 137-138.

황국협회는 1898년 12월 독립협회와 만민공동회를 강제해산 시키는 데 동원되었으며, 후에 함께 해산됐다. 황국협회에 속했던 보부상단은 1899년 상무사(商務社)[98]가 발족 됨에 따라 여기에 이속되었고, 1903년 공제회(共濟會)로 이관되었다가, 다시 상민회(商民會)를 거쳐 1904년 11월 26일 진명회(進明會)로 이속[99]되었다.[100] 따라서 1902년 철원·김화지역에서 민간인들에게 곤란을 끼친 보부상단의 조직은 상무사(商務社) 체제 하에서 활동한 것으로 볼 수 있다.

3) 철원·김화지역의 교안(教案)과 양대인자세(洋大人藉勢) 현상

1902년 철원·김화지역 초기 개신교회의 '거짓 신자' 문제를 이해하기 위해서는, 19세기 말 철원·김화지역에서 천주교 신자들을 중심으로 발생한 교안(教案)[101]을 살펴볼 필요도 있다.

1900년 천주교 뮈텔 주교의 순방 기록에 표기된 전국 교우촌 현황을 보면 철원에는 송우동에 35명, 김화에는 굴골에 23명, 낭천(현 화천)에는 만산이에 57명의 교우촌이 형성되어 있었다.[102] 이는 19세기 말 20세기 초에 철원·김화 지역에 다수의 천주교 신자들이 세력을 형성하고 있었다는 것을 방증해 준다.

---

97) R. A. Hardie, "R. A, Hardie's Report", *KMECS*, 1902, 32.

98) 1899년 상업과 국제무역, 기타 상행위에 관한 업무를 관장하기 위해 설립되었던 기관으로 전국 보부상단(褓負商團)의 업무도 관장하였다. 원래 부상(負商)과 보상(褓商)은 각각 별개의 행상 조직으로 성장해 왔으나, 조선 후기에 들어서 전국적이고 단일적인 조직으로 합쳐지게 되었다.

99) 같은 해 12월 6일 공진회(共進會)가 발족하면서 여기에 이속 되었다.

100) 『한국민족문화대백과사전 11권』 한국정신문화연구원, 1991.

101) 외교적 절충을 통해 해결된 천주교 교회와 정부, 천주교 신자와 비신자들 사이의 분쟁 및 사건.

102) 이원희, "강원지역 교우촌 현황 연구", 「교회사연구」 제48호, (2016년 6월), 29.

그런데, 강원지역에서는 1888년부터 1910년 사이에 30건의 교안이 발생했는데, 철원·김화지역에서는 개신교 선교사들이 진출하기 4-5년 쯤 전인 1895년에 천주교 신자에 의한 비윤리적 사건으로 촉발된 교안이 발생했다. 바로 1895년 10월에 김화군 원북면 사기점(沙器店)에서 발생한 '박도진(朴道辰) 치사사건'과 '복주산(福主山) 방화사건'이 그것이다.

이 사건은 복주산에 살던 천주교 신자 박도진이 수양아들 유흥석(柳興石)의 처에 그릇된 마음을 품어 며느리를 처로 삼고자 한 일에 연유한다. 이에 마을 주민 김광록(姜光祿) 등 주민이 박도진의 패륜을 고발하는 통문을 배포하고 그를 구타 사망케 했다. '복주산 방화사건'으로 명명된 이 사건은 외형적으로는 동학교도들이 복주산의 천주교 신자 집에 방화를 한 것으로 보이지만, 잠곡의 마을 사람들이 제출한 17개의 죄목을 보면 천주교인들의 작폐(作弊)에 연유한 것임을 알 수 있다.[103] 다음은 춘천부 참서관이 외부대신 이완용에게 본 사건에 대해 보고한 보고서의 내용이다.

강원도 김화군 남면 문수동 및 낭천(현재 화천의 옛 지명) 복주산(福主山)에 거주하는 천주교인 김치서(金致西) 등이 소장을 제출하여 이르기를 본군(本郡) 천곡(蚕谷)에 거주하는 사람들이 지난 겨울에 자신들의 가옥 50여 호를 방화하였다고 함 으로 해당 동리의 사람들을 조사한 결과 천주교인들의 작폐가 심한 까닭에 그리하였다고 진술하고 해당 천주학인들의 작폐를 기록하여 제출하였으니 이를 조사하여 살펴본 이후에 처분해 주길 바랍니다.

---

103) 이원희, "강원지역 교안(敎案1886-1910)의 발생 배경과 성격", 270.

천곡리민(蠶谷里民)이 녹상(錄上)한 천주학인(天主學人) 등 죄목기(罪目記)

1)향곡(鄕曲)에 거주하며 경작하면서도 호포전 및 결세 등을 납부하지 않은 죄, 2)유부녀를 임의를 탈취한 죄, 3)삼강오륜을 어긴 죄, 4)행인을 공연히 구타한 죄, 5)수절 과부를 겁탈하고 그 재산을 빼앗은 죄, 6)타인의 규중 여자를 탈취한 죄, 7)사채를 갚지 아니한 죄, 8)대낮에 큰길에서 사람을 때리고 곡식을 탈취한 죄, 9)인근에 거주하는 사람이 천주학을 배우지 아니한다는 이유로 구타한 죄, 10)녹렵(鹿獵, 사슴사냥)을 업으로 하는 사람에게서 녹용을 빼앗은 죄, 11)피당(彼黨) 중 박은봉이 한문 훈학 선생을 구타한 죄, 12)엽호포수(獵虎砲手)를 결박하고 그 호피를 탈취한 죄, 13)촌중(村中)에 왕래하면서 동인의 처를 바꾸려 한 죄, 14)촌여(村閭)의 산천 치성일에 살구작(殺狗作)한 죄, 15)아이를 생산한 집에서 살구작(殺狗作) 해(害)한 죄, 16)촌여(村閭) 서민(庶民) 중 개화에 불초(不肖)한 자의 재물을 빼앗으려 한 죄, 17)무고한 촌민에 대하여 사문(私門)에서 악형을 가한 죄[104]

위와 같은 천주교인들의 작폐에 대해 당시 천주교 지도자였던 뮈텔 주교는 교우들의 항의서를 받아 프랑스 공사와 중앙 관료들에게 방화범들의 처벌을 요청했다. 이에 프랑스 공사 블랑시의 노력으로 방화범이 처벌을 받았으며, 투옥되었던 천주교인들은 석방되었다. 이에 더해 훼손된 천주교인들의 가옥에 대한 재건 명령도 떨어졌다. 이러한 모습은 당시 천주교회가 프랑스의 외교력을 등에 업고 향촌지역의 신자 보호를 위해 중앙정부의 관료에게까지 영향을 미친 사례로 볼 수 있다.[105] 이 사건에 대한

---

104) "춘천부관찰사 서리 참서관 정봉시(鄭鳳時)가 1896년 7월 1일 외부대신 이완용(李完用)에게 보고한 문서", 이원희, "강원지역 교안(敎案1886-1910)의 발생 배경과 성격", 268-269.

철원군수의 최종 보고서 내용은 다음과 같다.

> 천주교인들의 17가지 작폐 행위에 대한 기록과 더불어 사건의 핵심인 방화범이 지역 주민인지 의병부대인지를 정확히 알 수 없었고, 천주교인의 작폐 죄목에도 불확실한 것이 많으므로 존위(尊位) 이주석(李周石)과 소임(所任) 이명우(李明右)를 감옥에 가두고 천주교인 중 박은봉(朴殷鳳)과 박도영(朴道永)은 17가지 죄목에 가장 밀접히 관련되어 있으므로 역시 감옥에 가두기로 하였다. 그리고 춘천부 징역 죄인 8명 중 김치서(金致西)를 제외한 나머지 7명은 특별히 죄라고 할 만한 것이 없으므로 모두 방송(放送)하길 바란다.[106]

하디와 웰본이 김화와 철원에 선교를 착수가 4-5년 쯤 전에 일부 천주교인의 비윤리적 행태로 발생한 치사사건과 그 후속 조치과정은 프랑스의 외교권과 군사력을 등에 업은 천주교회의 실제적 역량을 철원·김화지역 주민들이 직접 눈으로 확인하게 해 주었으며, '양대인자세(洋大人藉勢)'[107] 즉 선교사의 위세에 의지하려는 동기로 신자가 되는 사람들이 증가하게 되는 계기를 마련해 주었을 것이다.

1902년 하디와 웰본 선교사가 함께 순회 여행을 하던 중에 철원 주변지역에서 이러한 문제들이 교회 현장 곳곳에 만연해 있었음을 다음의 보

---

105) 이원희, "강원지역 교안(教案1886-1910)의 발생 배경과 성격", 270.

106) "1896년 철원군수가 강원도 관찰사에게 올린 보고서", 이원희, "강원지역 교안(教案1886-1910)의 발생 배경과 성격" 「인문과학연구」 제26집, (2010년 9월), 269.

107) '양대인자세(洋大人藉勢)'라는 말의 의미는 '양대인의 힘을 빌다'라는 뜻이다. 다시 말해서 서양인들의 힘을 빌리는 행위를 말하는 것이다.

고에서 확인할 수 있다.

"이곳에는 여신자가 없는 반면, 120여 명의 남자 교인들이 있었습니다. 교회에 나오는 많은 사람들이 세상적인 동기를 가지고 있었기 때문에 사역은 실망스러웠습니다. 그들의 잘못을 보여주자 많은 이들이 회개하는 것 같았고, 우리는 이 곳 사역이 더 나아지기를 바랍니다. 하디 박사님은 '유일한 소망은 여성들이 교회에 나오는 것입니다. 여성이 믿음을 더 강하게 붙잡고 세상의 권세에 의해 유혹 받을 가능성이 적기 때문입니다.'라고 말씀하셨습니다."[108]

웰본도 철원지역에 설립된 교회에 세례 준 교인은 1명에 불과했음에도 자신이 신자라고 주장하는 사람이 성인 남성 250명에 달한다는 점을 강조해 말하기도 했다.

우리는 아직 이 지역에 하나의 교회만 가지고 있을 뿐이며 세례를 받은 성실한 교인은 한 명밖에 없습니다. 그런데 신자라고 주장하는 사람이 250명 이상입니다. 이들은 모두 여러 마을에 살고 있는 남성들로서 가장들입니다. 그래서 이 나쁜 일은 우리가 보고한 신자들의 수보다 훨씬 더 널리 퍼져 있습니다.[109]

108) "Our May Itinerating Trip", Priscilla Welbon Ewy, *Arthur Goes To Korea, The Early Life of Arthur Garner Welbon and his First Years as Missionary to Korea, 1900-1902*, (Colorado Springs : Esther Foundation), 2008, 236. ; "5월 순회여행", 1902년 6월, 『아서 한국에 가다』, 206.
109) "Personal Report of A. G. Welbon for Year Ending June 30, 1902", Priscilla Welbon Ewy, *Arthur Goes To Korea, 1900-1902*, 2008, 243. ; "아서 웰본의 연례보고서", 1902년 6월 30일,

선교 초기에 철원·김화지역에서 형성된 성인 남성을 중심으로 한 교회 유입 현상과 위장교회의 설립, 십자기 게양 행위 등은 바로 앞선 천주교 신자와 사제들의 '교폐(敎弊)'로 인한 지역사회의 서구 세력과 선교사들에 대한 왜곡된 이해와 의존적 태도로 인해 촉발된 것이라고 분석해 볼 수 있을 것이다. 그러나 한편으로는 초기 철원·김화지역 개신교인들이 정치·경제·사회적 문제에 대해 민감하게 반응하고 대응한 경험과 정체성은 이후에 국권피탈과 외세의 침략 과정에서 타지역에 비해서도 보다 적극적으로 대응하고 참여할 수 있는 밑바탕이 되기도 했을 것이다.

6. 철원·김화지역의 의병 투쟁과 개신교인들의 참여

1) 구한말 철원·김화지역에서의 의병 투쟁

구한말 의병의 활동기간은 갑오의병(甲午義兵, 1894)과 을미의병(乙未義兵, 1895)으로부터 을사의병(乙巳義兵, 1905)과 정미의병(丁未義兵, 1907)이 종식되는 1914-1915년까지 전후 약 20년간에 이른다. 따라서 그동안 구한말 의병은 전국 어디서나 일어나지 않은 곳이 없고, 직접 혹은 간접으로 관여하지 않은 사람이 없다. 특히 강원지역에서 일어난 강원의병은 전 항쟁기를 통해 처음부터 끝까지 줄기차게 항일 구국항쟁을 전개했고, 이에 강원도 지역은 한말의병의 진원지였고, 또한 의병들의 은거지였다.[110]

『아서 한국에 가다』 212.

110) 엄찬호, "강원지역 항일의병 독립운동의 연구성과와 과제", 『의암학연구』 제4호, (2007년 2월),

1895년 을미의병 당시 유생(승지) 출신 유진규(兪鎭圭)가 의병장이 되어 철원지역에서 봉기[111]했다.[112] 2월 초 철원을 점령했던 철원의병은 20여일이 지나 친위대의 공격을 받고 패퇴[113]했으며, 1896년 6월 25일에는 의병 400여 명이 철원에 들어가 세무주사와 이방을 착치(捉致)하고 전(錢) 1만량, 백목(白木) 500필을 준비하도록 요구하였다. 세무주사 및 관속이 모두 도망가 버리자 전(錢) 2,550여량과 소 3척(隻), 말 2필을 탈취해 갔다.[114] 이 당시 철원·김화지역의 의병활동에 대한 「독립신문」에 실린 기사들을 정리해 보면 다음과 같다.

〈표-4〉 1896년 철원·김화 지역의 의병 활동에 대한 「독립신문」의 보도

지역	월 일	내용	신문날짜
금성	5. 5. 5. 8. 8.	금성 상판리에서 중대장 김명환 의병 수명 사살, 3명 생포 회양, 금성에 의병 8-900명이 봉기, 중대장 김명환 보고 의병 13명 포살 의병 1명 포살, 전사 4명, 생포 5명	5. 12. 5. 19. 9. 12.
김화	5. 9.	대성산 은닉 의병 대장 신창손 체포, 사문후 총살	5. 19.
철원	6. 25.	의병 400명 돌입, 공전 등 탈취	7. 9.

114-115.

111) "초기 의병(1895년) 항전과 유생 의병장들의 역할", 「한민족독립운동사」 제1권(국권수호운동 I)

112) 1896년 3월초 의병의 상황에 대해 일본공사관은 "경성에서 멀리는 200리 내외, 가깝게는 6~70리 되는 곳 즉 동남은 여주 일대, 東은 춘천(지난 날 친위대가 철수한 후 폭도가 또다시 그곳에 모여들었다고 함), 북은 양주, 연천, 철원, 서남은 과천 안산 등지의 의병 활동이 활발하였다"고 기록하고 있다(1896년 2월 24일, 「신정부의 현황 보고」, 日本公使館記錄 9책, 153.).

유진규는 1896년 2월 10일 각도에 격문을 보내고, 철원을 점령하였다. 本郡戶布를 去甲午年視察委員査執한 摠이 4,031戶옵더니 乙臘丙正에 匪徒가 入據本郡ᄒ야 邑村이 太半毁燒ᄒ고 人民이 幾盡逃散ᄒ와… (光武二年三月二十日 (철원)郡守具鳳祖 四號, 公文編案 50책).

아울러 한국인 부역자들을 구금하고, 개성까지 영향력을 행사했다. 이 철원의병의 활동 영역은 강원도 이천과 경기도 삭녕, 황해도 토산에까지 이르렀다. 이상찬, "1896년 경원간(京元間)지역 의병 활동의 양상과 그 성격", 「한민족운동사연구」 제74권, (2013년 3월), 10.

1907년 이후에도 철원에서 의병이 활발히 활동하였다. 10월 허위(許蔿), 연기우(延起羽) 부대가 철원지역에서 다시 의병 세력을 떨쳤으며[115], 철원출신 안상근(安尙根), 유학근(兪學根)이 1907년 군대해산 후 철원에서 의병 400여 명을 모아 일본군에 항전했으며, 김화출신 안창근(安昌根)도 같은 해 김화에서 의병를 일으켜 일본군에 항전했다.[116]

1908년 1월 30일에는 의병 유군선(柳君善), 이남하(李南夏), 황봉흠(黃鳳欽), 박영간(朴永幹) 등 14명이 체포되었으며, 이에 의병들은 송화군(松禾郡) 독기동(獨基洞) 고지에서 일본군을 기습공격하기도 했다.[117]

1909년에는 3월 26일에는 철원에서 연기우(延起羽) 의병대 30여 명이 삭녕헌병대와 교전을 벌였으며, 5월 23일에는 의병 80여 명이 김화 금성면에서 일본군과 교전을 벌였다.[118] 또 1910년 1월 29일에는 연기우 의병

---

113) 1896년 3월 4일, 「사변 후의 정황 속보」, 日本公使館記錄 9책, 161. ; 「附屬書 曉告八道列邑」, 日本公使館記錄 10책, 203. ; 이 당시 춘천의병, 철원의병과 함께 포천, 영평지역 의병이 인접 지역인 철원, 낭천, 김화, 금성, 회양, 평강 등지에서 활동하고 있었다. 이상찬, "1896년 경원간(京元間)지역 의병활동의 양상과 그 성격", 13.

114) "報告去月二十五日辰時量에 不知從何來"로 시작하는 공문(建陽元年七月八日 指令이 첨부된, 철원군수 보고), 公文編案 74책. ; "의병 400명이 돌입, 공전 등 탈취", 「독립신문」(1896년 7월 9일).

115) 허위와 연기우의 의병대가 일어나자 10월 15일 금성수비대가 철원에 출동, 16일 아침 심원사(深源寺)에 주둔하고 있는 의병부대를 추격했다. 그 사실을 미리 알고 심원사에서 대기 중이던 허위 부대는 금성수비대가 17일 이곳에 진출하자 또 한 차례 타격을 가하고 재빨리 심원사를 탈출하여 연천지역으로 이동했다. 심원사까지 의병을 추격하였으나 소득 없이 습격만 당한 일제 금성수비대는 심원사가 철원지역 의병운동의 거점이 된다는 이유로 심원사를 소각하고, 금성으로 귀대했다. 철원문화원, 『철원향토지 제4집』(철원: 철원문화원, 2000), 264. ; "1907년(純宗1·隆熙1·丁未)", 『한민족독립운동사』 13권(한민족독립운동사연표)

116) 철원문화원, 『철원향토지 제4집』(철원: 철원문화원, 2000), 479. ; 대한독립항일투쟁총사편찬위원회, 『大韓獨立抗日鬪爭總史 下』(서울: 育志社, 1989), 522, 531, 582.

117) 이러한 첨예한 상황 속에서 대동창의소(大東倡義所) 명의의 '고시 철원군수 및 각 면장 대소민인(告示鐵原郡守及各面長大小民人)'이라는 제목의 격문이 철원읍내에 살포되었다. 같은 해 11월 30일에는 의병 15명이 김화 남부지역에서 일본군과 교전을 했다. "1908년(純宗2·隆熙2·戊申)", 『한민족독립운동사』 13권(한민족독립운동사연표)

대 30여 명이 영평(永平)에서 김화수비대의 기습으로 접전을 벌이기도 했으며, 4월 23일에는 강천돌(姜千突) 의병대 50명이 철원에서 일제 헌병분견소(憲兵分遣所)를 습격했으며, 5월 4일에는 연기우 의병대 40명이 일본군과 교전하기도 했다.[119]

2) 수귀동교회 순국사건

이처럼 철원·김화지역 의병운동이 그 정점에 이른 1909년 가을에는 의병에 연루된 개신교인들이 일제의 수색과 추적 과정에서 교전과 사망에 이르는 사건이 발생하기도 했다.

1909년 9월, 미 남감리회 선교연회에서는 북간도에서 철수한 이화춘 전도사를 하디와 함께 김화 지경터구역으로 파송했다. 이화춘 전도사가 맡은 지경터구역은 김화와 철원, 평강, 창도 일대를 관할했는데, 이 전도사가 김화에서 첫 구역회(계삭회)를 주재하던 중 일본 헌병대에 연행되어 3일간 구금 및 조사를 받는 사건이 일어났다. 이는 9개월간 지경터구역에 속했던 수귀동(守貴洞)교회[120] 교인 최근익(崔根益)과 권원석(權元石)의 순국 사건과 연관이 있다.[121]

최근익과 권원석은 하디 선교사, 고양읍교회 개척의 공로자인 김흥순, 고양읍에서 개종하여 강원도 지역에서 활동한 윤성근 등의 전도를 받아 자기 집을 교회당으로 삼아 신앙생활을 하던 이들이었다. 그런데 이들은

---

118) "1909년(純宗3·隆熙3·己酉)", 『한민족독립운동사』 13권(한민족독립운동사연표)
119) "1909년(純宗3·隆熙3·己酉)", 『한민족독립운동사』 13권(한민족독립운동사연표)
120) 수귀동교회는 김화군과 인접한 양구군 수입면(水入面)에 위치했던 것으로 보인다.
121) 이덕주, 『영의 사람 로버트 하디』 500-501.

일제의 침략이 노골화된 1908년 당시 평강, 창도, 회양, 김화 일대에서 활약하던 의병장 김상태의 항일무장투쟁을 지원하다 이를 탐지한 금성경찰서와 헌병수비대의 포위 속에서 저항하다 마침내 총격전 끝에 사살되고 말았다.[122] 그 당시 상황을 정리하면 다음[123]과 같다.

1. 수귀동은 금성읍에서 수십 리 떨어진 곳으로 춘천경찰서 관내 양구군 수입면에 속했으나 지금은 금성수비대 관할이다.

2. 이번에 총살된 '폭도'가 잠복하였다는 예수교회당의 소재는 수귀동에서 약 1,000m 떨어진 산골짜기에 세 집이 있으니 쉬귀동의 분동(分洞)으로 교회당이라 함은 이름뿐으로 총살당한 최근익의 가옥을 주거 겸 교회당으로 병용(倂用)하고 있었다.

3. 포교사(布敎師)는 항상 원산 금성 간을 왕복 포교한 영국인 하리영(河鯉永)이라고 칭하는 자로서 가끔 위 교회당에 들러 포교한 일이 있었다고 한다.

4. 작년 11월 8일 당(當) 수비대는 '폭도거두' 김상태가 수귀동에 잠복하고 있다는 정보에 접하고 오오타(太田) 중위가 수색 토벌하러 갔던바 이미 김상태 등이 알고 도주한 후로 그때 수귀동 세 집을 가택 수색을 행한 바 최근익의 거실, 즉 교회당의 옆방 장롱 속에서 김상태의 의류 및 서류를 발견하여 김상태가 잠복하고 있었던 사실을 확인하였는데 당시 최근익, 권원석 두 명도 어디론가 도주하여 체포하지 못하고 귀대하였다.

5. 작년 12월 19일 오오타 중위가 다시 수귀동을 수색하러 출동하여 최근

---

122) 이덕주, 『영의 사람 로버트 하디』, 501.

123) "金城警察署長 警部"(隆熙 三年), 『한국독립운동사 자료』 13권(의병편 VI) ; "暴徒에 關한 件"(隆熙 二年), 『한국독립운동사 자료』 16권(의병편 IX).

익, 권원석 양인 집에 있는 것을 탐지하고 즉시 체포하려 하였으나 완강

히 저항하므로 총살했다.

6. 현재 교회당에 있던 세 집 주민은 어디론가 흩어지고 빈 집뿐이므로 체

포 당시의 상황을 알기 어려우나 풍문에 의하면 2명의 '폭도'를 총살한

것은 교회당 안이 아니고 체포 후 압송 중이었다고 하는 설도 있다.

7. 총살된 2명이 예수교 신자였던 것은 사실인 것 같다고 하나 항상 김상태와

기맥을 통하고 공모하고 있었던 것은 의심할 것은 없는 사실인 것 같다.[124]

교인 두 명이 살해당한 수귀동교회는 해체되었고 마을 주민들도 뿔뿔

이 흩어졌다. 이 사건 이후 지경터(김화, 철원)구역 감리교회들은 일제 경찰

의 주요한 감시 대상이 되었으며, 항일운동의 거점인 북간도에서 김화로

내려온 이화춘 전도사가 구역회를 개최해 회중을 규합하는 것은 일제 당

국을 매우 자극했을 것[125]이다.

망국의 암운이 드리워진 격변의 시기에 김화지역 개신교인들이 겪은

이러한 비극적 사건은 이후 일제에 대한 두려움과 저항 의식을 동시에 내

재화하는 하나의 과정이 되었을 것이다. 3.1운동 당시 철원지역에 비해 김

화지역의 개신교인들의 적극적 활약이 눈에 띄지 않는 것도 이러한 일제

의 폭력적 야만성에 대한 경험이 민족운동을 전개함에 있어서 보다 신중

하고 은밀히 수행하게 만든 하나의 중요한 동인이 되었던 것으로 추정해

볼 수 있다.

---

124) 이덕주, 『영의 사람 로버트 하디』, 500-501.

125) 이덕주, 『영의 사람 로버트 하디』, 501.

7. 철원·김화지역의 3.1운동과 개신교

1) 강원지역 3.1운동의 성격과 배경

1919년 3월 1일 서울과 동시에 만세운동을 시작한 전국 8개 지역 중에서 경기 고양을 제외한 7곳 모두(의주, 선천, 평양, 진남포, 안주, 원산, 해주)가 북한지역이었다. 이렇듯 북한지역의 3.1운동 참여를 통해, 이 운동이 국지적, 한시적 사건이 아닌 전국적, 거족적, 지속적 사건으로 한국사의 보편성과 정통성을 획득할 수 있게 되었다는 점을 인정하지 않을 수 없다. 아울러 북한지역이 서울과 더불어 7개의 도시에서 동시에 만세운동이 시작될 수 있었던 것은 북한지역의 활발한 개신교 조직이 유기적인 전국적 네트워크를 형성했기 때문이었다. 특히 강원지역 3.1운동에 가장 큰 영향을 미친 도시는 바로 함경북도의 거점 도시 중 하나였던 원산이었다. 서울에서 원산을 오가는 경원선이 강원 북부의 철원, 김화, 평강지역을 경유했기에 비교적 접근성이 떨어지는 강원지역에 3.1운동의 준비내용과 과정이 이 지역과 가장 먼저 접촉할 수 있었던 것이다.

정리하면, 3.1운동이 서울에서 지방으로 파급되어 간 경로는 첫째 개신교와 천도교 등 종교단체의 조직망을 통한 경로, 둘째 국장 배관차 상경했던 지방 인사들의 귀향에 의한 경로, 셋째 서울에 유학한 학생들이 고향으로 돌아간 경로, 넷째 그 밖에 가까운 지방의 만세운동에 직·간접적으로 영향을 받은 경로 등[126]으로 살펴볼 수 있다. 강원지역 3.1운동은 이 네 가지 파급경로가 거의 모두 작동한 복합적인 성격의 지역이었다고 평가

---

126) 국사편찬위원회, 『한국독립운동사 2』 (1965), 238-243.

할 수 있다.

위의 경로 중 종교단체들을 통해 3.1운동을 전후하여 독립선언서 등 인쇄물이 지방으로 전달된 경로는 천도교 측은 전주, 임실, 평강, 영흥, 서흥, 수안 등지였고, 개신교 측은 대구, 마산, 군산, 선천, 의주, 개성, 원산, 평양 등지였다.[127] 이 과정에서 강원도는 2일 평강, 3일 김화의 만세운동 시도와 10일 철원 만세시위 이후 강원도 전 지역으로 확산되었다.[128]

2) 강원도의 첫 3.1운동 진원지, 철원

강원도에서의 3.1운동은 원주나 춘천과 같은 도내 거점 도시에서보다는 외곽지역에서 먼저 일어났다. 그중 가장 먼저 만세운동이 시작된 곳은 철원이었다. 철원은 서울과 가깝고 교통도 편리한 곳이어서 서울 만세운동의 소식과 정보가 비교적 빠르게 입수될 수 있었다. 철원군에 거주하는 이들 중에는 3월 3일 고종의 인산에 참례했다가 직접 만세운동을 목격하고 돌아온 이도 많았다.[129]

강원도에서 3.1운동의 준비계획이 가장 먼저 전달 된 곳은 철원 인근의 평강군이었다. 서울에서 천도교인 안상덕이 경원선 기차를 타고 평강에 도착해 2월 28일 저녁 6시경 천도교 평강교구장 이태윤에서 3월 1일 독립선언식 소식을 알리고 선언서 700매를 전달했다. 이 선서언서는 춘천, 철원, 김화, 회양 등 4개 군과 평강읍내에 비밀리에 배포하도록 부탁했다.[130]

---

127) "獨立宣言書遞送圖", 「신동아」 (1965년 3월호), 84.
128) 박성수, 신용하, 김호일, 윤병석, 『3.1독립운동과 김덕원 의사』 (서울: 모시는사람들, 2013), 334.
129) 윤춘병, 『동부연회사』 122.
130) 강원도사편찬위원회, 『강원도사 : 제20권 의병·독립운동』 (춘천: 강원도, 2017), 315-316.

철원의 만세시위는 원래 천도교인 최병훈이 평강군에서 독립선언서 200여장을 가져와 철원의 천도교인들을 중심으로 시위할 계획을 세웠다. 그러나 일제 경찰의 검거로 주동자 11명이 전원 체포되면서 만세시위는 무산되고 말았다.[131]

이러한 천도교의 시위계획과 무산 과정 속에서 개신교 측 청년들과 학생들을 중심으로 만세시위가 모색되고 있었다. 개신교 측은 10일에 만세시위를 개최할 것으로 정하고, 감리교의 박연서(朴淵瑞) 전도사가 교인, 학생, 청년, 교사, 전도사들에게 시국정보를 제공해 주었다. 이로써 개신교인들이 주축이 되어 만세운동을 다시 시도한 것이 3월 10일과 11일, 강원도와 철원의 첫 만세시위가 되었다.

삼월 십일 오전에 읍내에서 의외에 수백 명이 취집하야 독립만세를 호(呼)하고 시위운동을 개시하고 군청을 침습할새 적기시(適其時) 집무중인 군수 류홍종 씨를 포박하야 기행렬(其行列)의 선두에 입(入)케 하고 우(又)는 읍내로 순행하며 불온한 형세가 유(有)하얏스나 헌병대의 제어로 중대한 사(事)에는 지(至)치 안이코 해산하얏더니 동(同) 십일일 오전에 약 칠백 명의 군도(群徒)가 소동을 야기함으로 수모자(首謀者)를 검거하고 해산케 하얏는대 군중 대부분은 야소교도(耶蘇敎徒)이더라.[132]

이 보고에 의하면 철원의 3.1운동은 개신교인들 다수가 참여한 것으로 보인다. 당시 철원교회의 박연서 전도사를 비롯해 철원농업학교 학생 박

---

131) 윤춘병, 『동부연회사』, 122.
132) 覆面儒生, 『朝鮮獨立騷擾史論』 (京城: 朝鮮獨立騷擾史出版所, 1921), 112.

용철, 이해종, 철원보통학교 이규정, 임응렴, 교회청년 곽진근(전도사), 엄재형(정의학교 교사), 김경순(정의학교 교사), 이각경(개성 호수돈여학교 출신), 지방청년 김연복[133], 이배근, 이학수, 박창근, 윤상식, 송희선(의병 출신)이 모두 개신교인이거나 개신교 계통 학교 학생들로서 개신교와 긴밀한 관계를 맺고 있었다.[134]

이들은 미리 제작한 태극기를 가지고 3월 10일 오후 3시경 북간산에 집결해 약 250명의 군중과 함께 서문거리로 진출, 만세시위를 벌였다. 오후 4시경에 정의학교 교사 엄재형의 지휘로 주민들이 합세해 약 500여명의 군중이 철원 군청으로 모였고, 전 철원면장 이석영의 아들 이학수와 지방청년 이배근의 요구로 군수와 일본인 서무주임이 군중 앞에서 만세를 불렀다. 그리고 한성판윤을 역임한 친일파 박의병의 집에도 몰려가 박의병에게 독립만세를 부르게 했다.[135]

철원지역 3.1운동은 다음 날인 3월 11일에 절정에 이르렀다. 아침부터 개신교인들을 중심으로 군중이 서문거리에 모였고, 홍인식, 이소희, 임응렴, 이규정, 송의선, 윤상식, 조덕행, 이각경, 김경순 등은 약 700여 명의 군중과 함께 철원역에서 독립만세를 불렀다. 기차가 도착할 때마다 만세를 부르면, 기차 안 승객들도 이에 호응해 주었다. 이후 군중은 다시 읍내로 행했고 농업학교, 보통학교 학생들도 때마침 행진대열에 합세했다. 그

---

133) 김연복은 1911년 사립 야소교 배영학교에 입학했다 학교의 강제폐교로 인해 1915년 퇴학했다. 경성고등보통학교 재학 당시 휴교로 철원에 돌아와 야소교 사립전정의숙(정의학교)에서 비밀리에 회합을 갖고 태극기를 제작해 검거되었다. 국사편찬위원회 홈페이지, 한국사 데이터베이스, 「한국근현대인물자료」 참조.

134) 윤춘병, 「동부연회사」 123.

135) 강원도사편찬위원회, 『강원도사 : 제20권 의병·독립운동』 318.

러나 결국 서문거리 앞에서 기마헌병의 제지와 사격개시로 군중의 대열은 흩어졌고 시위에 참가한 18명은 체포되었다. 이 중에 철원감리교회 김경순, 이각경, 곽진근 등 6명의 여성도 포함되었다.[136]

철원지역 3.1운동은 개신교인들의 주도로 시작되었으며, 이후로도 지역사회의 많은 유지와 학생, 청년들에게 영향을 미쳐 11일 밤과 12일 새벽 갈말면 만세운동, 18일 인목면 금사리 상인들의 만세시위, 4월 8일 독검리 만세시위로 이어지며 철원지역 3.1운동을 지속적으로 견인했다. 처음에는 개신교인들이 주도했지만 이후에는 문혜리의 서당훈장 신성규나 천도교인들, 각 동리의 상인 등 그 주동자의 종교와 계층, 성격이 다양하게 분화해 가면서 전 지역적 사건으로 확장되어 갔다.[137]

철원 갈말과 인접한 지경터의 주민들도 12일 갈말면 청양리 주재소 앞에서 만세운동을 벌일 때 대거 참여했다.[138] 이날의 군중은 3월 14일자 강원도 장관의 보고에 1,000여명이었다고 하니 당시 김화읍교회를 비롯한 김화군 개신교인들의 참여도 적지 않았을 것으로 사료된다. 그러나 당시 참여한 시위군중의 성격에 대한 자료는 현재 확인되지 않는다.

김화군 기오면 창도리에서는 3월 28일 밤에 집결한 김화면민들은 창도리에서 개신교인 및 농민, 학생 500여명이 헌병주재소를 습격하고 만세시위를 했다.[139] 29일 창도리에서 100여명이 만세시위를 벌였는데, 당

136) 강원도사편찬위원회, 『강원도사 : 제20권 의병·독립운동』, 319.

137) 강원도사편찬위원회, 『강원도사 : 제20권 의병·독립운동』, 319-320.

138) 갈말면은 철원군의 동남쪽에 있고 김화군 서면과 접경해 있다. 이 두 지역의 경계선에 지경터가 있는데, 청양리의 절반은 갈말면에 속해 토성리 지경터라고 한다. 철원군, 『철원군지 하』 (춘천: 강원일보 출판국, 1992), 1223.

139) 조선소요사건(3.1운동)관계서류인 중 1919년 강원지역의 만세시위관련 보고 일람표에 보면 1919년 3월 28일 김화 기오면 만세시위에 참가한 인원중 주요 참가들 중 예수교인, 보통인, 학생들

시 만세군중을 지도한 이들은 김연태(金演台)와 서당 훈장이었던 고태흥(高泰興) 외에 주로 지역의 상인들이었으며, 종교적 배경이 없었다고 전해진다.[140] 4월 4일 근동면 하소리에 집결한 만세 군중이 김화읍까지 만세행진을 벌였을 때는 300-500명으로 확산 되었다. 주로 지방의 양반과 농민들로 구성된 군중이었다. 김화군의 만세운동은 3월 12일부터 시작해 6개소에서 8회의 운동이 전개되었다. 전체 동원된 인원은 일제 측 기록대로 밝혀도 8회에 3,500여명인데, 물론 실제 인원은 훨씬 넘을 것으로 예측 되고 있다.[141] 하지만 김화지역 3.1운동에서 개신교인의 피검사실이나 역할에 대해서는 현재까지 보다 구체적인 자료가 확인되고 있지 않아 향후 추가적인 연구가 요청된다.

3) 철원 3.1운동의 구심점, 철원교회

철원의 첫 교회인 철원교회는 1901년에 미 북장로회 선교사 웰본(A. G. Welbon)에 의해 장로교회로 시작되었으며, 이후 선교구역분할협정으로 강원도 북부지역 남감리교회 선교의 중심지가 되었다. 웰본은 철원에 1904년부터 학교를 설립해 근대식교육을 실시[142]했으며, 1907년에는 3

이 다수 참여했다는 기록이 확인된다. "朝鮮騷擾事件一覽表에 關한 件", 「조선소요사건관계서류 : 大正8年乃至同10年 朝鮮騷擾事件關係書類 共7冊 其1」 (1919년 10월 2일), 81. ; 철원군, 『철원군지 하』 (춘천: 강원일보 출판국, 1992), 1234.

140) 철원군, 『철원군지 하』 1227.

141) 철원군, 『철원군지 하』 1228.

142) "Personal Report of A. G. Welbon for Year Ending June 30, 1904", Priscilla Welbon Ewy, *Daily Life with the Presbyterian Missionaries in Seoul, Korea, 1903-1905*, 2017, 134-135. ; "아서 웰본의 연례보고서", 1904년 7월 1일, 『서울 장로교 선교사들의 일상』 (Colorado Springs: 에스더재단, 2017), 117.

개의 학교가 추가로 신설[143]되었다. 1909년 교인 김철회가 교회부지에 사립 배영학교(培英學校)와 교회를 건립하여 신문화교육, 육영사업, 군사훈련, 민족정신 함양에 주력했다. 그러나 1910년 한일강제병합 이후, 식민지 지배에 거슬린다는 이유로 1914년 철원교회와 배영학교는 폐쇄되었다. 그러나 철원의 개신교인들은 이에 굴하지 않고 그 자리에 철원감리교회를 재신축하며 배영학교는 전정의숙(耶蘇教 私立專精義塾, 3.1운동 당시는 정의학교[貞義學校])로 계승해 기독교신앙에 기초한 민족의식과 근대 시민의식을 가르치기에 이르렀다. 또 철원교회 내에 영동야간학교도 설치해 운영하였다.[144]

바로 이러한 철원지역에서의 복음선교와 교육선교를 통해 개신교는 철원의 근대화와 민족운동의 구심점 역할을 감당할 수 있게 되었다. 철원읍교회는 1919년 강원도 최초의 3.1운동이 철원에서 일어났을 때 서문거리의 전도회와 더불어 만세시위의 중심 역할을 하였다. 항일단체인 '철원애국단' 활동도 이곳을 중심으로 이루어졌다.[145] 이후 철원의 개신교인들을 중심으로 시작된 강원도의 3.1운동은 화천, 횡성, 원주, 홍천, 강릉, 양양, 고성, 통천 등지로 지속적으로 확대되어 갔다. 철원·김화지역 3.1운동의 전개과정을 살펴보면 다음 표와 같다.[146]

---

143) "아서 웰본의 연례보고서", 1907년 6월 30일, 『한국 선교 사역의 확장기』 (Colorado Springs: 에스더재단, 2020), 97.

144) 윤정란, "강원지역 기독교 여성교육사업과 3.1운동", 『여성과역사』 10호, (2009), 86. ; 3.1운동 이후 철원감리교회의 정의학교와 노동야학은 결국 폐교되고 말았다. "강원도 철원 만세운동의 여전사 '곽진근'", 『우리문화신문』 (2018년 2월 25일). ; 독립운동사편찬위원회, 『독립운동사』 제2권, (서울: 독립유공자사업기금운용위원회, 1975), 531-532.

145) 철원군지편찬위원회, 『철원군지』 (철원: 철원군, 2002), 1760-1766.

146) 「三一運動日次報告」 鮮總督府 警務局發, 1919年 3-5月, 281-337. ; 『독립운동사』 제2권(삼일운동), 독립운동사편찬위원회, 1969, 649-657. ; 覆面儒生, 『朝鮮獨立運動騷擾史論』 조선독립운

〈표-5〉 철원·김화 지역 3.1운동의 전개 과정

일자	지역	기독교 참여여부	시위 상황
3. 3.	김화		독립선언서를 배포하다 3명 체포
3. 10.	철원	○	철원공립보통학교 생도와 읍민 500여 명 시위
3. 11.	철원	○	예수교인 주도 700여 명 시위, 주모다 12명 체포
3. 12.	김화		김화 청양리, 철원 갈말면 주민 800여 명 시위, 주모자 2명 체포
3. 28.	김화		창도 헌병주재소와 우편소 등에 300여 명 진입 시위, 강제 해산
3. 29.	김화		북이리(창도)에서 시위 군중 헌병 주재소 습격, 발포로 1명 사망
			김화와 금성에서 500여 명 시위, 발포로 1명 사망, 3명 부상
4. 4.	김화		감봉리 300여 명 시위
4. 8.	철원		천도교인 700여 명 내서면사무소 진입, 발포 해산

4) 3.1운동과 철원의 기독여성들

강원지역에서 개신교가 주도하여 만세운동을 이끈 지역은 철원, 강릉, 홍천, 통천, 고성, 양양 등이었다. 이 중에서 여성들의 활동이 눈에 띄는 곳은 철원, 통천, 양양 등이다.

철원지역 3.1운동에서 일반인을 이끌고 만세운동을 벌인 것은 전도부인 곽진근, 정의학교 교사 엄재형, 김경순, 김경순과 개성 호수돈여학교 동창 이각경, 이소희, 청년 이배근, 이학수, 박창근, 윤상식, 송희선 등이었다. 이 중에서 곽진근, 김경순, 이각경, 이소희 4명이 여성들[147]이었다.

곽진근은 철원교회의 전도부인이었다.[148] 이들은 약 500명의 철원지

동소요사출판소, 1921, 112-115. ; 이덕주, 『토착화와 민족운동 연구』 (서울: 한국기독교역사연구소, 2018), 389-391.

147) 「독립신문」 1919년 10월 14일자. ; 윤정란, "강원지역 기독교 여성교육사업과 3.1운동" 86쪽에서 재인용.

148) 곽진근은 경성성서학원에 입학하여 정규 교육을 받았다. 1911년 3월 경성 무교정 복음전도관

역민을 이끌었다. 학생들과 일반인들은 오후 4시경에 합류했으며, 이학수가 군중의 선두에서 지휘했다. 그리고 이학수, 엄재형, 이배근 등이 교대로 독립운동에 대한 연설을 한 후 만세운동을 전개하였다. 곽진근은 관전리에 거주하고 있었으며 당시 58세다. 이소희는 34세로 중리에, 이각경은 22세로 율리에, 김경순은 20세로 중리에 거주하고 있었다. 이소희는 징역 3월 및 벌금 20원, 이각경, 김경순은 징역 4월 및 벌금 20원, 곽진근은 징역 6월형을 언도 받았다.[149]

철원을 비롯한 강원 북부지역은 미국 남감리교회의 선교구역이었다. 그래서 남감리회에서 설립한 배화여학교에는 강원도 출신 여학생들이 적지 않았다. 1920년 3월 1일을 맞아 3·1독립운동 1주년 기념식과 만세운동을 주도한 서울 배화여학교 사건으로 경찰에 검거된 24명 중 7명이 강원도 출신 여성이었다는 점은 그런 의미에서 매우 주목된다.

배화여학교의 만세운동은 1919년 3월 1일이 아니라 1주년이 되는 1920년 3월 1일에 일어났다. 그렇다고 1919년 3월 1일에 침묵하고 있었던 것은 아니다. 학생들은 태극기와 선언문을 미리 준비해 놓고 만세시위에 동참을 준비했으나, 당시 스미스 교장 선생의 조치와 일본 헌병의 수색으로 배화여학교 학생들의 만세시위는 성사되지 못한 채 학생들은 뿔뿔이

에서 출발한 경성성서학원은 전도사 양성기관이었지만 복음전도와 함께 조선인들이 근대시민의식에 눈뜰 수 있는 교육기관이기도 했다. 당시 경성성서학원의 수업연한은 3년 과정으로 남녀공학이었으며 입학자격은 25살 이상 30살 이하였으나 곽진근은 51살의 나이로 입학했다. 학칙으로는 입학 나이가 너무 많았지만 1921년 이전에는 곽진근 지사처럼 입학규정 외의 학생들도 입학이 가능했다. 경성성서학원을 나온 곽 지사는 강원도 철원에 내려가 전도사의 삶을 꾸려가고 있었다. "강원도 철원 만세운동의 여전사 '곽진근'", 『우리문화신문』 (2018년 2월 25일). ; 한국기독교역사연구소 여성사연구회, 『전도부인자료집』 (서울: 한국기독교역사 연구소, 1999), 145.
149) 독립운동사편찬위원회, 『독립운동사자료집 : 삼일운동 재기록』 5, (서울: 독립유공자사업기금운영위원회, 1974), 916-920. ; 윤정란, "강원지역 기독교 여성교육사업과 3.1운동", 87쪽에서 재인용.

흩어져야 했다. 이듬해 수업이 재개되고, 남궁억, 김응집, 차미리사 같은 민족의식이 투철한 교사들의 교육 속에 배화여학교의 학생들은 1920년 3월 1일 새벽, 40여명이 학교 뒷산 필운대에 올라 대한독립만세를 목청껏 외쳤다.[150] 이 당시 검거된 24여명의 학생들은 서대문형무소로 전차를 통해 후송되는 과정에서도 창밖을 향해 "대한독립만세"를 집단적으로 외쳤다. 일경은 결국 전차에서 모두 내리게 하여 오동마차로 연행해 갔다고 한다. 오동마차 안에서는 밖을 볼 수 있지만, 밖에서는 안이 잘 보이지 않도록 되어 있었다.[151] 당시 배화여학교 3.1운동 1주년 기념만세시위 피검자의 명단은 다음과 같다.

> 이수희, 김경화 : 징역 1년, 집행유예 3년
>
> 손영희, 한수자, 이신천, 안희경, 안옥자, 윤경옥, 박하경, 문상옥, 김성재, 김의순, 이용녀, 소은숙, 박심삼, 지은원, 소은경(국가보훈처 기록에는 소은명), 최난시, 박양순, 박경자, 성혜자, 왕종순, 이남규, 김마리아 : 징역 6개월, 집행유예 2년[152]

이 당시 투옥된 학생 중에 철원에서 서울로 유학 와 있었던 왕종순(王宗順, 1905-1994)도 포함되어 있었다. 그는 1919년 서울에서 만세시위가 있었을 때 배화여중 2학년생으로서 무교동 만세시위에 참여했다. 또 1년 뒤 학교 뒷산 필운대에서 열린 3.1운동 1주년 기념 만세시위에도 동참해 일

---

150) "독립유공자 6명을 낸 배화여고, 독립운동의 산실", 「우리문화신문」 (2018년 9월 23일).
151) 성백걸, 『배화100년사』 (서울: 학교법인 배화학원, 1999), 176.
152) 성백걸, 『배화100년사』, 177.

경에 체포된 후 서대문형무소에 한 달간 미결수로 구금되어 있다가 징역 1년, 집행유예 2년을 선고받았다. 그는 출감 후 일본으로 건너가 오사카대학에서 유학 중이던 평남 안주 출신의 이채호 선생과 만나 결혼, 오사카에서 신학 공부를 마치고 귀국해 선교활동을 벌였다. 슬하에 4남1녀를 두었으며 1994년 90세에 영면해 현재 광주 공원묘지에 잠들어 있다.[153]

8. 철원 · 김화지역 대한독립애국단과 대한 독립청년단의 활동과 수난

1) 대한독립애국단 강원도단(철원애국단)의 활동과 수난

3.1운동으로 국내 지도급 민족운동 세력은 대부분은 투옥되거나 독립운동을 위해 해외로 망명했다. 이로 인해 국내 민족운동 세력에 자연히 공백이 생기게 되고, 국내에서는 비밀리에 독립운동을 목적으로 하는 단체들이 각 지역별로 속속 조직되었다. 대한독립애국단, 대한민국청년회교단, 대한민국애국부인회, 대한적십자회 등이 그것인데, 이 중 대한독립애국단은 1919년 5월 서울에서 결성되어 강원, 충청, 전라 등지에 지단을 갖고 임시정부 지원을 목적으로 하는 단체였다. 단장 신현구[154]를 비롯해

---

153) "'철원의 유관순' 왕종순 여사를 아시나요?", 「강원일보」 (2014년 2월 18일).

154) 대한독립애국단의 중심인물인 신현구는 충남 논산 출신의 감리교인으로서 일찍이 고향에서 기독교 활동을 전개하던 중 미감리회 선교사 윌리엄스(F. E. C. Williams, 禹利岩)를 만나게 되면서 그가 세운 공주 영명학교의 교사로 이규갑(李奎甲) 등과 함께 활동하였다. 그 후 상경한 뒤에도 기독교 계통의 교육사업에 종사하다가 3.1운동을 맞이했다. 이때 기독교 계통의 인사들과 함께 참여하던 중 3.1운동이 점차 민중운동으로 확산됨에 따라 그는 독립운동의 조직체를 구상하게 되었다. 그리고 그러한 계획은 동년 4월경 경성부(京城府) 화천정(和泉町)에서 권인채(權仁采)를 만나면서 구체적으로

박연서, 김상덕, 조종대 등 핵심 인물이 개신교인들이었다. 철원애국단도
이와 같은 맥락에서 김화 출신의 개신교인(당시 연희전문학교 학생)인 김상
덕[155]이 3.1운동 참여로 구금되어 있다 보석으로 풀려난 1919년 8월 6일
이후 조직을 시작했다.[156]

　　김상덕은 출소 직후 친척인 권인채를 통해 강원도에 애국단의 지부인
도단, 군단, 면단을 조직하라는 권고를 받았으며, 8월 9일 김상덕은 철원
감리교회 박연서(朴淵瑞) 전도사를 찾아가 애국단의 설립 취지를 설명하
였다. 그 날밤 박연서 집에서 강대려, 김철회, 박건병 등이 모여 군단 설치
에 대한 1차 모임을 한 후, 이틀 후인 8월 11일 철원군 동송면 관전리에 있
는 도피안사에서 김완호, 이용우, 이봉하, 오세덕 등이 참석한 가운데 대
한독립애국단 철원군단(鐵原郡團) 곧 철원애국단이 결성[157]되었다.[158] 이
들은 강원도단 조직을 위해 활발한 활동을 벌여 각 군을 다니면서 원주,
횡성, 강릉, 평창, 울진, 삼척, 평해, 영월, 정선, 고성, 양양, 김화 등지에 군
단을 조직하거나 조직을 도모했다. 그러나 1920년 1월 김상덕, 박연서, 강

추진되었다. 엄찬호, "대한독립애국단 강원도단에 대하여", 『의암학연구』 제19호, (2019년 12월), 39.

155) 김상덕은 연희전문학교에 진학하기 이전 김화에서 사립학교 신창학교(信昌學校)를 세우고 교
육 활동을 전개했을 뿐 아니라, 후에 전도활동을 펼 만큼 독실한 기독교인이었다. 따라서 철원지방
의 교육 및 교회 인사들과도 자연 잦은 교류를 가졌을 것이고, 그러한 관계로 그는 철원감리교회 목
사인 박연서를 찾아가 쉽게 대한독립애국단 조직에 관한 의논을 할 수 있었다. 『독립운동사자료집』
제9집, 1004. ; 조동걸, 『太白의 歷史』 (춘천: 강원일보사, 1973), 252.

156) 윤춘병, 『동부연회사』, 128-129.

157) 군단장 : 이봉하(李鳳夏), 서무과장 : 강대려(姜大呂), 재무과장 : 김완호(金完鎬), 통신과장 : 박
연서 (朴淵瑞), 학무과장 : 박건병(朴健秉), 외교부원 : 이용우(李用雨)·김철회(金喆會)·오세덕(吳世
德)『독립운동사자료집』제9집, 1004-1005.

158) 그 다음 날 상경한 박연서가 경성에서 대한독립애국단의 권인채 주선으로 신현구를 만난 자리
에서 독립운동의 활성화를 위한 조직 확대 권고를 받고 돌아와 동료와 상의한 끝에, 철원애국단을
대한독립애국단 강원도단(江原道團)으로 바꾸었다. 엄찬호, "대한독립애국단 강원도단에 대하여",
『의암학연구』 제19호, (2019년 12월), 36.

대려(姜大呂), 김철회(金喆會), 박건병(朴健秉) 등이 일제 경찰에 차례로 체포되면서 이 조직은 세상에 드러나고 말았다.

철원애국단에 참여한 인원은 약 36명 정도 되었는데, 일제 측의 자료인 「조선독립소요사론(朝鮮獨立騷擾事論)」의 "철원애국단 예심종결"에는 45명 정도 언급[159]되고 있다. 이중 김화 출신이었던 김상덕은 본 단체의 단장으로서 당시 연희전문학교 학생(26세)이었다. 이 조직에는 윤한익, 방기순, 안경록과 같은 감리교 목사, 박연서, 김영학, 조윤여와 같은 감리회 소속의 전도사들도 포함되어 있었으며, 강원도에 거주하는 인원이 전체 조직원의 55%에 해당 되었다. 김화 출신으로는 김상덕 외에도 이장욱(잡화상, 50)[160]이 포함되어 있었다. 당시 철원애국단 조직원의 상당수는 전체 45명 중에 36명이 유죄판결을 받았다.[161]

2) 김화 금성교회 신자들의 대한독립청년단 활동과 수난

철원애국단과 더불어 김화지역에서 주목되는 "금성교회 대한독립청년단 사건"이 있다. 대한독립청년단은 3.1운동이 전개되던 당시 한반도와 만주지역의 청년들을 중심으로 조직되었다. 1919년 4월경 함석은(咸錫殷)을 단장으로 안동현에서 조직되었으며, 5월 안병찬(安秉瓚)이 총재가 되었다.[162] 주요 단원은 서기 장자일(張子一), 간사 박영우(朴永祐)를 비롯하여

---

159) "鐵原愛國團豫審終結", 『朝鮮獨立騷擾史論』. (京城: 朝鮮獨立騷擾史出版所, 1921).

160) 조종대는 원주의 조윤여 목사, 횡성에서 방기순, 김화군 리장욱 등을 만나 애국단 설치를 요청했으나 모두 거절당했다(김상덕 외 34명 판결문(CJA0000271)). ; 장경호, "대한독립애국단 강원도단의 결성과 영동지역으로의 확대", 「국학연구」 44, (2021. 3.), 415쪽에서 재인용.

161) 윤춘병, 『동부연회사』. 132-133.

162) 안병찬은 구한말부터 항일투쟁에 있어서 명망이 있던 인물이었다. 평북 의주 출신으로 이토 히로부미(伊藤博文)를 저격한 안중근(安重根)의 변호에 참여하였고, 1915년 10월부터는 평북 신의주

박춘근(朴春根), 오정은(吳正殷), 오동지(吳東振), 조봉길(曹奉吉), 정상빈(鄭
尙彬), 김기준(金基俊), 조재건(趙在健) 등 약 30여 명이었다. 당시 대한독립
청년단이 임시정부를 지지한 이유는 주요 구성원들이 대부분 청년층이며
근대적인 학교 출신이었던 것이 주요한 배경[163]이 되었다. 아울러 평안도
와 개신교, 신민회와 3.1운동 참여라는 지역적, 종교적, 운동적 성격의 공
통점이 이들이 유대감을 갖고 활동할 수 있는 기반이 되었다.[164] 대한독
립청년단[165]은 1919년 8월 「중화민국관상고학계제군에게 고함(中華民國
官商報學界諸君에게 告함)」이라는 선언문[166]을 발표하였고, 임시정부를 지
지 및 지원하며, 조직 직후부터 파리강화회의에 파견된 김규식을 후원하
기 위한 자금을 조달에 나섰다. 또한 기관지 「半島靑年報」를 발행하여 임
시정부의 정책과 법령 등의 선전과 홍보를 주요 활동으로 삼았다.[167] 임

부(新義州府) 진사정(眞砂町)에서 변호사업을 개업하였으며, 3.1운동에 참여한 후 안동현으로 망명
했다. 박 환, 『만주지역 한인민족운동의 재발견』(서울: 국학자료원, 2014), 62-63.

163) 특히 와세다대학 정치과 출신이자 단장인 함석은은 근대적인 정치체제에 대해 구성원들과 교
감을 통해 공화주의를 추구하였다. 그 결과가 같은 정치체제를 지향한 대한민국임시정부의 지지로
나타나게 되었다고 보았다. 박 환, 『만주지역 한인민족운동의 재발견』, 64-65.

164) 김영장, "대한민국 임시정부의 안동교통사무국 설치와 운영 : 대한청년단연합회와 연대를 중심
으로", 「한국독립운동사연구」 제62집, (2018년 5월), 101.

165) 서명자 총 28명 가운데는 선우혁(안동교통국장) 을 비롯하여 주현칙(재정부 재무원), 김두만
(관전통신국장), 김승만(평안도 구급의연금모집위원[救急義捐金募集委員]), 윤창만(상해청년단원)
등 당시 임시정부와 긴밀하게 연관된 인물들이 포함되어 있었다.

166) 선언서에는 중국인들에게 한·중 동맹협력을 주장하고자 한국독립운동의 진행 과정을 밝혀 놓
았다. 요약하자면, 우리 민족은 일제의 침략에 맞서 독립국을 선포하여 대한민국 임시정부를 수립하
고 김규식을 파견하여 국제연맹에 독립청원서를 제출하는 등의 독립운동을 추진 중이며, 만족할만
한 결과를 얻지 못할 때 독립전쟁을 선포하고 최후까지 저항하겠다는 것이다. 서명자는 안병찬, 선
우혁, 주현칙, 趙善根, 金義善, 地一英, 김승만, 홍성익, 함석은, 金克瑞, 許鼎, 윤창만, 金燦星, 박춘근,
조재건, 金河源, 정상빈, 오학수, 김두만, 沈基弘, 장자일, 金鳳天, 車鎭夏, 채명화, 황대벽, 김기준, 박
영우, 지중진으로 총 28명이었다. 국회도서관, 『한국민족운동사료: 三·一運動編 其二』 (서울: 대한민
국 국회도서관, 1978), 308-309.

167) 국회도서관, 『한국민족운동사료: 三·一運動編 其二』 (1978), 399-401.

시정부는 대한독립청년단의 지원을 바탕으로 안동현 뿐만 아니라 서북지역에서 호응과 지지를 이끌어 낼 수 있었다.[168]

그러나 1919년 8월 말 임시정부는 대한독립청년단원들이 일제에 피체 되면서 연대의 위기를 맞아야 했다.[169] 대한독립청년단의 실체가 노출되고 탄압받는 과정에서 김화 금성구역 개신교인 한희수[170]를 중심으로 한 김화지역 개신교인들이 금성교회 예배당에 모여 임시정부 지원금을 모금하고 대한독립청년단 지단 창단 준비를 하다가 발각되는 사건이 발생했다.

> 대정팔년(1919년) 십일월 이십일에 김화군 김성면 방충리 서상렬(徐相烈)의 집 되는 야소교 예배당에 한희수 외 피고 아홉명이 모여 서수 삼차 밀의한 결과 조선독립의 목적을 달함에는 자본금이 필요한데 우리는 자기 실력에 상당한 금액을 내어서 가정부(임시정부)로 보내어서 독립운동에 조력하기로 한 동시에 가정부(임시정부) 이병욱과 최기수와 연락하여 조

---

168) 김영장, "대한민국 임시정부의 안동교통사무국 설치와 운영 : 대한청년단연합회와 연대를 중심으로", 『한국독립운동사연구』 제62집, (2018년 5월), 102.

169) 대한독립청년단 총재 안병찬과 단원 최승훈(崔昇勳), 이도성(李道成), 조재건(趙在健), 승봉현(承奉賢)이 일경에 피체 되면서 당시 『대한독립청년단장(大韓獨立靑年團之章)』과 다수의 선전문을 압수당하였다. 이를 근거로 임시정부와 대한독립청년단의 관계가 일제에 노출되었다. 같은 해 9월 12일 채명화(蔡命和, 이명 한일선[韓一善]), 김영선(金永善), 이용현(李庸鉉), 박소용(朴小用) 등이 피체 되었고, 9월 24일 박영우, 이영화(李永華), 10월에는 김원국(金元國), 고대춘(高大春) 등 6명의 단원들이 피체되는 등의 감시와 탄압이 집중되면서 활동이 위축되었다. 국회도서관, 『한국민족운동사료 : 三·一運動編 其二』, (1978), 306, 368, 369, 388.

170) 한희수(韓曦洙, 1870 - ?)는 1891년까지 농사에 종사함. 1892년부터 5년간 김화군청에서 근무. 영수원(領收員) 집강(執綱) 등으로 일한 후 농업에 종사하였음. 1920년 중에 개신교도 한사연 등 6명과 상해임시정부를 위한 자금을 모금하여 처벌받음. 출옥 후 1924년경 금성엡윗청년회의 교육부장이 되었고, 그 후 서당교사로 일했음. 한국사데이터베이스, 「한국근현대인물자료」, http://db.history.go.kr/

선(대한)독립청년단 지단을 조선 내에 두기로 하고 전병욱이 가(假)지단장이 되어 군자금을 각각 십원 이상 이십원 이내로 내어서 가정부로 보내고 피고 이치경은 금광업하는 사람으로서 금을 기부하였는데 이 사건은 작 15일 오전 11시에 경성지방법원 제2호 법정에서 태재(太宰) 판사의 단독으로 수야(水野) 검사가 가입회하여 판결언도 된바 한희수는 1년 6개월로 이하 한사연, 한만수, 노석윤, 신영국, 서상렬, 박성태, 고태현, 한성옥, 이치경은 각각 중역 6개월로 하고 미결구류일수 각각 구십일씩을 본형에 산입하였더라.[171]

이 사건에 연루된 10명은 모두 금성지역 개신교인[172]이었으며, 1920년 1월 10일(음력 11월 20일)에 금성교회 예배당(서상렬의 집)에서 상해임정 모금과 대한독립청년단의 조직준비를 모의했던 것이 한참 후에 발각되어 피검되었다. 이 사건에 대한 조사를 위해 경성지방법원에서는 금성지역의 청년 8명도 구속되어 약 4개월간 심문 당했으며 1921년 2월 방면[173] 되기도 했다.[174]

───────────────

171) "한희수 등 판결 : 한희수는 징역 일년반에 기타는 육개월씩 언도됨", 「매일신보」 (1921년 6월 16일).

172) "상해와 연락하여 군자금 거둬 보낸 한희수 등의 구형 언도는 십오일에", 「동아일보」 (1921년 6월 10일).

173) 김성 창도리 김동하(金東河), 이장욱(李章郁), 황중문(黃仲文), 정시영(鄭始營), 김상원(金相源), 이대섭(李大燮), 한병주(韓炳株), 김용구(金容九) 8명은 본년 2월 중순에 독립운동혐의자로 경성지방법원까지 와서 검사의 심문을 밧은 후 감옥에서 지내다가 검사의 불기소로 해방되어 각기 향리로 돌아가 힘써 믿고 업에 종사하는 중이라더라. "김성군교회: 청년들의 방환", 「기독신보」 (1921년 6월 22일).

174) 1921년 2월 방환한 금성지역 청년들 중에는 철원애국단에도 연루되었다 방면된 이장욱이 포함되어 있다.

당시 한국 개신교를 대표하는 주간신문인 「기독신보」에서는 정치적인 내용에 대해서는 구체적 언급을 피했지만, 금성교회에서 상해임시정부 모금사업을 펼쳤던 이들의 구금과 재판과정 중에 그 가족들이 겪는 어려움과, 그럼에도 불구하고 수난 받는 가족들을 위해 함께 아파하고 기도하는 소망과 의지를 다음과 같이 보도하고 있다.

강원도 김화군 김성면 방충리 박성태(朴星泰)의 자부(며느리)는 예수를 진실하게 믿는 데 시아버지가 모 사건으로 경성 서대문 감옥에서 수금된 날부터 이 자부는 시아버지가 곤란 중에 계심을 생각하여 침방에 불을 때지 않고 찬 방에 거처하면서 혹한을 참고 지낸다니 참 효부의 효행이라 하겠다더라.[175]

강원도 김화군 김화면 경파리 한병수(韓炳洙)씨는 형 되는 한만수 댁에 동거한 지 8-9년에 우애(友愛)의 정의(情義)가 인리(隣里)를 부끄럽게 하더니 예수를 믿고 은혜를 더욱 받아 감당하는 중에 그의 두 형 한희수와 한만수[176]가 모 사건으로 경성 서대문 감옥에 수감된 후로 동정하는 마음으로 사식을 드리고자 애를 써 보았으나 아- 개탄스러운 것은 극히 빈한한 생활을 하여 지내는 터이라 어찌 할 수 없이 사식은 차입하지 못하나 자기 형수들과 아이들에게 권면하여 형들이 나오기까지는 자기들도 콩밥만 날마

---

175) "김화군경의 가상한 효부", 「기독신보」 (1921년 8월 10일).
176) 한만수(韓晩洙, 1880 - ?)는 1914년경부터 남감리교 신자가 되어 경매리 예배당 속장으로 취임. 1921년 6월 16일 상해임정 자금모금으로 경성지방법원에서 징역 6개월에 처해짐. 1924년 9월경 금성엡 청년회의 재무부장으로 재직함. 한국사데이터베이스 「한국근현대인물자료」 http://db.history.go.kr/

다 먹기를 결정한 후 한 날 같이 고생을 견디는 중이며 한적한 곳에 가면 기도하며 눈물로 세월을 보내는 중에 팔순 된 부친을 매일 위문하여 안심하게 하며 집안에 화기가 늠름하게 지내는 중이라니 조선 신자들이여 귀가 있느뇨.[177]

김화지역 3.1운동에서 개신교인들의 피체와 구금이 구체적으로 확인되지 않는 가운데 금성지역 개신교인들의 이러한 3.1운동 직후의 적극적 상해임시정부 지원활동과 수난의 역사는 그동안 알려지지 않았던 것이기에 그 역사적 의미가 가치가 크다.[178]

이렇게 철원과 김화를 중심으로 대한독립애국단과 대한독립청년단 등의 조직이 역동적으로 확대해 갈 수 있었던 것은 이 지역이 강원도의 교통·교육의 중심지였기 때문이었다. 3.1운동 때만 해도 강원도는 철원, 평강 등지를 제외하고는 전역이 전근대적인 조운의 길을 따라 교통하고 있었다.[179] 이에 비해 철원에는 경원선이 통과하여 서울은 물론 원산을 비롯한 함경도까지 연결되었고, 멀리는 만주의 간도로까지 통할 수 있었다.[180]

---

177) "경파리교회 동정적 신앙", 「기독신보」 (1921년 8월 24일).

178) 김화 금성교회를 중심으로 활동한 대한독립청년단의 역사는 향후 보다 심층적인 연구를 통해 지역사회와 한국교회에 더욱 널리 알려서 이들의 헌신과 희생을 기념할 필요가 있겠다.

179) 이 무렵 강원도의 교통은 춘천 소양강창(昭陽江倉)의 북한강조운(北漢江漕運), 원주 흥원창(興元倉)의 남한강조운(南漢江漕運)을 따라 선편(船便)으로 중앙과 연결되었고, 영동지방에서는 일단 선편으로 원산에 가서 원산에서 경원선을 이용하였다. 그리고 영동과 영서의 교류는 산길을 따라 이루어졌다. 조동걸, "三·一運動의 地方史的 性格 : 江原道 地方을 中心으로", 「歷史學報」 제47집, (1970), 105.

180) 최승순, 「太白의 山下」 (춘천: 강원일보사, 1973), 267.

9. 닫는 글

철원·김화지역에서의 개신교 초기선교는 19세기 말 미국 남감리회의 김화선교와 미국 북장로회의 철원선교를 통해 거의 동시에 전개되었다. 두 지역 모두 초기에는 토착전도인들에 의해 선교가 착수되었으며, 20세기 초에 이르러 남감리회의 하디와 북장로회의 웰본 선교사가 직접적으로 활동하면서 보다 실제적인 성과를 거두게 되었다. 두 지역 모두 교회가 설립된 시기는 1901년이며 이후 양 지역에서 활발한 선교활동과 선교 협력이 이루어졌다. 그러나 1905년부터 선교구역분할협정이 이루어져 1908년 북장로회 선교사들이 철원에서 철수함으로써 두 지역은 모두 미국 남감리회에서 관할하게 되었다. 1908년 김화의 지경터교회는 독립구역으로 발전하였고, 1910년에 이르러서는 교회 34개소, 교인 835명에 이르는 규모로 성장하였다.

철원·김화 지역의 초기 개신교회들은, 사경회와 주일학교 등을 통해 여성·아동·청소년들이 근대적 교육과 새로운 종교적 체험을 모색할 수 있었으며, 1904년부터 장로교회에서 설립한 신식학교들과 1906년 김화에 설립한 신천학교 등을 통해 근대 학교 교육도 실시되었다. 이러한 개신교회의 종교운동과 근대 교육의 실시는 이후 한일강제병합 이후 전개된 기독교인들을 중심으로 한 독립운동과 사회운동의 기반이 되었다고 볼 수 있다.

철원·김화지역에서의 선교 초기는 구한말의 불안정한 사회적 변동이 가속화된 과도기였다. 이러한 상황 속에서 개신교회 조직과 공간을 이용해 세속적 욕망과 안진을 도모하는 '거짓 신자들'이 출현했으며, 교회는 이들과의 갈등과 내홍을 겪기도 했다. 그러나 1903년 원산에서 촉발된 대부흥의 영향 속에서 철원·김화지역의 개신교회는 꾸준한 성장을 할 수 있었다. 이는 장로회와 감리회 양 선교사들의 교파를 초월한 협력과 헌신, 초기 개종자들의 순수한 종교적 열망과 참여가 밑거름이 되어 이루어진 성과였다. 그리하여 철원·김화 지역 개신교(지경터구역)는 원산, 춘천과 더불어 강원도 북부지역(미국 남감리회 선교구역)에서 가장 중요한 선교 거점 지역으로 자리매김하게 되었다.

이러한 철원·김화 지역의 초기 개신교 선교를 통해 기독교 개종자들은 기독교 신앙과 민족의식을 결합한 근대 시민의 정체성을 형성할 수 있었다. 그 결과로 일부 개신교인들은 의병운동에 동참해 일제의 침략에 저항하기도 했으며, 이후 일제강점기에 철원·김화지역에서 전개된 3.1운동, 철원애국단(대한독립애국단), 대한독립청년단 등의 독립운동에서 개신교인들이 중심적 역할을 담당할 수 있었다.

철원과 철원 노동당사의 건축적 특징

김기주
한국기술교육대 교수

목차

1. 철원읍

1-1. 일제강점기

- 1912~14년 9월 경원선(용산~철원간) 철도 전구간 개통

- 1921~1924년 8월 철원~김화 구간

- 1931년 7월 철원 내금강 전구간 전기철도 개통

철원은 철원역이 들어서면서 많은 발전을 이루었다.

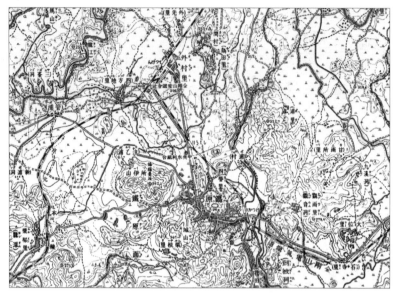

1920년대 철원군 지형도[국토지리정보원]

조선시대 철원읍이 있
던 곳과 철원역을 잇는 금
강산로를 따라 법원, 경찰
서, 우시장 등이 이전, 건
축되면서 시가지가 변화
되기 시작했다.

1914년 철원 읍내 전경

- 1922~1924년 중앙수리조합

- 1924년 불이흥업주식회사

  전국민 대상 이주민 모집 (300호)

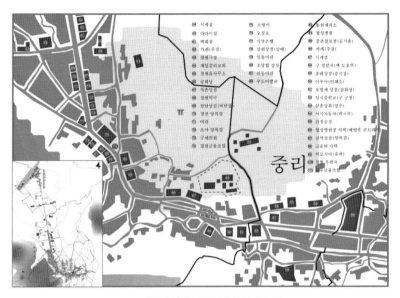

DMZ 사라진 마을 인문학적 복원 〈2015〉

- 1931년 철원면 ⇨ 철원읍 승격,
  1읍 9면

- 관공서, 학교, 병원, 금융시설,
  극장, 산업시설, 상업시설 등

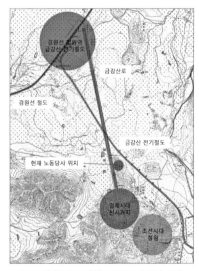

1928년 철원군 지형도 [국토지리정보원]

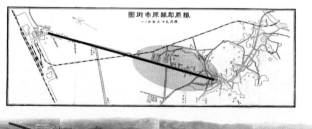

철원읍 전경 (최예선작가 제공)

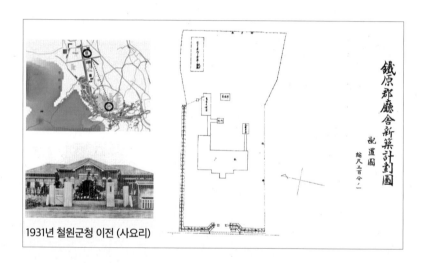

1931년 철원군청 이전 (사요리)

- 중리에 위치하였던 군청, 경찰서 등의 공공 시설 이전 (갈전리와 철원역 중간 사요리)

- 철원경찰서 역시 소학교(현 노동당사) 옆으로 신축이전(1926년 경으로 추정)

- 공립보통학교 및 우시장 이전

1930년대 사요리 및 외촌리 근대건축

국가등록문화재

1954년 철원읍 항공사진 [국가지리정보원]

구철원 제2금융조합 터

철원 얼음창고

철원 농산물검사소

1957년 철원경찰서와 노동당사
[Xenophon group international]

철원 제일교회 터

1-2. 해방 이후 철원

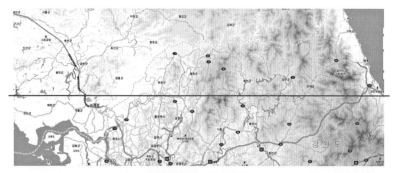

해방 이후 38선과 철원군

1945년 해방

38도선을 경계로 각각 남북 미소군정의 시작

철원군은 소련군정하에 편입

철원시 승격

- 1945년 9월 소련 군정 북강원도 인민위원회 소재지가 되면서 승격

- 1946년 9월 함경남도 원산시 안변군 문천군이 북강원도 편입

  북강원도 인민위원회 원산 이전

- 철원시 ⇨ 철원읍 환원

1946년 9월 5일자 원산시 안변군 문천군을 강원도로 편입하는 결정서 (고려대학교 아세아문제연구소 출판 북한연구자료집 북한법령연혁집 제1편 헌법정권조직 및 지방행정 93페이지에 인용 수록)에 따르면, '강원도 인민위원회, 강원도재판소, 강원도검(江原道檢) 소재지를 철원시에서 원산시로 옮긴다.' 라고 나와 있다.

1-2. 해방 이후

한국전쟁 이후 군역도

1-2. 해방 이후 철원

2. 노동당사

2-1. 현황 및 건축적 특성

〈건축개요〉

- 소재지: 강원도 철원군 철원읍 금강산로 265, 외 3필지
- 용도: 없음(원용도:북한 노동당사)
- 설계자및시공자: 미상
- 건축 연도 : 1946년 (추정)
- 구조: 조적조+철근콘크리트+목조

- 외벽체 : 재래식 시멘트 벽돌

- 지붕 : 왕대공트러스 (추정)

강원도 철원읍에 위치한 건물로 2002년에 등록문화재로 등록

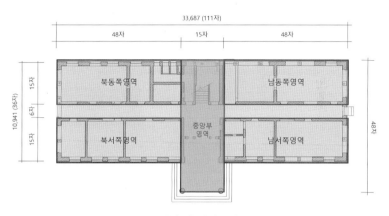

노동당사 1층 평면도(현황)

- 노동당사의 장변은 약 33.6M, 단변은 약 10.9M

- 주출입구와 중앙계단, 중복도를 중심으로 대칭구조

- 용척은 곡척을 사용하였던 것으로 추정 (1자 ≒ 303mm)

  - 장변은 111자, 단변은 36자로서 그 비례는 약 3:1

- 공간은 크게 5개의 영역으로 구성되어 있는데, 각각의 영역도
  48자×15자로 거의 3:1의 비례를 가짐

1) 1층 평면

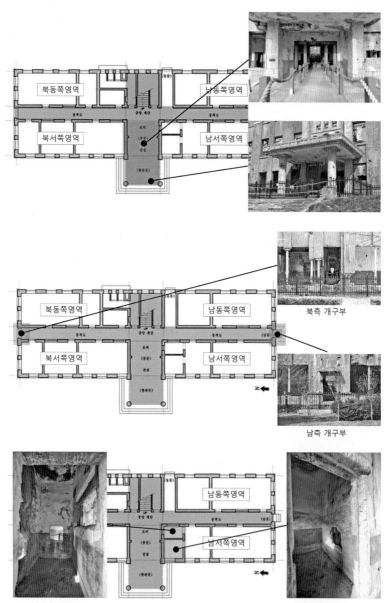

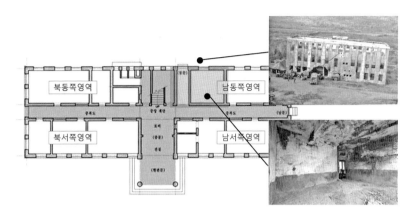

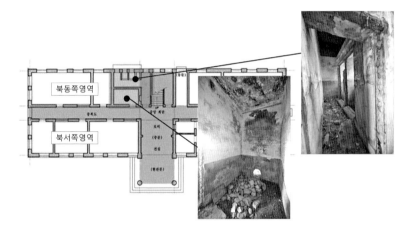

2) 2층 평면

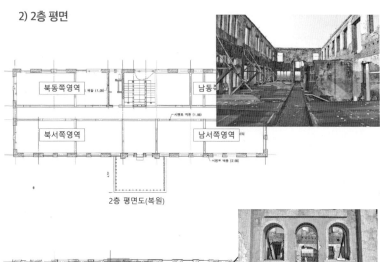

2층 평면도(복원)

2층 평면도(복원)

3) 3층 평면

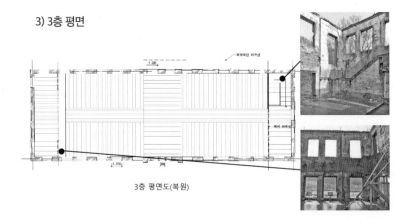

3층 평면도(복원)

2) 입면 (정면)

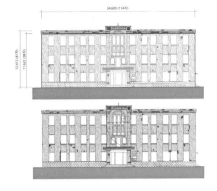

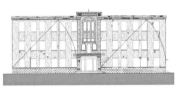

- 노동당사 정면 길이는 약 34.6M, 높이는 약 12.4M

- 중앙 주출입구를 중심으로 좌우대칭

- 길이는 114자, 코니스를 제외한 높이는 38자로 평면의 비례와
  유사한 3:1의 비례

- 캐노피 위의 중앙부는 황금비례 (1:1.67)

- 중앙 주출입구를 제외한 양쪽 벽체부는 √2의 비례 (1.4:1)

2) 입면 (배면)

- 정면 및 좌우 측면 하부
  4단의 화강석 마감인
  것에 반하여 배면은 1단
  의 화강석 마감

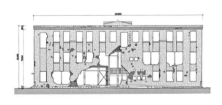

- 1층 창 하부 창대석 남아 있지 않으나 원래 있었을 것으로 추정

- 2, 3층 창대석은 경사가 없이 밋밋하게 처리

- 중앙부와 남쪽 계단실로 인하여 정연한 수직창호열에서 어긋남

3) 층별 바닥 및 벽체

1층 바닥 현황

1층 바닥 무근콘크리트조

2층 바닥 슬라브 및 보

2층 철근콘크리트구조

동북쪽 큰 방에 설치된 2층 바닥 슬라브 및 보

1층 외벽 2.0B 쌓기
(473~500mm)

1층 내력벽 1.5B
(373~392mm)

2층 내벽 1.0B
(약 250m)

3층 내벽 0.5B
(약 150mm)

2~3층 연속내벽 1.0B
(약 250mm)

2-2. 복원적 고찰

1) 3층 바닥구조

마루 라인

정면 중앙부 장선구멍

측벽 장선구멍

정면 보구멍

남쪽 측벽 목조계단 흔적

바닥구조는 모두 사라졌고, 외벽체에 보나 장선을 놓았던 것으로 보이는 구멍과 남쪽 측벽에 3층으로 올라가는 목조계단이 있었던 흔적이 남아 있다.

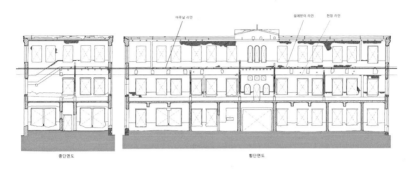

측면과 정면 중앙부의 장선구멍의 크기는 너비 85~100mm, 높이 160~200mm이며, 보구멍은 너비 340~470mm, 높이 530~620mm이다.

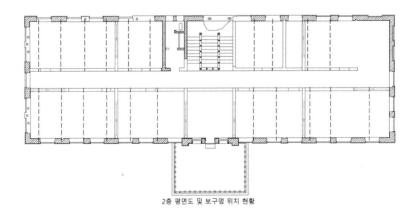

2층 평면도 및 보구멍 위치 현황

전면과 후면의 보의 위치가 일치하지 않음

➡ 외벽체와 중복도의 벽체에 보가 놓였던 것으로 추정

1) 3층 바닥구조

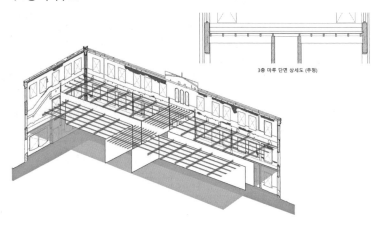

3층 마루 단면 상세도 (추정)

2) 지붕 트러스구조

2층 내부에서 본 모습

벽체 상부 및 앵커볼트

정면(서측면) 상부

앵커볼트

모두 무너져 있고, 트러스를 고정했던 것으로 보이는 앵커볼트만 남아 있어 앵커볼트의 위치와 간격, 벽체 상부의 모양으로 지붕 트러스구조의 원래 모습을 추정

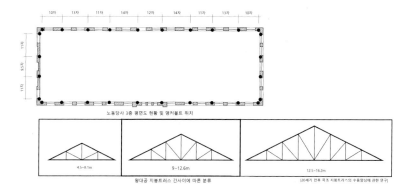

노동당사 3층 평면도 현황 및 앵커볼트 위치

왕대공 지붕트러스 간사이에 따른 분류 　 [20세기 전후 목조 지붕트러스의 수용양상에 관한 연구]

노동당사 트러스는 가운데 2개를 기준해서 좌우로 같은 간격으로 배치되어 있던 것으로 추정된다.

전후벽체 간격과 트러스 간격으로 보아 왕대공 트러스였던 것으로 보인다.

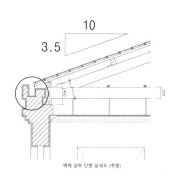

벽체 상부 단면 상세도 (추정)

벽체 상부 현황

벽체 모서리 앵커 현황

2) 지붕 트러스구조

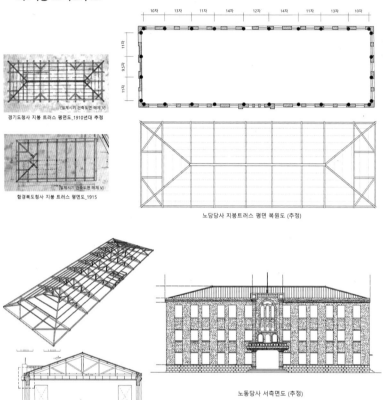

경기도청사 지붕 트러스 평면도_1910년대 추정

함경북도청사 지붕 트러스 평면도_1915

노당당사 지붕트러스 평면 복원도 (추정)

노동당사 서측면도 (추정)

3. 결론

- 노동당사(?)의 용도 및 성격
- 철원읍의 철원시로의 승격

  1945년 9월 소련 군정 북강원 인민위원회, 1946년 9월 북강원 인민위원회

  원산 이전
- 최초 건축은 도인민위원회 건물로 추정 (참고 조선로동당 1949년 6월 평양)
- 철원노동당사 (×) -> 북강원 도청사 (○)

- 건축특성
- 비례: 평면과 입면에서 3:1, 캐노피 부분에는 황금비, 정면 √2의 비례

  전체적으로 좌우대칭
- 공간구성: 1층 2층은 업무관련(2층 회의실 포함), 3층은 대강당, 남녀화장실

        층별 구분

        1~2층은 중앙계단, 2~3층은 측면계단
- 구조: 조적+철근콘크리트, 2층 바닥 철근콘크리트 3층 바닥 목조마루
- 지붕: 목조 트러스로 추정
- 사회주의 리얼리즘 (×) -> 20세기 모더니즘 건축 (○)

A.S.C 영상자료를 통해 본 한국전쟁과 철원

노성호

한림대 아시아문화연구소 연구원

I. 머리말

2000년대 들어 한국 현대사 분야에서 새로운 자료의 발굴과 이를 이용한 연구가 활발하게 이루어지고 있다. 그중 하나가 영상 자료를 이용한 새로운 연구 방법으로서 '영상역사학'의 등장이다. 이 새로운 연구 방법은 인터넷과 디지털 시대를 맞아, 역사학의 연구 방법이 기존 문헌자료 중심에서 영상이나 사진에 주목하는 연구 방법으로 옮겨가야 한다는 연구 방법론을 주창하고 있다.[1] 이런 분위기 속에 학계에서는 영상 자료를 이용한 다양한 연구가 시도되고 있다.[2]

또한 지방자치시대를 맞아 각 지역에서는 해당 지역의 근·현대사 전반에 대한 기초자료를 수집함으로써 지역의 콘텐츠를 확보하고 이를 바탕으로 역사문화 정체성을 확립하며, 문화 재생산을 통해 지역 발전에 기여하려는 노력이 활발하게 이루어지고 있다. 이러한 환경에서도 지역의 다양한 모습을 담은 사진이나 영상은 매우 중요한 재료로 다루어지고 있다.

이 글에서는 한국전쟁 당시 가장 치열한 전투가 마지막까지 벌어진 철원과 그 인근 지역의 모습을 담은 영상 자료를 소개하고자 한다. 대상은 한림대학교 아시아문화연구소[3]가 소장하고 있는 '미육군통신대(Army Signal Corps) 촬영 영상'이다.

우선 미육군통신대 촬영 영상자료의 내용과 그 가치를 소개하고 다음으로 영상 속에 비친 철원과 인근 지역의 다양한 장면과 내용을 소개하고자 한다. 이를 통해 철원지역의 현대사 이해에 도움이 되었으면 한다.

---

1) 김기덕, 『영상역사학』 생각의 나무, 2005, 37-38쪽.

2) 노성호, 「A.S.C 동영상 속의 6·25전쟁과 국군 -미 육군통신대 촬영, 아시아문화연구소 소장 동영상 자료를 중심으로-」 『군사연구』 131집, 육군군사연구소, 2011.6.

3) 한림대학교 아시아문화연구소는 한국을 포함한 아시아의 역사·사회·문예·보건 등 문화 전반에 관한 연구를 통하여 학문의 발전에 공헌함을 목적으로 1984년 1월 한림대학교 부설 연구기관으로 발족하였다. 연구소가 중점을 두고 수행하는 사업 중 하나가 '한국 근·현대사 연구사업(북한사연구 중심)'이다. 북한은 물론 중국, 러시아, 베트남 등에서 발간된 고고·역사·철학·문학·정치·사회 등 광범위한 분야에 걸친 자료들과, 미국 각 기관의 문서보관소에 소장되어 있는 미군정기 한국 관계 문서와 북한 노획문서 등 한국학 관련 문헌들을 발굴·수집해 왔다.

Ⅱ. A.S.C 영상[4] 소개 및 가치

1. 한림대학교 아시아문화연구소 소장 A.S.C 영상

한림대학교 아시아문화연구소가 소장하고 있는 영상 자료는 1945년 해방 이후 한국전쟁 기간 동안 미육군통신대(Army Signal Corps)가 촬영한 것으로 현재 미국 워싱턴 D.C. 국립문서기록보관청(National Archives)에 ADC(Army Depository Copy)와 LC(Library Copy) 표식이 붙은 35밀리 필름 자료로 보관된 것 중 일부를 복사해 온 것이다. 연구소 보유량은 영상물 약 200시간 분량과 영상 설명 카드 약 4,000매이다. 이 영상물은 VHS와 8mm 아날로그 필름 형태로 연구소에 보관되어 오다가 2011년부터 디지털 변환작업을 하여 마무리하였다.

대부분 무성으로, 한 편당 상영시간은 5분~10분 정도이고 내용은 미군의 남한주둔, 해방 직후 한국의 사회상, 좌·우 대립, 이승만·김구·김규식·김일성 등 정치지도자의 활동 모습, 백선엽·손원일·김정열 등 한국군 육·해·공군 장성들의 활동, 피난민 모습, 한국 각지에서의 전투, 포로, 대전방어전, 낙동강 방어전, 인천상륙작전, 서울탈환, 평양점령, 38선 돌파, 휴전회담 등 생생한 당시 모습을 보여주고 있으며, 또한 북한에서 제작한 노획된 북한의 뉴-스 및 영상물이 함께 수록되어 있다.

이 영상 자료를 소장하게 된 것은 연구소 창립 10주년을 맞는 1994년부터 2000년까지 「한국 근·현대사 연구사업」을 수행해 오면서이다. 해방 직후부터 휴전까지(1945~1953)의 연구를 위해 체계적으로 자료를 발굴

---

4) '미육군통신대(Army Signal Corps) 촬영 한국전쟁 동영상'을 본문에서는 'A.S.C 영상'으로 약기한다.

조사·수집, 심층적으로 분석함으로써 총체적인 남·북한사 연구를 추진해 나가고자 하는 목적에서 사업이 진행되었다. 이 과정에서 해방 직후 및 미군정기, 그리고 한국전쟁과 분단에 이르는 시기에 대한 국내외 중요 자료를 발굴, 수집하였으며, 국립문서기록보관청(NARA)에 소장되어 있던 〈ADC·LC 필름〉, 〈MID 필름〉을 복사해 왔다.[5]

당시 수집한 자료는 문서자료 69,787매, 사진 자료(원색, 흑백 등) 166매, 비디오 자료(북한 및 한국전쟁 영상물) 77편, 마이크로필름 자료 52 Reel 등이다. 현재 아시아문화연구소가 소장하고 있는 이 시기 관련 주요 자료를 소개하면 다음과 같다.

〈표 1〉 한림대학교 아시아문화연구소 소장 해방 직후 및 한국전쟁 관련 자료 목록표

구분	국내외	연번	내용별 분류 목록	수량	출판사항
문서자료	해외	1	북한경제관련문헌자료 1946~1950년- 재정, 금융, 산업, 생산, 물가, 공업, 공사, 토목, 무역관계 문건 등	1,556매	출간(14)
		2	빨치산(유격대)문건자료: 활동보고서, 성명서, 회의록, 대원명단,전투경찰대(토벌대)보고서,신문류 일절	3,613매	출간(15)
		3	미군정기 영상자료카드 목록 및 정책 자료	1,389매	미간
		4	북한 평양 호적문서류	3,025매	미간
		5	태평양잡지·주보(1924-1932)	1,022매	미간
		6	인민군점령하 남한에서의 활동문서류	308매	미간
		7	6·25전쟁 남침 초기 문서류(춘천지역)	22매	미간
		8	38이북 철원군 요감시찰문서류	389매	미간
		9	미군정의 법 유권해석 문서(46-48)	534매	출간(16)
		10	미군정 만행사건보고서	304매	출간(13)

5) 한림대학교 아시아문화연구소의 「한국 근·현대사 연구사업」은 한림대학교 설립자 고 윤덕선 박사의 많은 지원과 미국에서 연구 활동 중이었던 방선주 교수(한림대 객원교수)의 수년간의 헌신적인 노력의 결과로 한림대학교에서 소장할 수 있게 되었다.

		11	전북지역 전투경찰대(토벌대), 빨치산심문자료	489매	출간(15)
		12	로버트준장(미군사고문단)관련문서(1949~50)	352매	미간
		13	하우스만의 여순반란 평정보고서(1948~49)	349매	미간
		14	해방전후 일본군 암호해독 문서(1944~45)	1,218매	미간
		15	미군정 정책관계문서(1947년도)	615매	미간
		16	미군정 노동관련자료(1947~48)	445매	출간(7)
		17	브라운소장 미완성고(1946~48)	150매	미간
		18	미군정 경제관련문서:전력수급등(1947~48)	299매	출간(14)
		19	북한 노획문서목록(1950~1951)	954매	미간
		20	거제도 포로수용소 수용자 사망원인 분류(1950~53)	421매	미간
		21	KLO·TLO 문서	1,217매	출간(19)
		22	핼리만 페이퍼 문서	1,080매	미간
		23	북한교육자 이력서/자서전/공산당입당원서	5,436매	미간
		24	6·25전쟁기 뿌려진 삐라(유엔군, 국군, 북한군, 중공군 등)	787매	출간(20)
		25	한국전쟁기 중공군 문서	2,290매	출간(21)
	국내	26	북한출신인 면담채록 - 곽병규(소련징용자) - 백관옥(강양욱사건 관계자) - 최의호(백의사 관계자)		미간
		27	평북, 평남 도민회의와의 협력		미간
사진 자료	해외	28	북한초대각료 및 박헌영 결혼식 사진 및 문건	35매	미간
		29	일제시기 싸이판 한인들의 사진류	32매	미간
		30	전쟁(6.25)자료 인화사진(8×10)	8매	미간
		31	1946년 단시 포스터, 김일성사진, 최승희 사진 등	13매	미간
마이 크로 필름	해외	32	주한 미 공사관·영사관 기록문서, 1883~1905	7Reel	출간(12)
		33	해방직후 남한의 좌익신문류(우리신문외 3종)	4Reel	미간
		34	미극동군사령부, G-2일일정보요약(1945.8~1950.6)	31Reel	출간(17)
영상 자료	해외	35	해방직후 북한의 영상자료(MID 필름)	24편	소장
		36	6.25전쟁뉴스영상자료(ADC. LC 필름)	136편 (200시간)	소장

※ 출판사항의 ( ) 괄호안의 번호는 연구소 출간 번호임.

2. A.S.C 영상자료의 가치

지금까지 국내에 알려진 한국전쟁 관련 영상은, 남한에서 제작한 영상물 〈정의의 진격〉[6]뿐이지만, 해외에는 이 시기와 관련한 상당한 분량의 영상자료들이 존재한다. 해방 직후 및 한국전쟁 관련 주요 영상물을 소개하면 아래 〈표 2〉와 같다.

〈표 2〉 해방 직후 및 한국전쟁 관련 주요 기록영상물 목록표[7]

구분		제목	내용	촬영기간	소장처	제작국	비고
국내	1	정의의 진격 (1,2부)	한국전쟁 당시 국방부 정훈국 촬영대와 종군기자들이 촬영, 1953년 일본에서 현상. 편집	1950-1953	국방부 홍보원	한국	편집본 (촬영원본 소실)
국외	1	ADC / LC	미 육군통신대가 촬영한 필름. 편집되지 않은 오리지널 필름	1945-1954	NARA	미국	촬영본
	2	SFR 필름	한국전쟁기 전황브리핑을 위해 1주일~10일간을 단위로 편집한 필름	1950-1952	Norton Air Force Base	미국	편집본 (ADC/LC 근간)
	3	CB 필름	한국전쟁기 전황브리핑을 위해 1개월 단위로 제작한 필름	1950-1951	NARA	미국	편집본 (ADC/LC 근간)
	4	USMC필름	미해병대가 한국전쟁 중 해병대 활동을 중심으로 촬영	1945-1953	NARA	미국	편집본 (칼라필름)
	5	MID 필름	한국전쟁 중 북진시 북한지역에서 군사정보부가 노획한 북한 필름. 만주와 중국을 배경으로 한 내용도 있음	1945-1950 (일제강점기 일부 포함)	NARA	미국	편집본
	6	UN 필름	한국전쟁기, Universal Newsreel로 영화관에서 상영된 뉴스	1949-1953	NARA	미국	편집본
	7	리버티 뉴스	미공보원이 한국민을 위해 공보측면에서 제작한 뉴스필름	1950-1967	NARA	미국	

---

6) 이 필름은 한국전쟁 당시 한영모 감독 아래 국방부 정훈국 촬영대와 종군기자들이 촬영한 유일한 자료이다. 일본에서 현상과 편집을 하였으며, 현재 촬영 원본은 소멸된 상태이고 편집된 작품만 남아 있다. 이 영상은 1953년에 완성하였으나, 2009년 6월 25일 KFN-TV(국군 TV)를 통해 처음 공개하였다. 국방홍보원 소장. 1,2부 110분.

7) KBS 6·25 40주년 특별제작반, 『해외수집필름 한국전쟁관련 영상자료목록』, 1990, 1-3쪽 표 참조.

8	BBC 필름	한국전쟁기간 영국 BBC TV팀 촬영	1950-1953	BBC Library	영국	
9	VISNEWS 필름	한국전쟁기 주요 상황	1952-1953	Visnews	영국	
10	NHK 필름	전후 일본, 한국전쟁 당시 일본 특별 소해대 활약	1945-1951	NHK	일본	
11	중국기록 보존소 필름	한국전쟁관련 중국입장과 전쟁 상황	1950-1953	CCTV Library	중국	
12	NEWS Review 필름	전쟁포로 내용 위주	1953년	Indian Films Division	인도	
13	USIS 필름	필리핀 한국출정	1950년	필리핀 USIS	필리핀	
14	NBC 필름	포로와 휴전당시 주요상황	1953년	NBC	미국	
15	United Nations 필름	한국독립과 한국전쟁에 대한 UN활동	1947-1952	UN Library	미국	
16	National Archives 필름	한국전쟁 당시 미국의 구호 활동	1950년	NARA	미국	

위 표에서 보는 바와 같이 해방직후 및 한국전쟁과 관련한 영상기록물은 세계 곳곳에 산재해 있다. 국외 16개 영상 중 10개가 미국이 제작한 영상으로 다수를 차지한다. 미국 외에 영국, 필리핀 등 당시 연합국 측의 자료도 있고, 인도, 일본 등의 영상도 존재한다. 그리고 중국이 제작한 〈중국기록보존소 필름〉과 북한이 제작한 〈MID 필름〉 등 공산권에서 제작한 영상의 존재도 눈에 띈다.

미국 영상 자료는 미 국립문서기록보관청(NARA)에서 가장 많이 소장하고 있다. 이들 중 주목할 것은 〈ADC·LC 필름〉과 〈MID 필름〉이다. 'SFR 필름'(Staff Film Reports : 한국전쟁기 전황 브리핑을 위해 7일~10일간을 단위로 ADC, LC 필름을 근간으로 편집·제작된 작품)과 'CB 필름'(Combat Bulletin : 한국전쟁기 전황 브리핑을 위해 1개월 단위로 제작한 것. 주요 내용만 다룸)의 바탕을 이루는 〈ADC·LC 필름〉은 해방 직후와 미군정기, 한국전쟁 발발에서 휴전 이후까지를 촬영한 것으로, 편집하지 않은 오리지널 필름이며 그 양이 많고, 〈MID필름〉[8]은 해방 직후에서 1950년에 이르는 동안 북한의 상황을 생생하게 담고 있는 북한 제작 필름이기 때문이다. 현재 아시아문화연구소는 〈ADC · LC 필름〉 136개(VHS 53개+8mm 83개), 1,311 아이템, 약 200여 시간 분량의 영상물과 4,000여 장의 영문 촬영 카드, 그리고 북한 제작 영상물인 〈MID 필름〉도 확보하고 있다.[9]

---

8) <MID필름>: MID(Military Intelligence Department: 군사정보부) 필름은 전쟁 기간에 미군이 북진할 때 점령지역에서 노획한 북한 제작 필름이다. 해방 이후부터 전쟁 전까지 북한 상황을 사실적으로 촬영한 것으로 북한 정권 수립의 전후 과정을 담고 있는 귀중한 자료이다. 김일성과 소련 인사들, 남북연석회의에 참석한 남한 인사들, 인민군 훈련 모습, 해방 직후 북한의 사회상황 등 북한 현대사의 단면을 엿볼 수 있다. 또한 이 필름에는 일제 강점기에 제작된 조선 지리와 만주에 대한 필름도 포함되어 있다. 이 필름은 국립문서기록보관청(NARA)에 소장되어 있으며, 현재 본 연구소에서 복사본을 소장하고 있다.

9) 본 <ADC·LC> 영상 자료는 국내에서 아시아문화연구소만 보유하고 있는 것은 아니고, KBS 등 방송국에도 상당분량 소장되어 있다. 방송국 소장 <ADC·LC> 영상목록을 통해 대략적인 비교를 해보니 중복되는 자료도 있고 연구소만 보유한 자료도 존재한다. 따라서 '유일성'으로 가치를 논하기는 어려우나 방송국은 방송 제작을 목적으로 하고 있어 연구자나 대중이 자료에 접근하는 것이 어려우며, 분류 색인 작업 등이 되어있지 않아 활용에도 한계가 있다.

III. A.S.C 영상 자료 속 철원

1. 철원 및 관련 지역 영상목록

번호	날짜	제목 / 키워드 참고내용	영상번호
		철원	
1	1950.12.17	B-26 폭격기 철원지역 공습	ADC 9458D
		철원 시내 외곽 항공 촬영, F-80 Shooting Star, 공습	
2	1951.04.11	미 25사단 24연대 중서부 전선 전투	ADC 8789B
		미 25사단 24연대, M16 Multiple Gun Motor Carriage, 돈틀리스 작전	
3	1951.04.11	Frank Pace Jr 육군장관 미 25사단 지역 방문	ADC 8787A
		미 25사단, Frank Pace Jr 장관, George Barth 준장, Matthew B Ridgway 중장, 937포병대대, 돈틀리스 작전	
4	1951.04.11	미 25사단 24연대 중서부 전선 전투(계속) 65공병대 B중대 한탄강 교량 작전, 전차 포격	ADC 8789C
		미 25사단 24연대, 65공병대, 한탄강, 셔먼전차, 돈틀리스 작전, 민가	
5	1951.04.17	밴플리트 중장 미 3사단 65연대 방문	ADC 8802A
		Milburn 중장, Soule 소장, Van Fleet 중장, Allen 소장, 미 3사단 65연대, 민가, 마을	
6	1951.04.17	38선 일대의 영국 및 벨기에부대 전투준비	ADC 8802B
		영국 29여단, Brodie 준장, Cumberland Fusileers 벨기에 부대, 민가와 마을	
7	1951.05.11	Jack Benny 철원 위문공연 (1)	ADC 9015
		Jack Benny, 위문공연, 고지 모습	
8	1951.07.03	철원에서 피난 떠나는 피난민 모습	ADC 9039
		피난민, 민가, 마을, 후송 작전, 65연대전투단	
9	1951.07.07	Jack Benny 철원 위문공연 (2)	ADC 9016A
		Jack Benny, 위문공연	
10	1951.07.07	Jack Benny 철원 위문공연 (3)	ADC 9016B
		Jack Benny, 위문공연	
11	1951.07.09	Dewey 의원 미 3사단 방문	ADC 9036D
		미 3사단, Dewey 의원, Frank W Milburn 장군, Robert L Soule 소장, 9550야전포대대	
12	1951.07.12	미 24사단 추동 전투 중 부상병 치료 및 후송	ADC 9538A
		추동, 미 24사단, 21보병연대, 의무병	

13	1951.07.16	Jack Benny 미 3사단 위문공연, 지포리	ADC 9018C
		지포리, 미 3사단 7연대, Robert H Soule 대장, Benny, Benay Venuta, June Bruner, Marjorie Reynolds	
14	1951.07.26	미 24사단 5연대 전투단 K중대 전차 탑승 이동	ADC 9064C
		미 24사단 5연대전투단, 셔먼전차, 항공 폭격, 고지 폭격	
15	1951.08.02	미 24사단 5연대 지포리지역 전투	ADC 9567A
		지포리, 미 24사단 5연대, 네이팜탄, 고지 항공 폭격, 한국 노무부대	
16	1951.08.22	미 3사단 65연대 포로수용소에서 심문받는 중국인 포로	ADC 9172A
		미 3사단 65연대 포로수용소, 중국인 포로, 전쟁포로	
17	1951.08.25	미 3사단 58포병부대 작전 및 65연대 정찰	ADC 9172B/C
		미 3사단 65연대, 58포병부대, 105mm 곡사포, 민가, 포로, 폭격, 전사자, 푸에르토리코 부대	
18	1951.09.03~ 1951.09.06	미 3사단 배속 필리핀군 부대 주둔지 및 미사(1)	ADC 9238
		미 3사단, 필리핀 군, Robert Soule 소장, O'Daniel 소장, 미사	
19	1951.09.03, 1951.09.05~06	미 3사단 배속 필리핀군 부대 주둔지 및 미사(2)	ADC 9239A
		미 3사단 군악대, 필리핀 군, Robert Soule 장군, 미사, 종교	
20	1951.09.05~ 1951.09.06	미 3사단 배속 필리핀 군 주둔지 활동 모습(철원)	ADC 9162A
		미 3사단, Rovert H Soule 소장, John O daniel 소장, 10연대 전투단, 20연대 전투단, 필리핀 군, 철원 고지 전경	
21	1951.09.18	클린업 작전 수행 중인 미 3사단 65연대	ADC 9264B/C
		미 3사단 65연대, 17야전포병대대, 75mm 무반동총, 8인치 곡사포, 클린업 작전	
22	1951.09.19	미 3사단 65연대, 부상병 후송 및 전투	ADC 9235
		미 3사단 65연대, 3의무대대, 의료, 전차 폭격, 고지 폭격, 고지전	
23	1951.10.12	미 3사단 소속 전차 391고지 진격(2)	ADC 10368B
		미 3사단 65연대, 391고지, 화살머리 고지	
24	1951.10.14	미 3사단 소속 전차 391고지 진격(1)	ADC 10368A
		미 제3사단 65연대, 391고지, 화살머리 고지, M4A3 셔먼전차	
25	1953.07.07~ 1953.07.08	한탄강 주변의 홍수 피해	LC 33632B
		한탄강, 홍수 피해, 부교 설치	
26	1953.07.28~ 1953.07.29	미 2사단 38연대와 9연대, 벙커해체 및 철수, 군사분계선 작업	LC 33493
		미 2사단 38연대, 9연대, Stars and Stripes, 휴전 협정, 군사분계선 작업, 유곡리(?)	
		연천	
27	1951.06.15	미 7기병연대 순찰	ADC 9523A
		미 7기병연대, 순찰, 현자촌, 수두, 피난민, 민가, 산촌 마을	

28	1951.06.24	태국군 국경일 의식행사	ADC 9524B
		1기병사단 악단, Charles D Palmer 소장, 태국군	
29	1951.06.27	캐나다 여단 철원 서쪽 일대 전투	ADC 9526
		2 로얄 캐나다 기마대, Rockingham 준장, 로얄 22연대, 캐나다 여단, 피난민	
30	1951.09.13	태국군 병사들의 불교집회 및 전투휴식	ADC 9205
		미 1기병사단, 태국군, 불교, 집회, 종교	
31	1952.02.24	미 45사단 189야포 포대 산악지형 표적 발포	LC 33189
		미 45사단 189야포포대	
32	1952.07.20	226고지(불모고지) 전투준비	LC 30130
		226고지, 불모고지	
33	1952.07.30~ 1952.08.01	미 2사단 23연대 전투준비	LC 30977
		미 2사단 23연대, 불모고지	
34	1952.07	군종장교들 45사단 장교 위문활동	LC 31730
		군종장교, 미 45사단, 위문	
35	1952.09.20	미군 전사자 응급진료소 운반	LC 30376
		불모고지 전투, 응급진료소	
36	1952.09.20	미 2사단 부상자 및 사상자 호송 및 참호 구축 작전	LC 30377A/B
		미 2사단, 불모고지, 진료소, 전사자, 전차 공격	
37	1952.11.01~ 1952.11.03	이태리 차관 Tate Giuseppe Brusasca 적십자 병원 방문(2)	LC 31789B
		연천, Brusasca 차관, 이태리 적십자 병원, 8055 육군이동외과병원	
38	1952.11.10.~ 1952.11.14	미 적십자 현장감독관 미 2사단 지역 현장 시찰	LC 30965
		영등포, 미 2사단, Masten, 121후송병원, 23연대	
39	1953.04.18	미 45사단 포대 발포	LC 32979
		미 45사단 포대	
		김화(금화)	
40	1951.08.15	미 25사단 심리전 부대원 통신	ADC 9151A
		금화, 미 25사단 심리전부대	
41	1951.09.28	미 25사단 14연대 404고지 박격포 발사	ADC 9236B
		금화, 미 25사단, 14연대, 404고지, Lynx 급습 대대	
42	1951.09.28	미 25사단 14연대 본부 병력이 금화 근처 전투	ADC 9237A
		금화, 미 25사단 14연대, 404고지, 4.2인치 박격포	
43	1952.03.05~ 1952.03.07	Betty Hutton 미 3사단 위문공연	LC 29160
		금화, 미 3사단 15연대, Betty Hutton, 위문공연	
44	1952.03.06	Betty Hutton 미 2사단 위문공연	LC 29161
		금화, 미 2사단, Betty Hutton, 위문공연	

45	1952.05.14.~ 1952.05.15	미 7사단 31연대전투단 금화지역 전투(1)	LC 29889A
		금화, 1062고지, 미 7사단 31연대, 73중전차대대, 오성산	
46	1952.05.14.~ 1952.05.15	미 7사단 31연대전투단 금화지역 전투(2)	LC 29889B
		금화, 1062고지, 미 7사단 31연대, 오성산	
47	1952.05.14.~ 1952.05.15	미 7사단 31연대전투단 금화지역 전투(3)	LC 29890
		금화, 1062고지, 미 7사단 31연대, 오성산, M-39 상갑차	
48	1953.02.25	2로켓 야전 포병대대 전투모습(1)	LC 32273A
		금화, 2로켓 야전 포병대대, 저격능선	
49	1953.02.25	2로켓 야전 포병대대 전투모습(2)	LC 32273B
		금화, 2로켓 야전 포병대대, 컬러 화면, 저격능선	
50	1953.05.23	461대대 A중대 금화 일대 전투	LC 33691
		금화, 82 공수사단, 461대대, 저격능선, 국군 9사단 지원	
51	1954.01.09	24폭발물 처리반 포탄 처리작업(1)	LC 34805
		금화, 미 9군단, 24폭발물 처리반	

2. 한국전쟁기 미군이 촬영한 철원지역 영상 개관

전쟁의 포화 속에서 철원은 치열한 전투가 벌어진 곳이었다. 특히 군사적으로 북위 38도 북쪽 중부의 철원·김화를 저변으로, 평강을 정점으로 하는 삼각지대는 철의 삼각지[Iron Triangle]라 불릴 정도로 전략적 중요성을 가지고 있었다. 한반도의 중앙 고원지대로서 교통의 요충지인 동시에 주요 병참로였기에 수없이 많은 크고 작은 작전이 이 일대에서 펼쳐졌다. 특히 휴전 협상 중 이곳을 포함한 강원도에서는 다른 지역에 비해 더욱 치열한 전투가 지속하였는데, 바로 유리한 고지를 확보하기 위한 '고지 쟁탈전'이었다.

국군은 미군과 함께 한 치의 땅이라도 더 확보하기 위해 공산군과 혈전을 벌였다. 고지 쟁탈전에서 양측은 봉우리 하나를 확보하기 위해 수백 수천의 사상자를 내며 싸웠는데, 철원의 화살머리고지[281고지][10]와 백마고지[395고지][11] 등에서 벌어진 전투가 그러한 예들이다. 이 고지들은 반드시 고수해야 하는 주요한 고지로 철원 일대를 방어하는 관문이기 때문이었다.

이 고지들에서 벌어진 크고 작은 전투 중에 1951년 11월에 벌어진 전투는 중공군의 파상공격으로 일진일퇴의 공방전 끝에 고지를 탈환한 전

---

10) 화살머리고지는 해발 281m의 고지로 백마고지 바로 서쪽에 위치해 이곳을 적에게 넘겨주면 백마고지까지 위협을 받아 방어가 어려울 수 있었다. 이 고지는 지형이 마치 화살 머리와 같아서 '화살머리고지'라 불리는데, 전쟁 기간 중 두 차례 치열한 전투가 있었다. 첫 번째는 1952년 10월 6일~10일간 유엔군의 일원으로 파병된 프랑스대대가 중공군 제113사단과 맞서 싸운 전투였다. 5일간 벌어진 격전 끝에 고지를 탈환하였는데, 프랑스대대는 전사 47명, 부상 144명이라는 손실을 보면서 고지를 사수하였다. 중공군은 수천 명의 전사자와 부상자가 발생하였고 이후에도 인해전술을 앞세운 파상 공세가 계속되었다. 두 번째는 1953년 6월 29일~7월 11일 간 국군 제2사단이 중공군 제23군 예하 제73사단과 두 차례의 공방전을 전개한 방어 전투였다. 6월 1차 전투(29일~30일)에서는 중공군에게 400여 명의 인명 손실을 입히며 격퇴했고, 7월 2차 전투(6일~11일)에서는 수적인 열세로 9일에 고지를 일시 중공군에 넘겨주었지만, 제2사단이 과감한 역습 작전을 펼쳐 11일에 탈환하였고, 중공군은 1,300명의 사상자를 내며 퇴각하였다. 화살머리고지는 최근 2018년 '9·19 남북 군사 합의'에 따라 남북이 시범적으로 6·25 전사자 유해 발굴을 합의한 장소로, 이 일대에는 국군 전사자 200여 구와 미군과 프랑스군 전사자 300여 구가 매장되었다고 추정한다. 이듬해 2019년에는 정전 이후 민간인에게 최초로 개방되어 'DMZ 평화의 길' 철원 코스에 백마고지와 함께 포함되어 운영 중이다.

11) 백마고지[395고지] 전투는 1952년 10월 6일~15일까지 10일 동안 벌어진 전투였다. 당시 철원은 미군 제8군이 1951년 고지 쟁탈전 시기에 김화-철원 선을 완전히 장악해서, 적에게 작전상 큰 피해를 초래하였다. 이에 따라 적은 1개 군단을 투입해서 철원 공략을 계획하였고, 그 주공격 목표가 바로 백마고지였다. 10월 6일 중공군 제38군단의 공격으로 시작한 전투는 백마고지를 방어하던 대한민국군 제9사단이 중공군과 뺏고 빼앗기는 사투를 벌인 끝에 고지 방어에 성공한 전투였다. 12차례나 반복한 쟁탈전 끝에 7번이나 주인이 바뀌는 혈전으로, 세계전쟁사에서 유례가 없을 정도로 치열한 전투였다. 이때 심한 포격 때문에 고지의 모습이 백마(白馬) 같다고 해서 백마고지로 불리었다. 이 전투에서 중공군 제38군단은 총 9개 연대 중 7개 연대를 투입하였는데, 보병 1만5,000여 명, 지원 병력 8,000여 명이었다. 그중 1만여 명이 전사와 부상 또는 포로가 되었다고 집계되었으며, 대한민국군 제9사단도 총 3,500여 명의 사상자를 내었다고 보고되었다. 이때 화살머리고지의 프랑스대대도 많은 인명 피해를 보았지만, 끝까지 진지를 확보해서 좌측으로부터 백마고지에 미치는 적의 위협을 차단해 국군 제9사단이 백마고지를 방어하는데 이바지하였다. 이 백마고지 전투는 당시 유엔군의 전체적인 작전 주도권 확보에 크게 이바지한 승리였으며, 국군의 명예를 드높이며 1952년 중반부터 본격화된 국군의 증강과 발전에 크게 이바지하였다. 1950년에 발발한 6·25전쟁은 몇 개월 만에 휴전이 논의되었으나 휴전 협상의 장기화로 전투는 계속하였다. 3년이 지나 1953년 7월 27일 휴전 협정 체결로 전쟁은 일단 종결되었지만, 접경지역으로 전투가 가장 치열하였던 강원도는 도시들이 초토화되는 등 전쟁피해가 막대하였다. 철원은 해방과 동시에 북위 38도선을 경계로 분단되었을 때 전 지역이 북한 치하에 들어갔다가, 한국전쟁 이후 일부가 수복되었지만, 여전히 분단된 채 오늘에 이르고 있다.

투였다. 이듬해 10월에는 가장 치열한 전투가 벌어졌는데, 특히 백마고지 전투는 이러한 고지 쟁탈전의 절정에 벌어진 전투였다.

이렇게 전략적으로 중요한 철원과 관련한 영상과 영문 카드를 찾아 번역 정리하였다. 전쟁의 성격상 철원과 인근 지역의 영상도 아울러 정리하였는데, 간단히 지역과 날짜·내용을 정리한 것이 〈철원 및 관련 지역 영상목록〉이다. 이를 통해 철원과 인근 지역의 한국전쟁 영상을 살펴보면, 그 수는 모두 51개로 철원 26개(목록 1~26), 연천 13개(목록 27~39), 김화 12개(목록 40~51) 등이다. 촬영한 기간은 1950년 12월~1954년 1월에 해당한다.

지역별로 구체적으로 살펴보면 먼저 철원의 경우 26개 영상이 촬영된 기간은 1950년 12월 17일~1953년 7월 29일이며, 촬영 대상은 대부분 미군으로 제25사단 24연대(2), 65공병대(4), 58포병부대(17), 제24사단과 5연대(12·14·15), 제3사단(21·23·24), 제2사단 38연대·9연대(26) 관련 영상이었다. 이들의 전투 모습을 비롯해 이동 모습 등이 담겨 있으며, B-26 폭격기가 철원을 공습하는 영상(1)이 있다. 이 밖에 미군을 방문한 인사들의 영상이 있는데, 이들은 프랭크 페이스(Frank Pace Jr., 1912~1988) 육군장관(2), 밴 플리트(James Alward Van Fleet, 1892~1992) 장군(5) 그리고 미국 공화당 토마스 듀이(Thomas Edmund Dewey, 1902~1971) 의원(11) 영상들이 그것이다.

미군 외 다른 유엔군의 영상은 4개로 벨기에군이 전투를 준비하는 모습(6)과 필리핀군의 주둔지·미사 모습(18~20)을 담고 있다. 이 밖에 중국인 포로들이 심문받는 영상(16)과 한탄강 주변의 홍수 피해 모습(25)이 촬영되었다. 그리고 위문공연으로 미국 희극배우 잭 베니(Jack Benny, 1894~1974)의 영상(7·9·10·13)이 담겨 있다.

연천지역의 13개 영상은 1951년 6월 15일~1953년 4월 18일 사이에 촬영하였으며, 그 대상은 대부분 미군으로 7기병연대(27), 제45사단(31·39), 제2사단 23연대(33)의 영상이다. 대체로 전투와 순찰, 준비, 휴식 등의 모습이 촬영되었으며, 226고지의 전투 준비 모습(32)도 담겨 있다. 다른 유엔군으로는 태국군의 행사와 휴식하는 모습(28·30) 그리고 캐나다군이 전투하는 모습(29)이 있다. 이밖에 미국 적십자 현장 감독관이 현장을 시찰하는 모습(38)과 이탈리아 주세페 브루사스카(Giuseppe Brusasca, 1900~1994) 차관이 적십자병원을 방문한 영상(37)이 있다. 위문 활동으로 군종장교들이 제45사단을 위문하는 영상(34)이 있다.

　김화지역의 12개 영상은 1951년 8월 15일~1954년 1월 9일에 촬영하였으며, 대부분 미군 대상으로 제25사단(40·42), 31연대 전투단(45~47), 포병대대(48·49), 보병대대(50) 등이다. 내용은 404고지에 박격포를 발사(41)하는 등의 전투, 통신 그리고 포탄 처리 영상(51) 등이다. 나머지 2개 영상은 미국 배우 베티 허튼(Betty Hutton, 1921~2007)이 3사단과 2사단을 위문 공연(43·44)하는 모습이다.

3. 영상 카드 내용

1　1950.12.17. (ADC 9458D)

- 제목 : B-26 폭격기 철원지역 공습
- 영상설명

조종실에서 촬영

B-26 전투기가 전면에서 눈 덮인 마을을 향해 공습하는 모습.

조종실에서 찍은 마을의 모습.

2   1951.04.11. (ADC8789B)

● 제목 : 미 25사단 24연대 중서부 전선 전투

● 영상설명

H Henderson 상사, H Gould 상병, Stanley Swartz 소령, William D Mouchct 중령(모두 3대대 소속)이 라디오 주위에 모여 자신들의 병력과 포병에 관해 듣고 있다. 통화 중인 Swartz와 Mouchet. 한 명은 이불을 가지고 있으며, 다른 사람은 우의를 입고 있다: 비가 오고 있다.

통화 중인 Mouchet. 무전기에 대고 말을 하는 Scott K Cleage 중위, 흑인. 지도를 확인한다. 무전기를 들고 있는 무전병은 Richard Dossett 상병으로, 역시 흑인이다. 고지에서 상황을 주시하는 25사단 정훈공보담당 K Weber 일병. 고지를 오르는 흑인 군인들과 국군 병사들. 비가 내린다.

M-16 motor carriage에서 4중 장착된 50구경 기관총으로 사격하는 병사들.

M-16 motor carriage에서 발사 중인 화기. 탄띠를 건네는 병사.

총구를 잡은 사수. M-16에 "Quad Lightning".

발사되는 기관총 네 정. (참고: 이 장면을 다룬 화면 중 일부는 매끄럽게 진행된다.)

Carriage, 돈틀리스 작전

3   1951.04.11. (ADC 8787A)

● 제목 : Frank Pace Jr 육군장관 미 25사단 지역 방문

● 영상설명

비행기에서 내린 Pace 장관이 George Barth 준장과 Thomas E Douglass 중령의 환영을 받고 있다. Matthew B Ridgway 중장도 자리에 함께 하고 있다. Pace 장관과 Ridgway 중장이 대화를 나누고 있다.

Pace 장관, Ridgway 중장, 그리고 Barth 준장. 그들이 지프에 올라타고 있다. Pace 장관이 Douglass 대령과 함께 장관의 출신 주인 아칸소 주 방위군 소속 937포병대대에 도착하고 있다. Pace 장관이 몇몇 장교들의 소개를 받고 있다. "Long Tom" 155mm 소총이 발포 되는 모습을 장관이 지켜본다.

장관이 대포 방아 끈을 잡아당기자 포탄이 발포되고 있다.

장관과 수행원들이 악수를 나누며 25사단 활주로에서 떠날 준비를 하고 있다. 비행기에 오르는 Pace 장관.

장갑을 착용하는 Pace 장관이 미소를 짓는다.

L-5기가 예열하고 활주로를 이동하기 시작한다. 다른 L-5기도 이동한다.

4   1951.04.11. (ADC8789C)

● 제목 : 미 25사단 24연대 중서부전선 전투 (계속)

● 영상설명

65공병대 B중대가 한탄강에 놓인 다리에서 작업 중이다. 작업은 아직 초기 상태이고 공병들은 물에 들어가 다리 버팀목에 바위를 놓고 있다.

강 건너 폭발이 일어난다. (77공병대가 굴을 뚫는 중이다.) 공병들이 폭파 준비를 한다.

국군들이 강기슭에서 벗어나는 중이다. 폭발이 일어나자 미군 흑인 병사들이 바위 뒤로 웅크린다.

중위가 경기관총으로 땅굴에 숨어있던 중공군을 사살한다. (중공군은 화면에 보이지 않는다.) 사살한 중공군을 확인하는 중위의 모습.

흑인 병사가 중공군이 판 땅굴에서 몸을 말리는 중이다 - 비가 내리고 있다.

셔먼 전차가 정지한 상태로 들판을 가로질러 포격을 개시한다.

전차에서 포탄이 발사된다. 병사들이 벌판에 보인다. 몇몇은 앉아서 식사 중이고 몇몇은 서서 대기 중이다. 뒤로는 전차가 보인다.

흑인 병사가 박격포를 발사한다. 포신에 측정기를 부착한다.

병사가 박격포에 포탄을 장전하고 대기한다. 마침내 포탄이 발사된다.

5 1951.04.17. (ADC 8802A)

● 제목 : 밴플리트 중장 미 3사단 65연대 방문

● 영상설명

정찰기가 착륙한다. 비행기에서 내린 1군단장 Milburn 중장을 3사단장 Soule 소장이 맞이한다. Van Fleet 중장이 비행기에서 걸어 나오고 그를 역시 Soule 소장이 맞이한다.

Soule 소장과 대화하는 Van Fleet 중장.

Van Fleet 장군과 Milburn 장군이 지프 안의 강아지를 쓰다듬는다.

Van Fleet 장군과 Soule 소장.

65연대전투단에 도착한 Van Fleet 장군이 지프에서 내리고 그곳의 장교와 인사를 나눈다.

"65연대 통신소"라고 적힌 표지가 보인다.

Van Fleet 장군과 Milburn 장군이 탑승한 지프가 폐허가 된 마을을 지나 65연대전투단에 도착한다. 다른 한 대의 지프가 도착하고 거기에서 Soule 소장과 Allen 소장이 내린다. Milburn 장군과 Allen 소장이 함께 있다.

미군 병사들이 받들어총을 실시한다. (푸에르토리코 출신들)

Allen 소장, Van Fleet 중장, Milburn 중장, Soule 소장의 모습. 지프가 떠난다.

6 1951.04.17. (ADC 8802B)

● 제목 : 38선 일대의 영국 및 벨기에 부대 전투준비

● 영상설명

지프와 트럭들이 영국여단에 배속된 Cumberland Fusileers 벨기에 여단전
투단 분대와 함께 임진강을 건너고 있다.

벨기에군 병사가 화롯불에서 아침 식사를 준비하고 있다.

요리 중인 병사.

영국 29여단장인 Brodie 준장과 다른 영국군 장교 그리고 미군 포병의 모습.

중령이 임진강 너머의 지휘소에서 지도를 확인하고 있다.

Cumberland Fusileers의 2개 소대가 흙길을 걷고 있다.

웃는 얼굴로 이동 중인 병사들. 물에 젖은 땅을 이동하는 병사들의 발걸음.

Fusileers 병사들이 4.2인치 박격포를 설치한다.

8기병과 센츄리온전차에 탑승한 벨기에 병사들이 논 사이로 전진하고 있다.

전차 위에 올라탄 병사들이 밝은 표정을 짓고 있다.

전차 위에 앉아 있는 병사들. 전차가 진흙을 뚫고 이동하자 화면이 아래로 기
운다.

2대의 전차가 이동한다.

영국군 병사가 도로 보수에 필요한 물자를 가져온 북한 주민들에게 지시를
내리고 있다.

영국군 병사 (2장면)

7 1951.05.11. (ADC 9015)

● 제목 : Jack Benny 철원 위문공연 (1)

● 영상설명

야외무대에서 Jack Benny와 한 중대의 뒷모습이 촬영되고 있다. 배경에는 병사들이 보인다.

병사들이 앉아 있다

Jack Benny가 그의 바이올린을 연주하고 있다.

여자 아코디언 연주자들이 연주하고 있다.

병사들이 여자 아코디언의 연주를 보고 있다. 그녀의 발이 오른쪽에서 보여진다.

Jack Benny가 Marjorie Reynolds에게 키스하려 하나 Errol Flynn에 의해 저지된다.

Flynn이 Benny에게 어떻게 키스를 하는지 알려준다. Benny가 끼어들려고 하지만 헛수고로 끝난다. 전 중대원이 피날레를 보기 위해 다가온다.

Jack Benny와 Errol Flynn의 뒷모습이 보인다. 병사들이 배경에 보인다. 멀리에 산이 있다. Errol Flynn이 마이크를 통해 이야기한다. (사이드 각도에서 촬영되고 있다.) 무대와 다수의 병사들이 보인다.

병사들이 박수를 치고 있다.(전방의 장면이 보인다.)

Benay Venuta가 노래를 부르고 있다.

Venuta의 앞모습이 보인다. Benny가 웃기게 생긴 모자를 쓰고 나타난다.

군중속의 병사들의 모습이 보인다. Venuta가 노래를 부르고 있다.

Benny가 바이올린을 켜고 있다.

같은 장면의 뒷모습이 촬영되고 있다. 병사들의 무리가 보인다.

8   1951.07.03. (ADC 9039)

● 제목 : 철원에서 피난 떠나는 피난민 모습

● 영상설명

몇몇 피난민들이 자신들의 물건들을 가지고 지나간다.

피난민들이 수송 집결지에 모여 있다. 한국인 여인이 모닥불에 밥을 짓고 있다.

어딘가 아파보이는 작고 어린 소녀가 바닥에 앉아 있다.

수염을 기른 늙은 남자가 등에 아이를 업고 가고 있다.

남자, 그의 아내, 그리고 어린아이가 밥을 먹고 있다.

남자가 밥을 먹는 모습. 한 여성이 바닥에 앉아 아이를 등에 업고 있다.

오른편에는 어린 소녀가 곡식더미에서 콩을 골라 줍고 있다.

한 가족이 밥을 먹고 있다. 한 아이가 어머니의 무릎에 앉아 숟가락을 빨고 있다.

수염을 기른 늙은이가 바닥에 앉아 있다. 두 명의 손자, 손녀를 데리고 할머니 한 분이 물이 고인 폭탄 구멍 주변에 앉아 있다. 할머니가 무언가를 웅얼거리며 손짓으로 이야기를 하고 있다. 한 소년이 고장 난 기계의 휠을 돌리며 놀고 있다.

아파보이는 아기. 아이는 미소를 짓는다.

한 할머니가 무릎에 아이를 눕히고 앉아 있다.

한 소녀는 양철 지붕 아래서 자고 있는 아기를 바라보고 있다.

한 여성이 야윈 아이를 등에 업고 있다. 피난민들이 65연대전투단의 2.5톤 트럭에 자신들의 물건들을 싣고 있다. 여성들과 아이들이 트럭이 가득 차게 탑승하고 있다.

피난민들이 트럭들 위로 가득 가득 탑승한다. 주로 여자, 아이, 노인들이다.

여자들과 아이들이 트럭에 앉아있다. 영국 또는 캐나다 병사가 트럭에 가득한 피난민들에게 크래커와 캔디바를 나눠주고 있다.

한 아이가 훌쩍이며 크래커를 먹고 있다. 아이의 뒤에 서 있는 여성이 아이를 앞으로 민다. 피난민들을 채운 세 대의 트럭들이 길 위에 서 있다.

트럭들이 움직이기 시작한다.

트럭들이 빠져나가고 두 미국인 병사들이 길 왼편에 서 있다.

9 1951.07.11. (ADC 9016A)

● 제목 : Jack Benny 철원 위문공연(2)

● 영상설명

초점이 흐리게 병사들의 무리.

같은 장면이 초점이 맞춰진다. 배경에는 무대가 보인다.

병사들 무리가 보인다. 전면부에 나무에 매달린 병사들이 보인다.

병사들이 연극을 즐기고 있다.

10 1951.07.07. (ADC 9016B)

● 제목 : Jack Benny 철원 위문공연 (3)

● 영상설명

텐트가 보인다. Benny가 반바지를 입고 나오며 손을 흔들어 준다.

"Mr. Jack Benny"라고 적힌 표지판이 보인다.

소총을 들고 나오는 Dolores Gay의 텐트가 보인다.

"Dolores Gay 양"이라고 적힌 표지판이 보인다.

같은 텐트가 보인다. June Bruner가 물을 마시기 위해 나온다.

"June Bruner양" 이라 적힌 표시가 보인다.

Marjorie Reynolds가 드레스를 다림질하기 위해 나온다.

Benay Venuta가 방탄모에 붙여져 있는 옷감을 씻어 내기 위해 같은 텐트에서 나온다. "Benay Venuta양" 이라고 적힌 표지판이 보인다. 또 다른 천막이 보인다. Frank Remley가 Benny와 같이 쓰는 천막에서 나온다. Frank Benny가 1시 방향으로 걸어 나간다.

"Mr. Frank Remley"라고 적힌 표지판이 보인다.

또 다른 천막이 보인다. 1시 방향에 Errol Flynn이 수건만 입은 채로 맥주 한 캔을 마시며 손을 흔들고 있다. 오른쪽 천막에는 Harry Kahne이 있다.

"Mr. Errol Flynn"이라고 적힌 표지판이 보인다. "Mr. Harry Kahne"이라고 적힌 표지판이 보인다.

Benay Venuta가 악단을 이끌고 있다.

Benny가 지휘봉을 들고 악단을 이끌고 있다.

드러머가 자신의 드럼 스틱으로 묘기를 부리자 Dolores Gay가 따라 하기 위해 드럼 스틱을 빌린다. Benny가 악단을 보고 있다.

큰 무리의 병사들 앞에서 Benny와 중대가 무대에 서 있다.

병사들이 쌍안경을 들고 연극을 보고 있다.

Dolores Gay가 관중 앞에서 춤을 춘다.

병사들의 무리가 연극을 본다. Dolores Gay가 춤을 추고 있다.

11 1951.07.09. (ADC 9036D)

- 제목 : Dewey 의원 미 3사단 방문
- 영상설명

Dewey의원이 케나다군 공항에 Frank W Milburn 장군과 함께 있다.

3사단 사령관 Robert L Soule 소장이 그를 환영하고 있다.

Dewey의원이 뉴욕 출신 3사단 병력들과 함께 악수하며 955야전포대대의 병력들과 이야기를 나누고 있다.

12 1951.07.12. (ADC 9538A)

● 제목 : 미 24사단 추동 전투 중 부상병 치료 및 후송

● 영상설명

의무병들이 부상병들을 들것에 실어 구급지프차량까지 운반한다. 들것을 운반하는 길에 의무병들이 시냇물 상류까지 올라간다. 길이 험난하다. 들것 가마에 달린 수혈기구와 붕대. 부상병이 길 옆에 앉아 의무병에게 치료를 받고 있다. 그의 목과 아래쪽 얼굴엔 이미 붕대가 감겨있다.

의무병들이 다리에 부상을 입은 병사를 치료하고 있다.

한 의무병은 구급 지프차량에 누워있는 부상자의 손을 치료하고 있다.

그 옆에 다른 부상자가 누워있다. 응급 구급차 센터. 들것의 병사들이 연대 사상자 수집 장소에 운반되기를 기다리고 있다. 부상자들이 구급차에 실린다.

의무병이 서류를 작성한다. 군종목사가 의무병이 들것을 운반하는 것을 돕는다.

병사가 판자 두 장을 바닥에 깔아 십자가를 놓을 수 있도록 한다.

포드가 달린 벨 H-13D 헬기가 전장에 착륙한다. 부상자가 포드에 실린다. 덮개가 씌워진다.

조종사가 이륙 준비를 한다. 부상병을 싣고 나서 헬기가 카메라에서 멀어지며 날아간다.

구급차가 연대 부상병 수집 장소에 도착한다. 몇몇 이동 가능한 침상 가마들

이 구급차에서 내려진다.

"21보병연대 수집 장소. 21보병연대에 최초로 생김" 표지판

천막 안. 피하 주사약과 페니실린을 섞는다. 주사를 위해 옷을 잘라낸다.

붕대가 감긴 환자의 다리. 구급차 내부에 들것의 환자가 실린다.

13 1951.07.16. (ADC 9018C)

● 제목 : JACK Benny 미 3사단 위문공연, 지포리

● 영상설명

제3사단 악단이 Benny 악단을 환영하고 있다. 간부가 Benny를 환영한다. Benny가 웃음을 짓는다. Benny가 3사단장인 Robert H Soule 대장과 이야기를 나누고 있다.

악단이 연주한다. Benny가 오른편에 서 있다. Benay Venuta가 3사단 수장을 팔에 단다.

Marjorie Reynolds가 군인들과 이야기를 하고 있다. 3사단 악단의 병사들이 드럼을 치고 있다. Benny와 Robert H Soule 사단장이 그 모습을 보고 있다. June Bruner가 군인들과 함께 온다. Benny와 Bruner가 더러워 보이는 장구류를 받는다.

Bruner가 천막 밖으로 나간다. Benny가 3사단 7연대의 무대에서 연극을 시작한다.

병사들이 모래에 앉아서 Benny가 하는 농담에 반응한다.

Soule 대장과 Meade 장군이 웃고 있다.

병사들도 웃는다. Dolores Gay가 춤을 추고 있다.

환호성이 나온다. Benay Venuta가 노래를 부른다.

병사들이 환호하며 지켜본다.

병사들이 웃고 있다.

Venuta가 노래를 부르고 있다.

Benny가 바이올린을 연주한다.

병사들이 환호성을 지른다.

Bruner양이 아코디언을 연주하고 있다. 환호성이 나온다.

Benny와 Marjorie Reynolds가 보인다.

Benny가 Reynolds에게 훔친 반지를 실험한다.

연극의 피날레를 하고 있다.

14 1951.07.26. (ADC 9064C)

● 제목 : 미 24사단 5연대 전투단 K중대 전차 탑승 이동

● 영상설명

24사단 5전투연대 K중대 인원들이 전차에 탑승하여 이동하여 출발하기 위해 대기하고 있다.

셔먼 전차가 굽은 길을 따라 병력을 태우고 고지를 향해 기동중이다.

전차에는 병력이 가득 차 있다. 굽은 길을 지나 전차가 이동한다.

병력이 험준한 산길을 올라가고 있다. 전차가 울퉁불퉁한 길 위를 이동한다.

전차가 험준한 산길 위를 이동한다. 전투기가 비행 중이며 네이팜탄과 100파운드 가량의 폭탄을 투하한다.

고지 위의 폭발과 고지 위로 올라오는 전차 모습을 촬영.

포격으로 인한 무수한 폭발과 울퉁불퉁한 길 위로 전차가 발포한다. (주목적은 벙커를 무력화시키기 위함이다.)

15 1951.08.02. (ADC 9567A)

● 제목 : 미 24사단 5연대 지포리지역 전투

● 영상설명

I&M 중대 소속 인원 두 장병들이 고지 위에서 공격을 바라보고 있다. 연기가 피어오르는 모습. 산 정상. 매우 작게 보이는 전투기 한 대가 비행 중이다. 고지 정상에서 네이팜탄을 비롯한 다수의 폭발이 이루어진다. 전투기 날아가는 모습을 고지에서 촬영. 몇몇 인원이 고지 위에 서 있다. 상의 탈의한 두 인원이 50구경 기관총을 장전하고 사격하고 있다. 재장전하고 고지 위를 바라보는 장병들의 모습.

전투기 날아가는 모습을 파노라마 촬영. 흑인 장병이 다른 장병들은 대기하고 있는 가운데 30구경 기관총을 발포하고 있다. 같은 장병들이 기관총 사격 준비하고 있다. 기관총에 문제가 있어 보이는데 기관총 사격을 위해서 한 인원이 총 끝 부분을 쳐주고 있는 가운데 흑인 병사는 탄약을 벨트를 잡고 있기 때문이다.

나무 사이로 고지에 네이팜탄이 폭발되는 모습. 나무 가지들로 인해 화면이 명확하지는 않다. 급강하해서 날아가는 전투기. 음식과 탄약, 그리고 물을 준비해 나무가 우거진 고지 위로 옮기는 한국인들의 모습.

16 1951.08.22. (ADC 9172A)

● 제목 : 미 3사단 65연대 포로수용소에서 심문받는 중국인 포로

● 영상설명

중국인 전쟁포로 세 명이 신원 확인을 받고 있다. 포로들과 심문자가 지도를 펴 놓고 이야기하고 있다.

포로가 무엇인가 말하고 있다. 표지: "65연대 포수용소 접근 금지"라는 표지와 함께 뒤에 수용소가 보인다.

수용소에 갇혀 있는 포로의 모습. 천막으로 뒤덮여 있다.

17 1951.08.25. (ADC 9172B) / (ADC 9172C)

● 제목 : 미 3사단 58포병대대 작전 및 65연대 정찰

● 영상설명

작전 차트 근처에 몇몇 인원이 위치한다. 포병 부대 소속 흑인 장병들이 105mm 곡사포를 장전하고 발포한다. 위장 천막 밑에서 살짝 삐져나온 105mm 곡사포가 불 뿜는 모습.

상자에서 포탄을 꺼내는 인원. White 중위가 명령을 내리고 있다.

흑인 장병들이 사격용 위치 표정판 주위에서 목표물 거리를 알아내고 있다.

계산자를 들고 있는 장병 손의 모습. 한 대위가 지켜보고 있는 가운데 흑인 장병이 게시판에 무엇인가 표시하고 있다. 곡사포가 발포되는 모습.

65연대 정찰 작전, 흑인 장병이 휴대용 통신 장비를 통해 무엇인가 말하고 있다.

소총 사격 중인 인원. 몇몇 장병들은 수풀 사이로 부상자를 운반하고 있다.

두 명의 포로들을 잡아 몸수색하고 있다. 장병들이 풀밭지역을 통과하고 있다.

인원들이 제방을 뛰어 넘는다. 후방에 폭발이 일어난다. 더 많은 폭발이 일어난다. 인원들이 고개를 숙이고 있다.

장병들이 한 인원을 운반하는데 사망한 것으로 보인다.

사망한 인원의 몸은 방수포로 덮었지만 얼굴은 보인다. (대부분의 병사는 흑인이다.)

18 1951.09.03.~1951.09.06 (ADC 9238)

● 제목 : 미 3사단 배속 필리핀군 부대 주둔지 및 미사 모습(1)

● 영상설명

작은 천막 안을 들여다보자 교환대 작업 인원이 보인다.

교환대 작업을 하며 이야기하고 있는 장병의 모습.

메시지를 들고 천막 교환병에게 전달하는 모습을 파노라마 촬영.

박격포 분대 인원들이 연습 훈련을 위해 줄 서 있다.

필리핀 군 상병이 전화를 하고 있으며 박격포 포탄이 땅에 놓여 있다.

분대원들이 81mm 박격포를 장전하고 발포한다.

3사단 지휘관 Robert Soule 소장이 필리핀 군 Ojeda 대령과 Abcede 대령과 이야기하고 있다. Soule 소장은 10연대전투단에서 20연대전투단으로 지휘권 인수인계를 위해서 있다.

Soule 소장이 Abcede 대령과 천막 안에 앉아 있다. Boswell 대령과 다른 장교들이 도착한다. 악수를 나눈다. Soule 장군이 두 대령들과 악수를 나눈다.

한 대령에게 이야기 하는 Soule 장군의 모습. 천막 안에서 Soule 장군과 대령들이 지도를 보는 모습. Soule 소장. 81mm 박격포 인원들이 발포하고 있다. 다른 인원 두 명이 포탄을 준비하고 있다. Soule 소장과 1군단 사령관 "Iron Mike" O'Daniel 소장이 필리핀 대령 두 명과 함께 걸어가고 있다. 천막 안에 Soule 장군, O'Daniel 장군, 그리고 대령 두 명의 모습. O'Daniel 소장이 말하고 있다. 소장이 테이블에서 말하고 있다.

Soule 장군, O'Daniel 장군, Ojeda 대령, 그리고 Abcede 대령이 천막 밖으로 나온다.

Soule 장군이 마이크를 이용해 연설하고 있다.

필리핀 장병들이 부대 인수인계 행사에서 듣고 있다.

소총 휴대한 장병들이 행진한다. 장병들의 모습. 장병들이 소총을 들어 명령을 듣고 있다.

천주교 미사가 야외에 열리고 있디; 제단 위에 위치한 사제의 모습. 장병이 복사 역할을 하고 있다. 기도서를 읽고 있는 Ojeda 대령. 기도서 읽는 장병의 모습.

천막 밖으로 나온 장병이 잠시 생각하다가 무엇인가 적기 시작한다.

무엇인가 작성하는 장병의 얼굴 모습.

19 1951.09.03, 05, 06. (ADC 9239A)

● 제목 : 미 3사단 배속 필리핀군 부대 주둔지 및 미사 모습(2)

● 영상설명

3사단 군악대가 군악 연주를 마무리한다.

필리핀 군 기수단. 장병들의 모습. 한 필리핀 군인이 연단에서 성명서를 읽고 있다.

모래 언덕. 기수단이 기를 게양한다.

장병들이 소총을 내려놓는다. Robert Soule 장군이 다른 장교들과 함께 사열하고 있다.

장병들의 모습. 필리핀 중위. 기수단.

야외 미사에 참석 중인 장병들; 몇몇은 서 있고 몇몇은 무릎을 꿇고 기도하고 있다.

전면 제단 위에 서 있는 인원들.

천막에 몇몇 장교들이 먹고 있다. 장교 일행 중 한명은 미국인이며 필리핀인은 목사이다.

장병들이 서로 두발 정리하고 있다. 이발사가 장병의 목 면도를 하고 있다.

20 1951.09.05.~1951.09.06. (ADC 9162A)

● 제목 : 미 3사단 배속 필리핀 군 주둔지 활동 모습(철원)

● 영상설명

Robert H Soule 소장과 1군단 사령관 John "Iron Mike" O Daniel 소장이 두
명의 필리핀 군 대령과 함께 서 있다. Soule 장군과 O'Daniel 장군의 모습.
O'Daniel 장군이 Bell H-13D 헬기에 탑승한다.

헬기 조종사가 발을 이용하여 시동을 거는 모습. O'Daniel이 조종사 옆에 앉
아 있다.

Bell H-13D 헬기가 이동한다.

연병장 가운데 행사가 진행 중인 가운데 10연대전투단이 20연대전투단에 기
를 전달하고 있다.

Soule 장군, Cunningham 대령, 그리고 두 명의 필리핀 군 대령이 사열대 앞
으로 걸어간다.

Ojeda 대령, Abcede 대령, Boswell 대령이 장병들에게 무엇인가 말하고 있다.

Soule 장군이 장병들에게 연설한다. 군악대와 장병들이 행진하는 모습.

이륙하는 헬리콥터의 모습. Ajeda 대령과 Abcede 대령.

Soule 장군과 O'Daniel 장군. Soule 장군이 필리핀 군 대령에게 말하고 있다.

Bell H-13D 헬기 두 대가 연달아 이륙한다.

● 제목 : 클린업 작전 수행 중인 3사단 65연대

● 영상설명

3사단 65보병대 중화기 1대대 소속 병력들이 75mm 무반동총을 연사하고 있다.
이들은 연사하는 동안 손으로 귀를 틀어막고 있다.

관측사가(카메라로 돌아가서) 전방의 고지를 바라보고 있다.

한 부사관이 75mm 무반동총의 거리계 가늠자를 보고 있다.

소총이 장전되어 격발된다. 한 관측사가 쌍안경을 통해 보고 있다.

흑인 병사가 자신의 4.2인치 박격포에 탄환을 집어넣는다.

65보병대 3대대 중박격포 중대의 병력들이 거리계 가늠자를 맞춘 후 박격포
를 발포한다.

지저분한 방탄모를 쓰고 있는 병사가 무전기를 통해 지시사항을 받고 있다.

다른 박격포 분대들도 장전 후 발포를 한다.

박격포반이 표적을 본 후 장전을 하고 있다.

17야전포대대 A포병중대가 8인치 곡사포를 발포한다.

곡사포가 준비되어지자 발포된다.

Geo Julien 하사가 야전 전화기를 사용하여 통신중이다.

곡사포가 발사된다.

병사들이 기폭장치를 자리에 설치한다. 옆에 보이는 한 무더기의 탄약들.

발사체들이 준비되고 있다. 화약가루가 장전된다. 곡사포가 발사된다. 이에
귀를 틀어막는 병사들. 장갑을 착용한 병사가 대포의 방아끈을 당긴다. 곡사
포가 발사된다.

● 제목 : 미 3사단 65연대, 부상병 후송 및 전투

● 영상설명

전차가 길 위에 서 있다. 산 중턱에 연기가 피어오르는 모습. 일열 종대의 장병들이 벌판을 지나간다. 카메라 반대편으로 걸어가 전차 쪽으로 걸어간 인원들이 부상자를 운반한다.

벌판 모습 촬영; 연기가 피어오르고 있다. 카메라 반대편으로 긴 풀밭을 통과하는 장병들의 모습. 장병들이 걸어가는 모습을 다른 각도에서 다시 촬영. 뒤 배경에는 산 위로 연기가 피어오르는 모습이 보인다. 부상자가 들것에 실리고 있다. 위생병들은 3의무대대 소속 인원들이며 심각한 부상자가 들것에 실려 있다. 부상자는 아직 의식이 있으며 그의 손과 팔이 피로 젖어 있다. 혈장으로 보이는 통을 들고 있는 인원의 모습. 부상자 팔에 주사가 링거주사가 놓아져 있다. 뒤에서 들것 위에 누워있는 또 다른 인원의 모습이 보인다.

그의 얼굴 밑에 부분이 피로 물든 붕대가 덮여 있다. 부상자가 차량에 탑승하고 있다. 팔에 피로 뒤덮인 부상을 당한 인원도 탑승한다. 의식은 있다. 들것을 이용해 차량에 탑승하고 있다. 위생병들이 심각하게 부상당한 팔에 감겨 있던 피로 물들은 붕대를 제거하고 있다. 의료 기록이 작성되고 있다. 뒤에는 부상자가 통증으로 인해 얼굴을 찡그리고 있다. 부상자의 팔에 붕대가 감기고 있다. 환자가 차량에 실어지고 수혈 받고 있다. 신원이 확인되지 않은 준장이 들것에 앉아 있는 인원과 이야기하고 있다. 50구경 기관총이 발포되는 모습을 뒤에서 촬영. 전차 위에 설치된 것으로 보인다. 전차 위에 몇몇 인원이 위치하고 있고 칼빈총을 발포하고 있다. 전차 위에 포탑에 위치한 인원이 50구경 기관총을 발포하고 있다. 그가 사격을 멈추고 쌍안경을 들여다보고 있

다. 건너편 산에서 연기가 피어오른다. 전차가 대포를 발포하고 있다. 전차. 전차가 발포 중인 가운데 전차 밑에 부분이 나뭇잎으로 가려져 있다. 전차 위 50구경 기관총 사격인 장병 뒤에서 촬영. 산 촬영. 연기가 피어오르고 있으며 연기구름이 생긴 지역 부근에 폭발이 다시 일어난다. 정차해 있는 전차가 기관총 사격을 실시하고 있다.

(참고: M-24 전차로 추측되는데 몇 대의 전차는 확실히 M-24이며 다른 전차들은 알 수가 없다.)

23 1951.10.12. (ADC 10368B)

● 제목 : 미 3사단 소속 전차 391고지로 진격(2)
● 영상설명

전차들이 전쟁터를 지나가고 있다. 움직이는 전차 위의 카메라. 전차들이 비포장도로 위를 지나가고 있다.

전차가 근처에 걸어가고 있는 병사들과 함께 진격하고 있다.

24 1951.10.14. (ADC 10368A)

● 제목 : 미 3사단 소속 전차 391고지 진격(1)
● 영상설명

셔먼 전차(M4A3)들이 제 65연대의 병력들을 수송중이다. 3사단의 전차들이 철로 옆을 지나며 고지 쪽으로 진격중이다. 전차들이 길에서 잠시 휴식을 취하고 있다. 병사들이 전차에서 내린다.

전차들이 철로 근처로 다가오고 있다. 부대가 391고지 쪽을 향하여 들판을 가로질러 진격 중이다. 병사들이 대형을 갖춘 채 고지위로 올라가고 있다. 전차들이 계곡의 흙길을 따라 올라가고 있다.

병력들이 고지를 올라가고 있다. 병력들이 진격하고 있다. 전차들이 돌아오고 있다. 먼지가 날린다. 푸에토리코 병사들이 고지에 참호를 파고 있다. 푸에토리코 병력들이 휴식을 취하며 식사중이다. 한 푸에토리코 병사가 깡통에서 음식을 꺼내 먹고 있다.

병력들이 고지위로 올라오고 있다. 병사가 참호를 파고 있다.

셔먼 전차들이 발포 중이다. 원거리에 연막이 펼쳐진다.

전차의 포탑에 위치한 병사가 쌍안경을 통해 보고 있다.

전차에 장착된 30구경 수랭식 기관총이 연사되고 있다.

멀지 않은 곳에서 연막이 피어오르는 것과 포격이 퍼부어지는 것이 보인다.

76mm 포를 연기가 피어오르는 지역에 퍼붓고 있다.

포격에서 피어오르는 연기, 1시 방향에 전차 한 대가 있다.

전차가 오른쪽으로 발포 중이다. 원거리의 고지 정상에서 연기가 피어나고 있다.

전차가 76mm 포를 격발 중이다. 빈 탄환들이 전차 아래로 떨어지고 있다.

비행기들이 고지들 쪽으로 날아가고 있다. 전차들이 격발중이다.

전차, 원거리에 피어오르는 연기가 보인다. 병력들이 지뢰탐지기를 들고 걸어오고 있다.

한 병사가 무전기를 사용하고 있다. 병사가 지뢰를 찾기 위해 땅을 파고 있다.

전차가 흙투성이 길을 앞서나가고 있다. 전차가 전투지역을 지나가고 있다.

전차들이 개울을 지나가고 있는 장면. 움직이는 전차위의 카메라.

25 1953.07.07.~1953.07.08 (ADC 33632B)

● 제목 : 한탄강 주변의 홍수 피해

● 영상설명

강을 가로지는 다리를 파노라마 촬영. 다리 밑의 측정표가 강의 수심을 말해주고 있다.

다리를 향해 쏟아지는 물. 다리에서 수심 측정표 뒤 콘크리트 기반에 넘쳐흐르는 물의 모습을 촬영. 다리. 매우 빠른 물줄기.

한탄강을 가로 지르는 부교가 놓였던 지역. 전날 밤 급격하게 불어난 물 때문에 떠내려갈 수도 있기 때문에 철거되었다. 지프 차량에서 내리는 인원의 모습이 보인다.

부교가 설치되었던 지점에서 10야드 정도 하류 지역에 위치한 콘크리트 노면 위로 물이 흐르고 있다. 콘크리트 노면 위로 물이 흐르는 모습.

불어난 물로 인해 도로 노면 위를 범람해 작은 폭포를 만드는 모습을 왼쪽에서 오른쪽으로 파노라마 촬영. 도로 옆쪽에 설치된 이정표 쪽으로 넘쳐나는 물.

크레인에 탑승한 장병이 크레인을 작동하고 있다.

크레인이 부교를 내려 일부가 물에 잠긴 다리 옆에 고정시킨다.

물 위에 놓이는 부교 위에 앉아있는 장병 한 명.

26 1953.07.28.~1953.07.29. (LC33493)

● 제목 : 미 2사단 38연대와 9연대, 벙커 해체 및 철수, 군사분계선 작업

● 영상설명

외부, 산맥. 2사단, 38연대와 9연대가 전방지역에 있다. 이들은 벙커들을 파괴할 준비를 하고 있다. 병사들이 통나무를 옮기고 있다.

38연대 '아이템'중대원들이 트럭 차량에 목제를 싣고 있다. 이들은 삼베 가방들도 올리고 있다.

병사들이 벙커의 위쪽부준에서 흙을 파내기 시작하여 벙커를 무너뜨리고 있다.

벙커가 원래 있던 지역. 한 남자의 어깨위로 그가 '스타스 앤 스트라이프스' 지를 읽고 있는 모습이 보인다. 잡지의 제목에 '협정 체결'이라고 쓰여 있다.

병력들이 배식을 받기 위해 줄서있다.

외부, (자막에도 나타난다) 두 명의 중국인이 '올가'고지에 있다. (화면 매우 불안정, NG) 또 다른 망원 촬영, '올가'고지에 있는 몇몇 중국인들.

중국인 병력들이 언덕에서 앉아있는 모습. 몇몇은 주위를 돌아다니고 있다.

이 장면들은 10인치 망원렌즈로 촬영된 것이다. 필요할 경우 사용 가능하다.

미군 공병대가 안전구역을 표시하는 테이프를 감고 있다.

표시판, 영어&한국어 "남방비무장한계선, 출입금지."

27 1951.06.15. (ADC 9523A)

● 제목 : 미 7기병연대 순찰

● 영상설명

순찰 부대가 목표물 가까이 언덕을 오르고 있다.

순찰하고 있는 병사가 길을 걷고 있다. 순찰 부대가 현자촌에 다가가서 지나친다. 병사들이 언덕으로 오르고 있고 현자 언덕에서 집합을 한다.

30구경의 수랭식 자동소총을 가지고 있는 부대가 비상 상황에 걸렸다. 몇몇 병사들이 배경에 보인다.

30구경의 공랭식의 자동소총을 가지고 있는 다른 부대가 보인다.

병사들이 카메라에서 멀어진다. 한 병사는 57mm 무반동 소총을 휴대하고 있다.

한 병사가 현자촌 오두막 앞에 못 박힌 "병사들 출입 금지 지역 - 수두 출현"
이라는 표지판을 지나친다. 피난민들이 현자촌으로부터 피난길에 있다.

병사 세 명이 버려진 적군의 벙키 입구에 서있다. 한 병사가 벙커로부터 나오
며 75mm 구경의 소련제 포탄을 한 장교에게 건넨다. 병사들이 포탄을 보고
있다.

28 1951.06.24. (ADC 9524B)

● 제목 : 태국군 국경일 의식행사

● 영상설명

1기병사단 악단이 연주를 하고 있다.

악단장이 지휘를 하고 있다. (악단장이 지휘를 하는 모습이 악단장 뒤에서 촬
영되고 있다.) Charles D Palmer 소장이 태국 대대를 검사하고 있다. 태국군
한 중대가 Palmer 소장의 부대에게 연설을 하고 있다. Palmer 소장을 포함한
다른 장교들이 배경에 보인다. Palmer 소장이 Sumorno 중위와 Chaunian
Mec S Cnga 소위에게 훈장을 주고 있다. Palmer 장군이 집합한 부대에게 연
설을 하고 있다.

Chalerfoo 대위가 Palmer 소장의 연설을 국군에게 통역하고 있다. Palmer
소장이 훈장을 받은 네 명의 태국인들과 포즈를 취하고 있다.

29 1951.06.27. (ADC 9526)

● 제목 : 캐나다 여단이 철원 서쪽 일대 전투

● 영상설명

제2로얄 캐나다의 기병 포병대가 25파운드포를 발사하고 있다. 총이 장전되고 발사하는 장면이 개머리판에서 보인다. 병사들이 가늠좌를 통해 앞을 보고 있다. 총이 발사 될 때의 총열의 반동이 보인다. 세 개의 25파운드 포가 동시에 발사되는 것이 공중에서 보인다.

같은 장면이 땅위에서 촬영된다. 포 두 개가 발사되고 있다.

작전 판에서 일을 하고 있는 병사와. H T. Haney 중위가 발포 임무를 중계하고 있는 것이 보인다. (두 명 모두 허리춤까지 옷을 입고 있지 않다.)

Gordon Reid 포병이 전화로 전방 관측자와 이야기를 하고 있다.

로얄 22연대의 몇몇 캐나다 부대가 시민들을 지나쳐 행군하고 있다. 그 시민들은 캐나다인에 의해 정복된 마을에서 강제 이동 되고 있는 중이였다. 흰 옷을 입은 한국인들이 지나쳐간다. 피난민들이 걸어서 지나쳐 간다. 캐나다군의 탄약 작업 군단이 부비트랩을 설치하고 있다. 병사들이 지뢰에 철사를 연결시킨다. 마을을 지나가면서 병사들이 시민들을 지나친다.

캐나다인들이 무전기로 국군과 통화하고 있다. 그 모습을 시민들이 지켜보고 있다. 캐나다인들이 양철 냄비로 음식을 먹고 있다. 한 병사가 전화를 하며 우산을 쓰고 있다. 그의 중대원에게 전화를 건네준다. Rockingham 준장과 Robert Keane 중령, James Quinn 소령이 지프차 엔진 뚜껑에 지도를 펼쳐놓고 이야기를 하고 있다. 대화를 하고 있는 장교들이 보인다. Rockingham 준장이 보인다. 자동 소통을 들고 있는 부대원들이 옆에 서있다.

비상 대기를 하고 있는 병사들이 발사할 준비를 하고 있다.

두 대의 81mm 박격포를 들고 있는 캐나다인이 보인다. 박격포 포탄이 발사되고 있다. 몇몇 병사들이 지도 주변에 있다. 장교들이 행군의 경로를 알려 주고 있다. 한 장교가 지도를 들고 들어온다. 장교가 행군 초계의 경로를 알려주고 있다. 지도에 경로를 표시하고 있는 손가락이 보인다.

병사들이 해산한다. 한 병사가 위장 군복을 입고 출발한다.

30 1951.09.13. (ADC 9205)

● 제목 : 태국군 병사들의 불교집회 및 전투휴식

● 영상설명

병사들이 무릎을 꿇고 절하고 있다.

사령관인 Kamol Puaree 대위가 초에 불을 붙인다.

병사들이 무릎 꿇고 절하며 손을 모아 기도를 올리는 장면을 앞에서 촬영.

병사들이 일어나며 손을 모아 기도한다.

설법을 들으며 바닥에 앉아있는 병사들.

설법 중인 법사. 병사들이 굉장히 우아한 동작으로 손을 움직이며 율동을 한다.

셔츠 위의 패치. 병사들이 "Takrau"라는 경기를 한다. 이는 공을 발로 차면서 하는 경기다. 파이프 담배를 태우는 병사가 구경한다.

다른 촬영기자가 찍은 장면도 거의 똑같은 장면이다. Puaree 대위가 의식이 시작함과 함께 제단에 엎드려 절한다. 다른 병사가 앞으로 나와 제단에 절을 하고 돌아서 걸어 나간다. 제단. 춤추는 병사들. 두 병사들이 두 개의 5갤런 양동이를 가지고 박자를 맞추며 두드린다. 다른 병사들은 이 둘 뒤에 서서 손뼉을 친다.

춤추는 병사들. 춤추는 두 병사를 카메라가 좇는다.

병사들이 바라보며 웃는다. 몇몇은 담배를 피고 있다. 킥볼을 하며 노는 병사들. 병사들이 구경하며 웃는다. 중앙에 앉아있는 한 병사가 발을 구르며 소리친다. 그는 다른 병사들보다 조금 더 감정을 드러낸다.

● 제목 : 미 제45사단 189야포 포대 산악지형 표적 발포(1)

● 영상설명

차량들이 떠난다. 지프차량과 90mm 대포를 견인하는 차량이 B포대를 떠난다. 병사들이 90mm 대포를 위치로 이동시킨다. 바닥에 군데군데 보이는 눈. 포수들이 대포를 고지의 위치에 이동시켜 공산군 벙커에 직격포를 날릴 수 있도록 한다.

병사가 파인더를 통해 진형을 바라본다.

차량에서 탄약 상자들이 내려진다. 포탄 용기들이 나무 상자에서 제거 된다.

대포가 발사된다. 대포는 위장망 아래에 있고 유일하게 보이는 것은 위장망 위로 피어오르는 연기뿐이다. 고지는 눈으로 뒤덮여 있다. 한 병사가 포신의 조준경을 이용해 표적지역을 바라본다. 포수가 대포를 발사한다.

위장망으로 가려진 대포가 고지 위에서 발포한다.

발포하는 포수들. 사분면을 체크한 후 각도를 조절한 뒤 다시 발포한다.

산악지형인 표적지역을 바라본다. 백린탄에서 피어오르는 연기 – 자막에 의하면 표적이 소멸되었다고 나온다. 포수들이 고지에서 대포를 발사한다.

탄착 관측병이 포대장 망원경을 통해 바라본다.

무전 통신병인 일병이 차량 근처에서 마이크에 대고 이야기 하고 있다.

포피가 포피 더미에 던져진다. 대포를 장전하고 발사하는 포수들.

대포에 사분면을 장착한다. 바닥에 버려지는 포피들.

상병이 대포의 조준 망원경을 통해 무언가 보고 있다.

32 1952.07.20. (LC 30130)

- ● 제목 : 226고지 전투준비
- ● 영상설명

민둥산의 경사 아래를 내려다보며 미군 위치를 촬영.

땅 위에 버려진 30구경 M-3총과 자잘한 개인 소지품들이 보인다.

미군 전차가 산기슭에서 질척거리는 지역을 통과하려고 애쓰는 모습 촬영.

포탄이 민둥산의 경사면과 정상에 떨어지고 있다.

민둥산 경사면에서 폭발하는 포탄.

미군 장병들이 민둥산의 참호를 개선하고 있다.

전사한 미군 장병이 포탄 구멍에 놓여 있다.

파괴된 미군 전차가 정상 경사면에 놓여 있다.

33 1952.07.30.~1952.08.01. (LC 30977)

- ● 제목 : 미 2사단 23연대 전투준비
- ● 영상설명

3/4톤 무게의 트럭이 깨끗하게 정비된 흙 도로로 들어온다. 지프차가 붕괴된 지역을 통해 반대편으로 지프차가 들어온다.

2사단의 23연대로부터 적군의 지휘소가 경사지게 있는 것이 보인다. 적군 지형에서 연기가 피어오르는 것이 보인다. 미군 비행기가 낮게 깔린 구름과 연기를 통하여 적군을 공격하기 위해 움직이는 것이 지상에서 촬영되고 있다. 병사들이 부상당한 전우를 어깨에 부축하여 산 정상을 넘어 옮기고 있다. 병사들이 참호에서 공격하기 위해 대기하고 있다.

(참고: 몇몇 극심한 불꽃이 일고 있다.)

국군들이 들것에 실린 환자를 오래된 민둥산으로부터 좁은 길로 옮기고 있다. 또 다른 들것을 옮기는 병사들이 화면에 들어온다. 병사들이 들것을 산 아래로 옮길 준비를 하고 있다. 공중 폭격 중에 연기가 적군 지형에서 피어오른다. 병사들이 지휘소에서 대기를 하고 있다.

병사들의 한 열이 길가에서 걷고 있다. 각각의 병사들이 어깨에 메는 몇몇 탄띠를 메고 있다. 병사들이 접힌 들것을 어깨에 메고 있다.

M-39로 무장한 다용도 차량이 흙길 위로 카메라 쪽으로 오고 있다. 몇몇의 백인 그리고 한 명의 유색인종 병사들이 M-39를 타고 카메라를 지나친다. 그들은 들것에 사상자들을 태우고 이동하고 있다.

부상당한 국군이 M-39의 도움을 받으며 원조 지역으로 가고 있다. 병사들이 담요를 덮고 있는 사상자와 함께 구급차 겸 지프차를 타고 카메라를 지나친다.

34 1952.07. (LC 31730)

● 제목 : 군종장교들 45사단 장교 위문활동

● 영상설명

군종신부(신원미상)가 대그마 산 근처의 고지를 올라 벙커로 가고 있다. 그가 벙커로 가고 있는 하사관 한 명과 대화 후 사인을 한 성경책을 건넨다. 다른 하사관이 등장한다. 군종신부가 두 번째 하사관과 떠난다. 군종신부가 참호를 걸으며 벙커의 병사들에게 손을 흔든다.

군종신부가 감시소의 병장과 대화를 하고 간략한 상황보고를 듣고 그의 쌍안경을 이용한다.

군종신부가 순찰대의 두 병사에게 고해성사를 하도록 허락한다. 기도를 올리고 고개를 숙인 채 신부의 말을 경청한다. 위장크림을 바른 기도중인 병사들의 얼굴. 군종신부가 순찰대장에게 미국의 흙이 담긴 유리병을 건넨다. 그가 순찰대장과 악수를 한다. 그들이 떠나고 신부가 손을 흔든다.

백인과 흑인 하사관들과 장교들이 군종신부가 주최하는 야외 자기 인도 강의를 듣고 있다.

하사관들이 군종신부의 천막에 들어와 그에게 편지 하나를 보여준다. 하사관의 아내가 그에게 결혼을 무효로 하자는 편지이다. 군종신부가 봉투를 받아들고 여인에게 답장을 쓰기로 한다. 하사관이 나간다.

야외 주일 미사에 참석한 병사들의 머리. 군종신부가 성가를 지휘한다. 하사관이 이동형 오르간을 연주한다. 백인과 흑인 병사들이 머리를 숙이고 기도를 한다. 흑인 하사관이 지프 차량 후드를 제단으로 삼아 노래를 부른다. 병사들이 군종신부가 들고 있는 성배에 성체를 받아 담구기 위해 앞으로 나온다. 오르간 연주자의 손가락이 건반위에서 움직인다. 병사들이 일어나 노래한다. 지프차량을 놓고 진행되는 미사의 장면. 3/4톤 트럭이 전경에 주차되어 있다.

정복을 차려입은 신부와 티셔츠를 입은 하사관이 시냇물에 들어가 침례의식을 진행한다.

신부가 성경을 읽는다. 그리고 강물에 하사관을 담근다. 그들이 위로 나온다.

Note: 군종신부는 신원 미상이다.

35 1952.09.20. (LC 30376)

- 제목 : 미군 전사자 응급진료소 운반
- 영상설명

고정된 위치에서 전차보다는 대포로 활용되고 있는 전차들의 활약 장면.
대포와 기관총의 발사가 "늙은 대머리"에 격발된다.

적과 미군 병사가 고지에 시체가 되어 누워있다. 한국인 들것 나르는 자들에 의해 늙은 대머리의 기슭에 위치한 무덤 등록을 할 수 있는 응급 진료소에 운반된다.

대대 응급 진료소의 활동들. 박격포, 대포 등에 의해 박살나고 안에 미군 시체가 타고 있는 미군 전차들, 지프차량들, 그리고 다른 차량들이다.

헬기가 응급 진료소에 착륙하여 부상병들을 태우고 이곳저곳으로 운반한다.

야간 촬영 장면, 적 지형에 불꽃들이 떨어지고 예광탄들이 적 위치에 격발된다.

36 1952.09.20. (LC 30377A/B)

● 제목 : 미 2사단 부상자 및 사상자 호송 및 참호 구축 작전

● 영상설명

장갑차들이 들것에 부상자들과 사상자를 싣고 대대 응급 진료소에 도착하는 장면들.

대대 응급 진료소의 병사들이 사상자와 부상자를 장갑차에서 꺼내어 바닥에 줄지어 내려놓는다. 2사단 병사들이 늙은 대머리에 참호를 파고 중공군 병사들의 다음 공격에 대비하고 있다.

은폐물 뒤의 전차가 대머리 산을 향해 발포한다.

보병들이 일렬로 길을 걷고 있다. 박살난 미군 전차와 지프차량들.

적 사상자들로 가득한 2.5톤 트럭 야간 및 주간 촬영 장면, 예광탄 및 포탄들이 대머리 산에 쏟아진다. 부상병들이 헬기에 실리고 바로 출발한다.

들것 운반자들이 미군 병사들을 산 밑으로 운반하여 한 줄로 내려놓는다.

죽은 적 병사들. 미군 병사의 시체들로 가득 찬 미국 전차들이 시체들이 내려지는 장소로 운반된다. 병사들이 시체의 인식표를 확인한다.

37 1952.11.01.~1952.11.03. (LC 31789B)

● 제목 : 이태리 차관 Tate Giuseppe Brusasca 이탈리아 적십자 병원 방문(2)

● 영상설명

Brusasca 차관이 이야기를 하고 있다. 그가 한복을 입은 한국인과 일행들과 함께 사진을 촬영한다.

다른 이들이 주위에 모인다.

그가 서울의 주교 Paul M. Ro가 이태리 적십자 병원에서 주관하는 행사에 참관한다.

그가 연설을 한다. 그가 이태리양식의 단결훈장을 L. Holmes Ginn 미군 대령에게 수여하고 있다.

Ginn 대령이 축하를 받고 있다. Brusasca, Ginn, Ro 주교가 함께 사진을 촬영한다.

Ginn 대령이 차관을 전용기까지 데려다준다. Brusasca 차관이 비행기에서 손을 흔들고 있다.

미군 장교가 Brusasca 차관과 일행을 연천 근처의 8055 육군이동외과병원으로 안내한다.

방문객들이 이동외과 병원 지역을 둘러본다. Brusasca가 주변을 둘러본다.

일행이 38선 표시판(잘 안보인다)에서 사진촬영을 한다.

그들이 더 가서 "여기는 38°00'00"."라는 표지판을 본다. 그들이 1기병사단의 기장이 걸려있는 대리석 기념비를 둘러본다. 이 지역은 전쟁을 알리는 첫 총격전이 일어났던 곳이다.

Brusasca가 떠나기 전에 두 명의 미군 장교들과 악수를 한다.

참고: Brusasca 일행의 명단은 자막에 나와 있다.

Brusasca와 Welge 대령과 함께 나온 영상은 나타나지 않았다.

38 1952.11.10.~1952.11.14. (LC 30965)

● 제목 : 미 적십자 현장감독관 미 2사단 지역 현장 시찰

● 영상설명

제2사단 지역에 있는 적십자 오두막의 내부가 보인다. 미 적십자 현장 감독관인 Masten 씨가 책상에 앉아 있다. 한 병사가 칼빈총을 들고 입장한다. Masten씨와 병사가 서로를 환영한다. 감독관이 병사에게 무선 전보를 읽어주며 아들의 출생에 대하여 알려준다. 병사가 기뻐 웃는다. Masten씨가 다시 한 번 병사와 악수를 한다. 병사가 떠난다. Masten씨가 책상에 앉아 전화를 받으며 무언가 적는다. 그리고는 코트를 입고 철모를 쓰고서는 박스를 들고 떠난다.

Masten씨가 돌아 와서 외투와 철모를 벗고 책상에 앉아 서류를 보고 있다.

영등포에 있는 제121후송 병원의 외부가 보인다.

"제121 후송 병원 S.M" 이라고 적힌 표시가 보인다.

"제23보병 연대의 지휘소" 라고 적힌 표지판이 보인다.

적십자 오두막의 외부가 보인다. 아이를 새로 얻은 병사가 오두막에 들어선다.

"적십자 감독관" 이라고 적힌 표시가 오두막에 쓰여 있다.

같은 장면이 다른 각도에서 촬영 된다. 현장 감독관이 상자를 들고 퇴장하여 지프차에 탑승한다. 그가 박스가 없는 채로 돌아와 입장하는 장면이 보인다.

Masten씨가 타고 있는 지프차가 고속도로에서 라인 중대로 도착하는 것이 보인다. Masten씨가 지휘소로 다가와서 준위를 반긴다. 준위가 적십자사의 일원을 보고 싶어 하는 한 병사를 부른다.

Masten씨가 병사를 환영한다. 그리고는 그 병사가 조언을 원하는 내용에 대

한 편지를 읽어준다. 병사가 노트를 받아 적고는 떠난다.

39 1953.04.18. (LC 32979)

● 제목 : 미 45사단 포대 발포

● 영상설명

포대 사격 지휘소 내부. 두 병사들이 작업 중이다. 기록자가 벨을 눌러 포수들을 긴장시킨다.

사격 데이터를 무전으로 송신한다. 준비된 벙커에서 벨이 울린다.

병사들이 벙커에서 휴식을 취하며 책을 읽고 카드놀이를 한다. 병사가 작은 카메라를 바라본다. 포수들이 일어나 밖으로 나간다. 외부, 포대장이 무전교신을 하고 있다.

포수가 조준경을 세팅 한다. 다른 포수가 사분면을 확인한다. 곡사포가 발사된다. 곡사포가 재장전 된다. 포수가 작업용 구덩이로 내려간다.

포대가 세 번 발사한다. 포수가 포탄을 섬유 용기에서 꺼내어 증가번호를 확인하고 장전준비를 한다. 포수가 벙커에서 나와 포로 향한다. 곡사포가 조준되고 발사된다.

곡사포 포대가 발사중이다. 내부, 병사가 교환대를 작동한다.

포피 적재 구덩이. 포탄들이 트럭에 실린다. 트럭이 출발한다.

40 1951.08.15. (ADC 9151A)

● 제목 : 미 25사단 심리전 부대원 통신

● 영상설명

금화 근처의 전장에 심리전 부대가 모여 있다.

중국인 통역가 Ee Boo Yen가 마이크에 대고 이야기 하고 있다. (저노출된 화면)

심리전 부대의 차량들이 보인다. 삼각대 위에 대형 스피커가 설치되어 있다.

Roger Mohr 상병이 마이크에 대고 이야기하며 현장을 테이프에 녹음하고 있다.

작동 중인 테이프 녹음기. Joseph Sisto 일병이 녹음기를 손보고 있다.

대형 스피커. 부대가 타고 온 짚 차량이 전선의 공터에 주차되어 있다. Roger Mohr 상병이 방송이 끝난 뒤 그의 지프차량을 이용해 두 바퀴 굴림의 화물 트레일러를 견인하여 간다. Mohr 상병이 천막 앞에서 임무에 대한 보고서를 작성한다.

볼펜으로 무언가 작성 중인 손. Mohr 상병의 얼굴.

41 1951.09.28. (ADC 9236B)

● 제목 : 미 25사단 14연대 404고지 박격포 발사

● 영상설명

댐을 통과하는 Lynx 급습 대대.

급습대원들이 강을 건너간다.

장병들이 물을 건너 도섭하는 가운데 개울에서 강기슭을 바라본다.

긴 목초 지역을 통과하는 장병들.

장병들이 지나간다. 한 인원은 휴대용무선전화기를 등에 매고 있다.

절벽 옆 지역을 통과하던 인원들 중 한 장병이 미끄러져 떨어지자 부상당한다.

404고지. 장병들이 60mm박격포를 발포한다.

고지 측면에 폭발이 일어나는 모습.

적 사격으로 인해 부상당한 인원이 담요로 덮어 이동되고 있다. (위생병이 도

착한지 얼마 지나지 않아 사망한다.) 고지의 모습.

근접 신관 포탄들이 고지 위에서 폭발한다.

42 1951.09.28. (ADC 9237A)

● 제목 : 미 25사단 14연대 본부 병력 금화 근처 전투

● 영상설명

25사단 14연대 본부 중대 인원들이 댐을 건너 개울을 도보로 건너편으로 건너간다.

개울을 건너가는 장병들의 모습. 들판을 건너가는 장병들의 모습.

긴 목초 지역을 통과해서 카메라 반대편으로 이동하는 장병들의 모습.

휴대용무선전화기를 휴대한 인원. 다른 인원이 조정하고 있다.

404 고지 위로 포격으로 인해 연기가 피어오르고 있다. 밖을 쳐다보고 있는 인원.

지난 장면과 비슷하게 전면에 두 인원이 보고 있다.

고지 위를 올라가는 장병들의 모습. 수류탄 척탄통을 휴대한 장병이 소총을 들고 올라가고 있다. 카메라를 향해 다가오는 동일 인물. 연기가 피어오르는 모습.

미군과 프랑스군 박격포 인원들이 비 오는 날씨 속에 모닥불 옆에서 몸을 녹이고 있다.

네 명의 장병들이 성냥 하나를 이용해 담배에 불을 붙이고 있다.

두 장병의 모습. 그 중 한명은 프랑스인이며 캔 맥주 하나를 마시고 있다.

박스 몇 개를 불태우고 있다.

비가 내리는 가운데 4.2인치 박격포를 발포. 모닥불 옆에 위치한 인원들이 고

리를 잃어 버렸다.

43 1952.03.05.~1952.03.07. (LC 29160)

● 제목 : Betty Hutton 미 3사단 위문공연

● 영상설명

L-17 항공기가 3사단 활주로를 이동하고 있다.

Hutton 양이 항공기에서 내리자 환영받고 있다.

Hutton 양이 지프 차량에 탑승하고 떠나는 모습.

공연장을 가득 채우고 있는 매우 거대한 장병 관중.

공연단 인원들과 Hutton 양이 공연하고 있다.

관중들의 반응 모습을 촬영.

Betty 양이 15연대 2대대 감시 초소에서 쌍안경을 통해 고지 287을 보고 있다.

Betty와 경호 인원들이 고지를 내려간다.

감시 초소 주변에는 험한 지형과 고지들이 보인다.

Betty의 사진 촬영하는 장병들.

Betty가 39포병대대 B포병 중대에서 105mm 곡사포를 발포해본다.

105mm 포탄에 그녀의 이름을 적는 Betty.

다른 공연단 인원들과 40사단 지역을 걸으며 Hutton이 동영상 촬영을 하고

분장실 천막으로 이동하며 장병들과 이야기를 나누고 있다.

거대한 장병 관중 모습을 오른쪽에서 왼쪽으로 파노라마 촬영.

관중들과 공연하는 인원들의 모습.

다양한 관중 반응 모습을 촬영.

무대 위에 공연 중인 인원들.

공연 끝나고 떠나는 장병들의 모습.

44 1952.03.06. (LC 29161)

- 제목 : Betty Hutton 2사단 위문공연
- 영상설명

2사단 군악 오케스트라가 2사단 5000명 정도로 판단되는 장병들 앞에서 공연을 한다.

행사의 왕 Bill Howe, 아코디언 연주자 Johnny Kiedl, Skylarks 그룹과 Hutton 양이 공연한다.

관중 반응 모습 촬영. 한 장병이 M-1 망원경을 이용하고 있다.

관중들 사이 한국인 소년도 보인다.

공연이 끝나고 떠나는 장병들의 모습.

장병들을 위해 친필 서명을 해주는 Betty양.

45 1952.05.14.~1952.05.15. (LC 29889A)

- 제목 : 미 7사단 31연대전투단 금화지역 전투(1)
- 영상설명

서부 지역에서 가장 진지가 잘 갖추어진 1062 고지.

중공군 15부대 소속 20,000명의 장병이 벙커에 숨어있는 것으로 예상된다.

31연대가 73중전차 대대의 원조를 받아 총 44대 전차들이 고지 외부에 위치하고 있다.

전차들과 주위에 위치한 장병들의 모습. 탄약이 전차로 전달된다. (M-4 셔먼 전차들과 M-26 전차들)

31전차 담당 Brubaker 중위가 전차 장병들에게 설명하고 있다.

전차 위에 서 있는 장병들의 모습이 보이며 탑승하고 있다.

전투용 조끼를 착용하는 인원은 Fusco 일병이다.

전투용 조끼를 착용하는 두 번째 인원은 Murray Kleinfield 중위이다.

이동하는 전차들 중 한 대 위에 탑승하여 촬영.

전면에는 포탑에 위치한 장병이 보인다.

이동하는 전차에서 촬영.

전차들이 빠져나가는 모습을 차량에서 촬영.

전차가 금와강을 도화하자 물거품이 일어나는 모습을 촬영.

46 1952.05.14.~1952.05.15. (LC 29889B)

● 제목 : 미 7사단 31연대전투단 금화지역 전투(2)

● 영상설명

멀리 1062고지 위에 연기가 피어오르는 모습을 이동하는 전차에서 촬영.

지상에서 연기가 피어오르는 모습.

포탑 뒤에 위치한 장병들이 50구경 기관총 사격을 실시하고 있다.

전차 모습을 전면에서 촬영. 포탑에 위치한 장병이 기관총 사격을 하고 있다.

같은 전차 모습을 촬영하는데 이번에는 포탑에 아무도 위치하고 있지 않다.

대신 전차 측면 부분에서 포탄이 빠져나오는 모습이 보인다.

대포가 발포되는 모습. 왼쪽에서 오른쪽으로 뛰어가는 사진사의 모습 촬영.

전차 위에서 기관총 사격이 실시되고 있다. 대포에서 기관총 사격 중인 모습.

1062고지의 모습과 머리 위로 아주 작게 보이는 항공기를 촬영. 곧이어 고지 위에 네이팜탄이 폭발한다.

● 제목 : 미 7사단 31연대전투단 금화지역 전투(3)

● 영상설명

1062고지 위로 연기가 피어오른다. 전면에 전차가 보이고 포탑에 장병이 위치하고 있다.

고지를 향해 대포 발포 중인 전차. 셔면 전차.

포탑에 위치한 장병이 기관총 탄피를 던져내고 있다.

고지의 모습과 아주 어렴풋이 고지 측면에 연기가 피어오르는 장면이 보이는데 전차 대포 공격으로 인한 것으로 보인다.

셔면 전차. 포탑에 위치한 장병이 50구경 기관총을 오른편에서 왼편으로 사격하고 있다.

연기로 뒤덮인 일부 지역 촬영. 이동하는 전차 포탑에서 촬영.

길 위에서 발연기를 작동 중인 장병의 모습이 눈에 들어온다.

연막이 피워진다.

이동하는 전차에서 들판을 지나 도로 위로 올라오는 전차 리트리버가 보인다.

M-39 장갑차가 흙길을 따라 이동해 카메라 오른쪽에서 왼쪽 편으로 지나쳐 간다.

유색인 장병이 기관총에 위치하고 있으며 장갑차에는 다수의 장병이 탑승하고 있는 것으로 보인다.

화학병들이 아인산이 들은 깡통을 이용하여 연기를 더 피우기 위하여 노력하고 있다. 아직 깡통을 개봉하지는 않았다.

● 제목 : 2로켓 야전 포병대대 전투모습(1)

● 영상설명

"2로켓 야전 포병대대"라는 표지판이 보인다. 병사들의 손이 케이스에서 야전 통신기를 꺼내고 있다. 병사가 발포 요청을 받는다.

병사 두 명이 지도와 부채꼴 모양의 편각을 재는 기구, 그리고 계산척을 사용하여 밴의 뒷부분에 있는 책상에서 목표물을 조준한다. 한 병사가 소대에게 임무를 부여하기 위해 떠난다. 병사들이 탄약 집적 장에 있는 2.5 톤 트럭에 로켓을 싣는다.

밤에 다수의 로켓 발사기가 "스나이퍼 리지" 가까이에 있는 적군을 향해 오른쪽에서 왼쪽으로 발사된다. 낮에 병사 다섯 명이 마분지 용기를 제거하고 로켓을 2.5톤 트럭에 싣는다. 트럭이 떠난다.

두 대의 2.5톤 트럭이 2로켓 포병대대 지역으로 들어온다. 한 트럭이 모래주머니의 방벽에 감춰진 다수의 로켓 발사기에 다가간다. 병사들이 급하게 발사기를 트럭에 연결시키고 탑승한 후 멀어진다. 트럭에 의해 견인 되는 발사기의 호송차량과 지프차가 지역을 벗어나서 먼지투성이의 흙길을 따라 발포 지점으로 지정된 지역까지 이동한다.

병사들이 트럭에서 발사기를 빼고 덮고 있는 덮개를 제거한다. 한 병사가 발사기에 망원경을 달고 사용한다.

● 제목 : 2로켓 야전 포병대대 전투모습(2)

● 영상설명

병사들이 로켓을 트럭의 밑 부분에 로켓을 융합시키고 땅에 쌓아 놓는다.

발사체가 조준간과 함께 한 줄로 놓여있는 장면이 발사체의 뒷부분에서 촬영되고 있다. 병사들이 쇠말뚝을 발사기 옆의 땅에 박고 있다. 병사들이 배경에서 가늠좌를 사용하고 있다. 로켓이 발사기에 장착된다. 장교가 손을 내리며 발포 명령을 내린다.

발사기가 오른쪽에서 왼쪽으로 발사되는 것이 측면에서 촬영 되고 있다.

50 1953.05.23. (LC 33691)

● 제목 : 461대대 A중대 금화 일대 전투

● 영상설명

82 공수사단(AA) 소속 몇몇 병사들이 보인다. 사령관이 4총신 기관총을 M-16박격포 포가에서 닦고 있다. 새로운 포신이 포에 설치된다. 461보병대대 A중대 병사들이 4.2인치 박격포의 총구멍을 닦는다. 병사들이 지리를 점검한다. 박격포 포병들이 벙커에서 나와 사격임무를 수행한다. 박격포가 장전 되고 발사 되는 짧은 장면들이 보인다.

병사들이 스페리(Sperry) 자이로스코프의 탐조등에 관련 된 작업을 하며 탐조등을 닦는다. 탐조등이 켜져 있는 야경이 보인다.

로켓이 발포 되는 장면이 밤에 촬영된다. (배경에 몇몇 번쩍임만이 보인다.)

참조: 미군들만이 보인다.

51 1954.01.09. (LC 34805)

● 제목 : 24폭발물 처리반 포탄 처리작업(1)

● 영상설명

폭발물 처리반이 다리에 도착한다. 얼마 전 이 지점에서 국군 탄약 차량이 다리에서 구르면서 탄약 일부를 잃어버렸다. 장면에는 병사들이 탄환들을 주워 트레일러에 싣는 장면이 보인다.

전방 지역에 작업 작전 부사관이 작업 지시사항이 적힌 판을 들고 오고 있다. 두 명의 남성이 작업 도구들을 들고 그와 지프차량 앞에서 만나러 가고 있다. 땅에 눈이 쌓여 있다. 두 남성이 금화 지역으로 떠난다. 이 장면에서는 이전 필름의 장면에서 다뤘던 중국제 불발폭탄과 연결이 되어있다. 코드 A-4186 을 참고하면 된다.

지프차량이 발전소에 도착한다. 전경에 화재가 나고 있는 것이 보인다. 두 남성이 불발폭탄을 들고 면밀하게 관찰한 후 와이어를 감아 폭발이 가능하도록 만들고 있다.

도화선을 설치한 후 퓨즈를 잘라 폭발 장치 설치를 완료 한 후 기폭장치를 누른다.

이들이 지역을 떠나면서 뒤쪽의 폭발물이 터진다.

두 남성이 폭발에서 엄폐를 한다.

IV. 맺음말

한국전쟁기 철원과 인근 지역 영상을 전체적으로 정리하면, 촬영 기간은 전쟁이 발발한 지 6개월 뒤인 1950년 12월부터 휴전 이후인 1954년 1월까지이다. 촬영 대상은 주로 미군으로 제2사단·제3사단·제7사단·제9사단·제24사단·제25사단·제45사단 소속의 보병·포병·공병의 모습이 촬영되었다. 다른 유엔군의 경우 벨기에군·필리핀군·태국군·캐나다군·콜롬비아군의 영상이 있고, 대한민국군 제2군단의 모습도 보인다. 이 영상들에는 전투·순찰·작업·휴식하는 모습이 들어 있고, 공군기의 공습·정찰하는 모습도 담겨 있다.

그리고 미군을 방문한 인사들의 영상이 있는데, 미국 장성 밴 플리트·매슈 리지웨이·오마 브래들리 장군 영상이 있고, 미국 정치인 토마스 듀이 의원과 이탈리아 주세페 브루사스카 차관의 영상이 있다. 또한 위문공연 영상으로는 미국 희극배우 잭 베니와 배우 베티 허튼의 영상이 담겨 있다. 이밖에 대한민국과 관련해 이승만 대통령의 방문 모습 영상과 미군과 작업하는 한국인 노동자의 영상이 있으며, 철원 한탄강의 홍수 피해 모습을 촬영한 영상이 들어 있다.

이렇게 미군이 촬영한 한국전쟁기 영상과 카드 자료들은 당시 철원과 인근 지역에서 작전과 전투를 수행한 미군을 포함한 유엔군의 다채로운 모습을 기록하고 있다. 동시에 철원과 인근 지역의 산하를 그대로 보여준다는 점에서 전쟁의 실상과 대한민국의 한 모습을 이해하는데 중요한 사료적 가치를 지니고 있다. 앞으로 이를 바탕으로 많은 연구가 이루어지기를 기대하는 까닭이다.

참고문헌

국가보훈처(2005), 『6.25전쟁 미군 참전사』, 국가보훈처.

길광준(2008), 『사진으로 읽는 한국전쟁』, 예영커뮤니케이션.

김기덕(2005), 『영상역사학』, 생각의 나무.

김동춘(2006), 『전쟁과 사회』, 돌베개.

김영호 외 12인 공저(2010), 『6.25 전쟁의 재인식』, 기파랑.

김재엽(2006), 『대한민국 해병대』, 살림.

김정렬(2010), 『항공의 경종 - 김정렬 회고록』.

류형석(2010), 『낙동강』 1~8권, 플래닛 미디어.

미 국립문서기록보관청 사진, 박도 엮음(2010), 『한국전쟁 Ⅱ -NARA에서 찾은
　　　　6.25전쟁의 기억』, 눈빛.

미 해외참전용사협회 엮음(2010), 박동찬·이주영 옮김(2010), 『한국전쟁 Ⅰ 1945-
　　　　1953』, 눈빛.

박태균(2007), 『한국전쟁 - 끝나지 않은 전쟁, 끝나야 할 전쟁』, 책과함께.

백선엽(2010), 『군과 나』, 시대정신.

──(2010), 『내가 물러서면 나를 쏴라』 1, 중앙일보.

──(2011), 『내가 물러서면 나를 쏴라』 2, 중앙일보.

온창일 외 7인 공저(2010), 『6.25전쟁 60대전투』, 황금알.

전쟁기념사업회(1992), 『한국전쟁사』1-6, 행림출판.

정병준(2006), 『한국전쟁 - 38선 충돌과 전쟁의 형성』, 돌베개.

채한국·양영조 공저(1997), 『한국전쟁』 하, 국방군사연구소.

채한국·정석균·손문식 공저(1996), 『한국전쟁』 중, 국방군사연구소.

채한국·정석균·양영조 공저(1995), 『한국전쟁』 상, 국방군사연구소.

최용호·최용성 공저(2008), 『6.25전쟁의 이해』, 양서각.

한남전우회 편(1997), 『육군독립 기갑연대사』, 한남전우회.

Cagle·Manson 저, 신형식 역(2003), 『한국전쟁 해전사』, 21세기 군사연구소.

KBS 6.25 40주년 특별제작반, 『해외수집필름 한국전쟁관련 영상자료목록』.

노성호, 「A.S.C 동영상 속의 6.25전쟁과 국군 – 미 육군통신대 촬영, 아시아문화연
　　　구소 소장 동영상 자료를 중심으로-」, 『군사연구』 131집, 육군군사연구소,
　　　2011.6.

노성호, 「A.S.C 영상자료를 통한 한국전쟁 연구의 새로운 가능성 - 아시아문화연
　　　구소 소장 A.S.C 영상자료의 가치와 내용 검토-」, 『한국사학사학보』 27집,
　　　한국사학사학회, 2013.6.

노태돈, 「구체적인 연구와 균형있는 평가」, 『역사학보』 207호, 2010.9.

김기덕, 「영상역사학 : 역사학의 확장과 책무」, 『역사학보』 200호, 2008.12.

한국전쟁 전후 철원군 중심지 변동과 구호주택 건설

김영규
철원역사문화연구소 소장

Ⅰ. 머리말

철원군은 수복지구(收復地區)이고 한국전쟁 당시에는 치열했던 고지전 현장이며 지금은 접경지역이다. 수복지구는 전쟁 전에 북한 땅이었다가 전쟁 후 남한 땅에 편입된 지역을 말한다. 한국전쟁으로 철원군의 도시는 완전히 파괴되었고 주민들은 남과 북으로 뿔뿔이 흩어졌으며 그에 대한 기록조차 모두 사라졌다. 전쟁은 끝났으나 새롭게 그어진 휴전선과 민통선에 가로막혀 고향 땅에 들어갈 수 없었다. 그렇게 옛 도시와 터전은 모두 DMZ에 파묻히고 주민들의 기억 속에서만 존재한다. 오늘의 발표는 지난 20년간 200여 명 어르신을 만나서 구술채록한 이야기를 바탕으로 전쟁 전 번성했던 철원군 상황을 확인하고 한국전쟁 당시 미군이 제작한 지도를 통해 철원군 도시 파괴 현황을 규명하는 데 목적이 있다. 그리고 수복 직후에 건설된 새로운 철원군 중심지 '신철원' 재건상황과 철원군 구호주택 건설 과정을 알아보고자 한다.

II. 철원군 옛 중심지(舊 철원)의 한국전쟁 전후 변화 상황

– 철원군 철원읍 월하리·관전리·사요리·외촌리 일대

1. 일제강점기 번성했던 철원읍 시가지 상황

1) 1937년 발행 『읍세일반(邑勢一般)』 기록 내용

일제강점기 철원읍은 원산으로 들어가는 철도와 금강산으로 가는 전철이 놓였고 상수도·전화·도립병원 등이 있었다. 벼농사 외에도 양잠농이 많아 종연방직에는 여직공만 500

일제강점기 철원읍 시가지 모습

명이 근무했다고 한다. 교통은 경성(101km)까지 1시간 59분, 원산(125km)

까지 기차로 3시간 10분, 춘천읍은 화천을 경유해 자동차로 3시간, 금강산(116km)은 전철로 4시간 걸렸다. 논은 3,346,000평, 밭은 2,740,000평인데 논 상(上)등급의 평당 가격은 15원에 쌀값은 큰 되가 32전이었다. 인구는 한국인 18,425명, 일본인 1,204명, 중국인 63명, 외국인 1명 등 모두 19,693명으로 전체의 37%가 농업인구였다. 학교는 보통학교 1개교, 중학교 2개교, 유치원 2개교 등 5개교가 있었고 종교는 감리교인이 495명으로 가장 많고 금광교(金光敎)도 30명이 있었다.

물가는 막걸리 1되에 60전, 두부 1모에 6전, 맥주 1병 38전이다. 접객업소는 여관 34개, 요리옥 10개, 음식점 51개, 이발관 8개, 목욕탕 3개, 공장은 2개의 제사공장을 비롯하여 도정, 주조, 철공 등 27개가 있었는데 생사(生絲)는 1년 동안 50,093kg(474,500원)을 생산했다. 4개 금융기관 중 식산은행 철원지점의 예금고는 17,881,720원, 대출금은 12,047,865원으로 되어 있다. 전화가입자 수는 150세대였으며 상수도 급수인구 2,500명, 자동차 15대, 오토바이 4대, 자전거 793대, 인력거 19대, 손수레 76대, 우마차 45대로 나타났다. 의료진은 의사 9명, 치과의 2명, 약사 5명, 산파 3명, 의생 5명. 읍 재정은 148,845원으로 교부금은 1.3%인 1,896원. 읍 직원은 40명이고 관내 기관은 군청, 법원, 세무서, 우체국, 철원역 등 34개 기관이 있었다.

당시 철원공립보통학교 6학년이었던 심국택 씨(전 동송국교장)는 "당시의 규모와 주민생활상은 수원이나 춘천보다도 앞서 있었다."며 "강원도청을 철원으로 옮기기 위해 도의원과 읍 의원들이 활발한 유치운동을 벌렸다."고 회상했다.

2) 1945년 해방 당시 철원읍 시가지 조감도 - 장홍기(1932년생) 증언

일제강점기 구 철원읍 시가지 조감도(1945년 기준)

본 조감도는 1945년 해방 당시 철원읍 시가지 상황을 기억을 더듬어 1980년에 만든 것이다. 시내를 관통하는 중심도로와 금강산전철이 8자 모양을 그리며 지나고 위쪽으로 경원선이 지나가고 있다. 조감도 중심부 시가지가 관전리이고 정 가운데 북관정산이 위치한다. 북관정산 한가운데 아랫부분 파란 4번이 조선 시대 동헌(東軒)이다. 동헌에서 남쪽으로 내려 오면 중심도로와 만나는데 그곳에 빨간 7번 우편국이 있었고 그 옆이 우리 집이다. 동헌(관아)을 중심으로 시가지 왼쪽이 관공서가 밀집된 관가였다. 일제강점기 경원선이 부설되고 철원평야가 개발되면서 전국 각지에서 사람들이 몰려들면서 상업도시로 탈바꿈하게 된다. 이에 도시가 커지면서 관가는 더 확장되었고, 관전리 남서쪽 지역은 관리들이 사는 관사가 많아 관골이라 불렸다.

일제강점기 때 사진을 보면 관골에는 기와집들이 즐비하였다. 중심가 아래쪽 빨간 22번이 동주금융조합 건물이다. 수복 직후까지 건물 잔해가 남아있었으나 관전리 마을 앞 도로를 확포장하면서 없어졌다. 그 앞쪽 오른쪽에 있는 우리 집은 상가의 중심가였는데 시계, 전축, 금은세공, 소규모 악기 등을 취급하는 점포였다. 지붕은 양철로 되어 있고 목조건물로 이루어졌다. 블록을 쌓지 않고 목조로 만들어진 집이다. 동주금융조합 건물은 콘크리트 건물이다. 나는 그곳에서 6·25전쟁이 나던 해까지 살았는데 그때 고급중학교(고등학교) 3학년 19살이었다. 당시 상가 건물은 중심도로를 따라 연결이 쭉 되어 있었다. 그림 상으로는 따로 떨어져 있는 것 같지만 집하고 간판들이 이어져 있었다. 어느 집은 간판이 집 높이보다 더 큰 집도 있었다. 당시 제작된 시가지 엽서 사진을 보면 확연히 알 수 있다.

우리 집 주변 상가들을 소개하자면 우리 집 아래쪽으로 중국 사람이 운영하는 '공회루'라는 2층 건물 중화요리집이 있었다. 왼쪽 옆으로 미싱(재봉틀)을 파는 집이 있었다. 그 앞 건너편에 이발관, 양복점이 있었고 우리 집 바로 건너편에는 광고지 제작과 석판을 만드는 인쇄소가 있었다. 그 위로 구두방 등 상점이 이어진다. 파란 25번 건물이 오정포인데 정오를 알리거나 화재 발생, 비행기 공습 등 위험 상황을 알리는 사이렌이 설치되어 있다. 사이렌은 높고 커다란 철탑 위에 설치되어 있었다. 오정포 관련 사진을 보면 바로 옆에 소방서 차고가 있었는데 결국 사이렌은 소방서에서 관리한 것이다. 사이렌 소리는 시가지 전체에서 들릴 정도로 컸고 소리 표현 방식은 짧게 하기도하고 갈게 하기도 하는 등 경우에 따라 달랐다.

일제강점기 철원읍 시가지 풍경 엽서 파노라마 사진

그 옆으로 커브를 꺾으면 빨간 21번 철원제1금융조합이 나타나고 빨간 3번 경성지방법원, 빨간 5번 철원읍사무소, 파란 9번 철원제일교회가 거의 한 장소에 몰려있다. 1927년 신문보도를 보면 철원면회의실(철원읍사무소)이 비좁아 철원역 근처로 옮기려 했다가 인근지역 주민들 반대로 옮기지 못했던 일화가 있다. 비슷한 사례로 관전리 시장을 옮기려 했다가 역시 주민들 반대로 무산되었던 일도 있었다. 특히 시장 이전 문제는 주민들 간의 반목과 대립으로 당시 커다란 사회문제였고 도지사까지 나서서 중재하는 상황까지 벌어졌다. 철원읍내 시장은 모두 세 군데 있었다. 동철원역 근처 관전리 소규모 시장이 있었고, 제일 큰 시장은 지금 노동당사 앞에 있는 시장과 우시장이었으며, 그리고 역전에 시장이 있었다. 동철원역 근처 시장은 나무와 농산물을 주로 취급하였다.

파란 4번 동헌(東軒) 건물은 내가 어렸을 때까지만 해도 조선 시대 고유의 모습이 그대로 유지되고 있었고 굉장히 커서 기관들이 함께 있다가 이곳에서 분리되어 나갔다. 법원과 검찰청이 대표적인 예이다. 심지어 학교까지도 있었다. 그만큼 철원읍 시가지가 커지면서 수요가 많아지면서 새롭게 건물을 지어서 나간 셈이다. 파란 17번이 철원읍에서 가장 컸던 시장이고, 그 옆에 파란 8번이 철원극장이다. 초등학생 때 숨어 들어갔던 추억이 있다. 2층 건물로 1층은 계단이 있었고 2층은 다다미방으로 되어 있었다. 당시에 상영했던 영화는 일본군이 만주군과 싸워 이기는 것을 그린 영화였다. 해방된 이후에 소비에트 영화 총천연색 '석화'라는 예술성 짙은 영화를 본 기억이 있는데 소련이라는 나라가 어떤 나라이고 예술성이 어느 정도인지를 느낄 수 있었다. 한편 철원극장은 영화 '홍도야 우지마라'의 비련의 여주인공 홍도역의 차홍녀(車紅女)가 1939년 12월 18일 '청춘극장' 연극을 마치고 졸도한 무대로 알려진다. 당시 조선흥행극계의 명배우였던 차홍녀는 22살 꽃다운 어린 나이에 천연두로 숨을 거두었다. 그리고 철원극장은 배뱅이굿으로 유명한 서도민요의 대가 강원도 이천 출신 이은관(이은관) 명창이 17세 때 콩쿠르에서 창부타령을 불러 데뷔했던 무대이기도 하다.

일제강점기 철원군 철원 시가도(1917~1927) 국사편찬위원회 소장자료

빨간 23번이 식산은행인 것을 보면 제1금융조합 동주금융조합 등이 한군데 모여 있었음을 알 수 있다. 대마리 방향 철원읍 서쪽 빨간 10번이

1899년 철원군공립소학교로 개교한 철원공립보통학교(철원남공립심상소학교)로 1945년 당시 6년 과정 24학급 2,600여명 학생 규모로 강원도에서 두 번째로 컸던 학교이다. 철원공립보통학교에는 특이하게도 중학교에 못 간 학생들이 다니는 고등과가 있었다. 이 학교 고등과만 나와도 법원 서기로 들어갈 정도로 실력을 인정받았다. 수복 후인 1955년 8학급 규모의 철원국민학교로 재개교하였고, 현재 화지리에 있는 철원초등학교가 그 전통을 이어가고 있다. 학교 옆에는 파란 18번 우시장이 있었다. 우시장은 원래 관전리 시내 일반시장 옆에 있었으나 비좁아서 1931년 철원역 근처로 이전하려하였으나 주민들 반대가 심해 학교 근처 사요리 일대로 옮겨 오게 된 것이다. 당시 우시장은 경제활동의 중심지로 상권이 대단해 주민들의 이해관계가 첨예하였다. 중심도로 건너편 동편에는 빨간 1번 철원군청, 4번 철원세무서, 6번 강원도립철원의원, 2번 철원경찰서가 남쪽으로 연이어 있었다.

철원군청은 원래 파란 4번 동헌(東軒) 자리에 있었으나 1930년대 도시가 커지면서 빨간 1번으로 건물을 새로 지어 이전한 것이다. 그리고 철원경찰서도 동헌 남쪽 아래쪽에 인접해 있었으나 이 역시 비슷한 시기에 새로 지어 이전하였다. 1937년 12월 1일자 동아일보에는 철원읍 사요리 군청 옆에 신축한 철원세무서 낙성식 소식이 전하는데 공사비 17,000여 원인 모던식 신청사는 철원의 이채(異彩)이자 자랑거리라고 소개하고 있다. 6번 강원도립철원의원은 수년 동안 철원군민들이 강원도와 관계기관에 요청하여 세워졌다. 1931년 4월 1일 신문 기사에는 총 공비 116,000원이고 총 건평 587평 2층 벽돌 양옥 건물이라고 소개되어 있다. 강원도 내에서 가장 최신식 의원으로 원장 김자(金子) 박사, 내과 문목규(文穆圭) 의관, 외과 웅본(熊本) 의관 등 직원 37명 규모로 구성되어 있다. 원래 1922년 설치하기로 되어 있었으나 관동지진으로 중지되었다가 재차 1929년 10월 16일 설립인가 났고 1930년 2월 기공하여 1931년 4월 20일 개원하였다.

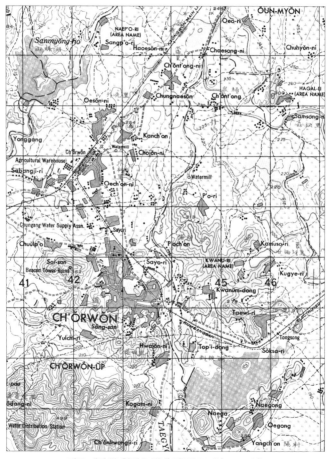

미군 제작 舊 철원읍 일대 지도(1937년+1950년)

시내에서 역전까지는 3km 내외인데 주로 걸어 다녔다. 이길리 정연리 김화 학생들은 금강산전철을 타고 통학을 했는데 빨간 19번 사요리역에서 내려 각기 학교로 걸어갔다. 당시 학교 위치를 확인하자면 빨간 13번 철원여자중학교는 빨간 14번 농산물검사소(곡물검사소) 서편에 있었고, 빨간 12번 철원중학교는 반대편인 동쪽으로 1km 정도 가서 있었다. 1939년 5월 12일 신문보도에 의하면 철원읍민들의 오랜 숙원이었던 철원고등여학교가 신입생 50명을 받아서 12일 강원도지사 이하 많은 철원읍민과 학부형들 임석 하에 성대하게 개교하였다고 전하고 있다. 빨간 16번 중앙수리조합 건물도 농산물검사소 바로 옆에 있었다. 빨간 11번이 일본인 학생들 300여 명이 다니는 철원국민학교였다. 농산물검사소 앞 얼음창고는 당시 일본인 개인이 운영하던 곳이라 이 조감도에 넣지 않았다.

파란 1번이 종연방적(鍾淵紡績) 제1공장, 2번이 제2공장이다. 학생 시절에 공장 견학을 위해 들어가 본 적이 있다. 도내 유일의 제사공장인 종연방적 철원공장은 1933년에 경마장을 폐쇄하고 부지 3,150평에 목조건물로 짓고 철원·평강·김화·연천·포천·금성·화천 등지에서 생산되는 누에고치로 견사(명주실)를 생산해 일본으로 반출하고 실크 스타킹을 만들어 미국으로 수출해 엄청난 자본을 축적했다. 1937년도 철원읍지에는 1936년 여공이 550여 명이고 연간생산량이 50,953kg이라고 적혀있다. 1931년 6월 말 현재 여직공 9,821명, 남직공 1,286명이 제사공장에 고용되었는데 그들이 받는 임금은 식비 포함해 하루 32전에 불과했고 양성공의 경우 하루 15전이었다. 더구나 15세 미만 여공들 1,865명 14세가 736명, 13세가 58명이었다는 기록이다. 나이 어린 여공들은 대개 5년 계약제에 발이 묶여 기숙사에 수용되어 반노예 노동이 강요되었다.

파란 10번은 경마장(競馬場)이다. 당시 신문보도에 의하면 1931년 10월 15일부터 19일까지 철원경마대회가 개최되어 대성황을 이루었다고 전하고 있다. 빨간 9번이 철원공립농민학교인데 해방 이후 농업전문학교로 바뀌었다. 농업학교 전신이 농잠학교인데 1928년 12월 23일 신문보도에 의하면 철원공립농잠실수학교(鐵原農蠶實修學校)가 처음으로 졸업생 27명을 배출해 제1회 졸업식을 가졌다고 전하며 상기 학교는 1927년 2월 11일 2년제 편제로 개교하였고 실지 농업에 대해 연구하며 농업·목축·양계·양잠·인조석·건축 등 실업에 대한 것을 실행한다고 소개하고 있다. 이후에 농업전문학교 옆으로 사범전문학교가 생겼다. 원래 사범학교 개교는 일본학교 자리에서 했다. 파란 15번이 제지공장인데 그림보다 약간 올라가 지금 월하정미소 자리에 위치해야 한다. 북관정산 동쪽에도 마을이 상당히 컸다.

철원역 앞에 상당히 컸던 화신백화점이 있었고 백화점 뒤로 시장이 형성되어 있었다. 금강산전철 사무실은 본 역의 남쪽인 왼쪽에 있었다. 여름철 주말에는 원산에 가서 해수욕을 하였고 북어 동태 같은 해산물을 많이 사 왔다. 안변 밑에 삼방약수가 상당히 유명했다. 약수를 병에 담아오다가 가스가 차서 병마개가 펑 하고 터지기도 하였다. 돌아가며 먹고 난 약수로 다음 날 밥을 지으면 밥이 새파랗다. 당시 철원역에서 기차를 타면 서울이나 원산이나 비슷해 상당히 활발하게 왕래하였다. 철원역 근처에는 점차 새로운 건물과 시설이 들어섰다. 1976년 주거환경 개선사업인 한수이북

사업 진행할 때 도시설계도 그리는 전문가가 왔었는데 구 철원읍 시가지 조감도를 그려달라고 부탁했다. 원판이 전지 한 장인데 그것을 찾을 수가 없다. 철원농협에 있는 것도 원판을 보고 모사한 것이다. 동주산성, 수도국지, 화장장, 일본신사까지 표시되어 있다. 해방 다음 날 주민들이 일본신사를 불 질러버렸다.

3) 공산 치하 강원도청 이전 관련 증언

공산 치하 당시 철원읍 사요리에 1,000호 정도의 가옥이 있었고 강원도청과 신문사, 재판소도 있을 정도로 큰 규모였다. 얼마 뒤 강원도청을 원산으로 옮기게 되었는데 그 이사 행렬은 참으로 장관이었다. 동네 사람들이 모두 나와 이사 가는 차량 행렬과 사람들에게 손을 흔들며 이별의 정을 나누었다.

- 이주창(李周昌) 1926년생

2. 한국전쟁으로 인한 철원읍 시가지 파괴 상황 증언

■ 1950년 8월 14일 미군의 철원 시가지에 대한 공습이 있었다. 그때 도립병원에서 인민군 징집 신체검사를 받고 있던 있었다. 하지만 초기 공격은 기총사격 정도였고 본격적인 폭격은 그해 겨울에 있었고 많은 건물이 파괴되었다. 1951년 5월 15일 미군이 진주하여 주민 소개 작전을 펴 미군 트럭에 올라 포천시 문하리 지역에 1차 집결해 머물다가 전 가족이 광나루, 천안 등지에서 피난 생활을 하였다.

- 김규장(金圭章) 1931년생

■ 1950년 11월 중공군 개입으로 혜산진까지 진격했던 17연대는 퇴각하며 평강, 철원을 통과하며 철원 시민들을 신탄리역에서 기차를 태워 피난시

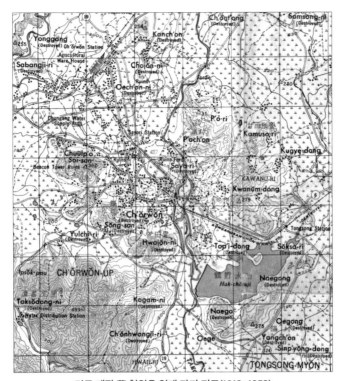

미군 제작 舊 철원읍 일대 파괴 지도(1913+1953)

키려 했으나, 율이리에서 인민군 패잔병과 전투가 벌어져 대열의 맨 앞에 섰던 기독교 청년회는 빠져나갈 수 있었고, 대열 중간에 있던 국군이 전투를 벌이니 뒤따르던 주민들은 철원 시내로 돌아왔다. 그러자 중공군이 진주했고 주민들은 오가지도 못하고 갇히게 되었다. 나도 인민군 징집이 두려워서 다시 집안 지붕에 숨어 지낼 수밖에 없었다. 이후 12월 초 미 B-29 폭격기가 철원, 평강, 김화 등지에 1톤짜리 폭격을 연이어 강행했고 이내 철원 시내는 불바다로 변해 완전 쑥대밭이 되었다. 수백 년간 이어진 철원의 영화가 한 줌의 재로 변했다. 1952년 봄 횡성의 미군 18전투폭

격단에서 군속으로 일하고 있을 무렵 스넥 바를 찾은 미군 조종사들로부터 iron triangle(철의 삼각지대) 지역을 대대적으로 폭격하고 돌아왔다는 말을 자주 들었다. 내 고향 철원이 지도에서 아예 없어지는구나 하는 생각에 마음이 아팠다.

- 김송일(金松一) 1931년생

- 1951년 5월 미군이 진주하여 철원은 곧 치열한 전쟁터가 될 것이니 약 15일 정도 피난 가 있으라며 간단한 가재도구만 갖추고 빨리 트럭에 올라타라고 하여 포천 양문 문하리 임시 피난민수용소에 소개되었다. 문하리에 머물던 중에 미군들이 전쟁 노무자로 젊은 청년들을 차출하였는데, 이래저래 끌려가나 피난 생활하며 빌어먹는 것보다는 나을 것 같아 아버지에게 말씀드리고 노무대에 자원하였다. 차출된 사람 중에서 젊은 사람 위주로 편성하여 정식 군인과 같은 101사단 노무사단(KSC)이 결성되어 철원 인근지역에서 도로 복구, 교량 보수, 백마고지 근처 최전방의 철조망 가설, 지뢰 매설, 탄약 운반, 환자 수송, 사망자 처리 등의 일을 했다. KSC에서는 철원읍 시가지에 나와 잔존하는 건물이나 가옥이 인민군 은폐지나 피신처로 이용되는 것을 방지하기 위하여 모두 기름을 붓고 불을 질렀는데 이를 '초토화작전'이라 한다.

- 이상욱(李相旭) 1932년생

- 6.25 전쟁 때 이 지역이 전쟁터로 변해 일반 주민들은 모두 피난시키고 시설은 적에게 이용되지 않게끔 모두 파괴하는 '초토화작전'으로 말미암아서 풀 한 포기 제대로 남아있지 않았다. 전쟁이 종료되어 피난에서 돌아와 보니 마을의 논과 밭이 모두 버드나무 숲으로 바뀔 정도로 황폐했다.

- 임응재(任應宰) 1931년생

Ⅲ. 철원군 현 중심지(新 철원)의 한국전쟁 전후 변화 상황
- 철원군 갈말읍 신철원리·지포리·군탄리·강포리 일대

1. 한국전쟁 전 신철원(지포리) 일대 상황

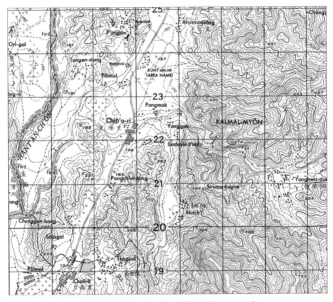

미군 제작 전쟁 전 지포리 일대 지도(1951년)

- 일제 징용에 끌려갔다가 해방되어 고향에 돌아오자마자 38선이 갈라지고 소련군이 진주하면서 공산 통치가 시작되었다. 당시 지포리는 용화천을 기준으로 북쪽은 월동으로 40호, 건너편 남쪽은 번동으로 60호, 도합 100여 호가 살고 있었다. 번동에는 노동당원이 많았고 월동에는 민주당원이 많았는데 노동당에서는 당 운영비 조로 1년에 쌀 한 말씩 걷었다. 공

산 치하에서 토지몰수와 무상분배가 있었는데 지포리에서는 토지를 많이 소유한 지주가 없어 특별히 몰수할 일도 분배할 일도 없었다. 예로부터 문혜1리는 갈말면 중심지였고 갈말면사무소와 주재소가 있었다.

- 김국규 1923년생

■ 일제강점기인 1930년대 지포리는 농협중앙회 철원군지부 아래로부터 지포교까지 집들이 몇 채 모여 있었고 군농협 위쪽으로는 거의 없었다. 지포교 개울(용화천) 건너 지금 단비어린이집 있는 곳에도 모여 살았고 거기서 더 동쪽으로 '응달말'이라 불리는 마을이 있었다. 지금 신철원시외버스터미널이 있고 중심 시가지가 형성되어 있는 곳은 당시 온통 밭이었고 특히 뽕나무가 많았다. 지금 동철원농협 하나로마트 근처에 삼포학교라는 간이학교가 1940년대 해방 직전에 생겼다. 문혜삼거리에 갈말읍사무소와 주재소가 있어서 자연스럽게 갈말읍 중심지가 되었지만 마을이 그리 크지는 않았다. 수복되어 들어와서 동막리에는 못 들어갔고 지포리에 정착했는데 미군들이 새로운 시가지를 닦으면서 '신철원'이라는 지명이 사용되기 시작했다.

- 조동환 1919년생

■ 일제강점기 지포리 동네는 지금 농협중앙회 군 지부 앞 언덕을 내려가면서 도로 양쪽으로 집들이 있었고 용화천 건너 일명 영등포라고 불리는 동네에 집들이 있었다. 단비어린이집이 있는 곳 근처에 커다란 오리나무들이 서 있었고 대장간이 있어 마을이 형성되어 있었다. 그 안으로 더 가면 산 밑 전차부대 가는 길목에 '응달말'이라고 해서 15가구 정도 살고 있었다. 지금 신철원 시내가 자리한 곳 즉 신철원 터미널과 신철원시장 그리

고 철원군청이 있는 곳은 물론 신철원감리교회가 있는 둔덕 등지는 온통 전부 밭이었다. 집들이 없었기 때문에 그곳에 지포리라는 동네 이름을 붙이지도 않았다. 허허벌판이니까 달리 동네 이름이 없었던 셈이다. 지금 신철원 철원군청과 철원경찰서가 있는 자리에는 특히 뽕나무가 많았고, 신철원4리 구호주택이 있는 곳에 단지 몇 집이 있었는데 그 동네를 '보매기'라고 불렀다. 보매기는 물길을 막는 보가 있었던 동네라는 뜻이다. 신철원이라는 동네는 아예 아무것도 없던 곳에 말 그대로 새로 생긴 마을이다. 지금 신철원초등학교나 중고등학교가 자리하고 있는 곳도 당시 집 한 채 없는 밭이었다. 당시 지포리 지명은 지금 농협 철원군지부 건물에서부터 남쪽으로 도로를 따라 용화천까지 집들이 모여 있는 마을과 개울 건너에 형성된 마을을 일컬어 불렀던 것이다. 사실 개울 건너 마을은 지포리라는 명칭보다 '응달말'이라는 마을 명을 일반적으로 사용했다. 결국 지포리는 조그만 시골 마을 변두리 두메산골이었다. 이를 보면 갈말(葛末)이라는 지명이 왜 붙었는지 알게 된다.   – 장태현 1936년생

■ 문혜1리 문혜삼거리에는 갈말면사무소와 주재소 그리고 현대식 시설을 갖춘 고광식 병원이 있었다. 지포리는 문혜리보다 더 형편없었고 규모도 작았다. 겨우 피나 심어 먹고 사는 동네라고 했다. 문혜보통학교에서 소풍을 삼부연으로 갔었는데 지포리를 거쳐 가는데 지금 신철원 시가지가 있는 곳에는 길가에 군데군데 서너 집 정도밖에 없었다. 지포리에서 삼부연폭포까지 가는 길도 험했고 농로 길이었다. 풍전에 황씨네 집안을 비롯한 여러 집이 있었고 군탄리에 5~6집 살았다. 강포리도 몇 집 안 되었다. 결국 지포리나 강포리는 갈말(葛末)이라는 지명처럼 철원군에서 칡넝쿨

의 가장 끄트머리 같은 두메산골이었다.   - 서귀석 1937년생

■ 일제강점기나 공산 치하에서는 군탄리가 오히려 지포리보다 마을 규모
가 컸다. 윗군탄은 지금과 같이 43번 국도변에 현재 군탄교회가 있는 곳
을 중심으로 20~30가구가 모여 살아 마을이 형성되어 있었고 아랫군탄
에 5~6가구 정도가 살았다. 풍전은 지금 기와집 식당이 있는 곳을 기준
으로 50여 가구가 모여 살았다. 드르니 마을도 조선 시대 백시구란 인물
의 신도비가 있을 정도로 역사가 오래된 마을로서 6·25전쟁이 나기 전
에 이미 30여 가구가 살고 있었다. 다만 동온동 부락은 전쟁 이후 수복되
어 실향민과 제대군인들이 모여들어 황무지를 개간해 일군 마을로 나중
에 만들어진 마을이다.   - 장태현 1936년생

2. 수복 직후 철원군 재건상황

1) 수복지구 재건 관련 신문보도

1953년 8월 말 내무부 지방국은 38선 이북 수복지구 행정에 만반 준
비를 갖추고 철원 김화 화천 양구 인제 고성 양양 등 7개 군 군수와 32개
소의 읍면장 그리고 행정요원을 내정했다. 그러나 유엔 당국의 허락 통지
가 없어 아직 구체적 실행에 못 옮기고 내일이라도 당장 행정을 실시할
수 있는 만반의 태세를 갖췄다고 발표한다. 그런데 동 지구의 수복 문제
에 대해 내무부 지방국에서는 휴전 성립과 더불어 클라크 사령관 미8군
사령관 CAC 단장에게 각각 공한을 발송하였으나 아직 이에 대한 아무런
회답도 없다. 만일 동 문제가 해결되지 못한다면 군정(軍政)이라도 실시할
수 있도록 재요청할 예정이다. 한편 화천 양양 등지에는 이미 전 군민이

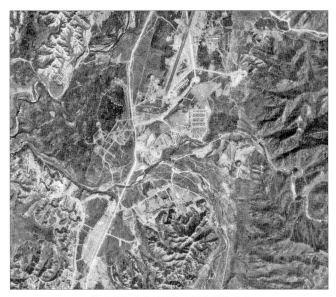

한국전쟁 당시 신철원리 일대 항공사진

수복하여 농정대(農政隊)라는 자치단체를 조직하고 정부 행정을 고대하고
있다.

　강원도 원주 등지에서 수용소 생활을 계속해오던 4,600세대(25,000여
명)의 농민들이 금단의 38선을 넘어 꿈에도 그리던 정든 고향 땅을 찾아
38선 이북 수복지구에 귀농케 되었다. 국군 제5군단에서는 미 제8사단 사
령관 지시에 의거 1954년 3월 11일 자로 동 군단 관하 전역의 귀농선(歸農
線)을 철폐하고 군정을 실시할 것을 공고하고 복귀 농민들의 등록 접수를
개시하였다. 한편 군(軍) 당국에서는 북부 포천 군청 소재지에는 공회당,
문화극장, 유치원, 발전소, 공중목욕탕, 금융기관 등도 설치하여 현대 도
시를 건설하기 위한 계획도 세우고 있다 한다. 그런데 동 수복지구에는 지

뢰(地雷)의 미정리 등 위험성이 많아서 농민들의 복귀가 지연되어왔다. 군에서는 복귀 농민들의 임시거주지를 마련하기 위하여 천막 및 구호 자재 등 원조 준비를 하고 있으며 입주민의 경작에 최대한의 원조를 경주할 것이라 하는데 미 제9군단장 마그르드 소장도 한국군 제5군단 군정 실시에 대한 모든 물질적 원조를 적극적으로 전개할 것을 언약하였다.

군정하에 놓인 현 수복지구 행정구역은 군단 사단 등 사실상 군 편성단위로 전략상 견지에서 새로이 책정되고 있어 전 행정구역과는 판이한 판도로서 행정조직이 구성되고 있다. 만일 이 상태로 현지 이양이 실천된다면 행정구역 문제로 일대 혼란이 야기될 것으로 현지 군사령관은 전하고 있으며 정부와의 절충을 학수고대하고 있다. 이렇듯 불안정한 행정구역을 상대로 탁상에서 이뤄진 금번 수복지구 예산편성은 상당한 모순을 내포하였고 특히 일선 군단장에 의하면 행정권 이양이 있은 후에도 귀농선(휴전선과 38선간에 책정된 전략선) 이북의 민간입주는 절대 불가능한 것으로 앞으로도 무인지대로 계속될 것이라는 바 이번 편성된 수복지구 예산은 전 수복지구를 동일하게 취급 책정되어 모두 의아해하고 있다. 행정권 이양을 앞두고 정부는 조속히 군과의 연락을 취할 것이 요망된다.

김화 철원 연천 등 지역을 포함한 5군단 관하는 현재 군정 상 편의를 위해 1군 7개 면으로 획정되어 북포천군으로 호칭되고 있다. 군에 의한 복구 작업은 놀랄만한데 특히 5군단은 6개 면에 걸친 관할 지역에 무려 2,500호의 민간주택을 건립하고 20,000여 명의 민간인 입주를 가능케 하는 한편 면 소재지마다 7개 공공건물(면사무소·교회·공회당·경찰서·병원·

양곡 배급소·목욕탕)을 건축하였으며 지서 하나의 건평이 106평이라는 홀륭한 근대식 도시계획을 완료하고 수도·전등의 가설 작업도 방금 진행 중이다. 총 4,470여 세대 20,577명의 주민이 군의 적극적 지원 아래 입주 귀농하여 있고 1명의 군수 아래 각 면에는 면장으로서 군 민정관인 장교가 입주 농민의 행정을 담당하고 있으며 헌병이 치안 사무를 담당하고 있다. 군 의무관과 민간인 의사, 간호부가 병원에서 구호를 담당하고 군인 교관과 민간인 교사가 혼성된 초등학교가 취학 아동들을 가르치고 있다.

2) 수복 초기 철원군청 공무원이었던 고광환 씨 증언

– 1930년 홍천 출생, 1953년 12월부터 1964년 8월까지 철원군청 근무

수복 초기에는 하나의 청사에 반은 철원군청이고 반은 김화군청 즉 2개의 군청이 있었고 군수는 1명이 겸임하는 형태였는데 초대 군수는 김태현 군수였다. 김태현 초대 군수는 철원 출신으로 5군단 민정 책임자를 지냈고 일제강점기 때는 교사 생활을 한 인물이며 발령받았을 때 당시 나이가 50대 중반이었다. 초창기 철원군청 건물은 철원군 갈말읍 지포리 미군 부대였던 건물로 미군이 철수하면서 청사 이관을 해주어 임시청사로 사용하게 되었다. 돌과 시멘트로 지어졌고 지금 지포리 신철원중학교가 있는 자리에 있었다. 그 후 미군정에서 신철원4리 현재 철원군청이 있는 곳 주변에 새로운 청사를 지어줘서 이전하였다. 군청이 지어질 무렵 경찰서, 우체국, 금융조합 등이 함께 건설되었다. 1년 후에는 군청 옆으로 구호주택도 들어서고 서울지방법원이 세워졌다. 일반주민들의 주택은 전쟁 끝난 후 판자집으로 아주 조그맣게 지어졌다. 당시 철원지역 주민들은 이북에서 살다가 전쟁을 피해 내려왔다가 다시 돌아가지 못한 실향민이 대다

수였다. 그리고 경기도, 전라도 등지로 피난 갔다가 다시 고향으로 돌아온 사람들도 많았다.

수복 초기에 철원군청으로 할지 김화군청으로 할지 다소간의 설왕설래가 있었지만 김화지역은 대부분이 북으로 들어갔고 인구도 적어 행정구역이 철원군 김화읍으로 편제되고 철원군청으로 합치게 되었다. 물론 후일 남북통일이 이루어지면 다시 김화군으로 복군(復郡)한다는 정부의 약속이 있었다고 전해진다. 지포리에서 철원군청으로 쓰였던 건물은 그후 신철원중학교가 사용하게 되었다. 처음 발령받아 철원에 왔던 느낌은 너무나 황량해 참으로 한심스럽고 오래 못 있을 것 같다는 생각이 들었다. 무엇보다도 가장 먼저 서둘러야 할 일은 주민들이 살 집을 마련해주

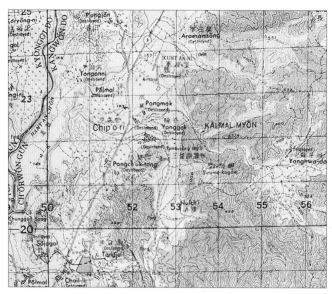

미군 제작 지포리 일대 파괴 지도(1952)

는 것이었다. 군용천막이든 학고방이든 판자집이든 집이 해결돼야 다음 일을 할 수 있었다. 군용천막이 쭉 늘어선 곳은 임시난민촌을 형성했다. 주민들의 주택을 건설하기 위해서는 전적으로 군(軍) 인력과 장비에 의존해야 했다. 운천에 주둔하고 있던 미군 부대와 문혜리 수도사단의 지원을 많이 받았다. 수복 초기에는 신철원리에는 별로 사람이 없었고 지포리에 100여 명의 사람이 살고 있었으며 안쪽마을인 군탄리에도 주민들이 살고 있었다.

당시 철원군청에서 처리해야 할 일 중 중요한 것 3가지를 꼽으라면 우선적으로 주민들의 주택문제를 해결해야 했고, 다음은 신원 회복 및 호적 정리 문제가 급했다. 그리고 세 번째는 부족한 식량문제를 해결하고 구호물자를 적기적소에 배급하는 일이었다. 수복지구였기에 토지소유권 복구 문제가 당연히 많았고 그에 따라 토지 소송이 여기저기서 발생했다. 토지 사기로 2중 3중으로 토지 거래가 중첩되는 사건이 빈번하게 일어났고 피해자가 속출했다. 수복 초기 철원군청에는 내무과와 산업과 2개 과밖에 없었고 내무과에는 행정계와 사회계가 있었고 산업과에는 산업계·산림계·농정계·축정계가 있었다. 초창기 공무원 수는 30여 명 안팎이었다. 내무과는 일반 서무·회계·병사·지방세·선거 사무를 보았고 사회계는 보건의약품을 맡았다. 주택문제와 호적 문제가 해결되면서 차츰 안정화되었고 그다음 국가에서 지속적으로 한 중점사업은 주민 생활 안정에서 식량 증산 위주로 바뀌게 되었다. 신분 및 호적 관계는 대통령령 179호에 의거 가 호적을 받아 정리하였다.

3) 수복 직후 철원 재건 관련 주민들 증언

수복 초기 1960년대 갈말읍 신철원 지포리 일대 전경

■ 미군정이 와수리는 오성산에서 관측이 안 되고 신철원은 갈현고개 때문에 자연적으로 차폐가 되어 수복 후 새로운 정착지를 건설하였다. 수복 후에 철원군청이 문혜리에 자리 잡으려 했지만 부지가 마련되지 않아 신철원에 건설되었다. 　　　　　　　　　　　　　　－ 백순선(白順善) 1931년생

■ 신철원은 휴전 직후 미군들이 계획한 도시다. 김화군청을 철원군청에 합해 관할하게 되었다. 김화군청은 김화읍 생창리에 있었고 김화읍 내는 약 15,000명의 인구가 있었다. 김화군의 옛 땅은 철원군보다 훨씬 넓었고 광공업이 성행하고 국가 전매품을 많이 생산했다. 　　－ 김호선(金浩善) 1932년생

■ 전쟁이 끝난 직후 아버지가 철원수복추진위원장이었기 때문에 포천에 머물렀다. 처음에는 북포천이라 해서 관인까지 수복되었고 그다음 이평 1~2리까지 들어갈 수 있었다. 미군들도 공공건물을 짓고 마을을 재건하며 여건이 되는대로 조금씩 주민들의 통제선을 북상시켰다. 당시 수복추진위원회가 철원군청 소재지를 지포리로 결정한 유력한 이유는 철원군의 가

장 남쪽에 위치했기 때문이다. 신철원이라고 지명을 변경해 철원군청과 철원경찰서, 학교 등 공공건물이 들어서고 구호주택이 지어져 새로운 시가지가 자연스럽게 조성되었다. 구 철원읍은 전쟁으로 완전히 폐허가 되었고 휴전선 인근이라 아예 접근할 수 없었다.　　　　- 이근회(李根澮) 1940년생

■ 수복 초기 중심가는 지포리와 관인이었다. 철원군청과 철원경찰서는 지금 신철원중고 자리에 돌로 지은 건물이었다. 초창기 때는 한 건물을 반으로 갈라 철원군청과 김화군청이 따로 있었다. 두 번째 경찰서 건물은 단층 기와집이고 지금 경찰서 건물은 세 번째 지은 건물이다.

　　　　　　　　　　　　　　　　　　　　　　- 이주성(李周成) 1928년생

■ 수복 이후 지포리(신철원)에 처음 들어선 건물은 지금 신철원초등학교와 신철원중고등학교가 있던 자리에 있던 미군 막사를 이용해서 재건한 건물로서 제법 돌을 쌓아 튼튼하게 만들어졌었다. 그 막사 건물에 일단 철원군청과 철원경찰서가 자리 잡았다. 그 이후 지금 신철원 시내가 있는 곳을 도자로 밀어 정리한 후에 관공서를 짓게 되어 새로운 마을 즉 '신철원'이 탄생했다. 이후 미군 막사들은 다 철거되고 그 자리에 학교가 지어졌다. 신철원에 정착하게 되는 사람들은 거의 다 외지사람들이었다. 이북이 고향인 실향민들이 특히 많았다. 더이상 북으로 못 들어가니 신철원에서 머물렀던 것이다.　　　　　　　　　　　　- 장태현 1936년생

IV. 수복 직후 철원군 이주민 정착촌 구호주택 건설

1. 수복 직후 철원 개방과 구호주택 건설

수복 직후 철원지역에 주둔한 미군은 일정한 한계선을 그어놓고 그 이상 들어가는 것을 엄금했다. 군정에서는 군인 지시가 곧 법이었고 현직 중위가 면장이고 상사가 이장이었으며 모든 생활을 군인들이 통제했다. 그들이 지정한 경계선 밖에 군용천막을 수십 개 쳐놓고 1개 천막당 6~8가구씩 40~50명이나 수용하는 임시정착촌을 운영하였다. 최소 몇 개월에서 길게는 1~2년 대기해야 했다. 철원 동송지역 주민들은 일단 경기도 포천시 관인이 가장 먼저 개방되어 잠시 머물다가 철원의 장흥리, 이평리, 오덕리 그리고 화지리가 순차적으로 개방되면서 전방 지역으로 갈 수 있었다. 갈말지역 주민들은 지포리와 토성리가 먼저 개방되었고 군탄리와 문혜리가 차례로 개방되어 역시 고향으로 갔다. 김화지역 주민들은 서면 자등리가 가장 먼저 개방되었고 다음으로 와수4리가 개방되었다. 근남면 주민들은 가장 남쪽에 있는 잠곡3리가 먼저 개방되었고 이후 육단1리가 개방되어 각자 고향으로 갈 수 있었다. 대부분이 원래 살던 고향 집은 거의 파괴되어 들어갈 수가 없었다. 주민들은 군부대에서 제공한 천막에서 정처 없이 머물러야 했다. 이후 군정을 하던 군인들이 철원군 곳곳에 8평짜리 공동주택을 861세대 지어서 민간인 정착민들에게 무상으로 나눠준 것이 '구호주택(救護住宅)'이다.

2. 철원군 구호주택 연구 조사 의의

사실 일부 철원주민들은 구호주택이라는 용어가 생소하다. 오랜 세월 무의식중에 '고주택', '게주택', '궤주택'이라 불렀다. 수복 직후 군정하에서 철원군에 건설된 구호주택 마을이 이번 조사로 15곳 파악되었으나 3~4곳 더 있었을 것으로 추측된다. 다만 정확한 사실을 밝혀주는 기록이나 증인이 없다. 얼마 전까지 대표적으로 알려진 구호주택은 철원군 갈말읍 신철원4리, 동송읍 이평2리, 서면 와수1리, 근남면 육단1리 등 서너 군데에 불과했으나 이번에 집중적인 조사 연구로 총 15개 리 583동 861세대의 자세한 현황이 밝혀진 것은 대단한 성과라 아니할 수 없다. 근 70년 세월이 흐르면서 구호주택 대부분이 파손되거나 증·개축 되어 원래 모습은 현재 거의 알아볼 수 없을 지경이다. 그동안 살던 주민들이 이사 가거나 돌아가시어 많이 바뀌었고 건물이 허물어져서 보기 흉할 정도로 폐가가 된 곳도 많다. 그들이 떠나면서 그곳에 담겼던 삶의 스토리도 사라졌다. 필자는 2005년부터 철원군 현대사를 밝히려 150여 명을 구술조사했던 내용을 바탕으로 2022년 마을별로 돌아다니며 32명을 만나서 사실 확인 구술조사를 진행하여 본 발표를 할 수 있게 되었다. 6·25전쟁이 끝나고 군정에서 수복지구 철원군에만 지었던 전쟁의 상흔이자 주민들 삶의 현장인 구호주택을 여기에 소개한다.

3. 철원군 구호주택 분포도

철원군 구호주택 분포도

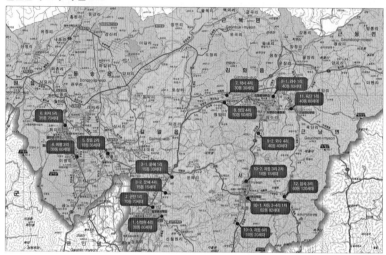

4. 철원군 구호주택 지역별 상세분포도

철원군 구호주택 분포도 | 세부배치도

1. 갈말읍 신철원 4리
구호주택 30동 60세대

2. 갈말읍 군탄 1리
구호주택 70동 70세대

3-1. 갈말읍 문혜 1리
구호주택 15동 30세대

3-2. 갈말읍 문혜 4리
구호주택 15동 15세대

4. 동송읍 이평 2리
구호주택 30동 60세대

5. 동송읍 장흥 2리
구호주택 18동 36세대

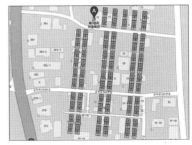

6. 철원읍 화지 5리
구호주택 35동 70세대

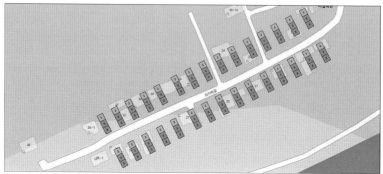

7. 김화읍 학사 4리 구호주택 30동 30세대

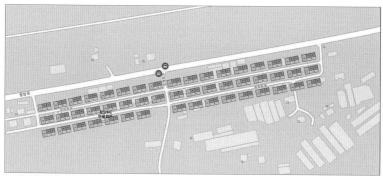

8. 김화읍 청양 4리 구호주택 50동 50세대

9-1. 서면 와수 1리
구호주택 40동 80세대

9-2. 서면 와수 4리
구호주택 40동 40세대

10-1. 서면 자등 3리 1차
구호주택 82동 82세대

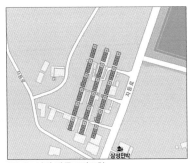

10-2. 서면 자등 3리 2차
구호주택 18동 18세대

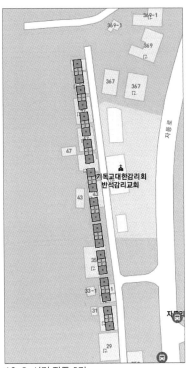

10-3. 서면 자등 6리
구호주택 10동 20세대

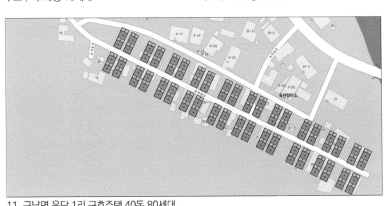

11. 근남면 육단 1리 구호주택 40동 80세대

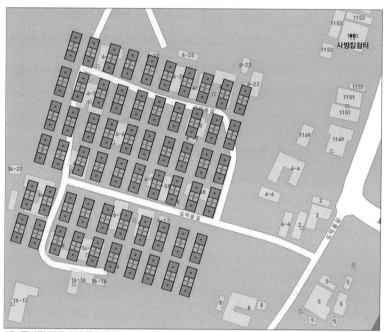

12. 근남면 잠곡 3리 구호주택 60동 120세대

5. 철원군 구호주택 현황

2022년 12월 20일 현재

읍면	리(동네)	조성 규모	구조	면적	구술자 성명(나이)
갈말읍	신철원4리	30동 60세대	방1, 부엌1	9평	신봉균(88), 변대복(69)
	군탄1리	70동 70세대	방2, 부엌1	8평	윤익병(80), 임덕상(88)
	문혜1리	15동 30세대	방1, 부엌1	8평	엄찬섭(85), 박영호(77)
	문혜4리	15동 15세대	방2, 부엌1	8평	안길남(82), 윤여봉(66)
동송읍	이평2리	30동 60세대	방1, 부엌1	9평	이상윤(65), 채수일(60)
	장흥2리	18동 36세대	방1, 부엌1	8평	강을선(89), 신도국(86) 강재원(66), 이재성(66)
철원읍	화지5리 (화지9리)	35동 70세대	방2, 부엌1	9평	황태현(81), 정경희(78) 신청균(81)
김화읍	학사4리	30동 30세대	방2, 부엌1	8평	윤성명(78)
	청양4리	50동 50세대	방2, 부엌1	8평	구백식(92), 유춘환(77)

서면	와수1리	40동 80세대	방2, 부엌1	8평	곽영진(78), 김형래(86)
	와수4리	40동 40세대	방2, 부엌1	10평	이기옥(90), 김준영(87)
	자등3리	1차 82동 82세대 2차 18동 18세대	방2, 부엌1	10평	윤기훈(79), 고경실(75)
	자등6리	10동 20세대	방1, 부엌1	7.5평	윤숙자(81), 주홍집(88)
근남면	육단1리	40동 80세대	방1, 부엌1	8평	박재율(88), 김영호(85)
	잠곡3리	60동 120세대	방1, 부엌1	7.5평	송영근(85), 신창경(83)
합계	15개 리	583동 861세대			

6. 철원군 구호주택 평면도

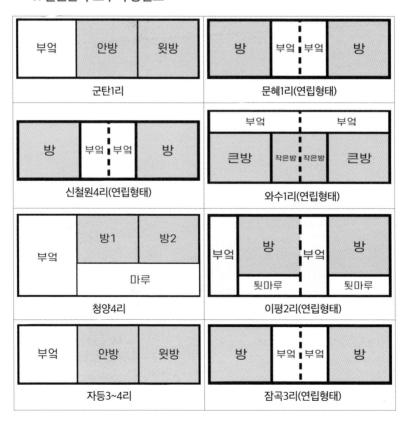

부엌	방	부엌	방		큰방	작은방	부엌	큰방	작은방	부엌
육단1리(연립형태)					화지5리(연립형태)					

7. 철원군 구호주택 초기 모습

신철원4리 구호주택 모습(1973년)

철원읍 화지리 일대 모습(1973년)

서면 와수1리 구호주택 일대 모습(1972년)

서면 와수4리 구호주택 모습(1972년)   서면 자등3리 구호주택 모습(1972년)

김화읍 학사4리 구호주택 모습(1972년)   근남면 육단1리 구호주택 모습(1972년)

제2부

금강산 전기철도의 개통과 철원

근현대 철원의
역사와 문화

HISTORY AND CULTURE OF
MODERN AND CONTEMPORARY
CHERWON
近現代 鐵原 歷史·文化

전통 시대 금강산 유람문화

이상균

강릉원주대 교수

목차

Ⅰ. 머리말

금강산[1]은 『화엄경(華嚴經)』에 담무갈[법기]보살이 일만이천 권속과

---

1) 금강산은 크게 霜嶽·楓嶽·皆骨·蓬萊의 이칭이 있었다. 상악·풍악·개골은 불교가 수용되기 전 우리나라에서 사용되던 금강산의 고유 명칭이었다. 상악은 國行으로 小祀를 지내던 곳으로 가장 처음 '국가공명'으로 사용된 명칭이었다. 풍악·개골은 가을·겨울 등 특정 계절에 나타나는 형상에 따라 각각 붙여진 것이 아니다. 돌산으로 이루어져 있는 지세와 단풍나무가 많이 자라고 있는 모습 등 계절을 불문하고 산 자체에서 풍기는 形勝에 따라 붙여진 이름이다. 봉래는 금강산이 Utopia와 같은 곳임을 은유적으로 표현하기 위한 題材나 배경으로 사용한 것이었다. 계절에 따라 부여된 금강산의 명칭은 李學逵(1770~1835)와 李裕元(1814~1888)의 기록에 처음 나타난다(이상균, 「金剛山名의 역사적 淵源과 의미」 『남명학연구』 55, 남명학회, 2017). 본 글에서는 금강산의 여러 명칭 중 가장 널리 알려진 '금강'을 대표 산명으로 쓴다.

함께 반야(般若)를 설법하고 있는 곳으로 기록되어 있는데, 동아시아에서는 이곳이 바로 한국의 금강산이라 여겼다. '금강'이란 이름이나 야단법석처럼 펼쳐져 있는 일만이천봉도 『화엄경』에서 유래한 것이다. 금강산은 고대 이래 동아시아의 불교 성지로 추앙받았고, 경관도 최고였다. 불자는 물론, 산수 유람을 꿈꾸던 모든 이들에게 금강산은 로망이었다.

조선시대에 오면 유자(儒者)들이 금강산에 산재한 불교 의식을 폄하도 했지만, 조선의 오랜 역사와 문화가 축적된 보고로 생각하고 생애에 꼭 한 번 돌아보아야 할 곳으로 인식하여 너도나도 유람을 결행했다. 금강산 유람을 통해 수많은 시문과 기행사경도가 창작되는 등 금강산은 조선시대 기유문예(紀遊文藝)를 꽃피운 장소기도 하다.

조선 지식인들의 글에는 금강산의 경치를 격찬하고 유람을 선망한 내용이 수없이 많다. 조선 후기로 갈수록 선대의 유람 자들이 남겨놓은 기록을 통해 금강산의 경승은 회자되고, 이를 동경하는 사람들의 유람 욕구를 증가시켜 금강산을 유람하는 사람들은 계속 증가한다. 금강산은 강원지역을 '조선 제일의 유람명소'로 만든 곳이었고, 금강산의 기착지에 위치하였던 철원 역시 금강산 관광의 호황으로 인해 금강산전기철도가 개통되는 등 분단 전까지 관광의 호황기를 누렸다. 현재 금강산 관광이 중단되었지만, 금강산은 지금도 명소로서의 지명도가 매우 높고, 보기를 희망하는 대표적인 곳이다.

강원특별자치도가 '관광 일번지'의 명성을 얻는 것이나, 철원의 금강산전기철도 개통, 남북교류협력의 첫 번째 화두로 금강산 관광 재개를 꼽는 것 등은 어느 한순간 만들어진 것이 아니라 전근대부터 이어져 온 금강산 유람 열풍의 전통이라 할 것이다. 이 글에서는 전통 시대의 유람문화

속에서 금강산이 차지했던 위상과 금강산 유람의 실제를 제시해 보고자
한다.

II. 유람문화와 금강산

사람들은 예나 지금이나 여력이 생기면, 일상에서 벗어나 어디론가 길
을 나서 새로운 문물을 보고 심신을 수양한다. 현대인들은 이것을 '여행'
이나 '관광'이라 하지만, 선조들은 '유람'이라고 했다. 유람은 '돌아다니며
구경한다'는 사전적 의미가 있다. 조선시대의 유람은 오늘날 여행의 의미
와 같을 것이다. 일상의 번다함에서 벗어나 마음속 번민을 털고자 산천의
경치를 두루 보고 즐기며, 선진 문물을 배우는 것이다. 유람은 심신을 수
양하고자 하는 여가문화였다.

유람문화는 명확히 어느 시기에 어느 장소를 중심으로 형성되고 발달
해 왔는지는 알 수 없다. 자연을 유람의 대상으로 삼아 그 속에서 흥취를
즐기고자 하는 내면적 의식의 발현으로 유람문화가 발달해 왔다고 보아
야 할 것이다. 사람들은 고대부터 자연을 신성시해 왔다. 자연이 인간 생
명의 근원이며 삶의 토대라는 점에서도 항상 관심의 대상이었다. 특히 우
리나라 자연의 대부분을 차지하고 있는 산에 대한 사람들의 인식은 각별
했다. 천신(天神)이 강림하는 곳인 신산(神山)으로 여겼고, 이러한 명산들은
국가 주도로 산천제(山川祭)를 지내기도 했다. 국가에서 산을 영역화하고
상징성을 부여했다. 불가에서는 사찰의 입지로 신성시하였고, 풍수적으로
는 길지(吉地)를 선택하는 중요한 기준이 되었다. 민간에서는 삶의 터전이

자 신앙의 대상이었다.

선조들이 가장 애호한 유람 처는 산수였다. 산수를 유람하는 문화는 고대부터 시작하였지만, 기록이 희소하여 구체적으로 살필 수는 없고, 선풍을 일으키며 유행한 시기는 조선시대이다. 조선의 사대부들은 공자(孔子)의 태산(泰山) 등정과 주자(朱子)의 형산(衡山) 유람을 본받아 '요산요수(樂山樂水)'의 요체를 터득하고자 산수 유람에 나섰다. 유람은 심신을 쉬이고자 하는 여가의 의도가 공존하지만, 도(道)를 체득하여 학문을 도야하고 자신을 수양하는 행위였다. 산수는 구도(求道)의 공간, 강학(講學)의 공간, 심신 수양의 공간이었다.

조선시대에는 국내의 산수를 유람할지라도 큰 비용과 시간이 소요되었다. 교통이 발달한 현재처럼 1~2일의 여정이 아니라, 길게는 몇 달이 소요되는 여정이었으므로 서민들은 쉽게 결행하지 못하였다. 예를 들자면 유람에 있어 가장 필요한 준비물은

〈강세황, 『송도기행첩』 중 나귀(국립중앙박물관)〉

나귀였다. 말은 빠르다는 장점은 있는데, 가격이 비싼 데다가 먹이도 많이 먹고 지구력이 부족했다. 나귀는 먹는 양도 적고 지구력이 강해, 여유를 즐기기 위한 유람의 교통수단으로 적격이었다. 박지원(朴趾源, 1737~1805)은 1765년 지인인 유언호(兪彦鎬, 1730~1796) 등과 함께 금강산을 유람하고자 했으나 나귀 살 돈이 없어 주저했다. 박지원의 사정을 안 김이중(金履

中, 1736~1895)이 나귀 살 돈 100냥을 보태주어 박지원은 유람을 떠나게 된다.[2] 이는 단편적인 예이나, 여러 날 걸리는 유람은 고가의 비용이 수반되는 것이었다. 그리고 주로 유람하는 곳은 금강·지리·청량산 등과 같은 명산이었는데, 매우 험준하여 산 중 유람은 위험을 감수해야 하는 일도 있었다.

즉 조선시대의 유람은 장기간 이동하며 숙식을 해결할 수 있는 경제적 능력과 시간적 여유가 있는 사람들만이 할 수 있는 상류층의 문화였다. 재력이 있어도 고령으로 거동이 불편한 사람은 가기가 매우 힘들어 집안 노비 등의 많은 수행원을 동반하여야만 가능했다. 그러므로 산수를 유람하는 다수의 주체는 사대부들이었고, 유람은 사대부가 누릴 수 있는 대표적인 여가문화였다. 당시 사대부들 사이에서는 일생에 한 번 이상 명산 유람을 다녀오지 않으면 문화 흐름의 대세에 무지몽매한 사람으로 취급받을 정도였다.

관료들이나 무명의 사대부에 이르기까지 유람을 갈망했고, 유람을 통해 보고 즐기고자 했던 산수를 늘 그리워하며 생각에서 지우지 못하였다. 고질병 환자처럼 산수에 대한 혹독한 애착심으로 인해 산수벽(山水癖)을 관념처럼 지니고 살았다. 잠시라도 기회가 생기면 산수를 유람하고, 그 여흥을 잊지 못해 다시 유람하고픈 갈망에 시달릴 정도였다. 산수에 취해 평생 유람을 다니는 사람도 있었고, 다녀온 뒤로 감흥을 잊지 못하고 그리워하였다. 박세당(朴世堂, 1629~1703)은 부귀에 빠져 한 번도 산수를 돌아보지 않는 사람들이 많음을 탄식한다. 부귀를 떠나 사대부들이 생애에 한 번쯤

---

2) 朴宗采(박희병 옮김), 『나의 아버지 박지원』, 돌베개, 1998, 25쪽.

꼭 해봐야 하는 것이 유람이라 강변했다.[3] 유람문화는 조선 사대부들을 중심으로 확산하였고, 조선에서 열풍을 일으킨 문화 현상으로 주목된다.

사대부들에게 산수는 삶의 지향으로 표현하는 '강호(江湖)'였고, 유람은 그들이 가장 선호하는 풍류이자 여가였다. 경제·시간적 여유가 없거나, 노쇠하여 거동이 불편한 이들은 마당에 산수의 축소판인 가산(假山)을 조성하거나, 산수 유람을 기록한 산수유기와 그림을 통해 와유(臥遊:누워서 유람)를 즐겼다. 더하여 가상의 유람을 떠나는 놀이를 즐겼다. 경승지를 여행하며 시문을 작성하는 보드게임의 일종인 「승람도(勝覽圖)」놀이가 유행하였다. 「승람도」는 명승지를 유람하는 도표라는 뜻이다. 이 놀이는 유람객이 일정한 지점에서 출발하여 도표 위에 그려진 명승지를 구경한 다음,

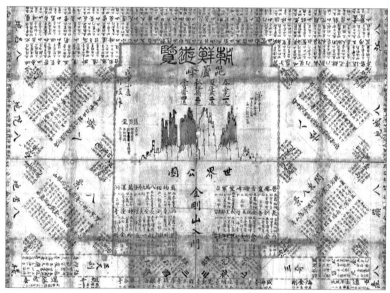

〈「승람도」 조선후기(국립민속박물관)〉

---

3)『西溪集』 卷8, 題跋 「題綠水亭詩後」

다시 출발한 장소로 빨리 되돌아오기를 겨루는 놀이이다. 이것이 일상 문화가 될 정도로 사대부들의 유람 욕구는 대단했다. 사대부들 사이에서 가장 장쾌하고 호탕한 일을 꼽으라면 유람이 제일이었고, 유람 장소로는 금강산이 최고였다.

고려~조선시대에는 지위고하와 신분의 귀천을 막론하고, 모든 이가 가장 보고자 했던 국내의 명승지는 단연 금강산이었다. 정조 임금이 관동의 금강산과 관동팔경을 보고 싶어 도화서(圖畫署) 화원이었던 김응환(金應煥, 1742~1789)과 김홍도(金弘道, 1745~?)를 보내 그림으로 그려오게 한 일, 제주도의 기생 만덕(萬德)이 재물을 풀어 굶주린 백성의 목숨을 구한 일로 정조가 포상하려 하자, 만덕이 상 대신 금강산 유람을 요청한 일은[4] 당시 모든 사람이 금강산을 가보고자 했던 열망을 보여 주는 유명한 일화일 것이다. 사대부들 역시 일생에 한 번쯤은 반드시 금강산을 유람하고자 하는 열망을 드러냈고, 실제 가장 많은 이들이 유람한 곳도 금강산이었다.

그러면 언제부터 무슨 연유로 금강산의 명성이 드높아지게 되었는가. 『세종실록』「지

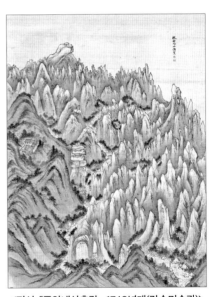

<정선, 「풍악내산총람」, 1740년대(간송미술관)>

4) 『正祖實錄』卷45, 정조 20년 11월 25일(丙寅).

리지」에는 "우리나라 산수가 천하에 이름났는데, 이 산의 천만 봉우리는 눈처럼 서서, 높고 절묘함이 으뜸이며, 불서에 담무갈보살이 머무르던 곳이란 말이 있어서 인간의 정토라 이른다. 민간에서 전하기를 중국 사람들이 고려국에 나서 친히 금강산 보기를 원한다"[5]고 했다. 금강산이 기록되어 있다고 하는 불서는 서두에서 밝힌 『화엄경』이다. 『화엄경』에 담무갈보살이 일만이천 보살과 함께 항상 반야를 설법하고 있는 곳으로 기술되어 있는데,[6] 이곳이 바로 조선에 있는 금강산이라 여겼다. 금강산은 상악(霜嶽)·봉래(蓬萊)·풍악(楓嶽)·개골(皆骨) 등으로도 일컬어졌지만, 고려시대부터 이미 국내외에 불교와 관련된 '금강'이라는 명칭과 함께 불교 성지로 널리 알려져 있었다.

그러므로 금강산은 성지순례자의 발길이 끊이지 않았다. 고려 후기 문신 최해(崔瀣, 1287~1340)는 "금강산은 겨울철 눈으로 땅이 얼거나 여름철 장마로 물이 넘쳐 길이 험할 때를 빼고는 유람 가는 사람들이 길 위에 줄지어 서 있다"라고 하였고, 금강산 사찰에 예불하는 사람들이 계층을 막론하고 줄을 이어 암자가 일 년에 백 개씩 불어날 정도였다고 한다.[7]

금강산은 고려시대를 거치면서 불교 성지로 명성을 얻었을 뿐만 아니라 경치 자체도 국내에서 가장 수려한 지역이었다. 우리나라에서는 예로부터 삼신산(三神山)으로 불리던 금강·지리·한라산이 대표적 명승으로 꼽혔다. 삼신산은 『열자(列子)』「탕문(湯問)」편에 나오는 봉래(蓬萊)·방장(方丈)·영주(瀛洲)다. 발해(渤海)에 섬으로 존재해 있으면서 신선이 살고 있

5) 『世宗實錄』地理志, 江原道 淮陽都護府 鎭山條 金剛山.
6) 『林下筆記』 권37, 「蓬萊秘書」.
7) 『拙藁千百』 권1, 文「送僧禪智遊金剛山序」.

다 전한다. 원래 이 삼신산과 더불어 대여(岱輿)·원교(圓嶠) 다섯 산이 있었는데, 조수에 밀려 표류하자 천제(天帝)가 각각 3마리씩 모두 15마리의 자라로 하여 이 산들을 떠받치고 있게 하였다고 한다. 뒤에 용백국(龍伯國)의 거인이 자라 6마리를 낚아 올려 등에 지고 자기 나라로 돌아갔으므로 대여와 원교 두 산은 서쪽 끝으로[서극(西極)] 떠내려가고, 삼신산만이 남게 되었다고 한다.

사람들은 삼신산에 신선이 살고 있으며, 불로초가 있다고 믿었다. 그러므로 진시황(秦始皇)이나 한무제(漢武帝)가 방술사(方術士)의 말을 듣고, 불사약을 구하기 위해 직접 동해까지 갔다가 돌아왔다는 일화까지 있다. 우리나라도 중국의 삼신산을 본떠 금강산을 봉래산, 지리산을 방장산, 한라산을 영주산으로 일컬었다. 최립(崔岦, 1539~1612)·신명구(申命耉, 1666~1742) 같은 문인은 삼신산이 우리나라에 있다고 굳게 믿었다.[8] 허균

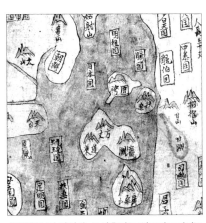

(許筠, 1569~1618)도 전라도 남원의 「사계정사기(沙溪精舍記)」를 쓰면서 삼신산이 있다면 조선에 있는 것이 분명하다고 할 정도였다.[9]

삼신산은 일찍부터 신선이 살고 있다는 명산으로 믿었다. 굳게 믿었기보다는 있길 바라는 간절한 소망이었을 것이다.

〈「천하도」의 삼신산, 조선후기(국립중앙도서관)〉

---

8) 『簡易集』 卷3, 序 「送朴子龍公江原監司序」; 『南溪集』 권3, 錄 「頭流日錄」

9) 『惺所覆瓿藁』 권7, 文部 4, 記 「沙溪精舍記」

조선시대에 만들어지는 각종 「천하도(天下圖)」에 삼신산이 빠지지 않고 표시되어 있을 만큼 동방의 신선 세계로 유명하였다. 조선의 삼신산으로 불리는 금강·지리·한라산은 많은 이들이 유람을 소망했다. 성대중(成大中, 1732~1809)은 금강산은 기이하고 변화무쌍한 것이 석가와 같고, 지리산은 넓고 크며 활달한 것이 공자와 같고, 한라산은 높고 험하며 홀로 솟은 것이 노중련(魯仲連)[10]과 같다며, 삼신산을 성현에 비유한다.[11]

삼신산 중 금강산의 명성은 좀처럼 수그러들지 않았다. 조선시대에 오면 금강산 유람 열기는 더욱 고조되고, 전시기에 걸쳐 유람객의 발길이 끊이지 않았다. 당시 금강산 유람객에 대한 통계가 없어 알 수 없지만, 17~18세기 문인화가 조영석(趙榮祏, 1686~1761)의 『관아재고(觀我齋稿)』에는 한해 동안 금강산을 찾는 유람객이 어림잡아 수천 명이 넘었다고 기록되어 있다.[12] 금강산은 산 자체가 지닌 수려한 경치만으로도 사람들에게 동경의 대상이 되어왔고, 많은 사람이 유람을 소망했다. 사람들 사이에서 금강산을 유람하는 것은 신선의 명단[선적(仙籍)]에 이름을 올리는 것이라 할 정도였다.[13] 백두산은 최북단 국경에 있고, 한라산은 바다를 건너야 하는 지리적 여건으로 유람이 어려웠다. 삼신산이 우리나라에 있다고 믿었던 신명구는, 삼신산 중 한라산은 탐라의 벼슬을 하는 자가 아니고서 바다 건너 그곳을 유람했다는 사람을 세상에서 본 적이 없다고 했다. 그만큼 한라산은 명성에 반해 유람이 어려웠다. 조선시대 가장 많은 사람의 유람이

---

10) 중국 戰國時代 齊나라의 높은 節義를 가진 隱士.
11) 『靑城雜記』卷5, 「醒言」
12) 『觀我齋稿』卷2, 序「送李令君敬日蹟 赴淮陽序」
13) 『白湖全書』卷34, 雜著「楓岳錄」

이루어진 곳은 금강산이었고, 창작된 산수유기(山水遊記)도 금강산이 다른 산에 비해 월등히 많다.

금강산은 불교 성지로 명성을 얻었지만, 유가적 성향을 지닌 사대부들도 금강산을 지속 유람하였다. 이들은 금강산에 산재한 불교 의식을 폄하도 했으나, 조선의 오랜 역사와 문화가 축적된 보고로 생각하고 생애에 꼭 한번 돌아보아야 할 곳으로 인식했다. 금강산 유람을 평생의 소원으로 간직한 사람들도 많았다. 고려말의 문신 이곡(李穀, 1298~1351)은 회양의 천마령(天磨嶺)에 올라 금강산을 한번 바라보는 것으로 평생의 소원을 다 풀었다고 감탄할 정도였다.

하늘 찌르는 흰 눈빛 신광을 발하나니	攙天雪色放神光
천자가 해마다 이 때문에 향을 내리시네	天子年年爲降香
한번 보고서 평생의 소원 이미 다 풀었으니	一望平生心已了
깊이 파묻혀 노끈 의자에 앉아 있을 필요 있는가	不須深處坐繩床[14]

〈정수영, 『해산첩』 중 「금강전도」, 1799년(국립중앙박물관)〉

14) 『稼亭集』 卷19, 律詩, 「天磨嶺上望金剛山」.

김창협(金昌協, 1651~1708)은 금강산의 산수 경관이 동방에서 가장 뛰어나다고 평가했다. 그리고 금강산을 두 번이나 유람하였지만 언젠간 다시 가보고 싶은 심정을 토로하였다.[15] 김창협과 같이 당시 사대부들이 금강산 유람 욕구를 억제하지 못하고 꼭 가서 보고자 했던 이유는 금강산 경치가 기이하여 누구에게 얘기하기도 어렵고, 설사 듣는다고 하더라도 이해하기가 어렵다는 것이다. 금강산은 직접 보고도 그 형상을 얘기하기 어려우므로, 금강산을 제대로 알고자 하면 직접 가서 유람해야 한다는 것이다.

최립은 금강산 경치라고 하는 것이 아버지가 다녀왔다고 해서 아들에게 설명해 줄 수 없고, 아들이 다녀왔다고 해서 또 아버지에게 얘기해 드릴 수가 없는 그런 장소로 이해하고 있다.[16] 박세당도 금강산 경치가 세상에서 가장 좋고, 많은 묵객(墨客)이 유람을 다녀오고 시를 지었지만, 그 빼어남을 온전하게 살린 시가 드물다는 것을 평소 괴이하게 여겼다. 그러던 차에 자신이 직접 유람하며 눈으로 보고 나서야 금강산은 시인의 붓으로 만에 하나도 형용하기 어려운 대상이라 이해하고 있다.[17]

그만큼 금강산은 웅장하고 기이한 형상으로 인해 산을 제대로 알고자 하거나, 산을 소재로 하여 작품을 창작하고자 할 때는 반드시 가봐야 한다는 것이다. 금강산은 그야말로 조선 사대부들에게 유람과 문예 작품 창작의 흥취를 유발한 선망의 대상이었다. 이남규(李南珪, 1855~1907)는 강원도 통천군수로 가는 심사범(沈士凡)에게 글을 보냈는데, "비록 고지식한 유학자나 속된 사대부라 하더라도 목을 빼고 동쪽을 바라보면서 여윈 나귀와

---

15) 『農巖集』 권22, 序 「送李瑋游楓嶽序」.
16) 『簡易集』 권3, 序 「遊金剛山卷序」.
17) 『西溪集』 권3, 後北征錄 「楓岳四絶」.

종복을 데리고 한번 유람하길 원하므로 통천군수로 나가기를 크게 염원하고 있다"[18]고 하였다. 이남규는 조선말의 학자이자 항일운동가이다. 사람들이 금강산을 동경하고 유람하기를 희망하는 풍조는 조선말에도 수그러들지 않았다. 유람을 하고자 한 조선 사대부들이 가장 많이 택한 곳은 금강산이었다.

III. 금강산 유람의 실제

고대 금강산 유람의 실제는 사료가 희소하여 많은 내용을 알 수 없지만, 삼국시대 승려들의 금강산 구도(求道) 여행과 화랑들의 유람에서 찾아볼 수 있다. 신라의 의상(義湘:625~702)·자장(慈藏, 590~658)·원효(元曉:617~686)와 같은 승려들은 구도를 위해 유람 길에 올랐다. 특히 금강산에는 삼국시대 고승들이 창건한 사찰들이 즐비하다. 금강산 대찰을 중심으로 보면, 신라 유리왕 대에 창건되었다고 전하는 유점사(楡岾寺)가 있고, 673년(문무왕 16) 원효가 창건한 장안사(長安寺), 519년(법흥왕 6)에 승려 보운(普雲)이 창건한 신계사(神溪寺), 신라 경덕왕 때 승려 표훈(表訓)이 창건한 표훈사(表訓寺)가 있다. 금강산에는 이 사찰들 외에도 고대에 창건된 것으로 전해지는 수많은 사찰과 암자가 있었다. 금강산은 불교 전래 이래 대찰 건립의 적지라는 의식이 강하게 작용하였고, 승려들의 순례 여행지로 매우 유명했음을 할 수 있다.

---

18) 『修堂遺集』 권5, 序 「送沈士凡守通川序」.

〈유점사, 일제강점기(국립중앙박물관)〉   〈장안사, 일제강점기(양구근현대사박물관)〉

〈신계사, 일제강점기(DMZ박물관)〉   〈표훈사, 일제강점기(양구근현대사박물관)〉

신라의 화랑들은 수련 기간에 경주 남산을 비롯하여 금강·지리산 등과 같은 명산대천을 찾아다니면서 도의(道義)를 연마하였다. 화랑들이 산천을 유람하는 것은 화랑도 수련에서 빠질 수 없는 것이었다. 화랑의 우두머리 국선(國仙)은 낭도를 거느리고 '유오산수(遊娛山水)'에 나섰다. 진평왕(眞平王) 때 거열랑(居烈郎) 등 세 화랑이 낭도들과 함께 금강산을 유람한 내용이 있다. 여기서 거열랑·실처랑(實處郎)·보동랑(寶同郎)의 무리라고 한 것으로 보아 상당한 인원이 금강산을 유람한 것으로 확인된다.[19] 화랑의 금강산 유람 등에는 대규모의 인원이 참여했던 것으로 보인다. 거열랑 등의 금강산 유람 내용에는 무리라고만 표현되어 있지만, 효소왕(孝昭王)

---

19) 『三國遺事』卷5, 제7 감통, 「融天師彗星歌 眞平王代」.

때의 국선 부례랑(夫禮郎)은 천명의 낭도들을 거느리고 통천의 금란굴(金蘭窟)을 유람한 기록이 있다.[20]

『삼국유사』에는 최초 화랑국선(花郎國仙)의 시초인 설원랑(薛原郎)[21]의 기념비가 명주에 세워졌다고 했다.[22] 설원랑이 화랑이었을 무렵은 진흥왕 대로, 신라 판도는 경주~안변까지 이르렀다. 진흥왕 때 경주에서 안변까지 금강산을 비롯한 동해안 명승지는 화랑도의 유람 처로 널리 알려진 것이다. 강릉에 첫 화랑기념비가 세워진 것도 화랑의 유람코스와 무관하지 않다고 여겨진다. 동해안 곳곳에 신라의 국선으로 전하는 영랑(永郎)·술랑(術郎)·안상(安詳)·남석행(南石行) 등 사선(四仙)과 관련된 유적들이 남아있었던 것도 영동지역이 화랑의 중요한 유람 코스였기 때문이다. 고려 후기 문신 이인로(李仁老, 1152~1220)는 영동지역에 "오직 사선의 문도가 가장 번성해서 비를 세우기까지 했다"[23]고 했는데, 사선의 무리들이 영동지역을 유람하였음을 말해준다. 금강산과 영동지역은 화랑들의 유람 필수 코스였다.

사선의 유람으로 총석정(叢石亭)의 사선봉(四仙峯)과 환선정(喚仙亭), 삼일포(三日浦)와 삼일포의 사선정과 무선대(舞仙臺) 등의 지명과 명칭이 생기고, 이 명칭은 지금까지도 쓰이고 있다. 그중에서도 대표적으로 화랑인 영랑과 관련된 지명으로 금강산의 '영랑점(永郎岾)', 북고성군 해금강의 '영랑호', 속초시의 '영랑호'가 생겨나기도 하였다.

---

20) 『三國遺事』 卷3, 탑상 제4, 「栢栗寺」
21) 일각에서는 설원랑을 후대의 사람들이 만든 가공인물이라 하여 실재를 부인하기도 한다. 그러나 『삼국사기』 樂志의 '思內奇物樂'은 原郎徒가 지은 것이라 한는데, 여기서 원랑은 설원랑으로 추정하고 있다.
22) 『삼국유사』 권3, 탑상 제4, 「彌勒仙花 未尸郎 眞慈師」
23) 『破閑集』 권下.

고려시대의 금강산 유람은 이곡의 「동유기(東遊記)」, 안축(安軸, 1282~1348)의 「관동와주(關東瓦注)」·「관동별곡(關東別曲)」 등에서 살필 수 있다. 이곡은 현재 북강원지역 중에서 회양군·금강군·통천군·고성군을 유람하였다. 찾은 곳은 금강산과 관동팔경의 경승지로 이름난 총석정·금란굴·삼일포·사선정·국도 등이었다.[24] 안축은 고려말 강릉도존무사(江陵道存撫使)에 임명되어 순행하면서 명승지를 유람하고 시(詩)로 된 「관동와주」와 가사체인 「관동별곡」을 썼다.[25] 안축의 「관동별곡」에는 현재 북강원지역 중에서 통천군·고성군을 유람한 내용들만 나타난다. 유람한 장소는 이곡과 마찬가지로 관동팔경의 경승지로 이름난 총석정·금란굴·삼일포·사선정 등이었다. 그러나 「관동와주」에 「금강산」 시가 있는 것으로 보아[26] 금강산도 유람했을 것으로 보인다.

금강산 유람은 조선시대에 열풍과 같이 유행하였으므로, 금강산 유람의 실제는 조선시대의 기록을 통해 구체적으로 살필 수 있다. 조선시대 한양에서 출발하여 금강산을 유람한 사대부들 대부분은 철원→김화→금성→회양→단발령(斷髮嶺)→금강산으로의 노선을 택하여, 회양의 내금강만 보고 다시 한양으로 돌아가거나, 고성으로 넘어가 외금강과 해금강을 유람한 후 다시 회양으로 넘어와 한양으로 돌아갔다. 관동팔경까지 보길 원하면 고성의 해금강에서 남하하여 관동팔경을 유람하고 강릉의 대관령을 넘어 한양으로 돌아가는 장기간의 노선을 택하였다. 한양을 출발, 강릉대관령을 넘어 관동팔경을 먼저 보고 북상하여 고성→금강산→회양→

---

24) 『稼亭集』 권5, 記 「東遊記」.

25) 『謹齋集』 권2, 補遺 歌辭 「關東別曲」.

26) 『謹齋集』 권1, 「關東瓦注」 詩 「金剛山」.

금성 등을 지나 한양성으로 가는 반대 여정을 택하기도 했다. 통상 한양에서 금강산까지 도착하는 데에 7일 정도가 걸렸고, 금강산 내에서의 유람기일은 노정에 따라 짧게는 보통 4일, 길게는 14일 정도였다. 관동팔경까지 함께 보려면 한 달 이상이 걸렸다.

한양에서 출발하면 철원·김화·금성을 지나 회양의 천마산(天摩山) 단발령을 넘어 내금강으로 들어갔다. 이 노정 중 반드시 들리던 곳 중의 하나가 금성의 피금정(披襟亭)이었다. '피금(披襟)'은 '옷깃을 풀어 헤치다'라는 뜻이다. 여정으로 심신이 지친 이들이 옷깃을 풀고 바람을 맞으며 휴식을 취한다는 의미이다. 보는 이의 단속한 옷깃마저 풀어 헤치게 할 정도로 주변의 경치가 무척 아름다운 것이다. 그러므로 이 지역을 지나는 유람객들은 피금정에 올라

<강세황, 「피금정」, 1789년(국립중앙박물관)>

주변의 경치를 감탄하며 노래했다. 조문명(趙文命, 1680~1732)은 1713년 금강산 유람 도중 피금정에 오르고, 그 경치에 반해 돌아오는 길에 다시 들리길 소망하고 있다.[27] 박태보(朴泰輔, 1654~1689)는 피금정에 올라 흙먼지가 끓을 정도로 오가는 사람이 많다고 하였다.[28] 그만큼 금강산을 오가는

사람이 많았다는 얘기다. 피금정은 금강산으로 들어가는 유람객의 지친 심신을 달래는 장소였고, 관동유람 중에 맛볼 수 있는 소소한 즐거움이 있는 장소였다.

유람객은 피금정을 지나 맥판진(麥阪津)에서 쉬었다. 금강산으로 가려면 맥판진을 지나야 했기 때문이다. 맥판진은 금성과 회양의 경계였다. 유람객들은 맥판진에 이르면 곧 금강산 입구로 들어간다고 여겼다. 김

<김홍도, 『해동명산도첩』 중 「맥판」, 1788년(개인)>

수항(金壽恒, 1629~1689)은 창도역에서 묵은 후 이곳을 지나며 별천지인 금강산이 멀지 않았음을 느꼈고,[29] 김수항의 아들 김창협은 맥판진의 절경에 놀라고, 한편 천하 명승인 금강산에 곧 당도한다는 설렘을 주체하지 못한다.[30]

맥판진을 지나 회양에 있는 천마산의 단발령을 넘으면 금강산이다. 단발령에 오르면 멀리 금강산 전경이 보이므로 유람객들은 먼저 이곳에서 금강산 전경을 감상했고, 화가들은 금강산 전경을 화폭에 담았다. 세속의 사람들이 이 고개에 올라 금강산을 보게 되면 삭발하여 출가하고픈 마음이 들기 때문에 이름 지어졌다고 한다. 단발령을 넘어 금강산 초입으로 들

---

27) 『鶴巖集』 冊1, 詩 「午憩金城南大川披襟亭」.
28) 『定齋集』 권2, 五言絶句 「披襟亭」.
29) 『文谷集』 권2, 詩 「新安途中伏次先祖爲鏡城通判時過此韻」.
30) 『農巖集』 권1, 賦 「東征賦」.

어서면 장안동(長安洞)이 나오는데, 그 동쪽에 가파른 산이 겹쳐 있어 경치가 유달리 뛰어난 금장곡(金藏谷) 있다. 김창흡(金昌翕, 1653~1722)은 금장곡을 보고 미칠 듯한 흥취가 난다고 했다.[31] 장안동에 들어서면 장안사를 들리게 된다. 사찰 입구의 무지개 모양[홍예(虹蜺)] 만천교(萬川橋)는 금강산에 들어서는 문으로 불렸다. 노수신(盧守愼, 1515~1590)은 만천교에서부터 주변 풍광에 매료되어 돌아가는 것을 잊을 정도였다.[32]

〈정선, 『신묘년풍악도첩』 중 「단발령망금강」, 1711년(국립중앙박물관)〉 〈김윤겸, 「장안사」, 1768년(국립중앙박물관)〉

　장안사 인근에는 내금강의 모든 물이 흘러드는 백천동(百川洞)이 있다. 백천동에는 천하절경인 명경대(明鏡臺)와 옥경대(玉鏡臺)가 마주하고 있다. 명경대는 높은 봉우리가 깎아지른 듯이 서 있고, 위에는 누런 돌을 이고 있는데, 둥글기가 명경(明鏡)과 같다고 하여 명명되었다. 옥경대는 '엽경대(葉鏡臺)'라 부르기도 한다. 김창협은 이곳을 보고, 황홀 지경이라 감탄을 금치 못하겠다는 탄성을 지른다. 명경대를 지나면 금강산 수많은 골짜기 가운데서도 가장 고요하고 아름다운 골짜기의 하나인 영원동(靈源洞)이

31) 『三淵集』 권9, 詩 「長安東邊疊嶂奇拔曾所未覩問知爲金藏谷也」
32) 『穌齋集』 권1, 詩 「復入長安寺」

나온다. 골짜기가 매우 깊고, 봉우리들이 기괴하여 금강내산 중 최고라 칭송받은 곳이다. 영원동 뒤쪽에는 백탑동(百塔洞)이 있다. 백탑동으로 들어가는 돌문인 문탑(門塔)을 지나면 검은 돌이 층층이 쌓여 사람이 쌓은 듯하다. 그 꼭대기가 불룩하게 튀어나온 것이 우산과 같으며, 높이는 5~6장(丈)인데 다보탑이라고도 한다. 1745년 강원도사(江原都事)로 부임했던 황경원(黃景源, 1709~1787)이 백천동과 영원동을 유람할 때, 백 가닥 시냇물이 밤낮으로 울어댄다고 하였다.[33]

〈김하종, 『해산도첩』 중 「명경대」, 1815년(국립중앙박물관)〉 〈작자미상, 『금강산도권』 중 「백탑동」, 조선후기(국립중앙박물관)〉

　영원동과 백탑동을 유람한 사람들은 내금강 동쪽 송라동(松羅洞)으로 가서 금강산 동쪽 봉우리인 망고대(望高臺, 망군대)를 조망하거나 직접 올랐다. 송라동은 신라의 마의태자가 망국의 한을 안고 들어와서 베옷을 입고 풀로 연명하다가 생을 마쳤다고 전하는 곳이다. 망고대는 벼랑이 돌난간과 같아서 쇠줄을 수직으로 드리우고 그 줄을 붙잡고 올라야 했다. 허균이 1603년 외가인 강릉에 머물고자 가는 길에 망고대에 올랐는데, 혼백이 빠지도록 두려웠다고 한다. 뒷날 오르는 사람들에게 목숨이 중하다는 걸

---

33) 『江漢集』 권2, 詩 「百川洞」.

생각해 두라고 충고할 정도였지
만, 그 위에서 보는 풍광은 목숨
을 무시할 정도였다고 극찬했다.[34]
정철은 「관동별곡」에서 그 높이
에 감탄하여 "높을시고 망고대/
외로울사 혈망봉/하늘에 치밀어
무슨 일을 사뢰리라/천만겁 지나
도록 굽힐줄 모르는가/너와 너로
구나 너 같은 이 또 있는가"라며
찬탄했다.

〈망고대, 일제강점기(DMZ박물관)〉

　내금강에서 가장 뛰어난 경치를 자랑하는 곳은 만폭동(萬瀑洞)이다. 금
강산을 찾은 사대부들은 이곳을 반드시 유람했다. 만폭동에는 표훈사(表
訓寺)가 있다. 표훈사 북쪽에는 금강대(金剛臺)가 있는데, 돌이 하늘을 뚫을
듯 솟아 있다. 금강대는 만폭동 입구에서 가장 조망이 잘되었다. 만폭동에
는 경치 외의 또 하나 명물이 있었다. 만폭동 너럭바위에 당대 명필이었던
양사언(楊士彦, 1517~1584)이 회양부사로 있을 때 쓴 "봉래풍악원화동천(蓬
萊楓岳元化洞天)" 초서(草書) 대자(大字)이다. 필체가 날아 움직이는 듯 힘차
서 유람하는 사대부들은 가히 만폭동과 자웅을 겨룰 수 있다고 평가하며,
너도나도 이 글씨 주변에 자신의 필적을 새겼다. 사대부들이 만폭동에 가
면 반드시 양사언의 글씨를 보고, 그곳에서 바라보이는 금강대의 경치를
감상했다. 김창협은 1671년 만폭동 양사언의 글씨를 밟고 서서 "원화동천

---

34) 『惺所覆瓿藁』 권1, 詩部 1, 楓嶽紀行 「從望高臺下 憩松羅菴」.

새겨진 반석 위에 올라 보니 아스라이 금강대 드높이 솟았으나 청학이라 둥지에는 울음소리 적막하다. 양봉래 노련한 필치를 살펴보니 어이쿠 성난 사자 바위를 걷어차는군"[35]이라고 소회를 남긴다. 양사언의 글씨는 화가 정수영(鄭遂榮, 1743~1831)이 만폭동 그림에 그려 넣을 정도로 깊은 인상을 남긴다.

〈정수영, 『해산첩』 중 「만폭동」(하단에 양사언 글씨), 1799년(국립중앙박물관)〉

표훈사 근거리에는 정양사(正陽寺)가 있다. 정양사 헐성루(歇惺樓)에서 바라보는 금강산의 풍치가 일품이므로 사대부와 화가들은 헐성루에서 개심대(開心臺)·방광대(放光臺)·천

〈김하종, 『해산도첩』 중 「헐성루망금강(전면)」, 1815년(국립중앙박물관)〉

35) 『農巖集』 권1, 賦 『東征賦』.

일대·배점(拜岾) 등을 한눈에 조망했다. 전해지는 얘기로 고려 태조 왕건이 방광대에 올랐는데, 담무갈보살이 돌 위에 몸을 나타내어 광채를 발하였다고 한다. 왕건이 군신들과 고개 숙여 예를 표했고, 정양사를 지었다고 한다. 이 때문에 절 뒤의 언덕을 방광대라고 하고, 앞의 고개를 배점이라 한다. 노수신은 배점에 올라, 자신도 무릎을 굽힐 것 같은 마음이 생길 정도로 배점에서 보는 금강산 경관이 매우 압도적임을 느꼈다.[36]

만폭동에는 내팔담(內八潭)이 있다. 화룡담(火龍潭)·선담(船潭)·구담(龜潭)·진주담(眞珠潭)·벽하담(碧霞潭)·분설담(噴雪潭)·흑룡담(黑龍潭)·청룡담(靑龍潭) 등 소가 8개여서 '8담'이라고 하지만 실제 8담 외에 3개의 작은 소가 더 있다. 이중 흑룡담은 승려들 사이에서 석가모니가 목욕한 곳으로 통했다. 채제공(蔡濟恭, 1720~1799)은 8담을 보고, 그중 진주담이 중국 강서성(江西省) 구강현(九江縣) 남쪽에 있

〈김윤겸, 「진주담」, 1756년(국립중앙박물관)〉

는 여산(廬山)폭포 보다 뛰어날 것이라며 극찬했다.[37] 화룡담 위쪽에는 마하연(摩訶衍)이 자리한다. 만폭동 중에서 가장 깊은 곳이다. 주변 맑은 물과 하얀 돌이 여기에 이르러 기이함을 더한다. 마하연으로부터 칠보대(七寶臺)에 오르기 직전에 설옥동(雪玉洞)이 있고, 마하연 동북쪽에 혈망봉(穴望峰)이 있다. 혈망봉은 항아리 주둥이와 같은 구멍이 있어 붙여진 이름이다.

혈망봉 아래에는 담무갈봉이 있는데, 담무갈보살을 법기보살이라고도

---

36) 『穌齋集』 권1, 詩 「拜岾」.

37) 『樊巖集』 권8, 詩 載筆錄, 「眞珠潭最爲八潭勝境」.

하기에 '법기봉'이라고도 불린다. 담무갈봉 아래쪽에는 향로봉(香爐峰)이 있다. 크고 작은 두 개의 봉우리가 있어 큰 것은 대향로봉, 작은 것은 소향로봉으로 부른다. 봉우리의 두 귀퉁이가 하늘로 높이 솟구쳐 홀로 서 있는데, 모양이 향로와 같아 그렇게 부른다. 혈망봉 동쪽에 일출봉(日出峰)과 월출봉(月出峰)이 서로 마주하고 있고, 모두 가파르고 높이 솟아나 일출과 월출을 볼 수 있어서 그렇게 불린다.

만폭동 옆에 그윽하고 조용하며 스산한 내원통(內圓通)이 있고, 여기에 내원통암이 있다. 내원통과 잇따라서는 수미봉(須彌峯)이 있다. 계곡으로는 오래된 돌들이 무더기로 얽혀 부처 같기도 하고, 짐승 같기도 하고, 집 같기도 하며 탑 같기도 한 것이, 수백 수천으로 헤아릴 수 없을 정도로 많다. 그 가운데에 한 개의 층진 바위가 불쑥 솟아 하늘을 받치고 있

〈작자미상, 『금강산도권』 중 「수미탑」
조선후기(국립중앙박물관)〉

는데 완연히 수백 층의 돌탑이다. 이것을 '수미탑'이라 부른다. 산에 솟은 돌의 모양이 실제 탑처럼 기이하고 산 자체가 불상을 안치하는 수미단(須彌壇)처럼 보이는 것이다. 서영보(徐榮輔, 1759~1816)는 수미봉을 보고, 화공(化工)이 솜씨를 발휘했다며 그 아름다움을 극찬했다.[38]

수미봉에서 동쪽으로 고개 하나를 넘으면 화살촉 같은 가섭봉(迦葉峯)이 나온다. 그 모양이 생황(笙簧) 다발과 같아 장대함이 금강산의 제일이

---

38) 『竹石館遺集』 2冊, 詩 「須彌塔」

다. 수미봉 북쪽에는 영랑점(永郎岾)이 있고, 그 옆에는 금강산의 주봉인 비로봉(毘爐峯)이 있다. 비로봉 아래로 늘어선 봉우리가 길게 펼쳐져 있고, 기이한 봉우리들이 빼어나게 솟아서 구름 병풍처럼 바라보이는 중향성(衆香城)이 있다. 중향성과 담무갈봉 사이에는 내·외금강이 교차하는 내수점(內水岾)이 있다. 내수점은 '안문점(雁門岾)'으로도 불린다.

내수점 동쪽에 백훤담(百誼潭)과 이허대(李許臺)가 있다. 이허대는 이명준(李命俊, 1527~1630)이 강릉부사 시절에 유람 왔다가, 물가에 우뚝 서 있는 모습이 마음에 들어 쉬었고, 함께 유람 온 사람의 성이 허씨(許氏)

〈엄치욱, 「묘길상」, 조선후기(국립중앙박물관)〉

였기에 마침내 '이허대'라고 글씨를 새겼다고 한다.[39] 이허대 근처에는 붉은 절벽이 병풍처럼 연이어 둘러싸 있는 묘길상(妙吉祥)이 있다. 묘길상에는 신라시대에 창건되고 고려 말 나옹(懶翁)이 중창한 묘길상암이 있었다.

내금강을 유람한 후 외금강을 보고자 하는 사대부들은 내·외 금강의 분기인 내수점(영랑점)을 넘어 고성의 유점사를 지나 백천교로 나가는 노정을 택하였다. 윤휴(尹鑴, 1617~1680)는 1672년 백천교를 건너면서 주변 수석이 기이하기 이를 데 없고, 푸른 소나무가 길옆으로 죽 있어 눈을 다시 닦고 보게 할 정도라며, 백천교 풍광에 대한 찬사를 쏟아냈다.[40] 이어 사대부들은 외금강의 대표적 명승인 은선대(隱仙臺)·십이폭포(十二瀑布)·

39) 『樂全堂集』 권7, 記 「遊金剛小記」.
40) 『白湖全書』 권34, 雜著 「楓岳錄」.

만경대(萬景臺)·불정대(佛頂臺)·발연(鉢淵)·신계동(新溪洞)·옥류동(玉流洞)·구룡연(九龍淵)·만물상(萬物相) 등을 유람하였다.

은선대가 있는 골짜기는 효운동(曉雲洞)이다. 항상 새벽 구름에 잠겨 있다고 하여 비롯된 이름이다. 그리고 은선대와 마주하고 있는 십이폭포가 가장 기묘한 장관이다. 십이층의 폭포가 겹겹이 쌓인 벽 중간에 맑디맑은 물이 흐른다. 홍직필은 은선대에서 바라본 주변 풍광에 압도되어 눈이 휘둥그레졌다.[41] 그리고 이 근방에는 봉우리 중 가장 높은 만경대가 있다. 남효온(南孝溫, 1454~1492)이 금강산 유람 중, 길을 안내하는 승려에게 만경대 안내를 청했을 때 승려들이 모두 만류했을 정도로 오르기 험하고 높다.[42] 이이(李珥, 1536~1584)가 19세 때 만경대에 올랐을 때도 산골이 깊어 승려들도 모를 정도였는데, 막상 올라 보니, 온 사방을 모두 환하게 볼 수 있는 곳이라 했다.[43] 은선대와 마주한 박달령 위에 불정대가 있다. 만 길

〈김하종, 『해산도첩』 중 「은선대망12폭」, 1815년 (국립중앙박물관)〉   〈정선, 『신묘년풍악도첩』 중 「불정대」, 1711년(국립중앙박물관)〉

---

41) 『梅山集』 권1, 詩 「東遊而歸謹步近齋先生紀行古詩韻演成長編以敍勝賞」.

42) 『秋江集』 권5, 記 「遊金剛山記」.

43) 『栗谷全書』拾遺 권1, 詩 「余之遊楓嶽也 懶不作詩 登覽旣畢 乃摭所聞所見 成三千言 非敢爲詩 只錄所經歷者耳 言或俚野 韻或再押 觀者勿嗤」.

되는 절벽으로 잔도(棧道)를 설치해서 다녔다. 불정대 남쪽에는 풍혈대가 있다. 돌에 동굴이 뚫려 있는데, 이 동굴에서 바람이 불어온다고 붙여진 이름이다. 성현(成俔, 1439~1504)은 불정대에서 조망되는 기이한 경관에 매료되어 돌아가는 것을 잊을 정도였다고 했다.[44]

은선대와 십이폭을 보면, 발연으로 길을 잡는다. 쌍으로 흐르는 곳은 상발연(上鉢淵)이고, 6개의 웅덩이가 있는 곳은 하발연(下鉢淵)이다. 둥글기가 마치 바리때[발(鉢)]처럼 생겼기 때문에 붙여진 이름이다.[45] 위

<김홍도, 『해동명산도첩』 중 「치폭」, 1778년 (개인)>

쪽 반석에서 비스듬히 폭포가 흐르는 곳에 발연암(鉢淵庵)이 있다. 발연암은 승려들이 폭포를 타는 놀이인 치폭(馳瀑)을 하던 곳이다. 신익성(申翊聖, 1588~1644)이 치폭의 모습을 보고 "발연의 물놀이와 발연의 유적은 절경이라 부를 만하다"[46]고 했다. 당시 유람객들도 발연에서 치폭을 자주 즐겼다. 폭포가 흐르는 위의 서쪽 벽에는 양사언이 쓴 "봉래도(蓬萊島)" 3자가 새겨져 있다.[47]

발연을 보고 내려오면, 금강산 왼쪽 기슭에 있는 신계동으로 길을 잡는다. 신계동은 금강산 대찰 중 하나인 신계사가 있다. 신계동은 골짜기가

---

44) 『虛白堂集』 권3, 詩 「登佛頂臺」

45) 『林下筆記』 권37, 蓬萊秘書 「上鉢淵·下鉢淵」

46) 『樂全堂集』 권7, 記 「遊金剛小記」

47) 『江漢集』 권10, 記 「靈源石記」

그윽하고, 봉우리는 옥을 깎아놓은 듯하다. 신계사에서 산 위로 오르면 옥류동이 나오는데, 가는 길이 매우 험하였다. 잡고 올라갈 것이 없어서 철로 된 동아줄을 내려서 의지했다고 한다. 옥류동의 백미는 비봉(飛鳳)폭포이다. 폭포수의 모양이 봉황새가 긴 꼬리를 휘저으며 하늘로 날아오르는 것같이 아름답다고 하여 '비봉'으로 불렸다. 폭포수는 큰 바위벽을 굽이쳐 흐르며, 다시 누운 폭포를 이루다가 흩어져 떨어지면서 푸른 못인 봉황담에 담긴다. 채제공은 신선이 존재한다면, 바로 이곳이 신선이 노닐기에 가장 접합한 곳일 것이라며 감탄했다.[48]

〈김하종, 『해산도첩』 중 「비봉폭」, 1815년(국립중앙박물관)〉

옥류동에서 정상 쪽으로 더 오르면 구룡폭포가 있다. 유점사 터에서 살던 아홉 마리의 용이 53불(佛)에 쫓겨나 이곳에 와서 살았다는 전설에서 '구룡'이라는 이름이 유래하였다. 구룡폭포 상류에는 물줄기가 굽이굽이 8개의 연못을 이루는 '상팔담(上八潭)'이 있다. 상팔담의 물이 산

〈구룡연(DMZ박물관)〉

---

48) 『樊巖集』 권5, 詩 「玉流洞」.

등성이를 가로질러 안팎으로 흘러서 8번째 연못에 떨어지는데, 이물이 구룡폭포를 이루고 폭포가 떨어지는 못이 구룡연이다. 구룡폭포는 물이 불어나면 은색 무지개가 땅으로 꽂히는 것과 같다. 골짜기 돌의 표면이 맑고 미끄러워서 발을 디디기 매우 어려워 유람온 사대부들이 종종 넘어져 다치는 일이 많았다. 홍직필(洪直弼, 1709~1787)은 구룡연을 보고, 하늘의 연못이라며 찬사를 쏟아냈다.[49]

옥류동에서 하산하면 다시 신계동을 경유, 만물상으로 오르는 코스가 있다. 만물상은 온정(溫井)의 서쪽 끝인 오봉산(五峯山) 남쪽 사면 일대로, 층층 절벽 만 가지의 생김새를 가진 기암괴석으로 이루어진 봉우리들이 줄지어 서 있다. 원래 '만물초(萬物草)'라 하였다. 만물상 입구의 삼선암(三仙巖)에서는 동해의 푸른 바다를 한눈에 볼 수 있고, 삼선암 주변에는 귀면암과 독선암이 있다. 귀면암을 지나 온정의 천선대(天仙臺)에 오르면, 만물상을 한눈에 바라볼 수 있다.

〈오봉산 만물상, 일제강점기(DMZ박물관)〉

외금강이 위치한 고성 해변에는 영랑호·해금강·삼일포(三日浦)·감호(鑑湖) 등의 비경이 있다. 북쪽으로 조금 더 올라가면 관동팔경 중 하나인

---

49) 『梅山集』 권1, 詩 「九龍淵」

통천의 총석정(叢石亭)이 있다. 외금강을 유람한 사대부들은 동해의 절경과 관동팔경을 함께 유람하기도 한다. 영랑호는 현 속초시의 영랑호가 아니라 북강원도 고성군에 있는 영랑호이다. 삼면이 산에 둘러싸여 있고 동쪽으로 바다에 닿아 있어 매우 기이한 경치를 이루고 있다. 영랑호 동쪽 가에는 현종암(懸鍾巖)이 있는데, 기이한 암석에 구멍이 뚫려 있는 것이 종을 매달아 놓은 것과 같다고 해서 붙여진 이름이다.

<북고성군 영랑호(『조선향토대백과』)>   <정수영, 『해산첩』 중 「해금강 군옥대」, 1799년 (국립중앙박물관)>

해금강은 금강산 줄기가 바다로 들어간 것과 같다는 뜻이다. 기암과 가파른 절벽이 바닷가를 둘러싸고 있고, 그사이에 푸른 소나무가 있는데 마치 금강산과 같다고 하여 붙여진 이름이다. 사대부들은 해변에서 해금강을 조망하는 것에서 그친 것이 아니라, 배를 타고 들어가 유람하였다. 해금강 바다 가운데는 칠성봉(七星峰)이 있는데, 옛 이름은 입석(立石)이다. 곳집 같은 것 7개가 칠성과 같은 형상이라서 붙여진 이름이다. 북쪽에는 험준한 기암으로 되어있는 군옥대(群玉臺)가 장관으로 펼쳐있다.

해금강 북쪽에는 통천의 총석정이 있다. 총석정을 보기 위해 북상하는 도중에는 통천의 기이한 볼거리인 옹천(瓮遷)과 금란굴(金襴窟)이 있어서 사대부들이 무시로 유람했다. 총석정은 총석에 있는 누정의 이름이고, 총

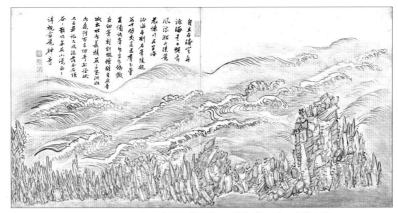

<작자미상, 『금강산도권』 중 「현종암」 조선후기(국립중앙박물관)>

석은 해안의 주상절리(柱狀節理)
이다. 육면(六面)으로 깎여있는
수십 개의 돌기둥이 해저에 꽂
혀 있는 모양에서 이름한 것이
다. 총석정은 관동팔경의 한 곳
이기도 하지만, 이곳의 절벽과
바위가 신기하고 아름다워 이

<김하종, 『해산도첩』 중 「해금강」, 1815년(국립
중앙박물관)>

<김하종, 『해산도첩』 중 「총석」, 1815년(국립중
앙박물관)>

<김홍도, 『해동명산도첩』 중 「총석정」, 1788년
(개인)>

전통 시대 금강산 유람문화　　**325**

곳을 '통천금강(通川金剛)'이라고 한다. 생긴 것이 변화무쌍하여 유람객들의 감탄을 자아내기 충분했다. 김육(金堉, 1580~1658)은 총석의 모습이 방정하고 굳세어서 그 성품을 하늘이 내린 것이라 감탄했다.[50]

육지에서는 총석의 절경을 제대로 감상할 수 없어 바다에 배를 띄워 감상하였다. 육지에서 총석을 감상하려면 총석정 북쪽에 있는 환선정(喚仙亭)에서 조망하는 것이 제격이었다. 김인후(金麟厚, 1510~1560)는 배를 타고도 구경했고, 육지에서는 환선정에 올라 총석을 바라보았다. 김인후는 총석을 미인에 비유하며, 자신의 옷깃이 이 미인에게 끌릴까 근심이 될 정도로 풍광에 매료되었다.[51]

해금강과 연접한 삼일포도 빼놓을 수 없는 유람 장소였다. 삼일포는 돌섬 36봉이 둘러싸

〈총석정, 일제강점기(DMZ박물관)〉

고 있어 기이한 경치를 이룬다. 신라 때 4선(四仙)으로 불리는 화랑 4명이 이곳에서 3일을 노닐었다고 하여 명명되었다. 삼일포 가운데의 섬에는 사선정(四仙亭)이 있었다. 남쪽의 단서암(丹書巖)에는 붉은 글씨로 '술랑도남석행(述郎徒南石行)' 6자가 새겨져 있었다. 삼일포를 유람하는 사대부들은 배를 타고 사선정에서 노닐고, 반드시 이 글씨를 보고자 했다. 삼일포 서쪽에는 4선이 춤을 추고 놀았다는 무선대(舞仙臺)가 있고, 북쪽에는 파도가 치고 있을 때 돌의 형상이 사자와 같다는 사자암(獅子巖) 등이 있다. 신

---

50) 『潛谷遺稿』 권2, 詩 「叢石亭」.
51) 『河西全集』 권10, 七言律詩 「映仙亭板上韻」.

익성은 고성군수 이극포(李克浦)의 도움을 받아 삼일포에 배를 띄워 사선
정에 올라 술을 마시며 놀았다.[52]

〈작자미상, 『금강산도권』 중 「삼일포」 조선후   〈삼일포, 일제강점기(양구근현대사박물관)〉
기(국립중앙박물관)〉

　삼일포 조금 남쪽에는 감호가 있다. 흰 모래와 푸른 소나무가 둘러있
는 것이 절경이다. 감호 위쪽에 구선봉(九仙峰)이 있는데, 우뚝우뚝 솟은
모양이 기이한 암석 덩어리 같다. 구선봉은 금강산의 제일 동쪽에 위치하
여 금강산 일만이천봉의 마지막 봉우리로 여겨진다. 그 이름은 구선(九仙)
이 이곳을 찾아 바둑을 두고 놀았다는 전설에 따라 지어졌다고 전해진다.
감호 주변에는 양사언이 감호당(鑑湖堂)을 짓고 살면서, 정자를 경영했는
데, '비래정(飛來亭)'이라 하였다. 양사언은 비래정을 신선이 노니는 공간
으로 설정하였다. 비래정은 금강산을 너무 좋아했던 양사언이 관직 생활
보다는 자연 속에 은거하면서 시와 서예 같은 예술로 삶을 즐기려는 뜻을
담은 곳이었다. 양사언은 아름다운 비래정에서 속세의 욕망을 완전히 끊
고 백구와 함께 살아가겠노라는 것이 그의 생각이었다.[53]

---

52) 『樂全堂集』권7, 記 「遊金剛小記」.
53) 『蓬萊詩集』권2, 五言律詩 「飛來亭」.

<감호와 구선봉(DMZ박물관)>

해금강·삼일포·감호 등지를 유람했던 사대부들은 대부분 고성군 관아에 들려 유람에 도움을 받거나 하룻밤을 묵어갔다. 특히 고성군 객사에 있던 해산정(海山亭)은 또 하나의 볼거리를 제공해 주는 곳이었다. 해산정에서 바라보이는 외금강의 경치가 일품이었기 때문이다.

<정선,『신묘년풍악도첩』중「해산정」, 1711년 <작자미상,『금강산도권』중「해산정」, 조선후
(국립중앙박물관)>   기(국립중앙박물관)>

고성은 바다를 끼고 있는 풍광이 뛰어나 사선정이나 해산정 외에도 대호정(帶湖亭)·일승정(一勝亭)·어풍정(馭風亭)·칠송정(七松亭)·쌍벽정(雙碧亭)·망악정(望嶽亭) 등과 같이 수려한 경치를 끼고 있는 누정들이 부지기수였고, 유람객들이 그냥 지나치지 못하는 곳이었다. 어떤 이들은 고성에서 금강산과 해금강 유람을 마치고 귀가하거나, 다시 남하하여 간성의 청간정, 양양의 낙산사, 강릉 경포대, 삼척 죽서루, 울진 망양정, 평해 월송정까지 유람하기도 한다.

사대부들의 금강산 유람에서는 술과 음악, 놀이 등이 수반되었다. 유람은 일상의 권태로움에서 벗어나고자 하는 의도가 공존하였으므로, 금강산과 같은 지상의 신선 세계에서 술을 마시며 멋들어진 풍류를 즐기는 것은 유람에서 빼놓을 수 없는 즐거움이었다. 그야말로 멋과 운치가 있는 호방한 놀이는 풍류이자 낭만이었고, 이것이 볼썽사나워지면 유흥이었다. 유람 중 풍류를 즐기는 것은 노소(老少) 불문이었다. 당대 명망이 자자했던 대 유학자들도 유람 중 술에 취하고 분위기에 들떠 나이를 잊은 채 덩실덩실 춤을 추며 유흥을 벌였고, 산중의 승려들과 술을 마시는 것도 다반사였다.

유흥은 유람을 전부터 시작되기도 했다. 지인과 함께 유람을 약속할 때는 유람 시작 전, 우선 술로 회포를 풀었다. 그리고 유람 과정에서의 유흥은 물론, 유람을 끝내고도 여흥(餘興)으로 이어지는 경우가 많았다. 아무래도 혼자보다 여럿이 어우러져 함께 유람할 때 유흥의 횟수가 더욱 많아질 수밖에 없었다. 유람에서의 유흥을 위해서는 술은 기본적으로 가져가거나 현지에서 조달해야 했고, 흥을 돋우기 위한 악공은 필수였다.

유람에는 기생이 함께하는 경우가 많았다. 기생들은 보통 유람지의 수령이나 지인이 유람객 산행을 전후한 접대를 위해 많이 동원하였지만, 유람에도 함께 데려가는 경우가 있었다. 당시 기생들 대부분은 춤과 노래의 기예를 함께 갖추고 있었다. 유람에 따라나섰던 기생들은 소리꾼과 악공을 겸하였다. 그리고 자신이 평소 아끼던 기생을 데려가기도 하는데, 술을 따르거나 춤을 추어 유흥의 흥취를 돋우고, 수발을 드는 역할을 했다. 때로는 밤 수청을 들기도 한다.

금강산에서의 유흥시간은 대부분 저녁이고 장소는 사찰이었다. 금강산 유람의 숙소가 사찰이었기 때문이다. 사대부들은 사찰에서 연회를 즐기는 것을 그리 흠이 되는 일로 생각지 않았다. 금강산 유람 중 가장 흔히 벌어지는 상황이었다. 사찰에 술자리가 만들어지면 악공들에게 피리를 불게 하고, 악공을 데려가지 않으면 범패(梵唄)를 하는 승려들을 동원하여 연주시켜 흥을 돋웠다. 특히 절에 누각이 있으면 그곳에 올라 연회를 열었고, 야심한 밤 모두 대취하여 사찰에서 유숙했다. 승려들과 함께 술자리를 하기도 한다. 임진왜란 때의 의병장으로 유명한 양대박(梁大樸, 1543~1592)은 1571년 금강산을 유람하면서 산중에 동행 한 승려들과 함께 술을 마셨다. 주영암(珠纓巖)에서 자신의 유람을 안내했던 능인암(能仁庵)의 승려 계은(戒旹)과 술을 마시고 있을 때 유점사의 주지 도잠(道岑)이 찾아와 함께 술을 마셨다.[54]

신익성은 선조의 딸인 정숙옹주(貞淑翁主)와 혼인한 부마(駙馬)로 동양위(東陽尉)에 봉해져 있었다. 그러므로 신익성이 금강산 유람 길에 오르자, 수령들이 신경 쓰지 않을 수 없었다. 현직의 중앙 고관이 유람을 올 때는 지역 수령들은 더욱 각별한 관심을 보인다.[55] 1603년 예조판서로 있던 이정귀(李廷龜, 1564~1635)가 금강산을 유람하였을 때는 고을의 모든 수령이 그를 수행하고 접대하려 했다. 이정귀는 함흥부(咸興府)에 있는 이성계

---

54) 『靑溪集』 권4, 文 「金剛山紀行錄」.
55) 『樂全堂集』 권7, 記 「遊金剛小記」.

의 부친 이자춘(李子春)의 묘인 화릉(和陵) 수리 책임을 맡은 봉심관(奉審官)으로 참석하였다가 돌아오는 길에 금강산을 유람하였다. 평소 가보지 못한 금강산 유람을 위해 봉심관을 자청했다. 이때 당대 명필이었던 한호(韓濩, 1543~1605)가 금강산 인근 흡곡현령으로 발령받았으므로, 이정귀와 함께 출발하였다. 이정귀는 한호에게, 최립이 간성군수로 있으니 화릉 수리를 마치고 난 후 모두 함께 금강산을 유람하자고 청했다. 이정귀가 금강산을 유람한다는 소식이 있자 함흥에 있을 때부터 한호와 최립, 통천군수 안창(安昶)이 매일 일정을 물어왔고, 그 밖에 관동수령의 공문서를 가지고 일정을 묻는 자들이 줄지어 도착하였다고 한다. 이정귀가 함흥을 떠나 영흥에 도착했을 때 여진족이 종성부(鍾城府)에 침입하였다. 이정귀는 이 소식을 듣고 금강산 유람을 포기하려고 수령들에게 사과의 서신을 보냈다. 그러나 곧 여진족이 격퇴되었다는 소식을 듣고 유람을 재개하였으나, 흡곡현령 한호와 약속한 일정을 맞추지 못해 길이 어긋나 이정귀는 몇 명의 수행원과 금강산을 유람하였다.[56]

사대부들의 금강산 유람에는 사찰의 승려들이 동원되었다. 대부분의 유람 처는 산중이었고, 산중에는 숙박시설이 없었으므로 사찰이나 암자 등이 유람객의 숙소로 이용되었다. 승려들은 유람객의 숙식을 제공하고, 수발을 드는 등의 사역을 감당해야 했다. 특히 승려가 산중의 길을 가장 잘 알고 있어서 산중 유람의 가이드를 맡아야 했고, 유람객들이 타고 다니는 가마를 메야 했다. 가이드는 산길에 익숙한 노승이 맡았는데, 손가락으로 길을 가리키는 승려라는 뜻에서 '지로승(指路僧)'이라 했다. 가마 메는

---

56) 『月沙集』 권38, 記 「遊金剛山記」.

일은 젊은 승려들이 담당했고, 가마를 메는 승려라는 뜻에서 '남여승(藍輿僧)'이라 했다.

사대부들은 평지에서 나귀나 말을 타고 유람하다가도 산중 유람에는 산길에 익숙한 승려들의 가마에 옮겨 탔다. 이때 이용되는 가마는 대나무로 엮었고, 지붕 없이 만든 비교적 간편한 가마였다. 이 가마는 '남여(藍輿)'·'순여(筍輿)'·'죽여(竹

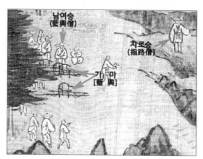

〈정선, 『신묘년풍악도첩』의 「백천교」 부분 (국립중앙박물관)〉

輿)'·'편여(筬輿)' 등으로 불렸고, 어깨에 메고 다닌다 해서 '견여(肩輿)'로도 불렸다. 남효온의 경우 1485년 금강산을 유람할 때 직접 걸어서 다니기도 했지만, 사대부들 대부분은 나이와 관직 고하를 막론하고 산중 유람은 가마를 타고 했다. 김창협은 21살의 젊은 나이에도 금강산의 험준한 곳 모두 가마를 타고 유람하였다. 정선이 1711년 금강산의 백천교를 그린 그림을 보면 가마를 내려놓고 쉬고 있는 고깔 쓴 가마꾼 승려들과 나귀를 몰고 주인을 기다리며 대기하고 있는 종복들이 있어 당시 승려들의 가마 메는 모습을 여실히 보여 준다.

사대부들은 승려들을 가마꾼으로 동원하는 것을 당연시했다. 승려의 가마를 타고 유람하는 내용은 유람 기록에 거의 빠지지 않고 등장하고 있다. 유람에 승려들의 가마를 이용하는 것은 유람에 있어 상용화된 것으로 보인다. 그냥 오르기도 힘든 가파른 산길에 가마를 메는 것은 매우 고된 노역이었다. 정엽은 금강산을 유람할 때 유점사 승려의 가마를 타고, "가마를 탔어도 피곤하여 견딜 수 없는데 가마꾼은 오죽하겠는가?"라고 하면서 가마꾼 승려의 고통을 말하고 있다. 정엽이 안문점에 이르자 장안사의 승려들이 가마 교대를 위해 기다리고 있었다. 그런데 장안사 가마꾼 승려가 모자라 부득이 유점사의 승려에게 다시 가마를 메게 하였는데 매우 괴롭게 여겼다고 한다.[57] 가마꾼 승려는 유람객의 수에 따라 수십 명까지 동원되었다. 윤휴가 금강산을 유람할 때 안문점에 이르자 유점사 승려 50~60명이 와서 대기하고 있었다. 유점사 승려들이 윤휴 일행이 왔다는 소식을 듣고 가마 교대를 위해 기다리고 있던 것이다.[58] 금강산 안문점은 회양 내금강과 고성 외금강의 경계로, 승려들이 가마를 교대하는 장소였다. 이유원의 『봉래비서』에 "안문점에 오르면, 정상에 초막 하나가 있는데 가마를 교체하는 곳이다"[59]라고 하였다. 금강산처럼 큰 산은 유람의 처음부터 끝까지 한 사찰의 승려들이 가마를 멜 수 없었으므로, 일정 구간에서 승려들이 교대했다. 유람객이 자주 찾는 산에는 사찰들이 유람객을 수행하는 구간을 나누어 놓았기 때문이다.

승려들은 가마 메는 것이 괴롭고 힘들어 뚱뚱한 유람객은 기피 했고, 오르기 어려운 곳은 유람객에게 볼만한 것이 없다고 거짓말을 하기도 한다. 금강산을 처음 찾는 유람객이 높은 봉우리의 경치를 감상하고자 승려들에게 물으면, 승려 대부분은 곧바로 볼만한 곳이 없다고 한다. 가마를 메고 오르기 매우 힘들기 때문이다.

승려들은 특별한 품삯을 받는 것 없이 가마를 메고 다녔다. 가마꾼 사

---

57) 『守夢集』 권3, 雜著 「金剛錄」.
58) 『白湖全書』 권34, 雜著 「楓岳錄」.
59) 『林下筆記』 권37, 蓬萊秘書 「鴈門嶺 隱仙臺 十二瀑 曉雲洞 外船潭 萬景臺 中內院」.

역에 종사해 봐야 사대부들은 먹다 남은 쌀 등의 생필품을 사찰에 조금 남겨 두고 가거나, 시 한 줄 써주는 것이 고작이었다. 품삯이라고 해봐야 술 한 잔 정도였다. 반대로 사찰에서는 유람객 접대에 막대한 비용을 소진했다. 정약용의 『목민심서(牧民心書)』에 이러한 실태가 잘 나타나 있다. 고을 수령이 사찰에서 한번 놀면, 동반한 사람들의 접대를 위해 사찰의 반년 생활비가 동이 난다고 하였다. 그리고 혹시 수령들이 비용을 충당해 주기 위해 사찰에 돈과 쌀을 주면, 수령이 절 밖을 나서자마자 아전과 관노들이 빼앗아 버렸다고 한다.[60] 금계(錦溪) 배찬(裵瓚, 1825~1898)이 고을의 모 수령과 산을 유람하였는데, 암자에서 숙식하며 수령이 음식 경비를 자비로 충당한다고 하자 승려들이 은혜에 감사하고 덕을 칭송할 정도였다.

승려들은 사찰에서의 숙식 수발, 기생들과 함께 춤을 추기도 하는 등 사대부들의 종과 같은 역할까지 해야 했다. 양경우(梁慶遇, 1568~1638)는 지리산을 유람하면서 승려들에게 물놀이를 시키기도 했다. 폭포연(瀑布淵)과 북지당(北池塘)에 이르렀을 때, 따라온 노복이 승려들이 물놀이를 잘한다고 이르자 어린 승려 7~8명에게 물놀이를 시켰다. 승려들은 발가벗고 음부를 가린 채 시키는 대로 물놀이했다. 못 위에 있던 한 승려가 숲에서 나온 큰 벌에게 이마를 쏘여 땅에 쓰러져 울부짖자 흥이 깨져 자리를 파하였다.[61]

유람객이 사찰에 요구하는 작폐도 적지 않았다. 김육은 개성 천마산의 절 태반이 비어 있는 이유가 산중에 유람을 오는 사람들이 끊이지 않고,

---

60) 『牧民心書』권1, 律己 六條 飭躬 「治理旣成衆心旣樂風流賁飾與民皆樂亦前輩之盛事也」.
61) 『霽湖集』권11, 「歷盡沿海郡縣 仍入頭流 賞雙溪 神興紀行祿」.

이중 무뢰한 자들이 사찰을 침탈하였기 때문이라 하였다.[62] 1589년 강원도관찰사 구사맹(具思孟, 1531~1604)은 한계산 유람 중 한계사 터에 장막을 치고 머물렀는데, 대찰이었던 한계사의 폐사 원인이 유람객 영접의 고통 때문이라고 했다.[63] 인조 때에는 역군(役軍)을 거느리는 어떤 장교가 사찰에 가서 가마를 내어오도록 요구하며 승려들을 잔인하고 혹독하게 대했고, 승려를 결박하여 마구 때리며 먹을 것과 물품을 내키는 대로 요구하기도 하였다.[64]

유람 사역과 접대는 지역민도 예외가 될 수 없었다. 관동지방은 금강산과 관동팔경으로 인해 유람객이 끊임없이 찾아왔으므로 유람 사역으로 인한 지역민의 피해가 다른 지방에 비해 특히 심했다. 이러한 폐해는 고려시대부터 쭉 있었다. 최해는 이와 같은 폐해를 직접 목도 하였다. 이때는 고려 왕실의 명을 받고 사시사철 금강산에 예불하러 오는 중앙의 관리들이 많았다. 금강산 주변의 수령들은 중앙관의 위세를 두려워하여 예불에 수반되는 큰 비용을 부담하였고, 백성들을 접대에 동원하였다. 최해 자신도 금강산을 유람하였지만, 이러한 상황을 목도 한 후 사대부들이 금강산을 유람하는 것을 비루하게 생각했다.[65]

예나 지금이나 모든 여행은 피로가 있기 마련이었다. 그러나 사대부들이 금강산 유람 여정에서 오는 피로를 감내하며 편안하고 즐거운 유람을 할 수 있었던 것은 승려들과 백성들의 사역이 있었기에 가능한 일이었다.

---

62) 『潛谷遺稿』권14, 錄「天聖日錄」.
63) 『八谷集』권2, 五言古詩「寒溪山」.
64) 『承政院日記』仁祖 4년 10월 丙午.
65) 『拙藁千百』권1, 序「送僧禪智遊金剛山序」.

이것은 비단 금강산 유람에 한정된 관행은 아니었다. 조선시대 모든 지역의 유람에 나타난 관행이었지만, 유람객이 가장 많이 찾던 금강산 일대의 지방이 특히 심하였다. 금강산 유람은 누군가에게는 평생 잊지 못할 즐거움이었고, 누군가에게는 평생을 붙어 다니는 고역 중 하나였다.

IV. 맺음말

금강산은 고대 대찰의 입지 처였고 승려들의 순례지였다. 화랑들은 금강산에서 심신을 수양하고자 유람했다. 고려시대에는 동아시아 불교 성지로 추앙받았고, 경관도 으뜸이어서 순례객과 유람객의 발길이 끊이지 않았다. 산수 유람을 꿈꾸던 모든 이들에게 금강산은 로망이었다.

조선시대 유람문화가 유행하는 기저 속에서 금강산은 조선 최고의 유람지로 부상한다. 신분 고하를 막론하고 누구나 금강산 유람을 일생의 소원으로 삼을 만큼 명성이 높아진다. 경승이 기이하여 누구에게 얘기하기도 어렵고, 설사 듣는다 하더라도 이해하기가 어려운 곳이었다. 직접 가서 보기 전에는 금강산의 형상과 그 흥취를 알 수 없었다. 웅장하고 기이한 형상으로 인해 사람들로 하여금 이를 보고자 하는 흥취를 유발하였고, 유람 처로는 선망의 대상이었다. 금강산은 국내에서 단연 으뜸가는 유람의 장소로 유람을 성행시킨 명승이었다.

금강산 유람은 하나의 행위 현상으로 그치지 않았다. 시문이나 기행문인 산수유기, 기행사경도 창작의 성행과 같은 문화를 재생산해 냈다. 금강산은 조선 지식인들의 문예 작품에서 다채로이 표출되었다. 이 밖에도 금강산 도처에는 명현(名賢)에서부터 무명의 선비에 이르기까지 수많은 사람의 족적이 암각문(巖刻文)으로 남아있다.

금강산의 명성은 시대가 지나면 지날수록 선대의 유람 자들이 남겨놓은 기록을 통해 더욱 회자되고, 금강산을 동경하는 사람들의 여행 욕구를 증가시켜 금강산 열기는 좀처럼 수그러들지 않고 있다. 지금은 비록 금강산 관광이 중단되었지만, 대한민국을 살아가는 우리에게 남북한을 통틀어 가장 가보고 싶은 국내의 관광지를 꼽으라면, 아마도 금강산이 다섯 손가락 안에 꼽힐 것이다. 현대인에게도 금강산 관광은 여전히 로망이다. 강원지역은 금강산을 통해 전국 제일의 관광명소라는 표상을 획득했고, 철원군은 금강산 관광의 기착지로 큰 명성을 얻었다. 금강산 관광이 하루 속히 재개되고, 금강산전기철도가 재개통되어 과거 금강산을 통해 얻었던 철원의 번영 시대가 속히 도래하길 기원한다.

(참고문헌은 각주로 대체)

조선 시대 금강산 가는 길

권혁진

강원한문고전연구소 소장

목차

Ⅰ. 서론

금강산은 담무갈보살이 머무는 불교의 성지로 알려졌다. 보살이 머문 다는 믿음은 원나라에까지 알려져 '바라건대, 고려국에 태어나 금강산을 한 번 보고 싶네[願生高麗國, 一見金剛山]'라는 시를 지으며 동경하였다. 또한 금강산은 삼신산 중의 하나라 생각했으며, 빼어난 경치로 인해 앞다 퉈 금강산을 유람했다. 노영(魯英)은 1307년에 금강산을 배경으로 한 「담 무갈현신도」를 그렸고, 이후 명나라 황실과 중국 사신을 위한 금강산도가 많이 그려졌다. 18세기 전반기에 정선(鄭敾)을 필두로 직접 금강산을 찾아 실경을 그리기 시작했다. 문인들은 한시와 유람기를 남겼다. 특히 조선 중기 이후 명산을 유람하는 분위기에 편승해 금강산은 대표적인 유람처가 되었다.

금강산은 국내 명산 가운데서도 유산기가 가장 많이 전해진다. 알려진 것만 해도 170여 편에 달한다. 경상대학교 경남문화연구원 한국학토대사업단의 '금강산유람록 번역 및 주해' 팀에서 번역한 바 있다. 본고는 이를 바탕으로 금강산 유람 경로를 살펴본다. 유람 경로에 대한 연구는 정치영에 의해 시작되었다.[1] 서울서 출발하여 풍전역, 김화, 직목역, 창도역까지 가서 일부는 추지령을 넘어 해금강에 이르렀고, 나머지는 단발령을 넘어 내금강에 이르렀다고 보았다. 이영숙[2]은 한양에서 출발하여 금강산으로 향한 사람들은 곧장 내금강으로 갔으나, 그 외 지역에서 출발한 유람객들은 동해안의 명승을 두루 유람하고 금강산으로 향하는 경우가 많았다고 보았다. 한양이나 근기 지역에서 출발한 인물들의 유람로를 세분화하여 곧장 금강산으로 향한 경우와 금강산을 중심에 두고 남쪽 지역의 명승을 유람하고 금강산으로 향한 경우, 북쪽 지역의 명승을 유람하고 금강산으로 향한 세 가지 경우로 나누어 보았다. 고태규[3]는 유람 경로를 크게 세

---

1) 정치영, 『사대부, 산수유람을 떠나다』, 한국학중앙연구원출판부, 2014; 정치영, 「金剛山遊山記를 통해 본 조선시대 사대부들의 여행 관행」『문화역사지리』 제15권 3호, 한국문화역사지리학회, 2003.

2) 이영숙, 「17세기 이전 금강산 유람의 경로 및 특징」『남명학연구』 55, 경상국립대학교 경남문화연구원, 2017; 이영숙, 「경로를 통한 금강산 유람의 변천고찰」『韓國漢文學硏究』 77, 한국한문학회, 2020.

3) 고태규, 「조선시대 금강산 유람기에 대한 여행사(史)적 고찰」『관광연구저널』 한국관광연구학회, 2018.

가지로 구분하였다. 첫째는 한양에서 출발해서 북쪽 내금강으로 들어가는 코스로 한양-철원-김화-창도(또는 회양-창도)-단발령-내금강 코스이다. 둘째는 그 반대 코스이다. 한양에서 출발하여 동해안을 따라 북쪽으로 올라가서 외금강으로 들어가는 코스다. 그밖에 원주에서 바로 북쪽으로 올라가서 춘천에서 내금강으로 들어가는 내륙 코스로 춘천-화천-김화-창도-단발령-내금강 코스이다. 박부원은 문화콘텐츠 관점에 의해 유산기를 접근하거나, 유람 경로의 활용적 논점으로 접근하는 연구를 했다.[4] 기존의 연구들은 철원과 고성의 길에 주목하여 논의를 진행해 왔다. 본고는 철원, 고성 이외에 화천, 양구, 인제에서도 금강산 유람을 떠났다는 것에 주목하여 그 길을 살펴보고자 한다.

논의에 앞서 금강산 서쪽인 개성과 이천에서 출발했을 때의 경로, 금강산 북쪽인 회양과 동해 북쪽인 안변, 통천에서 유람하던 길을 살펴보기로 한다. 이곡(李穀, 1298~1351)은 1349년 가을에 금강산 및 동해안 지방을 유람하고 「동유기」를 지었다. 8월 14일 송도를 떠나, 21일 천마령을 넘어 금강산에서 30리 떨어진 장양현에서 유숙했다. 송도부터 금강산까지의 간략한 여정은 한시로 보충할 수 있다. 철원에 들려서 「충숙왕이 철원에서 사냥할 적에 고석정에 올라 절구 한수를 남겼는데, 이때 안부(按部) 정공자후(鄭公子厚)가 객관에서 썼다. 그리고 뒤에 삼장법사(三藏法師) 조순암(趙順菴)도 그 운에 의거해서 응제하였다. 이에 내가 가만히 있을 수 없기에 삼가 절구 두 수를 지었다」를 짓는다. 그의 발걸음은 김화로 향하였다. 「김화역에서 묵는데 밤에 비가 내리다」가 『가정집』에 남아 있다. 「금성현

---

4) 박부원, 「금강산 歷史文化路 개발」 한양대학교 대학원 박사학위 논문, 2020.

에서 묵다」와 「천마령 위에서 금강산을 바라보며」가 이어서 실렸다. 산문과 한시를 통해 송도-철원-김화-금성-천마령-금강산으로 이어지는 경로를 확인할 수 있다.

이의현(李宜顯, 1669~1745)은 1709년 5월 26일에 이천 부사에 제수되어 7월에 부임하였는데, 이해 9월에 금강산을 유람하고 「유금강산기」와 115수의 시를 창작하였다. 이천은 철원 서북부에 있는 군이다. 이천을 출발하여 인접한 평강 땅 적비원(赤霏院)에 도착하였다. 여울을 건너 김화, 금성, 창도와 통구를 거쳐 단발령을 넘었다. 김화서부터의 여정은 이곡과 동일하다.

김도수(金道洙, 1699~1733)의 「풍악별기(楓岳別記)」는 1723년에 작성되었다. 3월 21일에 적주(赤州)에서부터 풍악산 유람을 시작하였다. 통천 태수와 함께 유람하자는 약속을 하였기에, 곧장 추지령(楸池嶺)[5]을 넘어 먼저 총석정과 금란굴 등의 여러 승경을 관람하고, 고성으로 길을 떠났다. 해산정에서는 거문고를 타고 노래를 부르며 하루를 묵고, 삼일포에서는 배로 노를 저으며 놀다가 발연(鉢淵)부터 외금강을 유람하였다.

민치완(閔致完, 1838~1911)은 통천읍에 도착하여 밥을 먹은 뒤에 주령(酒嶺)[6]에 올랐다. 회양의 온정동을 지나 천리령(千里嶺)을 넘었다. 단발령을 넘지 않은 것은 동쪽에서 서쪽으로 가기 때문이었다. 고개를 넘자 장안사가 나타났다. 『지강문집』 속 「향금기행」의 기록이다.

이병렬(李秉烈, ?~?)은 1808년 봄에 고산역(高山驛)[7]에 부임한다. 문천

---

5) 추지령(楸池嶺): 회양과 통천의 경계에 있는 고개.

6) 주령(酒嶺): 회양과 통천의 경계에 있는 고개. 추지령 아래에 있다.

7) 고산역(高山驛): 함경도 지역의 역도(驛道) 중 하나인 고산도(高山道)에 속한 역이다. 고산군(高山

(文川)을 지나 숙릉(淑陵)을 배알하고 덕원(德原)에서 유숙하였다. 안변부를 거쳐 회양부에서 유숙하고, 화천점(花川岾), 신읍점(新邑岾)을 거쳐 장안사로 들어갔다. 안변에서 철령을 넘어 회양에 들렸다가 화천, 신읍을 통해 장안사로 가는 노선이다. 회양부사를 지낸 김수증(金壽增, 1624~1701)도 이 길을 이용해 금강산을 유람하고 1680년에 「풍악일기」를 남겼다.

II. 금강산 유람 경로

1. 철원을 경유하는 노선

남효온(南孝溫, 1454~1492)은 1485년에 금강산을 유람하고 「유금강산기(遊金剛山記)」를 남긴다. 그는 "백두산은 여진의 경계로부터 일어나 남쪽으로 조선국의 해변 수천 리에 이어져 있다. 산 중에 큰 것으로는 영안도에 오도산이 있고, 강원도에 금강산이 있고, 경상도에 지리산이 있는데, 천석이 가장 빼어나고 기이하기로는 금강산이 으뜸이다."라고 평하였다. 서울에서 출발한 그는 보개산을 지나 철원 고동주 들녘을 지나 백 리를 가서 김화에서 묵었다. 김화현을 지나 금성 향교에서 묵고, 창도역을 지나 보리진을 건너 신안역에서 묵었다. 통상적으로 창도역에서 통구를 거쳐 단발령을 넘는 것이 금강산 장안사를 행하는 지름길인데 더 북쪽으로 향한 것이다. 신안에서 화천을 거쳐 추지령을 넘어 통천을 향했다. 총석정을 구경하고 남하하여 금강산 신계사로 들어갔다. 보개산을 지났으니 연천을 지

郡)은 함경남도 안변군의 남부 지역이었다가, 현재는 이북의 강원도에 속해 있다. 찰방은 조선 시대에 각 도의 역참을 관리하던 종6품의 외관직이다.

났고, 고동주(古東州)인 철원은 북관정이 있는 철원읍 관대리이다.

윤휴(尹鑴, 1617~1680)는 「풍악록(楓嶽錄)」을 1672년에 지었는데 철원과 김화, 창도역까지의 길이 같다.

식사를 끝내고 철원 고을을 향해 가다가 용담 고개 위에 올랐더니 동북으로 산이 확 트여 몇백 리가 훤히 바라다보였다. 길 가는 사람에게 물었더니 거기가 평강 지경이라고 하였다. 한낮에 철원 읍내에 들렀더니 주수 권공 순창(權公順昌)이 사람을 보내 안부를 묻고, 저녁에는 찾아와 간단한 술자리를 베풀어 주었는데 송이버섯·팥배·머루·다래 등 산중 별미를 두루 맛볼 수 있었다. (중략) 28일(신축) 맑음. 아침에 주수가 와서 함께 북관정에 오르는데 펑퍼짐한 넓은 평야가 백 리 멀리 뻗쳐 있고, 서쪽에 우뚝 솟아 있는 것은 금학산인데 그것이 벋어 가서 보개산이 되었다는 것이다. 그리고 들 가운데 서너 개 옹기종기 언덕이 있는데 그것은 보개산이 벋어나온 종적이라고 하였다. 간단히 술 한 잔 나누고 작별했는데, 그때 마침 시원한 바람이 잠시 스치고 지나가는데 높은 산 가파른 절벽 위에는 이미 가을빛이 역력하였다. 정자가 큰 평야를 내려다보고 있어 동으로는 궁예의 유허가 보이고 서북으로는 보개산·숭암산 등을 바라볼 수 있어 사람으로 하여금 높은 데 오르면 시상이 떠오른다는 생각을 갖게 하였으나 그때는 시구를 완성하지 못하였다. (중략) 드디어 금화를 향해 출발하여 오다가 시냇가에서 쉬고는 금화 고을을 지나는데 앞길에서 바라보니 아름드리 소나무가 숲을 이루고 있고 그 앞에 비각이 하나 있는데 거기가 바로 홍 감사가 순의(殉義)한 곳이라고 하였다. 말에서 내려서 읽어 보니, 평안도 순찰사 홍명구 충렬비(平安道巡察使洪命耇忠烈碑)라고 씌어 있었다.

29일(임인) 맑음. 역리들이 술과 과일을 가져와 대접하였다. 아침에 출발하여 직목역리(直木驛里)에서 말에게 꼴을 주고 외삼촌을 대신해서 회양 군수에게 편지를 써 역졸을 주면서 전하라고 했다. 중치(中峙)를 지나니 금화와 금성의 분계점이라는 돈대가 있었는데, 거기서부터 서쪽으로는 지세가 구불구불하면서 동쪽으로 높아지고, 동쪽으로는 지세가 점점 낮아져서 물이 모두 동으로 흐르고 있었다. 재를 넘어 10여 리를 더 가 큰 시냇가에 이르자 사람들 수십 명이 모여 물건을 교역하고 있었는데 이곳은 금성 장터이고 시내 이름은 남대천이라고 했다. (중략) 아침에 출발하여 창도역에서 말에 꼴을 먹였다. (중략) 아침에 출발하여 야음불천(也音不川)을 건너고 또 관음천(觀音遷)을 거쳐 보리진(菩提津)을 건너고 통구원(通溝院)을 지나 길가 민가에서 말에 꼴을 먹였는데, 주인 성명은 전기천(全起天)으로 우리에게 벌꿀과 과일을 대접하고 서울에서 서로 만나기로 약속하였다. 드디어 단발령을 오르는데 산 이름은 갈리치(葛离峙)이고 샛길이 험준하여 말을 타기도 하고 걷기도 하여 고개 위에 올랐더니 회정(檜亭)이 있었다. 섬돌에 앉아 쉬면서 풍악산을 바라보았더니 풍악의 여러 모습이 모두 눈앞에 낱낱이 펼쳐졌다.[8]

---

8) 윤휴(尹鑴), 「풍악록(楓嶽錄)」, 『백호집(白湖集)』 "飯已, 指鐵原邑里而行, 至龍潭坂一作坡上. 曠然山開, 東北望數百里, 問之行人一作山人 云平康地界. 日午投鐵原邑內, 主倅權公順昌, 送人問之, 夕來見, 設小酌. 松簞·積梨·黑荳·獼桃, 徧嘗山中之味. (중략) 二十八日, 辛丑. 晴. 朝主倅來見, 與之共登北寬亭. 平疇廣野, 曠望百里. 西出嵬然, 名琴鶴山, 去而爲寶蓋山. 野中點點三四阜, 云是寶蓋山之來踪. 設小酌而散. 時凉風乍起, 秋色已見於高原峭壁之上. 亭臨大野, 東瞻弓裔遺墟, 西北望寶蓋嵩岩等山. 令人有登高作賦之意, 得句未就. (중략) 逐發向金化. 憩于川邊, 過金化縣居, 至前途, 望酒松成林. 前有一碑閣, 閣云是洪監司殉所. 下馬讀之, 書平安道巡察使洪命耇忠烈碑.(중략) 二十九日, 壬寅. 晴. 驛吏輩, 以酒果來饋. 朝發, 秣馬直木驛里. 代舅氏作書淮陽守, 寓驛卒致之. 過中峙, 有金化·金城分界之埃. 自此以西, 地勢逶迤而東高, 自此以東, 則地勢漸下, 水皆東趨. 踰峙行十餘里, 至一大川, 有數人聚會交易. 云是金城場市, 川名南大川.(중략) 朝發, 秣馬昌道驛, (중략) 朝發渡也音不川, 又歷觀音遷, 渡菩提津. 過通溝院, 秣馬于路傍, 民家饋以蜂蜜山果, 主人名全起天, 約相與訪于京中. 逐登斷髮嶺, 山名葛离

용담고개는 연천에서 철원으로 향하는 길에 있다. 직전에 용담역이 있었다. 철원에선 북관정에 올랐다. 북관정에서 본 경관의 묘사가 자세하다. 김화를 지나다 평안도 순찰사 홍명구 충렬비를 보고, 직목역리에서 꼴을 주고 중치를 지났다. 창도역에서 금강산을 향해 동쪽으로 갔다. 보리진을 건너고 통구원을 지나 드디어 단발령에 올랐다.

김홍도가 그린 그림들을 본떠 그린 화첩 『금강산도권』에 철원의 북관정이 실렸다. 김홍도가 금강산을 그린 후 서울로 향하다 북관정을 그렸으니, 그는 연천으로 가는 길을 택하였던 것 같다. 정철(鄭澈, 1536~1593)의 「관동별곡」에 북관정이 나오는 것을 보면 정철도 철원을 들렀다.

東동州쥐 밤 계오 새와 北북寬관亭뎡의 올나ᄒᆞ니,
三삼角각山산 第뎨一일峰봉이 ᄒᆞ마연 뵈리로다.
弓궁王왕 大대闕궐 터희 烏오鵲쟉이 지지괴니,
千쳔古고 興흥亡망을 아ᄂᆞᆫ다, 몰ᄋᆞᄂᆞᆫ다.

철원에서 하룻밤을 새우고 날이 새자마자 북관정에 오르니, 임금님이 계신 서울의 삼각산 제일 높은 봉우리가 보이는 것 같다. 옛날 태봉국 궁예왕의 대궐터였던 곳에 까마귀와 까치가 지저귀니, 한 나라의 흥망성쇠를 알 것 같다고 조린다. 정철의 「관동별곡」 중의 일부다.

정자연은 금강산 가는 길목이라 유람객들이 들리곤 하였다. 이현석(李玄錫, 1647~1703)은 아우 이현조와 함께 1692년에 금강산을 유람하였다. 이

峙, 嶺路危險, 或步或乘, 至嶺上, 有檜亭. 石砌坐憩, 望見楓岳面目, 歷歷皆在眼前"

때 정자연에 들렸다가 황근중의 증손이 기문을 청하자 「협선정기(挾仙亭記)」를 지어준다. 황근중이 지은 창랑정이 중건되면서 이름이 바뀐 것이다. 문인들의 입과 글을 통해 묘사되고 알려지게 된 정자연은 정선(鄭敾, 1676~1759)의 그림을 통해 명성을 떨치게 된다. 1747년에 그린 『해악전신첩』에 정자연이 포함되었는데, 화적연과 삼부연이 포함된 것으로 보아 갈말읍을 거쳐 정자연에 들린 것으로 보인다. 『금강산도권』에도 정자연이 있는데 김홍도는 정자연을 그리고 철원읍으로 향한 것으로 보인다. 1791년에 이동항(李東沆)의 「해산록(海山錄)」에 나타난 여정 중 정자연을 구경하고 생창역에 들렀다는 기록이 보인다.

연천을 거쳐 철원 북관정에 오르고 김화로 향하는 노선보다, 포천에서 갈말읍을 거쳐 김화로 가는 경우가 더 많았다. 홍인우(洪仁祐, 1515~1554)의 「관동록(關東錄)」은 1553년에 금강산 등 관동지방을 유람하고 쓴 일기체 기행문이다. 땅거미가 질 어스름 녘에 풍전역(豊田驛)에 이르렀다. 저녁에 가로현(可盧峴)을 넘었고, 김화에서 잤다. 창도역에 도착하여 식사하였다. 동쪽으로 가다가 관음천을 지나 10여 리를 가서 통구현에 이르렀다. 십여 리를 가니 단발령이었다. 갈말읍 군탄리 일대에 풍전역이 있었고, 가로현은 문혜리와 지경리 사이의 고개다.

신익성(申翊聖, 1588~1644)의 「유금강소기(遊金剛小記)」를 살펴보자. 삼부연에 들렸다가 김화 수령과 약속이 있어 현을 찾았다. 금성의 포상각(苞桑閣), 통구(通溝)를 지나 단발령을 넘었다. 풍전역을 지나 김화를 거쳐 금강산으로 향하던 사람들은 풍전역 인근에 있는 삼부연폭포를 자연스럽게 찾았다. 정선도 삼부연에 들려 그림을 남겼다. 강희영(姜羲永, 1796~1867)은 1841년의 유람을 「금강일기(金剛日記)」에 실었다. 갈말읍에 있는 서지동(徐

池洞)과 지습점(池濕店)[9], 삼부폭포(三釜瀑布), 용화동(龍華洞)을 두루 거쳤다. 김화 고을의 주막을 지나 구정(九丁) 주막, 진목(眞目)을 통과하여 금성현(金城縣)에서 숙박하였다. 출발하여 창도(昌道) 주막에 이르고, 통구(通口)를 지나 단발령을 넘었다.

이경석(李景奭, 1595~1671)의 「풍악록(楓嶽錄)」을 보면 1651년의 금강산 여행길이 보인다. 양문(梁門)을 지나 풍전역(豊田驛)에서 잤다. 금성(金城)에서 자고 금성에서 떠나 창도역(昌道驛)에서 쉬었다. 저녁에는 통구(通構)에서 잤다. 통구에서 출발하여 오목천(梧木川) 위 30리쯤에 도착했다. 오목(梧木)으로부터 시내를 건너 골짜기를 뚫고, 꾸불꾸불 층진 산봉우리에 오르니 바로 단발령이었다. 어유봉(魚有鳳, 1672~1744)의 「재유금강내외산기(再遊金剛內外山記)」를 보자. 철원 땅 지습포(池濕浦)에서 자고, 아침에 출발하여 갈현(葛峴)을 넘고 김화읍에 도착하여 점심을 먹었다. 저녁에 금성읍에 도착하니 이미 날이 저물었다. 일찍 출발하여 창도역에 도착하여 아침을 먹었다. 3리쯤 가서 단발령으로 향했다.

안경점(安景漸, 1722~1789)의 「유금강록(遊金剛錄)」은 지명이 자세하다. 신철원에서 김화까지 가는 길도 자세하고, 김화와 금성의 도로도 꼼꼼하게 적었다.

만세교(萬歲橋)에서 아침을 먹고 마을 앞의 작은 시내를 건너니 바로 영평(永平) 땅이다. 양문(楊門), 백당동(栢堂洞), 유정(楡亭), 굴곡천(屈曲川)을 지나 인포(茵浦)에 이르러 잤다. 이날 90리를 갔다. 23일 맑음. 일찍 출발하

9) 지습점(池濕店): 1778년(정조 2) 당시 신철원은 지습포리(池濕浦里)였다

여 마을 앞의 작은 시내를 건너니 곧 철원(鐵原) 땅이다. 갈현(葛峴)에서 아침을 먹고 15리를 멀리 가서 신주점(新酒店)을 지나니 바로 김화 땅이다. 유정(杻亭), 세갈현(世葛峴)을 지나 김화 읍내에 도착하여 점심을 먹었다. 초동(初同)의 발산(勃山)과 답현(畓峴), 이동(二同)의 구정판(九亭板)을 지나 다리 앞의 홍씨 집에서 잤다. 이날 70리를 갔다. 24일 맑음. 다시 구정판을 나와 아침을 먹고 진목역(眞木驛)을 지나니 금성(金城) 땅이다. 금성 읍내에 이르러 점심을 먹었다. 경파(鏡波), 탄검(炭黔), 창도창(昌道倉)을 지나 상기성(上岐城) 이춘광(李春光)의 집에서 잤는데, 양중과는 본관이 같아 대접이 매우 후했다. 이날 70리를 갔다. 25일 맑음. 새벽에 출발하여 관음굴(觀音窟)의 조덕상(趙德常)의 집에서 아침을 먹고, 통구(通溝)에 이르러 정의 전백령(全百齡)의 집에 들어갔는데, 바로 내가 십년 전 성균관에 있을 때의 친구였다. 당시 나이가 많고 집안이 가난했는데 나를 만나 기꺼이 술을 사 같이 먹었다. 마니치(磨尼峙) 추정(楸亭)의 풍헌(風憲) 김사달(金士達)의 집에 도착하였다. 이날은 단지 40리를 갔다. 여기서부터는 거리가 매우 멀어 경기도의 거리로 보면 다만 3분의 1도 되지 않는다. 26일 맑음. 아침을 먹은 후, 가마를 타고 단발령(斷髮嶺)을 오르니 멀리 뜬 구름이 산을 두르고 있는 것이 보였는데 이것이 바로 금강산이었다.[10]

---

10) 안경점(安景漸), 「유금강록(遊金剛錄)」, 『냉와문집(冷窩文集)』 " 二十三日晴, 早發, 渡村前小溪, 卽鐵原界也, 朝飯于葛峴, 十五里而遠, 過新酒店七里卽金化界也, 杻亭三里細葛峴, 十里抵金化邑內午點, 十五里過初同勃山, 十里畓峴五里二同九亭板, 十里宿橋前洪家, 是日行七十里, 二十四日晴, 還出九亭朝飯, 過眞木驛, 十五里金城界也, 至金城邑內午點, 十五里過鏡波十里炭黔十里昌道倉, 十里宿上岐城李春光家, 十里與養重同譜人, 待之甚厚, 是日行七十里, 二十五日晴, 曉發, 朝飯于觀音窟趙汗德常家, 十里至通溝, 十里入全族義百齡家, 卽余十年前泮中舊要也, 時年老家食, 見余喜, 沽酒而飮之, 至磨尼峙楸亭金風憲士達家, 二十里是日只行四十里, 自此道里甚遠, 視京圻里, 數不翅加三之一, 二十六日晴, 仍朝飯, 肩轝上斷髮嶺, 遙望一抹浮雲橫繞山者, 是金剛也, "

이진택(李鎭宅, 1738~1805)의 「금강산유록(金剛山遊錄)」에 나타난 여정도 안경점과 대동소이하다. 일찍 출발하여 마을 앞의 작은 시내를 건너니 바로 철원의 경계이다. 아침은 갈현(葛峴)에서 먹었다. 신주점(新酒店)을 지나니 바로 김화의 경계이다. 유점(楡店)을 지나서 세갈현(細葛峴)에 이르고 김화읍에 도달하였다. 동천산(同仟山)의 답현(畓峴)에서 점심을 먹고 이동(二同)의 구정판(九亭板)에 이르렀다. 중추현(中樞峴)을 넘고 진본역(眞本驛)에 도달하였으니, 금성(金城)의 경계이다. 금성에 이르러 점심을 먹고 경파현(鏡波峴)을 넘었다. 탄검(炭黔)을 거쳐 창도창(昌道倉)을 지나 상기성(上岐城)에 이르렀다. 관음굴(觀音窟)을 지나 다경진(多慶津)을 건너 통구창(通溝倉)을 지났다. 아침을 먹고 단발령에 올랐다.

철원 부분이 생략된 글도 있다. 성제원(成悌元, 1506~1559)은 「유금강록(遊金剛碌)」을 1531년에 남겼다. 장인어른을 따라 김화현에 갔다가 금성현(金城縣)에서 묵고, 도파원(兜坡院)에 도착하였다. 단발령에 도착하니 구불구불한 돌길이 왕복 10여 리는 되는 듯하였다. 노경임(盧景任, 1569~1620)은 1595년에 강원도 순안어사(巡按御史)가 되었는데 귀로에 금강산을 유람하였다. 금성에서 출발하여 창도역을 거쳐 단발령으로 향하였다. 「유금강산기(遊金剛山記)」에 자세한 내용이 기록되어 있다.

김창협(金昌協, 1651~1708)은 1671년에 창도역에서 북쪽에 있는 회양에 들렀다가 장안사로 들어간 여정을 「동유기(東遊記)」에 남겼다. 신철원 풍전역에 투숙하고, 점심은 창도역에서 먹었다. 저녁에 회양 땅 신안역에서 묵었다. 점심때 회양에 도착하였다. 회양에서 추촌(楸村)을 지나 묵회령과 철이령(鐵伊嶺)을 넘어 장안사로 들어갔다.

이형윤(李炯胤, 1593~1645)은 1615년에 「유금강산기(遊金剛山記)」를 지

었다. 풍전역 이계남의 집에서 자고, 김화현에 도착하여 현감을 만났다. 창도역과 신안역을 지나 화천현에서 유숙하였다. 추자령을 넘어 총석정을 구경하고 남하하여 삼일포를 거친 후 금강산으로 들어갔다. 박영석(朴永錫, 1734~1801)도 단발령을 넘지 않고 회양을 거쳐 통천으로 가서 총석정을 구경하고 외금강을 유람하였다. 「동유록일기(東遊錄日記)」를 지은 것은 1797년이었다. 그는 야미점(夜味店)에서 점심을 먹고 서자일점(西自逸店)[11]에 도착하였는데 날이 아직도 일렀다. 보슬비를 만나 유숙하였다. 조반을 먹고 출발하였다. 장림점(長林店)에 도착하여 점심을 대신하고, 밤에 김화읍 아래의 여관에서 투숙하였다. 아침을 답현점(畓峴店)에서 먹고 금성(金城)의 남천(南川)에 도착하여 피금정(披襟亭)에 올라 잠시 쉬었다. 추곡점(楸谷店)에 도착하여 점심을 먹고 탄검리(炭黔里)에서 묵었다. 오목점(梧木店)에서 아침을 먹고 밤에 신안점(新安店)에서 투숙하였다. 광석점(廣石店)에서 아침을 먹고 부로지현(扶老只峴) 아래의 여관에서 아침을 먹고 추지령(秋池嶺)을 넘어 통천의 총석정을 구경하고 남하하여 신계사로 들어갔다.

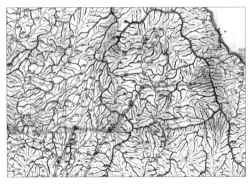

<대동여지도에 표시된 철원을 경유하여 금강산 가는 길>

---

11) 서자일점(西自逸店): 강포리 서자곡.

2. 화천을 경유하는 노선

양대박(梁大樸, 1544~1592)은 1572년에 금강산을 유람하고 「금강산기행록」을 남긴다. 춘천 청평사를 출발하여 낭천(화천)에 도착하였다. 새벽에 낭천현을 떠나 산양역(山陽驛)에서 아침을 먹었다. 산양역은 화천에 속한 역으로, 은계도(銀溪道)의 역 중 하나다.[12] 주파현(走坡峴)를 지나려고 할 때 동풍이 땅을 휩쓸며 불었다. 주파현은 대동여지도에 표시된 화천과 금성을 잇는 주소령(注所嶺)이다. 금성 땅 서운역(瑞雲驛)에서 말에게 꿀을 먹이고 저녁에는 창도(昌道)에서 유숙하였다. 새벽에 말을 채찍질하여 풍천진(楓川津)을 건너 통구현(通溝縣)에서 잠시 쉬었다. 산이 끝나고 힘도 모두 소진하여 도착한 곳은 단발령이었다.

이하곤(李夏坤, 1677~1724)은 1714년에 화천 사창리에서 학령(鶴嶺)을 넘어 김화의 잠곡촌(蠶谷村)에 이르렀다. 학령은 대동여지도에 표시된 하현(遐峴)이다. 잠곡촌은 고개 아랫마을 잠곡리다. 김화에서 자고 직목역(直木驛), 창도역(昌道驛)을 지날 때까지는 내금강을 유람하는 동일한 노선이다. 이하곤은 말을 북쪽으로 몰았다. 맥판(麥阪), 신안역(新安驛)까지는 회양으로 가는 길이고, 노곡령(蘆谷嶺), 말흘령(馬訖嶺), 점방령(占方嶺)은 회양 가기 전 동쪽 노선이다. 묵희령(墨喜嶺)[13], 철이령(鐵伊嶺)을 지나 장안동(長安洞)으로 들어가는데 이 길은 회양 화천에서 내금강을 가는 남쪽 길이다.

---

12) 은계도의 관할범위는 회양-금성-낭천 방면과 회양-평강-철원 방면 및 회양-양구-인제-동해안 방면으로 이어지는 역로이다. 은계도에 속하는 역은 철원의 풍전(豊田)·용담(龍潭), 김화의 생창(生昌), 금성의 직목(直木)·창도(昌道)·서운(瑞雲), 회양의 신안(新安), 평강의 임단(林丹)·옥동(玉洞), 이천의 건천(乾川), 낭천의 산양(山陽)·원천(原川)·방천(方川), 양구의 함춘(含春)·수인(水仁), 인제의 마노(馬奴)·부림(富林)·남교(嵐校)·임천(林川) 등 19개 역이다.

13) 묵희령(墨喜嶺): 대동여지도에는 말휘령으로 표시되었다.

이하곤의 복잡한 금강산 가는 길은 「동유록(東遊錄)」에 실렸다.

1765년에 안석경(安錫儆, 1718~1774)은 「동유기(東遊記)」를 짓는다.

8월 24일 (정묘). 일찍 낭천을 출발했다. 오른쪽으로 시내를 끼고 왼쪽으로 산 아래 길을 택하여, 마치(馬峙)를 넘어 40리를 갔다. 산양역(山陽驛)에서 점심을 먹었다. 역에서부터 북쪽으로 난 길을 택하여, 왼쪽으로 시내를 끼고 오른쪽으로 산길을 따라갔다. 산과 시내의 단풍은 붉게 물들어 아름다웠다. 마치(馬峙)14)를 넘어 원동촌(院洞村)으로 내려갔다. 마을 입구에 있는 산의 바위가 기이하고 빼어나 마음에 들었다. 40리를 걸어 금화(金化)의 백전(栢田)에서 유숙하였다. 이곳은 바로 이 고을의 작은 언덕으로 위는 평평하고 높은데, 정축년에 오랑캐가 침범하였을 때 관서 절도사인 유림(柳琳)이 진을 쳤던 곳이다. 그 오른쪽 언덕 아래의 얕은 골짜기는 바로 대장 홍명구(洪命耉)가 적과 싸우던 장소이다. 홍공의 서원은 마현교(馬縣橋) 왼쪽에 있는데, 유림의 승전비도 있다. (중략)

8월 26일 (기사). 일찍 출발하여 기성치(岐城峙)를 넘었다. 열녀 장씨(張氏)의 정려문을 보았다. 장씨는 학생(學生) 장응두(張應斗)의 딸이다. 처녀로 어머니를 따라 노기성(路岐城)에서 정축년 오랑캐의 난리를 피하였는데, 오랑캐가 노략질하는 것을 보고 굶주린 개라고 거세게 꾸짖었다. 마침내 더럽힘은 당하지 않았지만 난도질 당하여 죽었다. 그 뒤에 도백이 그 소식

---

14) 마치(馬峙): 철원군의 중동부 근남면 마현리와 화천군 상서면 마현리 사이에 위치한 고개이다. 『신증동국여지승람』 김화현에 "마현(馬峴)은 현 동쪽 29리에 있다."는 기록이 있어 그 유래가 오래되었음을 짐작할 수 있다. 『여지도서』 김화현에 "마현은 현 동쪽 30리에 있는데 낭천(狼川) 경계에서 산줄기가 불정산(佛頂山)에 이어진다."고 되어 있다. 김화지도 중 『해동지도』와 『광여도』에는 현의 남동쪽에, 『1872년지방지도』에는 현의 동쪽에 마현이 묘사되어 있다.

을 듣고 그곳에다가 정려문을 세웠다. 묘지는 정려문에서 몇 리 떨어진 근

방에 있다고 한다. 30리를 가서 창도역에서 점심을 먹었다. 비를 맞으면서

저녁에 관사를 지나 벼랑길로 접어들었는데, 오래된 돌과 단풍이 강에 비

치어 아름답다. 맥판강(麥板江) 하류에서 나루를 건너 통구역으로 들어갔

다. 절벽은 푸르고 강은 맑으며 가을 맞은 나뭇잎은 붉게 물들어 있었다. 사

방을 둘러보니 구름 낀 봉우리와 안개에 쌓인 나무들이 숨었다 드러났다

한다. (중략)

8월 27일(경오). 일찍 출발하였다. 단발령에 이르기 15리 전에 길옆에 시냇

물이 있는데, 수석이 마음에 들었다. 단풍은 매우 붉었다. 서남쪽에는 한 봉

우리가 시내를 마주 보고 외롭게 솟아 있었다. 잠시 쉬었다가 못의 바위에

다가서 보니, 못에 비친 단풍이 외로운 봉우리와 마주하고 있었다. 모두 시

를 지었다. 그 돌을 삼노(三老)라고 하고 그 봉우리를 시봉(詩峰)이라 하였

다. 앞으로 가서 단발령에 올랐다.[15]

안석경 행로의 특이점은 낭천과 김화 사이의 구간이다. 산양역에서 점

심을 먹고 북쪽에 있는 마치(馬峙)를 넘었는데 지금의 말고개다. 말고개를

넘고 40리를 걸어 금화의 백전(栢田)에서 유숙하였다. 백전은 정선이 「화

---

15) 안석경(安錫儆) 「동유기(東遊記)」, 『삽교집(雪橋集)』 "丁卯. 早發狼川. 右挾溪水. 左取山下路. 踰
馬峙. 行四十里. 午食山陽驛. 驛以北之路. 左挾溪. 右綠山. 山溪之楓. 爛紅可愛. 踰馬峙. 下院洞村. 村
口山巖. 奇秀可愛. 凡行四十里. 宿金化栢田. 卽縣小崗. 上平而高. 乃丁丑胡寇時. 關西節度. 柳琳. 陣地
也. 其右別崗下浅谷. 乃大將洪公命耉. 陣數之處也. 洪公之祠. 在鳥縣橋之左. 柳琳勝戰碑在鳥. (중략)
己巳. 早發. 踰岐城峙. 見烈女張氏旋門. 張氏學生應斗之女也. 以處子從母. 避丁丑虜冠路岐城. 見虜掠
怒罵狗. 終不見汚辱. 而受亂刀以死. 其後道伯聞. 卽其地旋門. 其墓在其傍. 數里之近云. 行三十里. 午
食昌道驛. 過雨暮. 過官轉疊. 古石丹楓. 映江可愛. 橋渡麥板江下流. 入通溝驛. 翠壁清江. 秋葉爛然. 四
顧雲峰煙樹掩映.(중략) 庚午早發未抵斷髮嶺十五里路傍溪水水石可愛楓樹爛紅西南一峰隔溪孤聳少
憩臨潭之石映楓對孤峰皆賦詩名其石曰三老名其峰曰詩筆前登斷髮嶺"

강백전(花江栢戰)」을 그린 생창리다. 김화부터 단발령에 이르는 구간은 다른 유람객들과 같다.

강주우(姜周祐, 1757~1817)의 「유금강산록」에 나타난 행로는 산양역, 단운역(端雲驛), 금성(金城) 정파(正坡), 창도역, 기성(岐城), 관음굴(觀音窟), 통구역, 단발령이다. 단운역(端雲驛)은 서운역의 오기인 것 같다. 강헌규(姜獻奎, 1797~1860)도 강주우와 비슷하다. 「유금강산록」을 보면 비를 무릅쓰고 마현(馬峴)을 넘어 낭천으로 들어갔다. 말에게 먹이를 먹이고 주파령(奏琶嶺)[16]을 넘었다. 서운역(瑞雲驛)에서 말에게 꼴을 먹이고 창도역에서 유숙하였다. 심포(深浦)를 건너니 이곳부터 회양 땅이다. 아슬령(牙瑟嶺)을 넘었는데, 험하기가 주슬령의 배는 되었다. 또 고개를 넘어서 회양에 도달했다. 부노령(扶老嶺)을 넘어 화천(華川)에서 말에게 꼴을 먹이고 풍미(豐美)에 도착하여 유숙하였다. 마파령(麻坡嶺)을 넘어 장북촌(長北村)에서 말을 먹이고 시내를 따라 몇십 리를 올라가서 사문교(沙門橋)를 지나 장안사에 들어갔다. 금성에서 회양까지 올라간 후 화천을 거쳐 장안사로 들어갔다. 송병선(宋秉璿, 1836~1905)이 1868년에 지은 「동유기」에 금강산 유람이 들어있다. 미륵현(彌勒峴)[17]을 넘고 산양역을 지났다. 패령(佩嶺)을 넘으니 금성의 경계이다. 길을 나서 상산(商山)에 도착하였다. 또 길을 나서 창도역(昌道驛)에 도착하였다. 점심을 먹고 울망현(鬱望峴)을 넘어 관음굴(觀音窟)에서 투숙하였다. 통구진(通衢津)을 지나 마니(摩尼) 주막에서 점심을 먹었다. 주막은 단발령의 아래에 있었다.

화천에서 금강산을 가는 방법은 여러 가지이다. 사창리서 하우고개를

---

16) 주파령(奏琶嶺): 대동여지도에는 주소령(注所嶺)이라 표기했다.

17) 미륵현(彌勒峴): 노동리와 파포리 사이에 있는 파포고개의 옛 명칭이다.

넘어 잠곡리를 거쳐 김화에 도달하여 금강산 가는 경우가 있다. 화천읍에서 산양리를 거치는 경우 마현을 넘어 김화로 가는 경우와 금성으로 바로가는 길이 있었다.

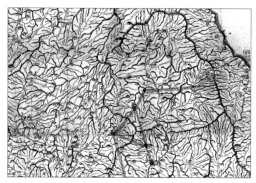

〈대동여지도에 표시된 화천에서 금강산 가는 길〉

3. 양구를 경유하는 노선

두타연을 지나 금강산으로 향하는 길은 내금강까지 가는 최단 경로로 알려졌다. 과거 이 길을 통하여 양구주민들은 내금강 장안사로 소풍을 떠났다. 아침에 양구를 출발하여 장안사에서 점심을 먹고 양구로 다시 돌아오면 하루가 저무는 정도의 시간이 소요된 것으로 전해지고 있다. 이와 같은 여행이 가능하였던 것은 양구 일대가 남북방향의 산줄기가 우세하여 비교적 큰 고개 없이 금강산까지 왕래가 가능하였기 때문이다.

금강산으로 갈 때 먼저 두타연을 구경했는데, 옆에 두타사가 있었다. 『신증동국여지승람』은 두타사가 두타산에 있다고 알려준다. 이만부(李萬敷, 1664~1732)는 『식산집(息山集)』의 「지행록(地行錄)」에서 두타사의 행방을 증언한다.

양록(楊麓; 양구)에서 북쪽으로 40리 떨어진 방산점(方山店)에 두타산(頭陀山)이 있다. 산의 기세는 더욱 깊어지는데 계곡으로 10여 리 들어가면 예전에 두타사(頭陀寺)가 있었으나 지금은 폐사가 되었다. 좌우로 두 개의 폭포가 깎아지른 절벽 위에서 곧바로 떨어져서 아래에 깊은 못을 만드는데 용연(龍淵)이라 한다. 못 주변에 너럭바위가 많아 100여 명이 앉을 수 있고, 위에 거인의 발자국이 있다.[18]

이만부가 기록할 당시에 두타사는 이미 폐사되었다. 주변에 있는 폭포와 용연에 대한 설명이 자세하여 참고할 만하다. 『관동지』는 두타연이 양구현의 사태동(沙汰洞)에서 나와 낭천(狼川) 모일강(暮日江)으로 들어가며, 관문에서 50리라고 덧붙인다. 허적(許禰, 1563~1640)은 양구에서 출발해 두타사를 거쳐 금강산으로 향했는데, 두타사에서 「두타사 석문에 쓰다[題頭陀寺石門]」를 짓는다.[19]

안석경(安錫儆, 1718~1774)은 두타연을 거쳐 금강산 일대를 여행하고 「동행기(東行記)」를 남긴다. 자세한 기록이 궁금하다.

양구의 원화촌(遠花村)에 이르러 유숙하였다. 원화촌은 평평하고 넓어 좋아할 만하였으며, 동남쪽을 등지고 있었다. 이날 60리를 갔다.

병자. 가랑비를 무릅쓰고 지석(支石)을 지나 덕곡(德谷)에서 쉬었다. 하현

---

18) 이만부(李萬敷), 『식산집(息山集)』 "楊麓北去四十里。方山店有頭陀山。山氣益深。入谷十餘里。古有頭陀寺。今廢。左右兩瀑。從懸壁上直下。下成深潭。曰龍淵。淵上多盤石。可坐百餘人。上有巨人跡"

19) 허적(許禰), 「두타사 석문에 쓰다[題頭陀寺石門]」, 『수색집』 "鑿龍餘力及靑丘, 劈斷層巖放急流, 屹立兩崖元氣裂, 奔騰一壑百靈搜, 淸秋人上神魂慄, 白日龍藏洞穴幽, 夙想瑰奇今始愜, 翰林詩句子長遊"

(夏峴)을 넘어 시내를 따라 내려가니, 시냇물이 흐르는 바위 사이에 꽃이 많이 피어 있었다. 시내가 끝나는 곳에서 큰 시내를 만났는데, 이 시내를 건너 방산촌(方山村)에 이르렀다. 동남쪽을 돌아보니 빼어난 바위 벼랑의 붉고 푸른빛이 시내에 비쳤다. 거슬러 올라가니 양쪽 벼랑이 모두 꽃과 바위였다. 다시 시내를 건너 북쪽으로 갔다. 서쪽의 벼랑을 둘러보니 기이한 봉우리가 늘어서 있고, 거슬러 올라 동쪽으로 가니 수석은 더욱 아름답고 꽃빛은 한층 더 짙었다. 바위 벼랑을 따라 북쪽으로 가서 공곡(貢谷)으로 들어가 안귀선(安貴善)의 집에서 묵었다. 이날 50리를 갔다.

정축. 서쪽으로 시내를 건너 북쪽으로 골짜기에 들어갔다. 시내를 따라 걷는 길이 많았는데 시내에는 양쪽으로 바위가 많고, 바위 사이에는 꽃이 많이 피어 10리 넘게 이어져 있었다. 공곡을 벗어나 몇 리 올라가 문등(文登)에 몇 리 못 미친 곳에 수석이 더욱 아름답지만 두타담(頭陀潭)과 폭포의 장관만은 못하였다. 두타담은 길 오른쪽 2리 정도 되는 조금 깊고 외진 곳에 있다. 물이 동북쪽의 골짜기에서 세차게 흘러내려 산의 입구에 다다라서는 층층의 바위에 묶여서 소리치고 성내며 흔들고 물어뜯어 힘을 다해 싸우는 듯하였다. 부채 같은 바위가 수십 길로 양쪽에 서 있는데, 그 사이의 거리를 잴 수 없었다. 세찬 여울이 뿜어져 아래로 모여 큰 못이 되었다. 사방이 10무 정도 되는데 물안개가 자욱하여 깊이를 헤아릴 수 없었다. 남쪽 벽에 굴이 있고, 북쪽 벽 위에는 오래된 소나무가 있었다. 사방으로 돌아보니 봉우리가 우뚝하고 기이하며, 나무와 바위가 매우 특이하였다. 어두운 붉은 빛과 푸른빛이 처량하게 옛일을 그리워하게 만든다. 두타사(頭陀寺) 옛터는 그래도 알아볼 수 있었다. 풍악산에 가는 길이라 이곳에 오래 머물려 하지 않았으나 내내 그리워지는 여운이 있었다. 나는 구룡폭포(九龍瀑

布)나 만폭동(萬瀑洞)이 여기보다 열 배는 좋다고 들었다. 이곳은 풍악산의 지맥인데도 도리어 이와 같으니, 아마도 왕의 휘하에서 부리는 사람은 모두 장군이나 정승이라고 하는 것이 아니겠는가? 비로소 두타담으로 들어가 문등의 물줄기를 건너 또 다른 시내를 따라갔다. 그곳을 벗어난 다음 다시 문등의 물줄기를 거슬러 올라가 문등촌(文登村)에서 잠시 쉬었다. 이치(梨峙)를 넘어 송거리(松巨里)에 이르러 묵었다. 이날 55리를 갔다.

무인. 마성령(馬成嶺)을 넘으니 비로소 금강산의 비로봉(昆盧峯)·중향성(衆香城)의 일부분이 보였다. 웅장하고 빼어난 기운이 천하 사람을 굴복시키려는 듯하여 사람의 모골을 송연하게 했다. 두치(杜峙)에서 잠시 쉬고, 서상곡치(西廂谷峙)에 올라 구정봉(九井峯)·망고봉(望高峯)·혈망봉(穴望峯)·내수재(內水岾)·외수재(外水岾)의 일부분을 보았다. 피곤한데도 나도 모르게 발걸음이 가벼웠다. 파금치(把金峙)를 지나 아래로 굽어보니 장안사(長安寺)가 소나무와 회나무 사이로 살짝 드러났다. 시내를 건너 장안사로 들어가서 만천교(萬川橋)를 건너 산영루(山映樓)에 올랐다.²⁰⁾

<hr />

20) 안석경(安錫儆), 「동행기(東行記)」『삽교집(雪橋集)』"至楊口遠花村, 留宿. 遠花平衍可愛, 而背東南. 是日行六十里. 丙子. 冒微雨, 過支石, 憩德谷. 踰夏峴, 沿溪而下, 谿流石間多花. 谿盡遇大川, 亂流而到方山村. 回顧東南, 石崖秀發, 紅綠映川. 溯上, 兩崖皆石壁. 又亂流而北. 回瞻西崖, 奇峯羅立, 溯而東, 水石尤佳, 花尤濃. 緣石崖而北, 入貢谷, 宿安貴善家. 是日, 行五十里. 丁丑. 西涉溪而北入谷. 路多綠溪, 溪多夾石, 石多花葉, 將十里而未已. 離貢谷而上數里, 未及文登數里所者. 石貌水態尤佳, 而莫如頭陀潭瀑之壯. 頭陀在路右二里, 稍深僻. 水自東北峽, 激揚而下, 及薄山門. 束於層岩, 吼怒盪齧, 極力相鬪, 而石扇雙立數十仞, 其間不能尺. 勁湍噴下滙, 作巨潭. 方十畝, 霆霧不可測. 南壁有窟, 北壁戴古松. 四顧峯嶂峻奇, 木石殊異, 紅幽綠晦, 使人悄然而憂古云. 有頭陀寺遺址, 猶可認. 方趨楓岳, 不欲久於此, 然猶眷眷, 有餘意. 余以所聞九龍·萬瀑, 當十陪於斯. 斯爲楓岳之餘, 而顧如是, 豈所謂王門廝役, 皆作將相者耶. 始入頭陀, 涉文登之流, 而別取溪. 旣出復溯文登之流, 小憩文登村. 踰梨峙, 至宿松巨里. 是日, 行五十五里. 戊寅. 踰馬成嶺, 始見金剛山昆盧·衆香之偏. 雄秀之氣, 欲傾天下, 已令人竦然. 小憩杜峙, 登西廂谷峙, 見九井·望高·穴望·內外水岾之偏. 疲困之餘, 不覺步屨之輕擧. 過把金峙, 俯見長安寺, 隱映松檜間. 涉溪入寺, 踏萬川橋. 登山映樓"

양구에서 장안사 주변까지의 일정은 "7일: 양구-덕곡-방산촌-공곡 안귀선의 집, 8일: 공곡-두타담-이치-송거리, 9일: 송거리-마성령-두치-서상곡치-장안사"이다.

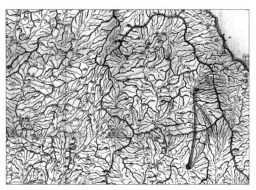

〈대동여지도에 표시된 양구에서 금강산 가는 길. 두타연을 지나 문등현을 넘은 후 문등리를 거쳐 금강산을 가는 길이 보인다. 도솔산을 넘어 해안을 들른 후 응봉령을 넘고 사곡촌을 거쳐서 장안사로 가기도 했다.〉

4. 인제를 경유하는 노선

양구에서 출발한 유람객은 두타연을 거쳐 장안사로 가곤 했지만, 다른 길도 있었다. 이근원(李根元, 1840~1918)의 여행길이 「동유일기(東遊日記)」에 자세하다. 양구군 동면 임당리에서 돌산령을 넘어 해안으로 향한다. 해안에서 인제군 서화면 서희리로 이동한 후, 응봉령(鷹峰嶺)을 넘어 속사촌(束沙村)에 들린 후 장안사에 도착하였다.

29일 경술일. 맑음. 길을 나서 덕곡(德谷)에 이르러 오른쪽으로 해안(奚安) 길을 가다 임당점(林塘店)을 지나 잠시 쉬고, 팔랑동(八郞洞)에 들어가 김씨 성을 지닌 사람의 집에서 유숙하였다. 도중에 감흥이 일어 시 한 수를 지었다. 이날 30여 리를 갔다.

9월 1일 신해일. 맑음. 일찍 출발하여 주막에 도착하여 아침을 먹었다. 돌산령(突山嶺)을 넘었는데, 고갯길 위아래 30리가 매우 험준하게 이어져 있었다. 산 중턱 부근에 도달하니 갑자기 길이 평탄하였다. 그곳에서 산을 바라보니 웅장하고 골짜기는 깊숙하며 구불구불하고, 한없이 넓어 위연한 모습이 대인의 기상이 있었다. 박달나무와 상수리나무가 빽빽하게 서 있고, 그 사이에 단풍나무가 간혹 있는 모습이 또한 마치 찬란한 문장과 같았으니, 바로 이번 여행에서 첫 번째로 가슴속을 시원하게 해주는 곳이었다. 다 같이 천천히 걸으며 시 한 수를 지었다. 곧바로 해안(亥安)으로 내려오니, 산이 깊어 서리가 일찍 내렸다. 나무는 낙엽이 지고 바람은 서늘하였다. 만대동(萬岱洞)에 이르러 휘경(輝敬) 이교현(李敎玹)을 방문하였다. 해안은 산이 빙 둘러 있으면서도 들판이 넓어 본래부터 은거할 곳으로 알려져 있다. 옛날 무인년(1878년, 고종 15년) 여름에 성재(省齋) 유중교(柳重敎) 선생이 몇 개월을 이곳에 머물렀는데, 고을의 선비들이 떨쳐 일어난 자가 많았다. 오늘 와서 여러 벗을 두루 방문하려 하였는데 모두 떠나 버리고 오직 휘경만이 남아 있었다. 그 이웃 공수(公壽) 이만종(李萬鍾)을 만나 조금 이야기를 나누고 마침내 함께 돌아와 머물러 묵었다. 시 한 수를 지어 주었다. 밤에 비가 조금 내렸다.

2일 임자일. 맑음. 휘경과 함께 10리를 갔다. 후동(後洞)에 이르러 만곡(晚谷, 호) 성유(聖有, 자) 홍종훈(洪鍾訓)의 집을 방문하였다. 행장을 차려 함께 여행을 가자고 하니 홍종훈이 흔쾌히 허락하였다. 충여(忠汝) 정하진(鄭夏鎭)에게 편지를 보내 정양사(正陽寺)에서 만나기로 하였다. 점심을 먹고 드디어 만곡과 더불어 길을 나서 이현(泥峴)을 넘어 15리를 갔다. 서희(西

希)에 이르러 박봉래(朴鳳來)의 집에서 유숙하였다.

3일 계축일. 맑음. 길을 나서 응봉령(鷹峰嶺)에 도달하였다. 매우 기이한 폭포가 있는데 백양(白揚)이라 이름 지었다. 여러 벗과 시 한 수를 지었다. 고개를 넘어 서쪽으로 내려와 오른쪽으로 가반치(加半峙)를 넘어 청송(靑松)의 주막거리에 도달하였다. 서희(西希)까지 거리가 30리이다. 북쪽을 향하여 조금 가다가 백진사(白進士)의 집에 들어가 감자를 대접받고 다시 10리를 갔다. 직동령(直洞嶺)을 올라 금강산을 바라보았다. 여러 벗과 화서 선생의 단발령(斷髮嶺)의 운을 차운하여 시를 지었다. 또 10리를 가 속사촌(束沙村)의 주막에 유숙하였다.

4일 갑인일. 맑음. 길을 나서 10리를 갔다. 삼거리에 이르러 서쪽으로 10리를 가서 후현(後峴)을 지나 유(劉)씨 성을 지닌 사람의 집에서 잠시 쉬었다. 박경조(朴敬朝) 일행이 이미 정양사를 향해 출발하였다는 소식을 들었다. 고비원(高碑院)에 도달하니 바로 단발령으로 가는 길이 합쳐진 곳이다. 동쪽으로 돌아 곧바로 장안사(長安寺)의 골짜기로 들어갔다. 탑거리 아래 주막에서 술을 마시고, 천천히 걸어서 계곡을 거슬러 올라갔다. 골짜기가 막힌 듯 하였으며, 바위산이 눈처럼 희었다. 단풍나무가 절벽에 가득하였고 전나무와 잣나무가 길옆에 늘어서 있어, 사람들의 정신과 기운을 맑고 상쾌하게 하였다. 부도탑(浮屠塔)을 지나 만천교(萬川橋)를 건너 장안사로 들어가니 날이 이미 저물었다. 여러 승려들이 나와서 예의를 갖추어 맞이하였다. 마침내 그곳에서 유숙하였다. 후현(後峴)과의 거리가 40리이다. 화서 선생의 오언 율시와 칠언 절구를 차운하여 각각 한 수씩 지었다.[21]

---

21) 이근원(李根元), 「동유일기(東遊日記)」, 『금계집(錦溪集)』 "二十九日庚戌晴. 發行至德谷. 右從亥安路. 過林塘店少憩. 至八郎洞. 投宿金姓人家. 路中有感賦一絕. 是日行三十里强. 九月朔日辛亥晴. 早

양구에서 금강산을 가는 길은 두타연을 거쳐 문등리를 통과한 후 내금강 장안사로 가는 길이 일반적인 길이었다. 또 다른 길이 있었다. 양구군 동면 임당리에서 돌산령을 넘어 해안을 거친 후 인제군 서화면 서희리로 이동, 응봉령을 넘어 장안사에 도달하는 길이었다. 인제읍을 거쳐 금강산으로 간 경우는 아직 찾지 못하였다.

5. 고성을 경유하는 노선

이곡(李穀, 1298~1351))은 금강산을 유람하고 동해안을 따라 내려왔다. 해금강 삼일포를 구경하고 배를 타고 안창현정을 지나 명파에서 잤다. 선유담에 들렀다가 청간역을 거쳐 만경대를 구경했다. 영랑호에 배를 띄우고 어두워질 무렵 낙산사에 도착하였다. 금강산을 유람한 후의 행로지만 반대로 이 길을 통해 조선의 유람객은 금강산으로 갔다. 관동팔경이 소재한 이 노선은 조선 최고의 유람코스였다.

간성을 지나 도착한 고성에서 먼저 해금강으로 갔다. 외금강으로도 갔으며 북쪽으로 이동하며 관동팔경인 총석정과 시중대까지 구경하기도 했

發至店朝飯. 踰突山嶺. 嶺路上下三十里透迤峻極. 却甚坦夷. 登脊臨之. 山雄壑邃. 扶輿磅礴. 偉然有大人氣像. 檀橡簇立. 間以楓樹. 又如文章之炳煥. 乃是此行之一初蕩胸處也. 相與緩步. 吟成一絶. 直下亥安. 山深霜早. 木凋風冷. 至萬垈洞. 訪李輝敬敎玹. 亥安. 山環野開. 素稱可隱之地. 而昔在戊寅夏. 省齋先生. 數月淹留于此. 鄕士多有興起者. 今日之來. 盖欲遍訪諸友. 而適皆移去. 惟輝敬在焉. 遇於其隣. 李公壽萬鍾少話. 遂與同歸止宿. 贈一絶詩. 夜小雨. 二日壬子晴. 與輝敬行十里. 至後洞. 訪晩谷洪聲有鍾訓家. 諭以聯袂之意. 洪友欣然許之. 書邀鄭忠汝夏鎭. 來會于正陽寺. 中火. 遂與晩谷發行. 踰泥峴十五里. 至西希. 止宿朴氏鳳來家. 三日癸丑晴. 發行至鷹峰嶺. 有一瀑顔奇. 遂命名以白揚. 與諸友共賦一絶. 踰嶺西下. 右踰加半岾. 至靑松酒廳街. 距西希 爲三十里. 向北小行. 入白進士家. 饋以甘藷. 遂行十里. 上直洞嶺. 望金剛. 與諸友次華西先生斷髮嶺. 又行十里. 至束沙村店止宿. 四日甲寅晴. 發行十里. 至三街. 西行十里. 過後峴. 劉姓人家少憩. 聞朴君敬朝一行已向正陽寺矣. 遂行至高碑院. 卽斷髮嶺路會合處也. 東折而卽入長安寺洞口也. 至塔街下店飮酒. 緩步泝溪. 洞府交鎖. 巖巘如雪. 楓樹滿崖. 檜栢夾道. 令人神怡而氣爽也. 過浮屠塔. 渡萬川橋. 入長安寺. 日已暮矣. 諸僧迎而禮之. 遂止宿. 距後峴. 爲四十里. 次華西先生韻五律七絶. 各一首."

다. 고성은 서쪽에 금강산이 있고, 동쪽에는 해금강이 있는 고을이다. 조선 시대에는 고성과 간성으로 나뉘어 있었으나 일제강점기에 고성군으로 합쳐졌다. 광복되면서 북한의 관할이었다가 한국전쟁 이후 간성·거진·현내면 전역과 수동면·고성읍 남부를 수복하여 고성군이라 하였다. 북한은 원래의 고성군 북부와 통천군 남부를 합쳐서 고성군을 만들었다.

유운룡(柳雲龍, 1539~1601)은 1557년에 금강산으로 향했다. 「유금강산록」에 의하면 거탄진(巨呑津)을 지나 열산현(列山縣)에서 점심을 먹었다. 대구(大仇)의 미어점(未漁店)에 투숙하였고, 바다를 따라 무송정(茂松亭) 아래에 이르렀다. 명파역(明波驛)을 지나 대강역(大康驛)에서 식사를 하고, 수고사(稤庫寺)에 투숙하였다. 간단하게 행장을 꾸리고 늦은 시각에 반암(盤巖)에 도착하여 말을 먹이고 장령(丈嶺)을 넘어 현교(懸橋)에 도착하니 잔로(棧路)가 위험하여 말을 탈 수가 없었다. 유점사(楡店寺)의 동구에 이르니 전나무와 잣나무가 하늘을 찌르고 있었다.

이동표(李東標, 1644~1700)의 「유금강산록」은 호수가 자세하게 기록된 것이 특징이다.

현산(峴山)에서 출발하여 강선역(降仙驛)을 들렀다가 청간정에 들어가고 만경대에도 올랐다. 저녁에는 간성에 이르러 유숙하였다. 태수 정성원(鄭聲遠)이 조촐한 술자리를 마련해 주었다. 다음날은 대강역에서 유숙하였고 또 다음날에는 고성에 이르렀다. 양양으로부터 여기까지 바닷길이 모두 2 백 여리 인데, 청초호, 영랑호, 광호(廣湖), 소호(蘇湖), 선유담 , 화진호(花津湖), 감호(鑑湖) 등을 지나왔다. 이따금 모래가 서걱서걱 소리를 내며 울었고 모래밭 가에는 푸른 소나무가 많았다. 바다 가운데 섬에는 소나무와 대나무가 울창하였고, 혹 석봉이 기궤하기도 했다. 남강(南江)에 아름답게 꾸민 배를 띄워 해산정(海山亭)에 올랐다. 정자의 동쪽은 바다에 닿아있다.[22]

감호(鑑湖)가 등장하는 것이 독특하다. 고성군은 동해안을 따라 도로가 발달했기 때문에 많은 관리와 문인이 오고 갔다. 대강리에는 대강역(大康驛)이 있어서 말에서 잠시 내려 쉬거나 하룻밤을 보내며 시를 남겼다. 북쪽에는 감호(鑑湖)가 있어서 유람하는 사람들이 발길을 멈추었다. 감호는 요염하고 아름다워 삼일포, 경포호, 시중호와 뛰어난 경치를 다툴 만하다고 보았다. 1788년 김응현은 김홍도와 금강산을 그리기 위해 가다가 감호에서 화폭에 담았다. 그뿐 아니라 청간정, 가학정, 능파대도 그림 목록에 포함되었다.

유경시(柳敬時, 1666~1737)는 가학정과 선유담을 보고 수성에 도착하였고, 말을 달려 명파역에서 말을 쉬게 하였으며, 남강(南江)을 건너 고성군에 이르렀다는 기록이 「유금강산록」에 보인다. 허훈(許薰, 1836~1907)은 청간정을 지나 능파대에 올랐다. 점심때 건봉사에 이르렀다. 산을 나와 고성 지역인 대진(大津)에서 잤고, 남강(南江)을 건넜다. 「동유록」에서 내용을 볼 수 있다. 이명후(李明厚, 1856~1896)는 간성을 출발해 20여 리를 가서 화진포에 이르렀다. 배를 타고 호수 가운데로 들어가니 바닥이 은은하게 보였다. 오시(午時)가 가까워서야 별산(別山)에 이르렀다. 무송도(茂松島)를 지나

---

22) 이동표(李東標), 「유금강산록(遊金剛山錄)」, 『나은집(懶隱集)』 "八月己巳. 病新愈. 決策爲金剛之遊. 柳進士日祥. 自嶺南至. 其人能詩. 與余善. 遂同行發峴山. 過降仙驛. 入淸澗亭. 登萬景臺. 暮抵杆城宿焉. 太守鄭聲遠. 爲設小酌. 明日宿大康驛. 又明日至高城. 自襄至此海. 行凡二百餘里. 歷靑草湖. 永郞湖. 廣湖. 蘇湖. 仙遊潭. 花津湖. 鑑湖. 往往鳴沙軋軋. 沙上碧松萬株. 海中島嶼. 松篁鬱然. 或石峯詭怪. 泛彩船南江. 登海山亭. 亭東臨海."

서 명파역에서 잠시 쉬었다. 송도(松島)를 지나 대강역에서 점심을 먹었다. 대강을 출발해 감호로 가는 길에 전 도사(都事) 정전(鄭涀)의 정자에 올랐다. 바닷길을 따라 10여 리를 가니 현종암(懸鍾巖)이 나왔다.

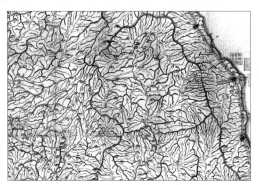

〈대동여지도에 표시된 간성, 고성을 경유하여 금강산 가는 길〉

III. 결론

지금까지 논의한 것을 정리한다. 철원을 지나 금강산을 가는 길을 남효온, 윤휴 등이 걸었다. 보개산을 지나 철원의 명승인 북관정에 오른 후 김화로 향했다. 김화를 지나 직목역을 통과한 후 창도역에서 금강산을 향해 동쪽으로 갔다. 보리진을 건너고 통구원을 지나 단발령에 오르는 노선이 일반적인 내금강으로 가는 노선이었다. 포천에서 갈말읍을 거쳐 김화로 가는 경우는 더 많았다. 홍인우, 신익성 경우가 대표적이다. 이때 풍전역 인근에 있는 삼부연폭포를 찾곤 하였다. 창도역에서 북쪽에 있는 회양에 들렸다가 장안사로 들어가기도 했다. 김창협의 경우가 그렇다. 이형윤은 창도역과 신안역을 지나 추자령을 넘어 총석정을 구경하고 남하하여 삼일포를 거친 후 금강산으로 들어갔다.

양대박은 화천 산양역을 지나 금성을 잇는 고개를 넘었다. 금성 땅 서운역에서 꼴을 먹이고 저녁에는 창도에서 유숙하였다. 이하곤은 화천 사창리에서 학령을 넘어 김화에 이르렀다. 안석경은 산양역에서 마치를 넘어 김화로 간 후 금성으로 향했다.

양구에서는 두타연을 지나 문등리로 향하는 길이 내금강까지 가는 최단 경로였다. 안석경의 「동행기」는 양구에서 두타연을 지나 문등현을 넘은 후 문등리를 거쳐 금강산 가는 길이 자세하다. 다른 길도 있었다. 이근원은 양구군 동면 임당리에서 돌산령을 넘어 해안으로 향했다. 해안에서 인제군 서화면 서희리로 이동한 후, 응봉령을 넘어 속사촌에 들린 후 장안사에 도착하였다.

동해안을 따라 금강산 가는 길은 가는 조선 최고의 유람코스였다. 금강산뿐만 아니라 관동팔경이 소재하여 많은 이들이 이 길을 걸었다. 간성을 지나 도착한 고성에서 해금강으로 갔다. 외금강으로도 갔으며 북쪽으

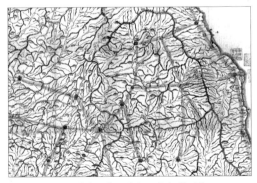

〈대동여지도에 표시된 금강산 가는 길〉

로 이동하며 관동팔경인 총석정과 시중대까지 구경하기도 했다. 고성은 서쪽에 금강산이 있고, 동쪽에는 해금강이 있는 고을이다. 이 구간은 화가들의 그림이 많이 남아 있는 것으로도 유명하다.

참고문헌

고태규, 「조선시대 금강산 유람기에 대한 여행사(史)적 고찰」, 『관광연구저널』, 한
　　　국관광연구학회, 2018.

박부원, 「금강산 歷史文化路 개발」, 한양대학교 대학원 박사학위 논문, 2020.

이영숙, 「17세기 이전 금강산 유람의 경로 및 특징」, 『남명학연구』 55, 경상국립대
　　　학교 경남문화연구원, 2017.

이영숙, 「경로를 통한 금강산 유람의 변천고찰」, 『韓國漢文學硏究』 77, 한국한문
　　　학회, 2020.

정치영, 「金剛山遊山記를 통해 본 조선시대 사대부들의 여행 관행」, 『문화역사지
　　　리』 제15권 3호, 한국문화역사지리학회, 2003.

정치영, 『사대부, 산수유람을 떠나다』, 한국학중앙연구원출판부, 2014.

강주우(姜周祐), 『옥천연방고(玉泉聯芳稿)』

강헌규(姜獻奎), 『농려집(農廬集)』

김도수(金道洙), 『춘주유고(春洲遺稿)』

김수증(金壽增), 『곡운집(谷雲集)』

김창협(金昌協), 『농암집(農巖集)』

남효온(南孝溫), 『추강집(秋江集)』

노경임(盧景任), 『경암집(敬菴集)』

민치완(閔致完), 『지강문집(芝岡文集)』

박영석(朴永錫), 『만취정유고(晩翠亭遺稿)』

성제원(成悌元), 『동주일고(東洲逸稿)』

송병선(宋秉璿), 『연재집(淵齋集)』

신익성(申翊聖), 『낙전당집(樂全堂集)』

안경점(安景漸), 『냉와문집(冷窩文集)』

안석경(安錫儆), 『삽교집(霅橋集)』

양대박(梁大樸), 『청계집(靑溪集)』

유경시(柳敬時), 『함벽당집(涵碧堂集)』

유운룡(柳雲龍), 『겸암집(謙菴集)』

윤휴(尹鑴), 『백호집(白湖集)』

이경석(李景奭), 『백헌집(白軒集)』

이곡(李穀), 『가정집(稼亭集)』

이근원(李根元), 『금계집(錦溪集)』

이동표(李東標), 『나은집(懶隱集)』

이동항(李東沆), 『지암집(遲庵集)』

이만부(李萬敷), 『식산집(息山集)』

이의현(李宜顯), 『도곡집(陶谷集)』

이종욱(李鍾郁), 『근곡유고(芹谷遺稿)』

이진택(李鎭宅), 『덕봉집(德峰集)』

이하곤(李夏坤), 『두타초(頭陀草)』

이현석(李玄錫), 『유재집(游齋集)』

이형윤(李炯胤), 『창주집(滄洲集)』

정선(鄭敾), 『해악전신첩』

정철(鄭澈), 『송강집(松江集)』

허적(許𥛚), 『수색집(水色集)』

홍여하(洪汝河), 『목재집(木齋集)』

홍인우(洪仁祐), 『치재유고(恥齋遺稿)』

일제강점기 금강산전기철도 건설과 금강산 개발

이부용

강원대 연구교수

목차

1. 금강산전기철도의 개요

금강산전기철도는 1924년 8월 1일 철원역에서 운전을 개시하여 1931년 7월 1일 내금강역까지 개통되어 28개역 116.6km를 달리던 전기철도이다. 금강산전기철도는 구메 다미노스케(久米民之助, 1861~1931)를 중심으로 계획되고 금강산전기철도주식회

<그림 1>
금강산전기철도주식회사 로고

사가 착공했다. 1930년대에 여객과 화물을 활발히 수송했지만 전쟁을 겪
으며 일부 사업을 매각하는 과정을 거쳐 1942년 경성전기에 합병된다. 이
후 금강산선은 선로 공출 등의 과정을 거치며 결국 폐선되었다. 현재 철원
에는 정연철교를 비롯하여 금강산전기철도가 운행되었던 흔적들이 남아
있다. 이하 1939년에 발행된 『금강산전기철도주식회사20년사』 중심으로
금강산전기철도 건설과 금강산 개발에 대해 살펴본다.

2. 금강산선 건설의 시대적 배경

일본에서 최초로 건설된 철도는 1872년 도쿄의 신바시(新橋)에서 요코
하마(橫浜)까지 개통된 철도이다. 철도의 중요성을 인지한 일본은 이후 청
일전쟁, 러일전쟁을 거치며 철도를 전략적으로 이용하게 된다. 한국 최초
의 철도는 1899년 서울의 노량진과 인천의 제물포를 연결하는 경인선이
며 1914년에는 경원선이 개통되었다. 경원선의 연결은 철원을 기점으로
금강산 관광을 가능하게 했다.

일본의 공부대학(工部大学)[1]에서 공학과 건축을 배우고 여러 사업을
일궈온 실업가 구메 다미노스케는 그의 나이 50세 후반인 1918년 조선에
와서 강원도 및 금강산을 시찰한다. 그리고는 태백산맥 동서의 지형 낙차
를 이용한 유역변경식 발전 및 이를 이용한 전기철도 부설의 아이디어를
떠올린다. 이를 구체화하고 실제로 전철 운행을 실현하기까지 회사 설립

---

1) 메이지(明治) 시대의 공학교육기관으로 이후 도쿄대학 공학부로 편입됨.

및 조선총독부의 인허가를 받는 과정에는 시바우라(芝浦)제작소로부터 수리사용권을 양도받는 등 여러 우여곡절이 있었다.[2] 요약하자면 금강산전기철도 건설에는 화천강[3] 수리사용권, 경편철도부설권, 전기사업경영권이라는 세 가지 분야에 대한 행정적 절차가 필요했다. 이 세 가지 권리획득은 금강산전기철도의 특징을 그대로 보여주는 핵심적 요소이기도 하다.

금강산전기철도 건설에는 위와 같은 행정적 절차나 공사 자체의 어려움뿐만 아니라 조선의 사회적 상황에 대한 이해 또한 필요했다. 금강산전기철도주식회사가 설립된 1919년은 고종 임금이 승하하고 3.1운동이 일어난 해였다. 『금강산전기철도주식회사20년사』에 수록된 제8장 '송전 시설의 회상'에는 조선 독립의 요구가 거세지는 사회적 분위기 속에서 철도부설권을 무사히 획득할 수 있을 것인지에 대한 걱정과 현장에서 발생할지도 모르는 조선인들과의 갈등을 예상하며 공사를 무사히 끝낼 수 있을 것인지에 대한 고심했던 흔적도 엿보인다.[4]

3. 기점도시 철원과 금강산선 개통

금강산전기철도주식회사는 1919년 3월 25일 도쿄의 교바시구(京橋区)

---

2) 장혜진·이부용 역(2022)『금강산선 금강산전기철도』 강원문화연구소, 40쪽.
3) 함광복(2019)『민통선의 삶』 강원연구원 강원학연구센터, 33쪽. 송강 정철이 「관동별곡」에서 '화천 시내길이 풍악으로 뻗어있다'고 묘사한 강.
4) 위의 책, 『금강산선 금강산전기철도』 105쪽.

산짓켄호리(三十間堀)에 임시 사무소를 설치했다.[5] 다음해 1920년 7월 1일에는 강원도 철원군 철원면 관전리(官田里)에 지점을 설치했다. 같은 해 8월 9일 철원면 외촌리 655번지로 지점을 이전했고 1922년 5월 19일부터는 외촌리를 본점으로 하고 도쿄 사무소는 출장소로 바꾸었다. 이후 경성에는 1923년 용산과 왕십리에 출장소가 설치되었다.

연월일	비고	주소
1919년 3월 25일	임시사무소 설치	東京 京橋区 三十間堀 三丁目 五番地
1920년 7월 1일	지점 설치	강원도 철원군 철원면 관전리 89번지
8월 9일	지점 이전	강원도 철원군 철원면 외촌리 655번지
1922년 5월 19일	본점 지정, 출장소 설치	외촌리 본점 지정, 도쿄 사무소 출장소로 변경
1923년 4월 1일	경성 출장소	경성 강기정(岡崎町)에 출장소 설치
10월	외왕십리 출장소	마장정(馬場町) 759번지
이후	도쿄출장소 이전	東京 麴町区 丸の内 三丁目 三番地

〈표 1〉 금강산전기철도주식회사 사무소 일람 (필자 작성)

　　1920년 8월 철원면 외촌리에 사무실이 설치되자 9월부터 철원을 기점으로 철도 부설공사가 본격적으로 개시되었다. 공사에는 수로, 발전소, 변전소와 같은 기반시설 공사가 선행되었고, 교각이나 거더(Girder)와 같은 토목공사, 전동차 제작, 송전선 설치, 철로 부설 등과 같은 철도 공사가 동시에 진행되었다.

　　1923년 3월에는 철원변전소 공사가 시작되고 금강산선 개통을 위한 준비가 착착 진행되고 있었다. 그러나 1923년 9월 일본에서 발생한 관동

---

5) 현재는 없는 지번으로 패전 후 하천 매립 등으로 지형이 바뀌었기에 정확히 알 수 없지만 긴자(銀座) 부근으로 추정된다.

대지진으로 당시 시바우라제작소에서 제작 완료하여 발송 준비중이던 전동발전기가 소실되고 이로 인해 금강산선 개통은 지연되게 된다.[6] 이는 전혀 예상하지 못한 난관이었지만 10월 31일 철원-김화 간 철도선로가 준공되고 12월 20일 철원 및 김화에 전등을 밝힌다.

금강산전기철도주식회사는 구메 다미노스케를 위시한 여러 명의 창립위원을 중심으로 세운 회사로 2만주를 공모주로 내건 주식회사였다. 당시 1주에 5원으로 모집했고 창립 당시에는 일본 경제가 호황으로 공모주의 3백 50배에 달하는 응모가 있을 정도로 인기가 있었고 주식계의 신기록을 세우기도 했다. 그러나 불경기가 시작되자 불입 연기 요청이나 실권하는 이도 있었고 창립 후 3년간 징수된 것은 예정한 금액의 4분의 1에 불과했다.

철도 영업 구간	영업개시일
철원-김화	1924년 8월 1일
김화-금성	1925년 12월 20일
금성-탄감	1926년 9월 15일
탄감-창도	1927년 9월 1일
창도-현리	1929년 4월 15일
현리-화계	1929년 9월 29일
화계-말휘리	1930년 5월 15일
말휘리-내금강	1931년 7월 1일

〈표 2〉 철도 영업 구간 및 영업개시일

1924년 8월 1일은 금강산선이 증기열차로 임시 영업을 개시한 날이

---

6) 이부용(2021) 「금강산전기철도의 자연재해와 극복 과정」 『강원문화연구』 44, 강원문화연구소, 139쪽

다. 금강산전기철도주식회사는 1년을 2기로 나누어 결산 때에는 주주에게 이익금을 배당하는 주식회사였고 조선총독부로부터 보조금도 받고 있었다. 여러 사정 속에서 금강산전기철도주식회사는 운행을 서둘렀고 만철(남만주철도주식회사)에서 기관차, 승무원, 객차를 빌려 어떻게든 8월 1일에 운전을 개시했다. 전기를 이용한 운전은 다시 제작한 전동발전기가 도착한 이후 10월말에 이르러 비로소 실현되었다.[7]

금강산선은 〈표 2〉[8]와 같이 단계적으로 완공되어 1931년 7월 1일에는 내금강까지의 전 노선이 개통되게 된다. 그 결과 경원선과 철원을 기점으로 연결됨으로써 경성에서 출발하면 약 4시간 반 정도면 금강산까지 당일 내 도착이 가능하게 되었다.

4. 금강산의 관광 확대

경원선과 금강산전기철도의 운행은 금강산으로의 접근에 획기적 전기를 마련했다. 가령 금강산전기철도 개통 전후 금강산까지의 여정을 비교해 보면 더욱 명확해진다. 다음 자료는 경원선이 개통되기 전 1911년 7월 조선총독부 내무부 지방국 직원들의 금강산 출장을 적은 '여정보고(표 3)'이다.[9] 이를 보면 그들이 경성을 출발해서 내금강 입구 말휘리에 도착하

---

7) 앞의 책, 『금강산선 금강산전기철도』 58쪽
8) 앞의 책, 『금강산선 금강산전기철도』 65쪽
9) 이부용(2020) 『사사종교』 1911에 나타난 금강산 방문기록 고찰」, 『문화와융합』 42-2, 한국문화융합학회, 509쪽

기까지 1주일 이상이나 걸렸음을 알 수 있다. 게다가 당시에 금강산으로 향하는 길에는 강물의 범람이나 강을 건너기 위한 시간도 필요했다.

	월/일	여정
①	7/13	경성 출발. 동소문(혜화문) 회합. 의정부 숙박.
②	7/14	의정부 출발, 송우리(현재의 경기도 포천시 소흘읍). 양문리(현재의 경기도 포천시 영중면) 체재.
③	7/15	철원군 지포리 통과. 김화 체제. 군서기 집에서 숙박.
④	7/16	김화 출발, 금성읍 도착. 도보 이동.
⑤	7/17	금성 출발. 창도 중식. 오산면 상기성리 체제.
⑥	7/18	강물 범람으로 대기.
⑦	7/19	현리 부근 나루터에서 대기. 정오 통구 현리 도착. 헌병분견소 오찬. 오후 3시 묵파령. 밤11시 넘어 말휘리(예전의 북장北莊).
⑧	7/20	내금강 입구 말휘리 헌병분견소에서 보고서 작성. 유점사로 이동.

〈표 3〉 1911년 7월 조선총독부 직원들의 '여정보고'

드디어 1931년 내금강까지의 금강산선이 개통된 이후에는 금강산전기철도가 평균 하루에 4번 철원에서 내금강 사이를 달렸다. 경성에서 경원선을 거쳐 금강산전기철도로 갈아타면 당일 금강산에 도착할 수 있는 것은 물론이고 1박 2일이면 금강산관광을 할 수 있게 되었다. 교각을 설치하여 그 위를 통과시키는 방식의 전철 운행은 과거와 같은 나루터에서 강물이 잦아들기를 기다리거나 뱃사공을 수소문하는 수고를 덜어주었다.[10] 금강산전기철도는 표준광궤를 채택했고 일요일이나 축제일에는 경성에서 내금강까지 야간 침대차의 직통운전도 실시했다고 하니 더욱 인기를

---

10) 물론 그렇다고 해서 금강산선이 수해로부터 자유로웠던 것은 아니다. 금강산전기철도는 여러 차례의 홍수로 선로 유실, 변전소 침수 등의 피해를 입었다. 이부용(2021) 「금강산전기철도의 자연재해와 극복 과정」 참조.

끌었을 것이다.[11]

게다가 기차는 차표 한 장이면 누구든 자유롭게 이동할 수 있는 자유를 주었다. 신분이나 직업을 막론하고 기차표를 구입하면 기차를 타는 일에 있어서는 공평하게 교통수단을 이용할 수 있었다. 근대적 관광이 시작된 셈이다. 〈표 4〉 금강산 탐승객 연차표[12]에 의하면 김화까지만 철도가 개통된 초기에는 200명 이내였으나 1931년부터는 15,000명, 1938년에는 약 25,000명 정도에 이르고 있음을 알 수 있다.

연차	1925	1926	1927	1928	1929	1930	1931	1932	1933	1934	1935	1936	1937	1938
탐승객수	186	881	1752	2226	4773	11230	15219	15219	12609	14529	15338	17688	14004	24892
연락지점	김화	금성탄감	탄감창도	창도	창도오량	말휘리	말휘리내금강	내금강	〃	〃	〃	〃	〃	〃

<표 4> 금강산 탐승객 연차표

이용객이 늘어나자 금강산전기철도주식회사는 관광 편의 확대와 여러 수익 사업에도 관심을 가졌다. 『금강산전기철도주식회사20년사』의 제12장에는 금강산전기철도주식회사가 관계했던 여러 관광 시설에 대한 안내가 있다. 먼저 구메 산장을 들 수 있는데 그 명칭은 초대 사장 구메 다미노스케의 이름을 딴 것이다. 그는 내금강역까지의 개통을 보지 못하고 앞서 세상을 떠났으며 그의 유골 일부는 금강산에 산골되었다.[13] 구메산장은 석조 삼층 건물로 비로봉 정상에서 1km 정도 아래쪽에 설치했으며 비

11) 앞의 책, 『금강산선 금강산전기철도』 36쪽
12) 앞의 책, 『금강산선 금강산전기철도』 74쪽
13) 이부용(2024) 「전철 타고 금강산으로 여행가다」 『지역과 일본인』 한국일본연구총연합회, 52~54쪽.

로봉까지 오르는 등산객들의 편의를 꾀했다.

또한 금강산전기철도주식회사는 1934년 4월 조선운송주식회사가 경영하는 장안사-온정령 간의 자동차 영업을 양수받아 직영 영업을 시작했다. 금강산선을 타고 온 승객 중 온정령으로 이동하기 원하는 탑승객들은 같은 회사가 운영하는 자동차를 타고 좀 더 편하게 금강산 관광을 할 수 있게 된 셈이었다. 그리고 내금강 역 앞에는 일본식 여관으로 욕조 시설을 겸비한 부지화(不知火) 여관을 설치하고 위탁 경영을 했다.

금강산전기철도는 전철이라는 특성상 철도부설을 위해 변전소와 전기공사를 함께 했으며 금강산선 부설에는 당연히 각 역의 건설도 수반되었다. 특히 철원역의 경우에는 1929년 기존의 철원역을 신축할 때 구내에 금강산전기철도의 승강장을 설치해서 연락의 편의를 꾀했다.[14] 또한 내금강역의 건설은 금강산 입구까지 전기를 공급하게 된 것을 의미하며 사람들의 이동을 활발히 함으로써 금강산은 더 이상 신비로운 이상향이 아닌 관광의 대상이 되었다. 『금강산전기철도주식회사20년사』는 이러한 상황을 "금강산이 있어서 당사가 생겼고, 또한 당사가 생겨서 금강산은 그것을 감추고 있던 구름을 젖히고 세상에 나왔다"[15]라고 표현하고 있다.

5. 금강산전기철도가 꿈꾼 미래

애당초 구메 다미노스케를 위시한 회사 창립자들은 1919년 8월 도쿄

---

14) 앞의 책, 『금강산선 금강산전기철도』 69쪽
15) 앞의 책, 『금강산선 금강산전기철도』 127쪽

의 철도협회에서 개최한 발기인 총회에서 다음과 같은 '회사 설립 취지서'
를 발표했다.

> 그렇지만 금강산 전기철도로서 화천에 그치는 것은 목적에 있지 않음에 따
> 라, 제1기로서 철원에서 창도까지 41리를 부설, 영업을 개시하고, 제2기로
> 서 창도에서 화천에 이르는 22리를 부설하고, 그 영업 성적과 경제 상태를
> 참작(斟酌)하여 다시 시기를 가늠하여, 증자(增資) 상 말휘리로 연장하여,
> 역시 호성적(好成績)을 얻고서는 내금강, 외금강 및 장전항(長箭港)으로 연
> 장할 예정이다.[16]

결과적으로 보면 제1기 철원에서 창도까지 철도부설은 3년이 걸렸으
며, 제2기 창도에서 말휘리까지의 철도부설에도 3년이 걸렸다. 마침내 내
금강까지 금강산전기철도가 완성되었지만 그것은 사실상 금강산전기철도
사업 구상의 일부분이었다고 할 수 있다. 위와 같이 최초의 철도부설 계획
에서는 금강산 전체를 시야에 둔 철도건설을 꿈꾸고 있었기 때문이다.

현재 북강원도 지역에 속한 고성의 장전항은 동해안에서 금강산으
로 가는 길의 관문이라고 할 수 있다. 남북한 화해 모드 속에서 1998년 11
월 남측의 관광객을 태운 유람선 금강호가 도착한 항구이기도 하다. 올해
2024년 말에는 부산, 대구에서 삼척을 거쳐 강릉까지 동해선이 개통될 예
정이다. 동해남부선(부산~포항), 동해중부선(포항~삼척)에 이어 속초, 고성
까지 동해북부선이 연결되면 군사분계선을 경계로 남북 철도의 동해축이

---

16) 앞의 책, 『금강산선 금강산전기철도』 48~49쪽

완성되는 셈이다. 이것은 시베리아횡단철도(TSR)와 유럽철도까지를 염두에 둔 구상이다.

남북 분단 이전의 금강산전기철도는 큰 그림으로는 철원에서 내금강, 외금강, 장전항까지의 철길을 연결하는 대륙 철도의 구상 속에서 경성과 금강산, 그리고 동해안을 철도로 연결하는 것까지 염두에 두고 있었다고 볼 수 있다.

또한 전기철도 건설은 세부적으로는 금강산 자체에 대한 개발 계획과도 관련되는 것이었다. 1930년대 일본은 금강산을 어떠한 방식으로 개발할 것인지에 대해 다각도로 검토를 했다.[17] 어떤 노선으로 철도를 건설할 것인지 또는 우회 도로를 만들 것인지 여러 의견이 존재하는 가운데 그 어느 쪽도 실현되지 못했다. 일본의 침략전쟁이 점점 심화되면서 관광 활성화나 개발보다는 자원 수탈 쪽에 중심을 두게 되었기 때문이다.

금강산전기철도를 구상하고 실현시킨 구메 다미노스케는 금강산전기철도의 내금강까지의 연결을 보지 못하고 1931년 세상을 떠났고 1942년 금강산전기철도주식회사는 경성전기에 합병되게 된다. 그 후 1944년 선로 공출이 이어지고 한국전쟁으로 금강산선 역시 분단된 상태가 되었다. 금강산전기철도는 멈추었지만 금강산선 개통 100주년을 맞이하여 금강산전기철도의 건설 과정과 그 운행 현황에 대해 살펴보는 일은 남북한 교류와 통일을 향한 미래를 구상하는 일의 밑바탕이 될 것이다.

---

17) 이부용(2020) 「『아사히신문』 외지판에 나타난 금강산 인식」 『어문논집』 89, 민족어문학회, 148~149쪽; 김지영(2021) 「'일제'의 금강산국립공원 지정 논의로 본 '제2의 자연'으로서의 금강산 생산」 『대한지리학회지』 56-3, 대한지리학회, 289~310쪽

참고문헌

*발행연도 오름차순

金剛山電氣鐵道株式会社 編(1939)『金剛山電気鉄道株式会社廿年史』金剛山電
    氣鐵道株式会社

함광복(2019)『민통선의 삶』강원연구원 강원학연구센터

이부용(2020)「『사사종교』1911에 나타난 금강산 방문기록 고찰」『문화와융합』42-
    2, 한국문화융합학회

이부용(2020)「『아사히신문』외지판에 나타난 금강산 인식」『어문논집』89, 민족
    어문학회

이부용(2021)「금강산전기철도의 자연재해와 극복 과정」『강원문화연구』44, 강원
    대학교 강원문화연구소

장혜진·이부용 역(2022)『금강산선 금강산전기철도』강원대학교 강원문화연구소

김지영(2021)「'일제'의 금강산국립공원 지정 논의로 본 '제2의 자연'으로서의 금
    강산 생산」『대한지리학회지』56-3, 대한지리학회

이부용(2024)「전철 타고 금강산으로 여행가다」『지역과 일본인』한국일본연구총
    연합회

응접실 속 금강산
– 1932년 금강산협회의 설립 배경과 의의

손용석

서울역사편찬원 연구원

Ⅰ. 머리말

금강산은 한국을 대표하는 명승(名勝)이자 관광명소로서 일찍부터 주목받아 왔다. 금강산을 유람한 사람들이 남긴 작품들, 회화, 한시, 가사, 지리서, 풍속서, 여행기 등을 통해서 금강산의 풍경과 유람객의 정취를 느낄 수 있다. 1914년 경성(京城)과 원산(元山)을 잇는 철도가 부설됐다. 신문·잡지 등을 통해서 금강산에 대한 각종 보도와 기사가 쏟아지면서 금강산을 직접 관광하거나 매체를 통하여 접할 수 있는 기회가 늘어났다. 그와 발맞추어 금강산 관광안내서, 여행기, 기념사진, 그림엽서 등 금강산 관광과 관련한 다양한 기록물이 쏟아졌다. 그리고 이런 기록들은 금강산의 인문경관, 자연경관 등에 대한 설명을 풍부히 담고 있어서 금강산을 그려내고 고증하는 자료로 활발하게 활용됐다.

그러나 이러한 기록들은 금강산을 홍보하거나, 금강산에 대한 체험의 전달 등을 목적으로 하고 있기 때문에 개인과 사회의 사고가 반영될 수 있다. 즉, 현재 금강산에 대하여 남아 있는 여행, 관광 관련 기록은 금강산을 무색무취하게 고증하는 자료가 아닌, 특정 시기 금강산에 대한 서사(narrative)이다.

명승으로써 금강산을 둘러싼 체험에 따른 기록들이 일찍부터 주목받은 가운데, 정작 금강산이 어떻게 식민지 조선 더 나아가 지금의 한반도를 대표하는 관광명소로 자리매김하게 됐는지 그 역사적 경로는 구체적으로 규명되지 않았다. 이를 규명하기 위하여 금강산 개발이 본격적으로 이루어진 일제강점기 금강산을 둘러싼 정책 및 그 시행이 어떻게 이루어졌는지 밝히는 연구가 필요하다.

본 연구와 관련된 기존의 선행 연구는 금강산 기행문, 회화 등 작품에 대한 분석 연구, 안내 팜플렛, 기념사진 등 관광자료에 대한 연구, 일제강점기 금강산의 변천, 주로 관광지화 과정 및 금강산 관련 정책에 대한 연구로 나누어 살펴볼 수 있다.

첫째 금강산 기행문, 회화 등 금강산을 대상으로 한 예술 작품에 대한 연구는 일찍부터 활발하게 진행됐다.[1] 특히, 최남선, 이광수 등 명망가들

---

1) 정치영, 「금강산유산기」를 통해 본 조선시대 사대부들의 여행 관행」, 『문화역사지리』 21, 韓國文化歷史地理學會, 2003.

이 남긴 금강산 기행문을 분석하여 방문하는 시점, 당시 사회 분위기, 방문자 개인의 민족·사회관에 따라서 금강산을 바라보는 시각과 감상에 차이가 있음을 밝힌 연구는 식민지 조선인에게 금강산이 갖는 의미를 살펴볼 수 있게 한다.[2] 기행문과 함께 근대 회화에 표현된 금강산의 표상을 둘러싼 연구 역시 금강산에 대한 당대인의 시각을 이해하는 데 도움을 준다.[3]

둘째 안내 팜플렛, 기념사진, 엽서 등 관광자료는 역시 일찍부터 주목을 받았는데, 특히 유물로서의 가치에 주목하여 각 박물관에서 경쟁적으로 관광자료를 수집해 왔다. 그리고 수집한 관광자료에 대한 분석을 통하여 일제강점기 관광경로 및 사진·엽서에 나타난 경관 등 일제강점기 금강산 관광 문화에 대한 연구 등이 진행되었다.[4]

셋째 금강산의 관광지화 과정과 정책에 대한 연구는 앞선 연구경향에 비하여 상대적으로 소략한 것이 사실이다. 일제강점기 금강산의 관광지화 과정을 개설한 연구가 진행되다가,[5] 최근 일제 강점 직후 조선총독부의 금강산 관광개발 추진에 주목한 연구가 이루어지면서 금강산을 둘러싼 조선총독부의 개발 및 관리정책에 대한 규명이 이루어지기 시작했다.[6]

---

2) 서영채, 「최남선과 이광수의 금강산 기행문에 대하여」, 『민족문학사연구』 제24호, 민족문학사연구소, 2004.

3) 김선정, 「1920년 창덕궁 희정당 벽화 −식민지배와 근대성의 표상으로서의 금강산도」, 『도시역사문화』 제8호, 서울역사박물관, 2009 ; 김현숙, 「근대 혼성문화공간으로서의 금강산과 금강산 그림」, 『온지논총』 제35집, 온지학회, 2013.

4) 부산근대역사관 학예연구실, 『근대, 관광을 시작하다』, 부산근대역사관, 2007 ; 유승훈, 「근대 자료를 통해본 금강산 관광과 이미지」, 『실천민속학연구』 제14호. 실천민속학회, 2009.

5) 원두희, 「일제강점기 관광지와 관광행위 연구 : 금강산을 사례로」, 한국교원대학교 지리교육과 석사학위 논문, 2011.

6) 조성운, 「1910년대 조선총독부의 금강산 관광개발」, 『韓日民族問題硏究』 30, 韓日民族問題學會, 2016.

또한, 일본의 국립공원법 제정과 맞물려 진행된 금강산의 국립공원계획
에 대한 연구가 진행되면서, 금강산을 제국 일본의 명승 관리라는 넓은 시
각에서 이해할 수 있는 토대가 마련됐다.[7]

이처럼 현재 금강산을 대상으로 한 기행문, 회화 등에 주목한 연구뿐
만 아니라 금강산 정책에 대한 연구도 나오고 있는 상황이기 때문에 금강
산에 대한 연구가 한층 더 도약할 수 있는 중요한 시점으로 판단된다. 금
강산협회에 주목한 본 연구를 통해서 기존 연구의 공백을 메우고, 금강산
에 대한 역사적 이해를 높이는 계기를 마련하도록 하겠다.

일제의 금강산 정책의 목표는 관광지 개발에 따른 경제적 수익 창출
을 위한 것이기도 했지만, 식민지 조선에 대한 일제의 장악력과 통치의 공
고함을 대내외에 과시하기 위한 의도 역시 자리하고 있었다. 특히, 1932년
조선총독부 정무총감을 회장으로 하는 금강산협회(金剛山協會) 설립은 조
선총독부 철도국, 지방단체, 민간 등 개별적으로 이루어지던 금강산 개발
및 관리를 통합하는 중요한 계기가 됐다. 또한, 금강산협회 설립은 1931
년 일본의 국립공원법 제정에 따른 후속 조치였다. 즉, 금강산협회는 금강
산을 제국 일본의 국립공원으로 지정하겠다는 구체적인 목표를 실현하기
위하여 설립된 측면이 강하다.

이와 같이, 금강산협회는 일제 강점 직후부터 식민지 조선 내부적으로
진행된 금강산 개발정책과 그 궤를 같이 하면서, 1930년대 일본의 국립공
원 지정이라는 외부적 요인이 작용하면서 조직된 기구로 평가할 수 있다.
본 연구에서는 금강산협회의 설립 배경, 조직·활동과 그에 대한 평가를

---

7) 水内佑輔 외, 「金剛山国立公園計画からみる田村剛と上原敬二の計画思想に関する研究」, 『ラン
ドスケープ研究』 79(5), 日本造園學會, 2016.

통해서 금강산의 개발과정 및 일제의 금강산 정책을 파악할 수 있는 토대를 마련하고자 한다.

II. 금강산의 대중관광지로서의 발전과 탐승 시설 확충

일제 강점 이후 철도 부설과 대중매체의 보급 등으로 인하여 금강산은 특정 계층의 유람지가 아닌 대중관광의 명소로 개발되기 시작했다. 특히 조선총독부 철도국은 금강산 일대 숙박 및 여가시설 조성 등 특히 외금강 일대의 관광지 개발에 적극적으로 나섰다. 이는 1914년 경성과 원산을 잇는 철도인 경원선 개통에 따른 결과로 경원선을 타고 금강산의 관광에 나서는 탐승객을 위한 편의시설이 외금강 일대에 집중적으로 자리하게 됐다. 그 과정에서 온정리(溫井里)는 온천 용출이라는 천혜의 자연조건을 기반으로 숙박시설 등이 들어서면서 철도와 온천을 매개로 한 일본식 관광지 개발의 수혜지로 부상했다.[8] 경원선과 원산항과 장전항 등의 항로를 통하여 외금강으로의 접근성이 높아지는 가운데, 1924년 철원역에서 김화역을 잇는 금강산전기철도가 개통하면서 내금강으로 향하는 교통편의 확충도 본격적으로 진행됐다. 이 과정에서 장안사(長安寺) 일대는 내금강의 관광 거점으로 정비되기 시작했고, 이를 주도한 것은 금강산전기철도를 부설한 금강산전기철도주식회사(이하 금강산전철)였다.

---

8) 김백영, 「금강산의 식민지 근대 - 1930년대 금강산 탐승 경로와 장소성 변화」, 『역사비평』 131, 역사문제연구소, 2020.

이처럼 철도 부설을 매개로 한 금강산 개발에 외금강의 철도국과 내금 강의 금강산전철이 매진하면서 금강산의 관광 인프라는 점차 틀을 갖춰 갔다. 하지만 금강산 전체를 아우르는 개발과 관리 정책은 여전히 부재한 상황이었다. 이런 상황은 1929년에 들어서 달라지기 시작했다.

1929년 일본에서는 국립공원협회가 결성되면서 오랜 기간 논의만 이 루어지던 국립공원 지정 움직임이 본격적으로 진행되기 시작했다.[9] 이 과 정에서 국립공원 후보로서 1910년대부터 이미 그 이름이 언급되고 있던 금강산 역시 다시 한번 주목받게 됐다. 그리고 같은 해 조선총독부는 '시 정 20주년'을 기념하기 위해서 경복궁에서 박람회를 개최했다. 이때 박람 회를 찾은 관람객들이 금강산을 찾으면서 금강산 관광이 양적으로 성장 하는 계기를 맞이하게 됐다.[10]

1929년 금강산을 둘러싼 대내외적 변화에 발맞춰서, 조선총독부는 1930년 1월 '금강산 보승에 관한 타합회'를 개최했다. 이 회의는 산림부의 주관하에 진행됐는데, 내무국, 학무국, 철도국, 강원도, 금강산전철이 참 석하면서 총독부, 지방관청, 민간 자본이 공식적으로 한자리에 모여 금강 산에 대한 종합대책을 논의했다. 1930년 1월 회의에서는 주로 금강산전 기철도의 종점인 내금강역 개통을 목전에 둔 상황에서 장안사 일대를 중 심으로 한 내금강 개발의 방향과 그 범위를 두고 참가자 간의 논의가 진 행됐다.[11]

9) 「國立公園調査費 明年度豫算に要求」, 『京城日報』 1929.8.25.; 「愈よ白熱化する 國立公園設置運 動」 『釜山日報』 1929.8.21.

10) 손용석, 「일제강점기 금강산 관리와 개발의 역학: 1930년 금강산 보승에 관한 타합회를 중심으 로」 『사학연구』 제153호, 한국사학회, 2024, 356~357쪽.

11) 손용석(2024), 앞의 논문, 366~367쪽.

1차 회의가 장안사 일대 개발이라는 시급한 현안을 두고 금강산전철과 나머지 참석자들 간의 의견 조정이 이루어지는 자리였다면, 1930년 2월 28일에 정무총감 응접실에서 진행된 2차 회의에서는 금강산 개발 및 관리에 대한 더욱 구체적인 의제를 다루게 됐다.

〈표 1〉 1930년 2월 28일 2차 회의 참석자

소속	성명(직위)
철도국	戶田直溫(이사), 佐藤作郎(참사), 寺田金司(기사)
금강산전철	安藤又三郎(전무), 平井義一(철도과장)
내무국	榛葉孝平(토목과장), 富永文一(지방과장), 笹慶一(기사), 山岡敬介(기사)
체신국	佐佐木仁(기사), 靑木繁義(서기)
학무국	出口勇吉(屬)
산림부	渡邊豐日子(산림부장), 澤慶治郎(林務課長), 木谷重榮(造林課長), 松岡脩三(기사), 海老原侃(산림사무관)
강원도	關嘉三二(산업기사), 柳熙璟(屬)

전거: 「제2회금강산보승에관한협의회개황(2월28일)」, 『영림창관내도면및기타관계서』 국가기록원, 197~198면.

2차 회의의 의제는 ① 장안사 토지 계획, ② 통신기관 시설, ③ 경승지의 구역 결정, ④ 금강산 경승지의 관리경영 방법, ⑤ 금강산 보승회 시설안, ⑥ 장안사 부근 토지매수 등 크게 여섯 가지로 요약할 수 있다. 이 가운데 장안사 토지 계획은 내금강역과 공회당 등 장안사 일대 시가지 개발 과정에 들어설 주요 시설의 위치 등을 논의했다. 이와 관련해서 회의 참석자 간의 특별한 이견이나 논의가 이루어지지 않았다. 2차 회의 당시 집중적으로 논의된 의제는 금강산의 통신기관 확충이었다. 이와 관련해서 체신국 사사키 기사의 설명으로 금강산 일대 통신선로 및 통신기관 설치와 운영에 대한 논의가 이어졌다.

<표 2> 금강산 통신 증설 계획 노선

구간	선로	架設線種	전선 수	거리	공사비
외금강 – 신계사 – 구룡연	신설	4.5㎜ 철선	2	1리 35정	8,000
장안사 – 마하연	신설	4.5㎜ 철선	2	1리 16정	8,000
마하연 – 비로봉	신설	4.5㎜ 철신	2	1리 21정	7,000
비로봉 – 구룡연	신설	4.5㎜ 철선	2	1리 29정	12,600
마하연 – 유점사	신설	4.5㎜ 철선	2	3리	5,000
외금강 – 고성 – 백천교 – 유점사	신설, 첨가	4.5㎜ 철선	2	1리 17정	10,300
고성 – 해금강	첨가(添架)	4.5㎜ 철선	2	30정	1,300
외금강 – 만물상 – 내금강 – 장안사	첨가	4.5㎜ 철선	2	9리 5정	6,400
철원 – 회양 – 내금강	첨가	4㎜ 경동선	2	34리	54,800
원산 – 외금강	첨가	4㎜ 경동선	2	31리 21정	36,000

전거: 「제2회금강산보승에관한협의회개황(2월28일)」 『영림창관내도면및기타관계서』 국가기록원, 264면.

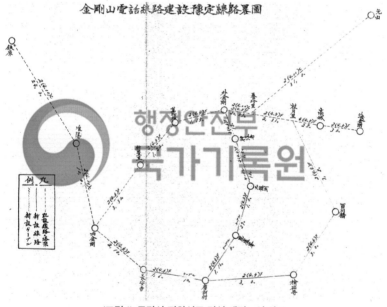

<그림 1> 금강산 전화선로 건설 예정노선 약도

전거: 「제2회금강산보승에관한협의회개황(2월28일)」 『영림창관내도면및기타관계서』 국가기록원, 265면.

사사키 기사의 계획은 크게 세 가지로 요약할 수 있다. 우선, 금강산전철의 내금강역 일대와 철원 그리고 외금강 온정리와 원산 등 금강산 내의 관광 거점을 배후의 교통중심지와 연결하여 통신 역량을 확충하는 것이었다. 다음으로는 내금강의 장안사에서 마하연(摩訶衍) 구간, 고성에서 백천교(百川橋)를 거쳐 유점사(楡岾寺)로 이어지는 해금강 - 외금강 구간, 외금강 온정리에서 만물상을 지나 내금강 장안사로 이어지는 구간 등 기존의 주요 탐승 동선에 연하여 통신선이다. 마지막으로는 내금강 마하연에서 비로봉(毘盧峰)을 지나 외금강 구룡연(九龍淵)으로 이어지는 금강산의 최고 높이 구간을 잇는 통신선이었다.[12]

회의 참석자 간의 논의 결과, 금강산에서 철원, 원산 등 외부를 잇는 통신선은 당장 부설할 필요는 없다는 쪽으로 의견이 모아졌다. 금강산 내부의 통신선 부설에 대해서는 금강산전철과 철도국이 입장을 달리했다. 금강산전철 안도 전무는 내금강에서 표훈사(表訓寺)를 거쳐 일엄대(一广臺)에 이르는 구간에 통신선이 필요하다고 주장했다. 반면, 철도국의 도다 이사는 외금강 신계사(神溪寺) 일대에 통신선을 부설해야 한다는 입장이었다.[13]

이 당시 금강산 일대 통신선은 금강산 내부의 자동차 교통과 밀접한 관련을 맺고 있었다. 즉, 금강산 내부에 자동차가 오고 갈수 있는 도로가 점차 확충되는 가운데, 자동차 도로의 종점에 전화기와 통신선을 설치해서 탐승객들이 언제든 자동차를 부를 수 있도록 하는 것이 양 기관의 목표가 됐다.[14] 즉 통신선의 부설 경로와 위치 등을 통해서 금강산전철과 철

---

12) 「제2회금강산보승에관한협의회개황(2월28일)」, 『영림창관내도면및기타관계서』, 국가기록원, 216~217면.
13) 「제2회금강산보승에관한협의회개황(2월28일)」, 『영림창관내도면및기타관계서』, 국가기록원, 217~219면.

도국이 당시 내외금강의 어느 곳에 관심을 두고 있고, 개발하려 했는지 파악할 수 있을 뿐 아니라, 양 기관의 우선순위가 달랐다는 점도 확인할 수 있다.

또한 1930년대에 들어서 금강산 최고봉인 비로봉을 잇는 탐승노선 개발의 필요성이 대두되는 가운데 내금강의 마하연을 지나 비로봉을 거쳐 외금강의 구룡연으로 향하는 통신선 부설 주장도 제기됐다. 하지만 그 과정에서 금강산의 주요 경승에 전신주를 세우고 통신선을 연결할 경우 경치를 해칠 수 있다는 우려와 함께 철제 케이블을 매립해서 경승을 보존하기 위해서는 비용이 많이 든다는 문제로 인하여 당장 통신선이 필요하지 않다는 데 의견이 모아졌다.[15]

결국 사사키 기사의 원안대로라면 약 15만 원의 예산이 필요했지만, 금강산 내부의 자동차 도로에 연하는 통신선 부설만을 진행한다면 3~4만 원 정도의 예산으로 충분하다는 결론이 내려졌다. 다음 논의의 주제는 금강산을 어떻게 정의할 것인가 였다. 공간, 범위 규정 어디서부터 어디까지를 금강산으로 할 것인가, 구체적으로 금강산 경승지 구역으로 설정하여 관리, 경영할지 정하는 문제였다.

〈표 3〉 금강산 경승지 구역 현황

구분	지역	면적
현재 구역	장안사, 표훈사 사유림	5120.3
	외금강 국유림	7,260
	신계사 사유림	682.55

---

14) 「自働車타고 金剛山探勝! 本報蔚山支局主催 參加團員募集」, 『중외일보』, 1930.09.04.
15) 「제2회금강산보승에관한협의회개황(2월28일)」, 『영림창관내도면및기타관계서』, 국가기록원, 220~221면.

	유점사 사유림	3,749.77
	총석정 국유림	9.08
편입 구역	신계사, 유점사 사유림	7,879.12
	국사봉 국유림	1,500
	신풍리 국유림	3,133.39
조사 구역	천불동 국유림	2,000.7
	周於峰 국유림	2,241
	온정동 국유림	12,230.59

전거: 「제2회금강산보승에관한협의회개황(2월28일)」, 『영림창관내도면및기타관계서』, 국가
기록원, 268면.

1930년 회의 당시 금강산 구역은 내외금강을 합쳐 1만 6천 정보의 넓
이였다. 그리고 회의 과정에서 신계사(神溪寺)와 유점사 등 외금강 주요 사
찰의 사유림과 국사봉(國士峰), 신풍리(新豊里) 일대 국유림 약 1만 2천 정
보를 편입해야 한다는 의견이 제기됐다. 이들 지역 풍경은 금강산의 경승
지라 불릴 만큼 가치가 높지 않다는 것이 회의 참석자들의 중론이었다. 그
러나 편입 예정 구역은 내외금강을 연결하는 요충지이고 그 가운데서도
신풍리는 앞으로 두 지역을 연결하는 통로로 활용될 가치가 높다는 것이
편입의 근거였다. 그리고 천불동 일대는 경승지라고 불릴 만한 지역이지
만 그 지세가 험해서 일반의 방법으로 관리하기 어려운 지역이기 때문에
실제 조사 후에 편입 여부를 결정하기로 했다.[16]

그리고 온정동 일대 국유림은 땔감 공급을 위해 필요한 지역이기 때문
에 천불동(千佛洞) 일대와 마찬가지로 조사 후 편입을 결정하는 것으로 논
의가 모아졌다. 기존의 금강산 영역의 2배 넓이가 더해진 광역의 관리영

---

16) 「제2회금강산보승에관한협의회개황(2월28일)」, 『영림창관내도면및기타관계서』, 국가기록원,

역 설정에 대한 필요성이 제기되는 가운데, 금강산전철 안도 전무는 금강산의 범위를 넓게 두자고 제안했다. 그는 일본 후지산도 "하코네(箱根)에서 이즈(伊豆)까지 포함"한다면서 금강산도 가능한 넓게 설정해서 향후에 후회할 일이 없도록 하자는 입장이었다. 금강산 구역 설정에서 구체적으로 문제가 된 것은 설악산의 포함 여부였다. 이와 관련해서 와타나베 산림부장과 도다 이사는 설악산은 별도로 두어야 한다는 입장을 표명했다.[17]

이와 같이 금강산의 경승구역을 둘러싸고 외곽 교통망 확충과 경승지 내의 삼림자원 대신 땔감을 공급하기 위한 이용 구역을 금강산 구역으로 설정하면서, 금강산의 공간적 범위의 틀이 확정됐다. 다음으로는 광역의 금강산 구역을 개발, 관리하기 위한 규칙, 즉 금강산의 새로운 질서를 확립할 필요가 있었다. 이에 대해서는 산림부에서 초안을 마련했고, 이를 바탕으로 회의 참석자 간의 논의가 진행됐다.

1. 금강산 경승지구는 조선총독부에서 관리할 것. 관리에 요하는 비용은 국고 부담으로 함.
2. 금강산 경승지구의 관리에 관해 중요한 사항을 심의하기 위해 조선총독부에 금강산보승조사위원회를 둘 것
3. 금강산보승조사위원회의 심의 결정에 관계한 각종 시설은 조선총독부 사무분장규칙이 정한 바에 의해 당해 국부에서 각각 이를 분장 실시할 것. 단 지방관리기관으로서 적당한 箇處에 금강산 경승지구 관리서를 둘 것

223면.
17) 「제2회금강산보승에관한협의회개황(2월28일)」, 『영림창관내도면및기타관계서』, 국가기록원, 226면.

4. 조선총독은 공공단체, 기타의 자로써 그 출원에 의해 금강산 보승조사위원회의 심의 결정을 거친 각종 시설의 전부 또는 일부의 집행 또는 그 관리를 할 수 있도록 할 것. 전항의 경우 그 시설 또는 관리에 요하는 비용은 해당 출원자의 부담으로 한다. 단 그 비용의 일부를 국고에서 보조하고 또한 금강산 경승지구 내의 국유지를 무상으로 供用할 수 있도록 함

5. 금강산 경승지구의 취체 및 보승경영을 위해 특별법규 제정을 필요로 한다고 인정되면 이것이 발표를 볼 때까지는 경승지구 전부를 보안림에 편입하는 외에 寺有林에 대해서는 사찰령을 활용하여 엄중히 취체할 것

6. 금강산 경승지구 내에서 제한 또는 금지해야 하는 사항은 아래와 같다.

(1) 木竹 기타 식물의 벌채, 채취, 상해 또는 토석 절지, 樹根 및 草根 등의 채굴, 채취

(2) 개간

(3) 火入

(4) 방목

(5) 鳥獸, 魚介 또는 그 卵의 포획, 채취

(6) 광물의 시굴, 채굴 또는 채취

(7) 俗惡한 건축 또는 광고 기타 풍치 유지상 지장이 있다고 인정되는 사항

산림부의 초안에 따르면, 조선총독부는 금강산을 전반적으로 관리하는 권한을 갖게 된다. 그리고 '금강산보승조사위원회'를 조직해서 관리와 관련한 주요 사항을 심의하고, 실제 관리업무는 별도의 '관리서'를 통해 시행하는 구조를 구상했다. 금강산전철의 안도 전무는 관리서의 규모와 조직에 대해서 질문을 던졌는데, 산림부에서는 일본에서는 산지기 1명당 2,000정보를 관리하고, 조선에서는 1명당 18,000정보를 담당하는데,

금강산은 약 30명 정도의 산지기로 구성된 관리서를 운영할 필요가 있다는 의견을 밝혔다. 여기에 금강산을 경영하기 위한 관민합동 조직인 보승회를 총독의 허가 하에 설치할 수 있도록 하면서, 보승회 활동에 국고 보조와 금강산 내 국유지 사용를 무상으로 사용할 수 있는 길을 열어주기도 했다. 이처럼 조선총독부를 정점으로 금강산보승조사위원회, 관리서, 보승회가 각각 심의, 관리, 경영을 맡는 형태가 산림부의 구상이었다.[18]

이와 같은 산림부 방안에 대해서 회의 참석자 사이에서 특별한 이견이나 지적이 나오지는 않았다. 다만 금강산을 정의하는 용어에 대해서는 별도의 의견이 제시됐다. 금강산전철 안도 전무는 금강산의 명칭과 관련해서 '경승지' 또는 '국립공원' 등 명칭을 정해야 한다는 의견을 제시했다, 또한 산림부의 관리방안 중 1항과 관련해서 '관리'라고 하는 표현은 탐승객의 편의를 도모하는 행위를 포함하지 못한다는 느낌을 받는다는 지적도 덧붙였다.[19]

금강산의 명칭과 관련해서 일본에서도 국립공원 지정과 관련한 움직임이 본격적으로 진행되고 있었지만, 아직 정식으로 국립공원 지정이 진행되지 않은 상황에서 금강산을 국립공원으로 부르는 것은 시기상조인 측면이 있었다. 와타나베 산림부장은 일반적인 경우라면 금강산을 국립공원으로 부르는 것이 적절하지만, 지금 바로 부르기에는 경우에 맞지 않다면서, 장래 국립공원이라는 명칭을 사용하자는 의견을 밝혔다. 여기에 철도국 도다 이사도 찬동을 표했다. 이런 논의 과정을 통해서 1930년 초반

---

18) 「제2회금강산보승에관한협의회개황(2월28일)」, 『영림창관내도면및기타관계서』, 국가기록원, 227~230면.
19) 「제2회금강산보승에관한협의회개황(2월28일)」, 『영림창관내도면및기타관계서』, 국가기록원, 229면.

금강산 관련 대책 회의의 목적이 금강산의 국립공원 지정에 있음을 확인할 수 있다.[20]

금강산 경승지구 안에서 제한 또는 금지해야 하는 사항은 총 7가지로 제시했다. 벌채, 개간, 화입(火入), 방목, 수렵, 채굴, 풍치 유지에 지장을 주는 사항 등이다. 이때까지는 금강산의 공간적 범위, 관리를 위한 규칙이나 행정적 근거 등이 별도로 존재하지 않는 상황이었다. 회의 참석자들은 보안림이나 사찰령 등 기존의 규칙과 행정제도를 활용해서 금강산 내의 경지를 해칠 우려가 있는 행위에 일단 임시적으로 제한을 가하고 향후 별도의 법률을 마련해야 한다는 방향으로 의견을 모았다.[21]

이와 같이 조선총독부를 중심으로 한 금강산 개발, 관리 방안이 모색되는 가운데, 1930년 2월 28일(금) 회의가 끝나고 1주일도 채 되지 않은 1930년 3월 4일(화) 금강산 보승에 관한 임시협의회가 열렸다. 이 회의에는 산림부장과 휘하 과장들과 함께 철도국의 도다 이사, 금강산전철의 안도 전무만 참석했다. 즉 임시협의회는 2월 28일 회의에서 논의되거나 대략의 합의를 본 사항에 대해서 내외금강의 개발, 관리의 축을 이루고 있던 철도국과 금강산전철의 이견을 확인하고 조정하는 자리였다.[22]

금강산전철은 회사 단독으로 당장 내금강 일대 시설 확충 및 개선 공사를 진행하는 것이 어렵다는 고충을 토로했다. 총독부 내부에서는 내금강 일대 여관 등 숙박시설 및 관광시설 확충에 있어서 우선 금강산전철

---

20) 「世界的遊覽地化할 蓬萊仙境金剛山 관계각당국사이에 잇서 國立公園計劃進行」, 『每日申報』, 1930.02.17. ; 「金剛山國立公園具體的計劃進行」, 『中外日報』, 1930.04.18.

21) 「제2회금강산보승에관한협의회개황(2월28일)」, 『영림창관내도면및기타관계서』, 국가기록원, 227면.

22) 「금강산보승에관한임시협의회개황」, 『영림창관내도면및기타관계서』, 국가기록원, 364면.

이 시설을 짓고, 보승회가 조직하면 이를 인계하는 형식을 취하기를 원했다. 하지만 금강산전철은 공사를 진행하는데 필요한 자금 확보가 쉽지 않다는 점과 회사 측에서는 수익이 발생하지 않는 시설에 대해서 자금을 투입하기는 어렵다는 의견을 밝혔다. 여기에 더해서 만약 보승회에서 인계한다고 하는 각서 등 보증서류를 작성할 경우, 회사 측의 상대방은 누구로 지정해야 하는지에 대해서도 의문을 표했다. 결국 회의에서는 내금강 개발의 구체적인 규모와 필요 자금에 대해서 정확한 계산을 먼저 진행하는 것으로 이야기가 모아졌다.[23]

금강산의 경승을 보호하는 관리에 방점이 찍힌 보승회라는 명칭 대신 개발 및 수익사업도 포괄하는 '금강산협회'로 관민합동의 금강산 개발관리 조직의 명칭을 정하는 것으로 결론이 내려졌다. 조속히 이 조직을 구성하기 위해서 총재는 정무총감이 맡고, 부총재는 2명으로 하되 가급적 민간에서 위촉하는 것으로 했다. 특히 부총재 중 1명은 조선인 유력자인 맡기는 것으로 해서, 구체적으로 박영효가 그 후보로 지목됐다. 그리고 정관계 및 재계의 관계자를 평의원이나 고문으로 위촉하고, 금강산 개발관리의 실무를 담당하는 각 기관 및 부서에서 간사를 위촉하기로 했다. 그리고 조직의 창립과 당장의 활동을 위한 자금은 금강산전철의 쿠메(久米民之助) 사장과 마코시(馬越恭平) 이사 등의 기부를 통해 마련하는 것으로 의견이 모아졌다.[24]

---

23) 「금강산보승에관한임시협의회개황」 『영림창관내도면및기타관계서』 국가기록원, 366~374면.
24) 「금강산보승에관한임시협의회개황」 『영림창관내도면및기타관계서』 국가기록원, 381면.

III. 금강산협회의 설립과 한계

금강산의 보승경영을 위한 대강의 방침이 총독부의 주관으로 마련되는 가운데, 이를 조력하는 기관으로 금강산협회의 설립이 모색되었다. 관민합동 회의석상에서 나온 이야기와 분위기를 봤을 때, 금강산협회의 설립은 조속히 이루어질 것으로 보였으나, 실제 설립에 이르기까지는 상당한 시간이 소요됐다. 그 이유는 우선 산림부를 비롯한 관계기관에서 금강산 보승경영과 관련한 기본계획 수립을 위해서 일본의 국립공원 전문가인 다무라 츠요시와 우에하라 케이지를 초빙하여 금강산의 풍경계획 입안을 의뢰하는 과정을 거쳤다. 그리고 양 전문가의 의견과 계획을 종합하여 산림부 주도로 금강산 풍경계획이 수립됐기 때문에 이 사이에 상당한 시일이 소요됐다.[25]

1930년 8월 산림부는 금강산 풍경계획 가운데 긴급하다고 판단되는 내외금강 연결 자동차도로, 금강산 내 통신선 부설 및 탐승도로, 산장 건설을 위해서 예산 31,400원을 1931년 예산에 반영하기로 결정했다.[26] 하지만 척무성이 이 예산을 전액 삭감하면서 금강산 관리의 동력이 급감하는 결과를 맞이했다. 총독부의 예산을 통한 금강산 경영 관리가 힘들어지자, 금강산 개발에 적극적인 자세를 취하고 있던 금강산전철, 특히 쿠메 사장이 협회 기금으로 2만원을 내놓았다.[27] 이외에도 기부가 이어져서 총

---

25) 「國立公園講演會開會, 八月二日社會館で」『京城日報』. 1930.07.29.
26) 당초 총독부에서는 7만원 정도의 예산을 금강산에 투입하기로 했지만, 예산 심의 과정에서 그 가운데 31,400원으로 삭감됐다. 하지만 이마저도 척무성의 심의 과정에서 전액 삭감됐다. 「금강산 풍경계획에관한타합회결정사항및그상황」『금강산의보승에관한타합회서류(2)』 국가기록원, 48면.
27) 쿠메 다미노스케는 1931년 2월 23일 일본제국 오분리 공채(五分利 公債) 2만원을 기부했다. 이

액 28,300원이 모였고, 이를 기반으로 하여 1931년 1월 30일 재단법인 금강산협회의 설립 수속이 이루어졌다. 그리고 같은 해 4월 11일부로 금강산협회 설립 허가가 내려졌고, 4월 19일 등기를 완료함으로써 협회 설립이 완료되는 결과를 맞이했다.[28]

이와 같이 금강산 풍경계획으로 불리는 기본계획 수립 과정에서 일본 국립공원 제도 도입을 주도하던 타무라 등의 도움을 구하면서 시일이 소요됐고, 실제 사업 수행을 위한 자금 확보도 난항을 겪는 등 금강산협회 설립이 수월히 진행되지는 않았다. 그러나 협회 설립 당시 임원진 구성을 보면, 그 면면이 상당히 화려함을 알 수 있다.

〈표 4〉 금강산협회 임원진 구성(1932년 4월 기준)

직위	성명	경력	거주지
회장	今井田淸德	정무총감	京城府 大和町二丁目 81
부회장	박영효	후작	京城府 崇仁洞 81
	有賀光豊	조선식산은행 두취	京城府 松峴洞 49
평의원	池田淸	경무국장	京城府 倭城臺町 22호 관사
	林茂樹	학무국장	京城府 大和町三丁目 29호 관사
	林繁藏	재무국장	京城府 旭町一丁目 10호 관사
	백완혁	한성은행 취체역	京城府 瑞麟洞 96
	朴榮喆	조선상업은행 사장	京城府 昭格洞 144
	戶田直溫	철도국 이사	京城府 古市町 12
	李範益	강원도지사	강원도청
	大村卓一	철도국장	京城府 古市町 12

당시 아직 협회가 구성되지 않았기 때문에 오카자키 산림부장 명의로 일단 예치하고, 협회 설립 이후 이관하는 것으로 결정됐다. 「금강산풍경계획에관한타합회결정사항및그상황」, 『금강산의보승에관한타합회서류(2)』, 국가기록원, 47면.

28) 「愈よ出來上つた金剛山協會, お歷歷を役員とし紹介宣傳に努める」, 『京城日報』, 1932.04.20.

	岡本桂次郎	금강산전철 전무	철원군 철원읍 外村里 655
	渡邊忍	산림부장	京城府 西小門町 58
	中野太三郎	동양척식 이사	京城府 西小門町 75
	武者練三	경성전기 전무	京城府 大和町一丁目 37
	牛島省三	내무국장	京城府 西小門町 24호 관사
	閔大植	동일은행 사장	京城府 관훈동 198-1
	山本犀藏	체신국장	京城府 大和町三丁目 28
	金泰黙	유점사 주지	고성군 西面 榆岾寺
	森辨次郎	朝鮮郵船 사장	京城府 정동 1-18
	森悟一	조선저축은행 두취	京城府 花園町 45
	安倍能成	경성제국대학 교수	京城府 倭城臺 관사 3호
	綿引朝光	경성제국대학 교수	京城府 광화문통 68 광화문ホテル內
간사	伊藤重次郎	산림부 조림과장	京城府 서소문 120
	西岡芳次郎	내무국 지방과장	京城府 광화문정 1
	穗積眞六郎	총독관방 외사과장	京城府 旭町一丁目 194
	堂木貞一	강원도 내무부장	춘천군 춘천읍 大板里 177
	渡邊忍	산림부장	京城府 西小門町 58
	川面隆三	체신국 감리과장	京城府 大和町三丁目 39
	立田淸辰	경무국 경무과장	京城府 倭城臺町 6
	上瀧基	식산국 광무과장	京城府 永樂町二丁目 61
	澤慶治郎	산림부 임무과장	京城府 大和町二丁目 13
	佐藤作郎	철도국 참사	京城府 漢江通 15
	笹慶一	회계과 기사	京城府 和泉町 7
	俞萬兼	학무국 사회과장	京城府 가회동 9-2
	水田直昌	재무국 사계과장	京城府 旭町一丁目 194
	榛葉孝平	내무국 토목과장	京城府 서소문정 120
	河口眞	조선은행 비서과장	京城府 三坂通 244-1
	安井淸	식산은행 비서과장	京城府 송현동 48
	若井浩	동척 임무과장	京城府 통의동 35
	森秀雄	경성전기 서무과장	京城府 東四軒町 33

	野田菫吉	조선철도 지배인	京城府 중림동 324
	池松時雄	조선우선 부사장	京城府 舟橋町 139
	平井義一	금강산전철 공무과장	철원군 철원읍 外村里 655
감사	菊山嘉男	총독관방 회계과장	京城府 倭城臺町 6
	河口彌七	조선은행 서무과장	京城府 旭町二丁目 66-3
	田中篤二	식산은행 서무과장	京城府 송현동 49 殖銀舍宅
	香川正一	동양척식 서무과장	京城府 통의동 35
	山崎勝治	금강산전철 경리과장	철원군 철원읍 外村里 655
고문	윤덕영	자작	京城府 옥인동 47
	細川護立	후작	東京市 麴町 8-19
	本多靜六	東京帝大 농과 교수	東京市 豊多摩君 澁谷 403
	이윤용	남작	京城府 가회동 9
	大橋新太郎	경성전기 사장	東京市 麴町區上六番町 43
	大川平三郎	조선철도 사장	東京府 北豊島郡 野川中里 367
	加藤敬三郎	조선은행 총재	京城府 旭町二丁目 18
	한창수	남작	京城府 가회동 26
	高久甚之助	일본교통공사 전무이사	東京府 豊多摩君 中野町圍 3279
	田村剛	국립공원협회 상무이사	東京市 麻布區 本村町 252
	久米平八郎[29]*	금강산전철 취체역	東京府 豊多摩君 澁谷靑山北 7-18
	山田三良	경성제대 총장	京城府 大和町二丁目 32호 관사
	馬越恭平	금강산전철 취체역사장	東京市 麻布區 北日ケ窪 46
	兒玉秀雄	백작	東京市 牛込區 藥王寺 30
	고의경	백작	東京市 芝區白金三光町 251
	권중현	자작	京城府 통의동 21
	有吉忠一	귀족원 의원	東京府 豊多摩君 代代木大山 1050
	齋藤實	자작	東京市 四谷區仲町 3-44
	佐原憲次	철도성 관광국장	鐵道省 國際觀光局
	湯淺倉平	회계검사원장	東京市 牛込區仲町 6

29) 쿠메 다미노스케는 협회 설립 전인 1931년 5월 24일 사망해서, 그의 3남인 쿠메 헤이하치로가
고문직을 맡았다.

水野錬太郎	귀족원 의원	東京市 芝區白金猿町 61
민병석	자작	京城府 경운동 89
高山長幸	동양척식 총재	東京市 麻布區 霞町 23

전거: 岡本曉翠, 『京城と金剛山』, 京城眞美會, 1932, 315~321쪽.

위의 표는 금강산협회 설립 당시 임원진 구성을 정리한 것이다. 협회 구성을 보면 1930년 3월 4일 금강산 보승에 관한 임시협의회에서 논의된 방향이 상당 부분 현실화된 것을 살펴볼 수 있다.

회장은 이마이다 정무총감이 맡았다. 논의 단계에서는 총독이 회장직을 맡는 것에 대한 의견도 있었으나 전례가 없다는 반론으로 인해 정무총감이 회장직을 맡게 됐다. 부회장은 총독부와 금강산전철 쪽에서 맡으면 모양새가 좋지 않기 때문에 민간에서 초빙하는 동시에 민족별 안배도 고려하여 박영효와 조선식산은행을 이끌고 있던 아루가(有賀光豊)가 직을 맡았다. 이들은 어디까지나 명예직으로 협회의 주요 사항은 총독부와 금강산전철 그리고 유관기관의 중역이 자리를 맡은 평의원이 주도하는 모양새를 취했다.

평의원 중 눈에 띄는 인물은 유점사 주지인 김태묵(金泰黙)이다. 1930년 3월 회의석상에서 철도국의 도다 이사는 유점사, 장안사, 표훈사, 신계사(神溪寺) 등 금강산 주요 사찰의 주지를 평의원에 임명해야 한다는 의견을 밝혔다.[30] 하지만 실제로는 유점사의 주지만 평의원 명단에 그 이름을 올리고 있다. 당시 유점사는 이른바 신금강 영역의 대찰로써 내외금강을 연결하는 주요 거점으로 지목되고 있었다. 유점사 주지의 평의원 임명은

---

30) 「금강산보승에관한임시협의회개황」, 『영림창관내도면및기타관계서』, 국가기록원, 377면.

향후 금강산 개발 관리의 필요성에 따른 결과로 추측된다. 그러나 내금강
의 대찰인 장안사와 표훈사 그리고 외금강 유점사의 주지는 평의원 명단
에서 배제됐는데, 이는 내외금강의 개발 과정에서 혹시 발생할지 모르는
사찰 측의 요구와 주장을 배제하기 위한 포석으로 해석된다.

감사는 총독부와 금강산전철, 주요 은행 및 유관기관의 회계, 경리 담
당이 맡았다. 고문은 친일 성향이 강한 조선인 유력자가 다수 그 자리를
맡았고, 사이토 마코토(齋藤實)를 비롯하여 식민지 조선과 인연이 깊은 일
본의 정관계, 재계 유력자들이 이름을 올리고 있다. 특히 혼다 세이로쿠
(本多靜六), 다무라 츠요시(田村剛) 등 일본 국립공원 제도의 도입과 국립공
원 지정의 실무를 담당하던 학자들도 고문으로 초빙하여 금강산의 국립
공원 지정을 위한 포석으로 활용하고자 한 것이 눈에 띈다.

금강산협회 설립에 즈음하여 이마이다 정무총감은 아래와 같이 담화
문을 통해 협회 설립의 목적을 밝혔다.

천하의 절승이라고 일컬어지는 세계적 풍경 금강산은 그 탁월한 산악미,
계곡미에 더하여 건축미로서 옛부터 시재(詩材), 화제(畵題)가 풍부해 조선
뿐 아니라 오히려 우리나라에도 잘 알려져 왔다. 최근에는 교통 또한 해륙
으로도 편의를 더하여 원산항과 장전항과의 사이의 항로는 일찍부터 열렸
고 또한 국철 동해북부선은 경원선 안변역에서 금강산 자락에 가까운 통천
역까지 개통해서 외금강 방면 탐승이 편해졌다. 경원선 철원역, 금강산전
철 내금강역 사이의 전차는 경원선과 연락을 통하여 내금강 방면의 탐승이
편해졌다.
이에 따라 관광 탐승객의 수는 최근 격증했지만 유감스럽게도 회유(廻遊)

노선이나 휴식소, 여관 등을 필두로 승구(勝區)로서의 각종 설비가 아직 이에 따르지 못한다. 관광 탐승객의 수도 소위 국립공원의 후보지 가운데 왕좌를 점하는 금강산의 진가에 버금갈 정도로 다수가 아니고 지질, 광물이나 식물, 건축 기타 연구 등 그 이용이 아직 충분치 못하다.

종래 총독부나 강원도 보승회 등에서 이미 풍경의 유지 및 이용에 대해서 힘을 쏟았지만 내외 각지의 승구와 같이 제반 설비가 정돈되는데 이르지 못했다. 이 때문에 재단법인 금강산협회를 설립하여 널리 천하에 알리고 여러분의 찬조를 구하여 승구 유지 이용상 만전을 기하게 된 것이다.[31]

이마이다 정무총감은 담화문을 통해서 금강산협회 조직 목적이 금강산 선전과 탐승 시설 확충에 있음을 분명히 밝혔다. 금강산협회는 우선 국립공원 지정을 위해 기부받은 약 3만 원의 기금으로 사업을 시작하고, 이후 일반의 기부와 총독부의 보조를 받아서 점차 사업 범위를 넓혀가고자 했다. 금강산협회의 구체적인 사업 목표는 ① 금강산에 관한 각종 조사, ② 금강산 소개와 선전, ③ 강연, 유람에 관한 시설, ④ 공회당·숙박·휴게 시설 및 경영, ⑤ 운동·오락,·유원시설 및 경영, ⑥ 별장·주택지의 경영, ⑦ 안내 시설 확충 등이었다.[32]

그러나 이런 목표와 달리 금강산협회는 설립 직후 활동이 뚜렷이 드러나지 않는다. 오히려 협회 설립 전인 1929년부터 1931년까지 금강산의 탐승 시설이 눈에 띄게 확충됐는데, 우선 금강산전철은 1929년 비로봉 탐승로를 개통하여 금강산의 제일 높은 봉우리인 비로봉을 도보로 왕래할

---

31) 岡本曉翠, 『京城と金剛山』, 京城眞美會, 1932, 306~307쪽.

32) 「金剛山協會 組織으로 天下에 名勝紹介, 國立公園 設立의 第一步」, 『동아일보』, 1932.04.21.

<그림 2> 용마석 산장 앞 기념사진[33]   <그림 3> 금강각 개관 당시 전경[34]

수 있도록 했다.[35] 또한 비로봉 정산 부근 용마석(龍馬石)에 휴게소와 매점을 겸하는 간이숙소를 세워서 탐승객의 편의를 높였다. 산림부는 내금강 북쪽에 위치한 구성동 지역의 탐승로를 개통했는데, 신풍리와 봉전(蓬田)에서 출발해 구성동 계곡을 거쳐 용마석의 간이숙소로 이어지는 탐승로도 더해져 금강산의 탐승 경험을 풍부히 제공하고자 했다.[36] 철도국도 내금강에서 신금강으로 나아가는 길목에 위치한 사선교(四仙橋) 일대에 1931년 캠프장을 설치했고, 연 400명의 이용자가 이곳을 이용하기도 했다.[37]

금강산협회의 사업이 기대만큼 활성화되지 못한 이유는 무엇보다 자금 문제였다. 금강산 개발 관리에 필요한 자금 확보 방안은 1930년 1월 금강산 보승에 관한 타합회 단계에서부터 계속 논의됐지만, 마땅한 해결책이 마련되지 못했다.[38] 총독부는 금강산전기철도 완통과 맞물려 내금강

33) 국립중앙박물관 소장 조선총독부박물관 유리건판(www.museum.go.kr)
34) 「長安寺公會堂金剛閣落成」『朝鮮新聞』, 1930.12.06.
35) 「毗盧峰路完成」『동아일보』, 1929.09.09.
36) 岡本曉翠, 『京城と金剛山』, 京城眞美會, 1932, 311~312쪽.
37) 「金剛山天幕村 四仙橋畔에設置」『동아일보』, 1931.07.16.

장안사 일대 개발을 서두르고자 했던 금강산전철 측의 적극적인 태도를 요청하는 입장이었다. 하지만 금강산전철은 철도국으로부터 막대한 사철 보조금을 받는 상황에서 철도국의 승인과 추가적인 보조 없이 자금 지원을 하기는 어려운 상황이었다. 철도국은 국철 경원선과 연계한 외금강 탐승이 활발히 이루어지고 있는 상황에서 구태여 추가적인 자금 부담을 질 필요성을 느끼지 못하고 있었다.[39] 이처럼 금강산 개발 관리의 필요성은 누구나 인정하지만, 그에 필요한 자금을 쉽사리 부담하기는 어려운 교착 상태에 빠진 상황이었다.

여기에 더해 갑작스러운 사건이 발생했다. 금강산전철 사장 쿠메 다미노스케가 1931년 5월 사망한 것이다. 그는 1931년 5월 8일 동경에서 열린 금강산전철 중역회의 석상에서 뇌일혈로 쓰러진 후, 약 2주 뒤인 같은 달 24일 자택에서 세상을 떠나고 말았다.[40] 쿠메는 공학박사로써 이중교(二重橋)의 설계를 맡은 것으로도 유명하다. 그는 1919년 12월 금강산전철을 창립한 이후 계속해서 사장직을 맡으며 금강산전철의 사업을 진두지휘했다. 특히 금강산전철이 철원에서 단발령을 지나 내금강으로 이어지는 노선 개통을 위해서 지속적으로 노력했으며, 내금강을 넘어서 외금강으로의 통로 확보, 이후 개성 등으로의 노선 개통 등 경성-철원-금강산-개성 등 한반도 중부를 동서로 가로지르는 횡단 노선 확보를 꿈꾸는 등 금강산전철의 사업 확장의 동력은 사실상 그의 개인적 의지에 상당 부분 기대고 있는 상황이었다.[41]

---

38) 「世界의絶勝金剛山公園」, 『동아일보』, 1930.02.12.
39) 「外金剛溫井里에 新溫泉을鑿堀」, 『동아일보』, 1931.07.17.
40) 「金剛電氣社長, 久米博士逝く昨朝六時四十五分」, 『朝鮮新聞』, 1931.05.26.

<그림 4> 쿠메 다미노스케   <그림 5> 쿠메 박사 기념비

　　1934년 5월 24일에는 쿠메의 기일에 맞춰서 비로봉에서 성대한 개막식 아래 '구미박사기념비'가 세워졌다.[42] 1932년 7월 22일 금강산협회는 쿠메 사장의 기념사업의 일환으로 예산 1만원을 들여 금강산 최고봉인 비로봉에 50~60명이 숙박할 수 있는 산장을 짓기로 결정하고 산장의 이름을 '구미산장(久米山莊)'으로 명명하기로 결정했다.[43] 또한 내금강에서 비

41) 「金剛山電鐵社長久米博士逝く」『京城日報』, 1931.05.26.
42) 「金剛山紹介の恩人久米博士記念碑, 來る二十四日の命日に於て, 盛大なる除幕式擧行」『朝鮮新聞』, 1934.05.22.
43) 「昆盧峰に久米山莊建設決定す」『朝鮮新聞』, 1932.07.23.

로봉을 넘어서 외금강으로 향하는 탐승로를 구미월(久米越)로 명명하는 등 쿠메를 기리기 위한 각종 기념사업을 통해서 그의 금강산 개발에 대한 의지를 재확인할 수 있다. 쿠메 사장의 갑작스러운 사망 이후 금강산전철은 금강산 개발, 관리 등에 있어서 기존보다 소극적인 태도를 보이게 된다.[44]

이와 같이 금강산 사업의 한 축을 담당해 줄 것이라고 기대했던 금강산전철의 유보적인 태도로 인하여 금강산 개발관리의 전반적인 동력, 특히 자금 확보가 쉽지 않은 상황에 봉착했다. 또한 총독부가 금강산 개발관리에 필요한 예산을 확보하고자 하는 시도 역시 앞에서 살펴본 것과 같이 척무성 등 일본 정부의 예산 심의 단계에서 번번이 반영되지 못하는 상황이었다.

금강산협회는 사업에 필요한 예산을 확보하지 못한 상황에서 협회원의 기부금만으로 사업을 계획할 수 밖에 없었다.[45] 협회 설립 당시 금강산을 '국립공원의 왕좌'로 만들겠다는 이마이다 정무총감의 말이 무색해지는 상황에 처한 것이다. 1932년 4월을 전후로 협회 설립과 관련한 언론 보도 이후 협회의 구체적인 활동을 살펴보기 어렵다. 협회 설립 이후 몇 년이 지난 1934년 9월 신문의 짧은 기사 하나를 통해서 협회의 상황을 미루어 짐작해 볼 수 있다.

---

44) 금강산전철은 1930년 7월 말 강원도 지방의 집중 호우로 인하여 발전소 두 곳과 철도 운전이 일시 중단에 빠지면서 상당한 손해를 입었다. 여기에 더해서 금강산전철의 잉여 전력을 사들이고 있던 경성전기로부터 전력 요금을 인하해달라는 요청 등이 이어지면서 철도 특히 철도관광 쪽에 잔뼈가 굵은 안도 마타사부로(安藤又三郎) 전무가 물러나고 전기 계통에서 오랜 경력을 쌓아온 오카모토 케이지로로(岡本桂次郎)를 새로운 전무로 맞아들이는 등 경영 방침에 변화를 꾀하던 상황이었다. 손용석(2024), 앞의 논문, 372~374쪽.

45) 「金剛山協會に前總督の寄附」『朝鮮新聞』, 1931.07.08.

총독부 농림국 임정과 내에 있는 금강산협회는 오랜 기간 금강산 선전, 탐승지 시설에 공헌해왔는데, 이번에 협회 회원조직을 변경하는 동시에 협회 사무소를 철도국 내로 이전하여 탐승객의 유치 선전에 한층 더 힘을 기울이게 됐다.[46)]

위 기사를 통해 금강산협회 사무소가 기존에는 총독부 농림국 임정과에 위치하고 있다가, 1934년 9월에는 철도국 내로 이전하게 됐다는 사실을 파악할 수 있다. 또한 협회의 운영 목표가 선전 및 탐승시설 확충 등에서 탐승객을 더욱 많이 유치하기 위한 선전 쪽으로 기울어지게 됐다는 점도 동시에 확인할 수 있다. 우선 협회 사무소의 위치와 관련해서 기존에는 농림국 임정과에 위치하고 있었다는 내용이 눈에 띈다. 앞서 살펴본 바와 같이 금강산협회는 산림부의 주도 아래, 철도국, 금강산전철, 강원도를 비롯한 관민합동의 기구로 설립되었다. 하지만 1934년 단계에는 협회 사무소가 임정과라고 하는 총독부의 일개 과 단위 아래 배속되어 있었던 것이다.

산림부는 사이토 총독 재임 당시인 1926년 신설된 부서로서, '조선의 임정쇄신'을 목표로 했다.[47)] 특히 사방사업과 목재 생산 등을 구체적인 사업 목표로 하고 있었다.[48)] 그리고 사이토 총독이 다시 부임한 1929년 이래 철도국, 금강산전철 등 기존의 금강산 개발, 관리에 공을 들여온 유관 기관의 이해 관계를 조정하고 금강산의 국립공원 지정을 목표로 하는 금

---

46) 「金剛山協會 鐵道局內に移轉」 『朝鮮新聞』 1934.09.09.
47) 「山林部新設로」 『조선일보』 1926.06.15.
48) 「山林部의 二大計劃」 『동아일보』 1927.09.23.

강산 보승개발의 주관 부서로 기능했다.[49] 그러나 1931년 우가키 가즈시게가 식민지 조선의 제6대 총독으로 부임한 이후 단행한 행정정리 과정에서 산림부를 축소하여 식산국에 병합한다는 이야기가 흘러나오기 시작했다.[50] 이는 목재 가격 하락으로 인해 총독부의 산림 관련 예상 세입이 60여 만원 줄어든다는 전망이 나오면서 산림부와 각지의 영림서 조직을 정리하면 상당한 경비를 절약할 수 있다는 조직 개편의 필요가 제기되는 배경으로 작용했다.

결국 1932년 7월, 농림국이 신설되면서 산림부는 폐지되었고, 산림부의 기존 업무는 농림국 산하의 임정과와 임업과로 분장되었다.[51] 총독부의 조직 개편 과정에서 산림부 주도로 진행된 금강산협회의 업무는 임정과로 배속된 것으로 추정된다. 이는 산림부의 조정 아래 진행되던 금강산의 국립공원 지정 노력과 이를 수행하기 위해 설립된 금강산협회의 동력을 약화시키는 결과로 이어졌다.

금강산협회의 위상이 약화되는 분위기는 이미 1933년 초반부터 감지된다. 1933년 2월, 조선총독부에서는 제1회 관광사업협의회를 개최하였다. 이 자리에서는 관광 사업 활성화를 위해 관광협회를 결성하는 방안과 함께 금강산협회와의 관계 설정 방법에 대한 논의도 이루어졌다. 새로 조직될 관광협회가 금강산협회를 병합해 단일한 조직을 구성하는 것이 이상적이라는 의견이 있었지만, 이미 금강산협회에 한정된 기부금 처리 문제 등으로 인해 병합이 쉽지 않다는 것이 중론이었다. 회의 결과는 다음

---

49) 손용석(2024), 앞의 논문, 362~365쪽.

50) 「總督府의 行政整理」, 『조선일보』, 1931.07.26.

51) 「朝鮮農村救濟案成立」, 『매일신보』, 1932.07.28.

세 가지로 정리되었다.[52]

> 첫째, 향후 관광협회와 금강산협회가 제휴하는 방안.
> 둘째, 금강산협회를 조직상 관광협회에 포함시키되, 독자적인 사업을 전개
> 　할 수 있도록 하는 것.
> 셋째, 관광협회가 금강산을 사무적으로 포함하여 운영하는 것.

　실제로 관광협회가 결성되어 금강산 업무를 관장하는 일이 현실화되지는 않았으나, 1933년 단계에서 이미 금강산협회 이외의 조직을 통해 금강산을 관리·경영할 수 있는 방안이 강구된 것으로 보아, 협회의 위상이 조직 당시보다 상당히 위축되었다고 평가할 수 있다.

　이처럼 금강산협회는 설립 직후, 행정과 자금 양 측면 모두에서 경색되는 상황을 맞이했다. 앞서 금강산협회 조직 구성에서 살펴봤듯이, 명목상으로는 '관민합동'을 표방했지만, 어디까지나 관이 주도하고, 민족별 구성에서도 조선인의 의견은 금강산 관리 경영 구상에 개입될 여지가 없었다.

　물론 금강산 개발 과정에서 조선인의 활동이나 역할이 전무한 것은 아니었다. 총독부와 금강산협회가 주도하는 금강산 개발에서 배제된 조선인이 스스로 자기 몫을 차지하기 위해 나서는 경우도 존재했다. 1929년 박남윤을 비롯한 조선인 유지들은 자본금 5만 원을 들여 금강산탐승안내사를 조직하고 금강산 탐승과 관련한 선전, 안내에 힘쓰는 동시에 외금강

---

52) 「事業統一, 施設組織化觀光協會設立」『조선일보』 1933.02.13.

온정리에 식물원, 수영장, 정구장 등의 시설을 갖추겠다는 계획을 발표했다.[53] 금강산탐승안내사는 금강산 실사영화 상영회를 종로 등에서 개최하는 등 적극적인 선전, 홍보활동을 전개했다.[54] 한편 금강산전철 개통 이후 탐승객이 몰려든 내금강 장안사 일대에는 조선인이 경영하는 금강산여관 등이 만폭동으로부터 내려오는 물을 이용해 '풀'을 조성하면서 탐승객의 이목을 끌었다. 그리고 사진관, 안내소, 엽서 판매 등 나름의 조선인 상권이 자리 잡았다.[55]

> 利用할만한 平原廣野나 長江大川은 이미 다 利用되엇슴으로 지금은 急流
> 激湍을 이용하고 다시 나아가 人文의 障碍物이 되는 深山幽谷까지도 마자
> 利用하야 보자는 것이 일은바 金剛山의 國立公園案이 생긴 것이다.[56]

하지만 금강산 개발에 대해서 일본인의 손에 의해서 이용될 곳은 이미 다 되어버린 상황에서 이제는 금강산 같은 높은 산, 깊은 골짜기까지 개발의 손길이 미쳤고, '금강산의 국립공원안'은 개발의 또다른 미명에 불과하다는 비판적 시선 역시 존재했다. 그리고 예부터 금강산 일대 거주해 온 조선인들은 금강산의 국립공원 지정이 결국 자신들의 터전을 빼앗는 결과로 이어지지 않을까 불안에 떨었다. 1930년 고성군청은 내외금강에 거주하는 조선인 700여 가구의 주택도면과 부지 평수를 조사했다. 당시 주

---

53) 金剛山에植物園 溫井里엔水泳場, 동아일보, 1929.04.04.
54) 金剛山實寫映畫會 大盛況으로終了, 동아일보, 192904.15.
55) 장안사입구에는 조선여관이 즐비, 동아일보, 1931.08.26. ; 금강산여관, 조선일보, 1931.09.10.
56) 금강산공원계획, 조선일보, 1930.08.09.

민들 사이에 떠도는 소문은 '국립공원만 되면 우리 일반주민은 타지방으로 이주케 된다'는 것이었다. 이들은 오랜 세월 땅값으로 대두 5승씩을 사찰에 바치고, 사찰의 땅을 일구며 살아왔다. 그런데 군청에서 갑자기 토지조사를 실시하자, 혹시라도 삶의 터전에서 강제로 이주하게 되는 일이 벌어질까 '자지도 못하고 걱정 속에서 다만 하늘만 쳐다 보는' 상황을 맞이한 것이다.[57]

이런 상황에서 총독부는 조선인들의 이해를 구하거나 조선인 자본과 공동으로 금강산 개발·관리에 나서려는 어떤 움직임도 보이지 않았다. 논의 과정에서 강조된 것은 '회의 내용은 금강산 전철, 철도국의 시설과 관계가 있기 때문에 비밀'로 해야 한다는 입단속뿐이었다.[58] 결국, 한반도의 명승인 금강산을 개발·관리하는 과정에서 조선인의 동의나 호응 없이 일방적으로 일본의 국립공원으로 지정하려는 움직임은 약간의 상황 변화에도 동력을 잃고 목표에 도달하지 못하게 된 것이다.

Ⅳ. 맺음말

일제 강점기 동안 금강산은 철도 부설과 대중매체의 발달에 힘입어 특정 계층의 유람지가 아닌 대중관광지로 개발되기 시작했다. 조선총독부 철도국은 금강산 일대 숙박 및 여가시설을 조성하며 관광지 개발에 적극

---

57) 국립공원설계로 칠백주민곤경, 조선일보, 1930.09.17.
58) 「금강산풍경계획에관한타합회결정사항및그상황」, 『금강산의보승에관한타합회서류(2)』, 국가기록원, 226면.

적으로 나섰고, 금강산전기철도주식회사는 내금강 개발을 주도했다. 하지만 금강산 전체를 아우르는 개발 및 관리 정책은 초기에는 부재했다.

1929년 일본 국립공원협회의 결성으로 금강산의 국립공원 지정 움직임이 본격화되었다. 조선총독부는 1930년 '금강산 보승에 관한 타합회'를 통해 금강산에 대한 종합대책을 논의했으며, 금강산전철과 철도국 간의 의견 조정을 시도했다. 그러나 주요 경승지에 전신주 설치에 따른 경치 훼손 문제와 비용 문제로 인해 통신선 부설은 당장 이루어지지 않았다.

1930년대 들어 금강산의 경승구역 설정 및 관리에 대한 필요성이 대두되었고, 금강산협회가 설립되었다. 협회는 금강산의 선전과 탐승 시설 확충을 목표로 했으나, 실질적인 자금 확보 문제로 인해 사업이 활성화되지 못했다. 협회의 활동은 금강산전철 사장 쿠메 다미노스케의 사망 후 더욱 위축되었으며, 총독부의 행정 개편 과정에서도 금강산협회의 위상은 약화되었다.

총독부는 조선인의 이해나 호응을 구하지 않고 금강산을 일본의 국립공원으로 지정하려는 움직임을 보였다. 그러나 금강산 개발 과정에서 조선인 주민들의 반발과 우려가 있었다. 금강산 일대 거주민들은 국립공원 지정이 자신들의 터전을 빼앗는 결과로 이어질 것을 우려했다. 총독부는 이러한 주민들의 이해를 구하거나 조선인 자본과 공동으로 개발·관리에 나서는 움직임을 보이지 않았다.

정무총감 응접실 안에서 금강산과 관련한 극히 제한된 인원만이 비밀리에 계획하고 추진한 금강산 개발 관리 계획은 결국 약간의 상황 변화에도 동력을 잃고 목표에 도달하지 못했다. 이는 조선인의 동의나 호응 없이 일방적으로 추진된 개발 및 관리 정책이 한계에 부딪혔음을 보여준다.

참고문헌

『京城日報』, 『동아일보』, 『每日申報』, 『釜山日報』, 『朝鮮新聞』, 『조선일보』, 『조선총독부관보』, 『영림창관내도면및기타관계서』, 1930(국가기록원, CJA0011536), 『금강산의보승에관한타합회서류(2)』, 1931(국가기록원, CJA0010472)

강지형, 2023, 「근대 언론을 통해 본 민족의 금강산 탐승」, 『강원사학』 41, 강원사학회.

김백영, 2020, 「금강산의 식민지 근대 - 1930년대 금강산 탐승 경로와 장소성 변화」, 『역사비평』 131, 역사비평사.

김지영, 2021, 『식민지 관광공간 금강산의 사회적 구성 : '일제'의 국립공원 지정 논의를 중심으로』, 한국학중앙연구원 박사학위논문.

성나연, 전봉희, 2021, 「1930년대 금강산 국립공원 추진 계획의 경과와 의미」, 『대한건축학회 논문집』 37-8, 대한건축학회.

손용석, 2020, 「금강산의 텅스텐 채굴과 일제의 대응」, 『한국독립운동사연구』 72, 독립기념관 한국독립운동사연구소.

이경순, 2020, 『금강산 가는 길 : 조선총독부 철도국 발간 금강산 관광 안내 지도 연구』, 대한민국역사박물관.

이동훈, 2022, 「마키야마 고조(牧山耕藏)의 '다이쇼(大正) 데모크라시'」, 『석당논총』 82, 동아대학교 석당학술원.

원두희, 2011, 「일제강점기 관광지와 관광행위 연구 : 금강산을 사례로」, 한국교원대학교 석사학위논문,

전현정, 2022, 「일제하 관광도로와 자동차관광의 변화양상」, 서울시립대학교 석사학위논문.

鄭붓샘, 2019, 「1929년 조선박람회와 요시다 하츠사부로의 조선 조감도」, 『미술사

연구』 37, 미술사연구회.

정안기, 2022, 「일정기 금강산전기철도(주)의 경영사 연구」, 『경영사연구』 37-2, (사)한국경영사학학회.

広瀬貞三, 2022, 「一九三〇年代朝鮮の金剛山国立公園化構想 : 開始、中止、その後」, 『福岡大学人文論叢』 54-3, 福岡大学研究推進部.

金剛山電氣鐵道 편, 1939, 『金剛山電氣鐵道株式會社二十年史』, 金剛山電氣鐵道.

水内佑輔, 粟野隆, 古谷勝則, 2016, 「金剛山国立公園計画からみる田村剛と上原敬二の計画思想に関する研究」, 『ランドスケープ研究』 79-5, 公益社団法人日本造園学会.

금강산전철과 정연리
– 평화 삼각지를 꿈꾸며

정근식

서울대 명예교수

1. 머리말: 철원 접경지역 연구

오늘 '금강산 가는 길'이라는 글씨가 쓰여진 철교의 잔해를 보면서, 금강산철도 개통 100주년을 맞아 정연리에서 학술회의를 열게 된 것을 뜻깊게 생각한다. 정연리는 매우 오랜 역사를 가진 마을이다. 오늘날 분단체제하의 철원군은 과거의 철원을 중심으로 하여 김화와 평강의 일부로 구성되어 있는데, 정연리가 바로 평강에 속해 있던 유일한 마을이다. 정연리는 한탄강과 화강이 만나는 지점에 위치하면서 빼어난 경관 때문에 예로부터 금강산 가는 길로 알려졌는데, 행정적으로는 평강군 남면에 속했다. 지금으로부터 100년전 그러니까 1924년 8월 1일, 철원에서 금화까지의 금강산 철도가 일부(28.8km) 개통되었고, 정연리는 그 정차역이 되었다. 정연리는 해방과 분단과정에서 북한에 속했는데, 한국전쟁을 거치면서 큰 피해를 입었을 뿐 아니라 비무장지대에 가까워 폐촌되었고, 금강산 철도 또한 폐쇄되었다. 다행히 1972년 마을이 재건되어 약 50년간 새로운 환경에서 발전을 꾀하고 있다.

필자는 2016년부터 남북분단의 접경인 철원의 역사와 문화에 관하여 관심을 갖기 시작하였고(Jung Keun-Sik, 2017; 2019), 철원의 향토사를 새롭게 정립하고 있는 김영규선생을 만났으며(김영규, 2018), 2019년에는 학생들과 함께 접경지역에 있는 마을들을 '전략촌의 형성과 냉전경관의 변화'라는 관점에서 구체적으로 조사하였다. 그 결과 대마리(2000), 양지리(2000), 유곡리(2000), 생창리(2000)에 관한 글을 발표할 수 있었는데, 유감스럽게도 정연리와 이길리에 관해서는 쓰지 못했다, 이들은 모두 금강산철도의 연선마을이었다. 또한 필자가 재직하고 있던 서울대 통일평화연구원은 2017년 강원대 통일강원연구원과 함께 금강산 관광을 성찰하는 심포지움을 열었는데(김기석 외 편, 2018), 금강산 전철에 관해서는 다루지 못했다. 따라서 오늘의 발표는 개인적으로는 이런 두가지 맥락에서의 아쉬움을 메꾸는 것이기도 하다.

금강산 전철의 사회문화적 의미와 정연리의 역사적 경험을 함께 파악하기 위해서는 금강산관광의 역사적 전개과정, 식민지하 철원평야의 개척, 금강산 철도의 부설, 해방후 5년간의 북한통치와 한국전쟁, 휴전이후 정연리의 재건과정, 금강간 철도에 대한 기억 등을 다루어야 한다. 정연리의 한탄강은 조선 중기에 창랑정이 지어진 이후 정자연으로 알려졌고, 이 경관은 겸재정선에 의해 그림으로 그려졌다. 철원평야의 끝단에 위치한 정연리는 1920년대 이 평야의 개척과 금강산 철도의 부설에 큰 영향을 받았다. 이에 관해서는 최근에 연구가 이루어지기 시작하였다. 이에 관해서는 신문기사 및 금강산철도회사의 20주년 기념지(1939)를 참고해야 한다. 해방이후 북한통치와 전쟁경험, 그리고 마을의 재건과정에 관해서는 신문기사와 구술사적 자료에 의존할 수밖에 없다. 정연리에 관한 자료는 시인 정춘근 등이 노력하여 만든 마을사(2017)가 있다. 김영규가 정연리 역사의 산 증인이라고 할 수 있는 임희순과 인터뷰하여 정리한 자료(김영규, 2019)가 가장 의미가 있는데, 필자도 2019년 그와 보완 인터뷰를 하였다.

2. 금강산 관광과 철원평야의 식민지적 개발

1) 금강산 가는 길과 정연

오늘날 정연리를 중심으로 금강산 관광을 바라본다면, 그것은 역사적으로 크게 세 시기로 구분된다. 첫째는 고려말부터 조선 후기까지의 전통적인 금강산 유람, 둘째는 일제 통치기의 철도를 이용한 철도관광, 셋째는 1998년부터 2008년까지 10년간 진행된 분단관광이다. 정연리는 전통적인 유람이나 철도 관광과 관련이 있는 장소였고, 분단관광의 시기에는 소외된 지역에 속한다고 할 수 있다.

전통적인 금강산 유람은 여러 통로를 통해 이루어졌지만, 가장 흔히 이용되는 것은 추가령지구대의 도로들이 활용된 듯 하다.[1] 서울에서 철원과 김화를 거쳐 창도까지 온 다음 여기에서 단발령을 거쳐 금강산으로 들어가는 길이었다, 가장 중요한 길목인 단발령은 신라말 마의태자와 연관이 있는 지명으로, 조선에 와서는 세조, 율곡, 송강을 비롯한 수많은 학자들이 이곳을 지났다,[2] 금강산 관광의 시작지점이 단발령이라는 인식은 겸재 정선이나 이인문의 그림 〈단발령망금강〉에 의해 강화되었다고 생각된다(심영옥, 2022; 이경화, 2023).

19세기 후반에도 금강산 탐승여행은 그치지 않고, 외국인들도 그 대열에 참여했다. 그 중의 하나가 이사벨라 비숍이다. 1894년 수로를 이용해 한강 일대를 여행하던 이사벨라는 춘천에서 배를 버리고 북한강 상류를 따라 육로를 통해 금강산으로 향했다. 교통이 불편한 춘천에서 원산까지의 길을 조랑말을 타거나 걸어서 여행을 시작한 것이다.『한국과 그 이웃나라들』에 나타난 그녀의 여정은 "사방거리에서 출발하여 추파령(해발 396m)으로 가다가 금산강[금성천(金城川)의 별칭]으로 가는 길을 따라 갔다. '방평'이란 마을과 '단발령'에서 약 3.2km쯤 떨어진 '마릿개(Mari-Gei)'라는 마을을 거쳤다,

---

1) 1592년(선조 25) 임진왜란 때 서울을 점령한 왜군의 제4진이 동두천을 지나 북상해 철원·평강·김화·회양을 침략하여 막심한 피해를 입었다.

2) 단발령은 강원도 창도군 창도읍(옛 김화군 통화면)과 금강군 내강리(옛 회양군 내금강면) 사이에 있는 고개로, 높이 834m이다. 마의태자(麻衣太子)가 이 고개에서 삭발하였다 하여 '단발령'이라 하였다. 태백산맥 속의 내방산맥(內方山脈)의 북단에 솟은 옥전봉(玉田峰, 1,241m)과 그 남쪽 구단발령봉(舊斷髮嶺峰, 1,241m)과의 사이 안부(鞍部 : 봉우리와 봉우리 사이의 우묵한 곳)에 있다. 이 고개의 동쪽 사면은 북한강의 지류인 금강천(金剛川)의 상류 계곡으로 통하고, 상신원리를 거쳐 동금강천을 따라 동쪽으로 거슬러 올라가면 금강산의 입구인 장안사에 이른다. 서쪽 사면은 북한강 상류의 현리에서 동쪽으로 갈라지는 계곡으로 연결된다.

"금강산의 서쪽 경계선인 단발령(斷髮嶺: 해발 834m)을 넘기에는 아주 화창한 날씨였다. 영국 영사 캠벨(Campball) 씨는 단발령을 넘어본 몇 안되는 유럽인 가운데 한 사람이다. 그는 자신의 글에서 단발령 고갯길은 짐을 실은 말이 통과할 수 없을 정도여서 짐꾼을 고용하지 않으면 안 된다고 했다. 그러나 나는 계속 말을 타고 갔으며 나의 조랑말은 그 바윗길로 짐을 지고 가는 것을 대수롭지 않게 여기는 듯했다. 산비탈에는 뒤틀린 소나무들 사이사이로 산재한 떡갈나무, 밤나무, 사시나무를 비롯해 여러 종류의 단풍나무들이 있었고, 바닥이 이끼로 뒤덮인 계곡에는 벚꽃과 백합이 피어 있었다."

정연리는 한탄강의 절경 때문에 전통적인 금강산 유람의 중간 기착지이거나 들러가는 곳이었다. 정연은 광해군때 강원도관찰사와 전라도관찰사를 지냈던 월담(月潭) 황근중(黃謹中)[1560~1633] 때문에 유명해지기 시작했다. 그는 인조반정[1623]으로 관찰사를 그만두게 되자 고향에 내려와 한탄강이 내려다보이는 절벽 위에 창랑정(滄浪亭)이라는 정자를 지었다. 정자 주변의 절경 여덟 곳을 선정하여 '정연팔경(亭淵八景)'이라 부르기 시작하였다.[3] 창랑정은 병자호란 때 불 탔고, 황근중의 후손들이 이를 재건하였는데 이 정자의 이름은 자주 바뀐 듯하다, 이현석이 1692년 이곳에 왔을 때 정자의 이름은 협선정이었다. 창랑정을 만들었던 황근중의 후손들은 평강과 김화의 경계 마을에 세거했다.

정연은 금강산(金剛山)으로 가는 길목이라 당시 많은 사람들이 방문하

---

3) '정연8경'은 육모정·무릉정·적벽·약수·월탄·백운봉·풍혈, 그리고 창랑정이었다.

였다. 겸재(謙齋) 정선(鄭敾)이 자신의 친구였던 이병연(李秉淵)[1671~1751]이 김화현감으로 있어서 자주 들렀으며, 1738년 「정자연」을 그렸다(다른 자료에는 1711년). 그는 1742년 철원의 삼부연도와 김화의 화강백전도를 그렸다. 1747년(영조 23)에 72세의 정선은 금강산을 방문하고 〈해악전신첩〉을 완성했다. 화첩의 첫 장에는 강원도 관찰사인 홍봉조(1680~1760)가 쓴 '해악전신'이란 글씨가 있고 이병연의 서문이 있다. 그림은 총 21점인데 여기에 한양에서 출발해 금강산에 이르는 여정 중에 이름난 장소인 화적연/삼부연/화강백전/정자연이 수록되었다. 정자연도를 보면 한탄강 절벽 맞은 편에 집들이 몇 채 있는 것이 보인다. 이것이 정연리 마을의 모습일 수도 있다.

평강현감을 지낸 오재순이 1758년 「정연기(亭淵記)」를 지를 때 정자의 이름은 선유정이었다. 그가 지은 순암집에는 다음과 같은 문장이 있다.

> "정연은 현 남쪽 40리 마연의 끄트머리에 있다. 마연의 물은 현의 북쪽에서 출발하여 남쪽으로 10여리 흘러 화풍정이 된다. 다시 수십리를 흘러가서 선유담의 물과 합쳐져서 정연이 된다. 근원은 멀고 맑고 푸르며 깊고 넓다."

이를 보면, 오늘날의 한탄강은 마연으로, 화강은 선유담으로 불렸으며, 두 물줄기가 만나는 곳에 마을이 형성되었음을 알 수 있다, 정자는 창랑정에서 협선정을 거쳐 선유정이 되었다. 정연리가 평강군 남면에 속한 이유는 강줄기가 가장 중요한 경계로 작용하고 있다고 할 수 있다. 이곳은 철원 평강 용암대지의 일부분으로, 평강군 서남부에 넓은 분화구를 가진 오리산[鴨山]이 있으며, 이 대지를 화강암 산지가 둘러 있어 일대 분지를 이루고 그 사이로 한탄강이 흐른다. 정연리에는 평강고원에서 발원한 한탄강과 김화 수리봉(642m)에서 발원한 화강(남대천)이 합류한다는 맥락에서 '합수머리' 설화가 전해진다. 정연리에서 한탄천은 암물, 남대천은 숫물이라고 불리는데, 암물이 많으면 가뭄이 그치고, 숫물이 많으면 장마가 그친다는 것이다. 이 설화는 갈말읍 지경리에서 공유되고 있다.

2) 일제하 금강산 철도관광

일제하에서 금강산 관광은 1914년 경원선 부설과 1915년 물산공진회 개최이후 본격화되었다(김지영, 2019). 총독부 기관지인 〈매일신보〉는 1917년에 이미 금강산탐승회(金剛山探勝會)를 개최하였다. 김백영(2020)은 일제시대의 금강산 관광은 1914년 9월에 개통한 경원선 철도와 1931년 7월에 개통한 금강산 철도가 중요한 역할을 했다고 보았다. 총연장 223.7km의 경원선 공사를 할 때, 민간인과 의병들의 저항과 습격이 잦았고 일본인 측량대가 헌병대의 비호 아래에서도 한복으로 위장해서야 측량을 마칠 수 있었다고 한다. 평강이나 김화에서는 의병운동. 천도교를 기반으로 하는 3.1운동이 강력하게 전개되었다.

1910년대와 1920년대 전반기까지 금강산 관광은 경원선에 의지하여 서울에서 평강까지 와서 김화와 창도를 거치는 육로를 택하거나 원산까지 철도를 이용한 후 다시 동해안을 따라 내려가는 두 가지 방법을 택하였다. 조선시대의 금강산 유람은 적어도 20일 이상 걸리는 긴 여정이었지만, 철도와 자동차에 의지하는 경우, 5일이나 일주일 정도의 여정으로 가능해졌다. 특히 철도개설로 인하여 일반인들의 접근이 훨씬 쉬워졌다. 이 시기에 일본인 뿐 아니라 조선인들의 답사 여행기가 많이 생산되었다. 조선총독부 초대 총독이었던 데라우치도 금강산을 방문했다. 1910년대 금강산 관광은 내금강과 외금강으로 구분되었으나 1920년대부터 일제는 금강산 남부지역 일대를 신금강으로 명명하고 개발하여 관광지구를 확대하였다.

금강산 관광의 변화는 1919년 시작된 금강산전기철도회사의 프로젝트로 바뀌기 시작했다. 쿠메 타미노스케(久米民之助, 1861~1931)가 일본, 대만 등에서 철도로, 필리핀에서 담배제조 등으로 대성공한 이후 사업을 확장하려 나서다 금강산 관광을 목적으로 답사 1년 후인 1919년에 금강산전기철도주식회사를 설립한다. 그는 1921년 6월 발전을 위한 댐을 건설하기 시작하였고, 9월에는 철도 공사를 시작하였다. 철도착공 당시는 협궤인 1,067mm 궤간이었으나 철도계의 중진 후루카와 사카지로(古川阪次郎, 1858~1941)의 제언에 따라 표준궤로 변경하여 국철과의 화물 직통 연락을 추진하였다. 갖은 어려움 끝에 1924년 8월 1일에 철원군~금화군(현재 김화군) 구간을 먼저 개통, 상업운전을 시작하였다. 이때부터 정연리나 김화등 금강산 전철노선은 철원까지의 통학에 활용되기 시작했다.

금강산 철도노선은 금강산에 접근하는 단발령 구간이 험하여 최초에는 이를 북쪽으로 우회하는 노선을 검토했으나, 스위치백을 도입하고 터널을 뚫어 연결하는 방식을 채택하였다, 단발령 일대는 내금강구조선(內金剛構造線)이 남북으로 뻗어 있다. 철원과 내금강의 장안사를 연결하는 금강산 전기철도와 북쪽의 말휘리를 경유하여 금강산에 이르는 국도가 신설될 때까지는 이 단발령을 지나는 도로가 금강산으로 통하는 간선 도로였다. 이 고갯길은 심한 굴곡을 이루어 금강산 전기 철도가 단발령을 통과하기 위한 1,000m 가량의 단발령 터널이 뚫려 있고, 동서 사면에 각각 단발령역과 오량역(五兩驛)이 개설되어 있다. 경사가 심하므로 이 고개의 양쪽에는 철도에 스위치백(switch back)을 설치하여 전차의 통행을 가능하게 하고 있다. 단발령의 남서 산록에는 오량동(五兩洞)이, 북동 산록에는 피목정(皮木亭)이라는 마을이 있다.

1931년 7월 1일 철원~내금강 사이의 전체 구간이 개통되었다. 길이는 116.6㎞이다. 그러나 쿠메 타미노스케는 금강산선의 완성을 보지 못한 채 5월 24일에 향년 69세로 생을 마감했다. 조선전기철도회사는 1931년부터 제2대 사장에 馬越恭平(1931~33)이 취임하였고, 그 뒤를 古川阪次郎(1933-42)이 이었다.

금강산 전철은 하루 7왕복 열차가 운행되었는데, 공휴일에는 경성-내금강을 잇는 야간 직행열차를 운행해서 금강산 탐승객의 집객과 유치에 주력하였다. 가장 빠른 열차가 3시간 53분이 소요되어 평균 시속은 30km였다. 단발령의 스위치백 및 험준한 지형 탓에 최소 곡선반경이 140R에 불과했으므로 빠른 속도로 운행할 수 없었다. 탐승객의 편리를 위해 금강산역 내의 장안사-온정리 구간을 잇는 자동차 운수업과 숙박업을 겸하였다. 1920년 금강산 관광객은 연간 7백여 명 정도였는데, 금강산 철도 부설이 완성된 1931년 이후에는 연간 4만여 명으로 늘었다. 전철을 이용한 금강산 탐승객은 1925년 당시 186명에 불과했지만, 1938년 2만 4892명으로 증가하였고, 누적 합계 15만 3106명을 기록하였다. 조선총독부는, 비록 1930년대 후반의 전시체제로 전환함으로써 실행되지는 않았지만 금강산을 국립공원화하려는 계획을 하기도 했다. 그러나 관광객들은 일본인과 조선인 일부 계층에 한정되었고 볼거리 또한 일본의 시각과 의도대로 개발되었다.

금강산 전기철도는 흔히 관광용이라고 생각하지만, 사실은 철도사업과 함께 발전사업이 결합된 것이었을 뿐 아니라 광석 개발과 운반이라는 경제적 목적도 가지고 있었다. 금강산전기철도㈜는 북한강 상류 화천강(化川江)의 수리권을 취득해서 조선 최초의 유역 변경식 수력발전 사업을 추진하였다. 이들은 전원개발을 위해 이 구역에서 몇 개의 댐을 쌓고, 1924년 중대리발전소(7000㎾), 1927년 판유리발전소(720㎾), 1928년 향천리발전소(3250㎾), 1936년 신일리발전소(2600㎾)를 건설하였고, 동해로 물을 흘려보냈다. 여기에서 생산된 전기는 철도 연선과 경성 지역에 전등 전력으로 송전되었다.

금강산 전철은 관광과 전력개발 뿐 아니라 광산개발과 운반에도 기여하였다. 이 철도노선에서 가장 중요한 광물은 창도에서 채굴되는 황철석(硫化鐵)과 중정석(重晶石: 석고)이었다.[4] 특히 유화철은 흥남 일질공장을 경유하여 일본으로 반출되었는데, 운반의 편의를 위하여 남창도역이 만들어졌다. 1942년의 영업실적을 보더라도 여객 90여만 명, 화물 23만여 톤의 수송량을 기록하였고 연 125만 원의 수입을 올렸다. 화물수송은 창도에서 채굴한 황화철광의 비중이 컸다, 전시체제로 들어가면서 일제는 1942년 금강산전기철도회사를 경성전기회사에 합병하였으며, 전쟁 막바지인 1944년 10월에는 창도에서 내금강까지의 선로를 해체하였다. 철원-창도구간은 광산채굴과 운반 때문에 그대로 유지되었다. 전쟁 막바지에 정연철교나 김화지역이 미군 비행기의 공습을 받았다는 증언이 있다.

---

4) 中川湊(Nakagawa, Minato), 1923, 江原道昌道重晶石鑛山, 京城 : 中川昌道鑛山鑛業所.

3) 철원평야의 개발과 정연리

철원과 평강지역은 1910년대의 경원선에 의해, 철원의 동부지역과 김화는 1920년대의 금강산 철도에 의해 매우 많은 변화를 겪었으나 이런 철도에 의한 변화 이외에 더 큰 변화는 일제의 산미증식계획과 연관되어 형성된 수리조합과 대농장개설에 의한 것이다. 철원과 평강에서 이런 흐름을 주도한 것은 철원 중앙수리조합을 만들었던 불이흥업주식회사(不二興業株式會社)였다. 철원평야에는 궁방전이나 산미증식계획과 연관되어 형성된 이 회사는 일본인 후지 간타로[藤井寬太郎]가 전북 익산에 설립한 임익수리조합을 시작으로 대규모 수리사업을 하면서 만든 대농장에서 기원했다. 그는 후쿠시마(福島)현 출신으로 러일전쟁 발발 직후인 1904년 3월 일본군을 따라 내한하여 후지모토합자회사(藤本合資會社) 조선 지점을 설치하고 약 1,500정보의 농지를 구입하여 후지모토농장(藤本農場)[뒤에 불이전북농장이 됨]을 경영하는 한편 무역상도 병행했다. 그는 조선 농지 대부분이 천수답으로 농사 개량 투자의 위험성을 깨닫고, 1906년 수리조합조례가 발표되자 이를 기회로 임익수리조합(臨益水利組合)을 설립하고 황등제를 보수하여 1911년 준공했다. 그는 1911년 평안북도 압록강구에 대규모 간척사업을 시작하였고, 이를 기반으로 불이서선(西鮮)농장을 만들었다. 불이흥업은 조선총독부로부터 황무지를 싸게 사들여 조선인들을 시켜서 개간하고 다시 소작시키는 방식으로 막대한 토지를 끌어모았다. 그는 1920년대 초반 조선총독부가 산미증식계획을 추진하자 이에 호응하여 농장을 확대하였는데, 이때 주목한 것이 철원평야였다.

조선총독부는 1922년 1월, 기존의 철원수리조합을 평강군까지 확장하여 규모를 6,000정보에서 8,500정보까지 확장하고 명칭도 중앙수리조합으로 개칭하는 계획을 발표하였다, 후지 간타로는 철원과 평강에 걸친 10개 면의 관개지 9,000정보, 400정보나 되는 저수지를 4개 설치하여 수리조합을 창립할 계획으로 불이흥업주식회사 관계자 및 조선인 유력자를 끌어 모아 10월에 조선중앙수리조합을 철원에 창립하였다. 철원 불이농장 경지 면적은 전 776정보[769만 5867.77㎡], 답 2,215정보[2196만 6942.1㎡]였으며, 소작인 수는 지원민 2,220인, 이민 5,116명이었다. 이민 소작인은 일반 소작인과 달리 주택과 소작지가 모두 농장의 것이었으므로, 생활 전부가 농장에 위탁되어 있었다. 그는 1923년 마산저수지를 만들고 이어 평강에 봉래호 저수지를 축조하여 1925년 완공하였다. 중앙수리조합의 몽리구역은 감둔제(평강군 현내면), 봉래제, 마산제, 홍포제(철원군 북면) 등 4개 저수지 구역으로 구분되었다. 그러나 이 과정에서 피해를 본 조선인 지주들의 수리조합 반대운동이 발생하였다.

불이흥업은 1924년부터 조선인 노동자를 모집하여 개답작업을 하고, 또 전국에서 소작농을 이주시켰다. 자신의 연고지인 전라북도에서 농민들을 이주시킬 계획도 있었으나 이들이 점차 불만을 갖게 되자 이들을 배제하고, 다른 지역의 소작농을 이주시켰다. 이에 따라 철원 동송에 평안도촌(평안촌 또는 피양촌)과 경상도촌이 형성되었다, 철원 평야의 농지들이 대농장 토지로 변하면서 소작농들의 저항이 커졌다. 이런 토지소유구조의 분화에도 불구하고 철원이 경원선과 금강산 전철, 그리고 수립조합을 통한 철원평야의 개발이 이루어지면서 철원의 유지들로 구성된 철원번영회는 1926년부터 1930년대에 걸쳐 강원도 도청을 철원으로 유치하려는 운동을 하기도 하였으나 실현되지 않았다.

이런 흐름은 불이농장의 외부에 있던 이길리나 정연리에도 유사하게 나타났다. 이길리를 포함한 철원군 어운면에서는 이 지역의 토지 411정보를 기반으로 하여 어운수리조합이 1920년 설립되었는데, 이 수리조합은 평강군 남면 가곡리에 가곡제를 만들어 활용하였고, 1925년 만연제를 추가로 만들어 몽리구역을 확장하였다. 이 지역에서는 일본인 21명이 많은 토지를 확보하여 조선인 136명의 소유토지규모와 비슷한 상황이 되었다.

정연리가 소속된 평강군 남면은 지형상 철원평야의 동쪽 가장자리가 되는데, 면의 중앙에 있는 서방산을 비롯해, 서부에 왕재봉(王在峰, 608m), 북부에 송라산 등이 있다. 한탄강이 동북쪽에서 남쪽으로 흐르는데, 그 유역에 깊고 좁은 평지가 형성되어 왕재봉 북쪽 기슭의 고원지대와 함께 이 면의 주요 경작지대가 된다. 남면에는 당원금광(唐院金鑛)에서 금·은 등이 채굴되었다. 평강에 속하는 정연리에서는 주민들이 1917년부터 한탄천을 이용한 수리계를 조작하려다 실패한 이후, 1925년 일본인 이나바(稻葉顯智)가 토지매수를 하기 시작하고 1927년에 준공한 저수지를 기반으로 조합원 223명을 가진 수리조합이 만들어졌다. 이 정연수리조합은 평강군 남면 정연리와 철원군 어운면 이길리에 걸쳐 있는 211정보의 토지에 기반하고 있었는데, 이나바농장이 40정보, 구재조가 30정보, 이복양이 20정보의 토지를 소유하고 있었으며, 이를 경작하는 다수의 소작농이 있었다. 수리조합에 피해를 본 정연리 농민 100여명이 1927년 6월 11일 정연수리조합을 습격하는 사건이 발생하였는데, 이때 11명이 체포되어 취조를 받았다. 남면은 1944년 현재, 면적 102.96㎢, 인구 9,493명이었고, 면 소재지는 지암리였는데, 금강산 전철역이 소재한 정연리도 이에 버금가는 마을로 성장하였다. 평강읍과 김화읍간의 2등도로가 면의 동부를 통과하고 등외도로가 정연리를 기점으로 각 주요 마을에 연결되었다.

임희순의 기억에 따르면, 일제하의 정연리는 3개구로 구분되였는데, 1구는 약 100가구로 현재의 정연리가 있는 곳이고, 2구는 200가구로 정연역이 있었던 곳이며, 3구는 먹실이라는 70가구로 구성된 마을이었다, 정연리는 풍천 임씨가 전체 가구의 과반수를 차지할 정도로 동족마을의 성격이 강했지만, 빈부의 차이가 상당히 심했다(김영규, 2019. 148쪽). 정연수리조합은 먹실에 보를 막고 창랑정 쪽의 물을 끌어와서 관개용수로 사용하였다. 정연리에는 금융조합이 있었고, 보통학교가 1938년 개교하였다.

3. 정연리와 이길리의 분단과 전쟁경험

1945년 8.15 광복 이후 금강산 전철노선은 북한 철도성 관할이 되었고, 1950년 상반기까지 열차운행이 이루어졌다. (1944년에 철로가 해체된 창도에서 내금강까지의 구간이 복구되었는지 알 수 없다.)

해방직후 철원과 김화에는 소련군이 진주했는데, 정연리까지 들어왔는지는 확실치 않다. 정연리에서도 1946년 초에 토지개혁이 실시되었다. 그러나 정연리의 경우 동족마을이라는 점이 이 개혁의 급진성을 약화시키는 방향으로 작용한 듯 하다. 이 기간에 일부 지주계층은 월남하였다. 정연학교의 경우 소년단이 조직되었고, 공부의 기회를 놓친 사람들에게 수학의 기회를 주려는 정책을 실시하였다. 철원과 김화는 38선과 멀지 않아서 해방후 상당기간 남한의 미군정과 연관된 첩보부대가 활동한 듯 하다.

정연리의 바로 인근인 이길리의 상황은 좀더 자세히 알려지고 있다. 이길리는 1914년 행정구역 개편에 따라 철원군 어운동면 이길리로 개설되었고, 1917년 어운면 이길리로 개편되었다. 해방과 함께 소련군이 진주하고 곧 인민위원회가 설치되었다. 이길리 주민들의 일부는 이런 움직임에 저항하기도 하였다. 이길리 마을 청년들이 주역이 되어 각 부락별로 연락책임자와 활동요원을 선임하고 수시로 회동하였다. 부락별 연락책임자는 1구 안승범(安承範), 2구 안승혁(安承赫), 3구 임긍호(任亘鎬), 4구 박만권(朴萬權)이었고, 이외에도 각 부락별로 3명씩 12명의 활동요원들이 있었다. 연락책임자들과 요원들은 공산당 산하단체인 민주애국청년 동맹의 간부로 가장하여 집회를 주관하였으며 합리적이고 평화적으로 활동을 추진하였다. 1946년 4월 24일 오전 10시부터 이길리 신기학원 운동장에서 이길리 농민대표들 약 400명이 참석한 가운데 핵심 공산주의자들에 대한 열띤 성토가 진행되던 중 11시경 불시에 나타난 무장 괴한들에 의해 대회가 중단되었다. 주동자인 안윤호, 안승범, 임긍호, 임천호, 안승혁, 안영호, 안성호, 박만권, 박윤권, 김윤근 등 8명이 구속되어 무자비하게 구타당하고 자백을 강요받았다. 그 후 소련 정치보위부 심문을 받고 검찰에서 기소유예로 20일 만에 풀려났으나 이후 감시를 피하여 월남하였다.

한국전쟁의 경험에 관하여 정연리 주민들의 증언이 있고, 인근 철원 및 김화 주민들의 구술도 상황을 이해하는데 도움이 된다.[5] 38선 이북이었던 정연리나 철원, 김화지역 주민들은 6.25 가 발발하기 직전에 북한군의 병력과 탱크와 야포 등의 무기가 금강산 철도를 이용하여 이동하는 것을 목격하였다. 정연학교 운동장에는 인민군 기마병들이 주둔하고 있었고, 일부 병력은 갈말의 지경리에 있던 부대로 이동하였다, 이들은 방송을

---

5) 이에 관해서는 감영규가 편집한 일련의 구술채록집을 활용할 수 있다.

통하여 전황을 들었다.

정연리에서 한국전쟁은 1950년 7월 중순 마을과 정연철교 폭격에 의해 각인되기 시작하였다. 미군의 폭격은 이들의 방공호 생활을 주요 전쟁 기억으로 만들었다. 철원과 김화에도 많은 폭격이 이루어졌다. 철원 중학교에 다니던 임희순의 경우에도 폭격으로 인해 정상수업을 하지 못했다 (김영규, 2019, 151쪽). 10월 초, 국군과 유엔군의 1차 수복이 이루어졌을 때, 북한 당국은 주민들을 북쪽으로 소개시키거나 피난하도록 강제했다. 전체 주민의 절반 이상이 이 대열에 합류했지만 남아 있던 사람들도 많았으며, 이들의 일부는 산에 은신하였다. 유엔군 점령과 함께 남아 있던 젊은이들은 치안대 활동을 하였다. 그러나 이때의 전쟁상황은 전선의 북진과 달리 현지에서는 인민군 패잔병들이 산에 많이 남아 있어서 불안한 상황이었다. 이들은 오성산에 웅거하면서 종종 유격전을 수행하여 유엔군이 점령하고 있던 철원을 공격하기도 하였다.[6] 아마도 평강에서는 이수덕이라는 여성이 이런 활동을 한 것으로 보인다.

전선은 한달 여만에 중국 지원군 개입으로 크게 바뀌었다. 미군은 11월 24일 이른바 크리스마스 대공세를 시작했다. 11월 27일 (주민들의 기억으로는 음력 10월 18일) 미군의 B 29기가 정연리를 대대적으로 공습하였다. 이로 인해 정연리 주민 약 100명이 사망하는 사건이 발생하였다. 임희순에 따르면, 이 때문에 정연리 마을 주민들의 제사가 음력 10월 18일에 이루어지는 경우가 많다고 한다(김영규, 2019. 151쪽). 12월 하순에는 정연리

---

6) 국군과 유엔군이 북으로 진격했을 때 인민군 패잔병들이 오성산에 웅거하다가 정연리에 침입하여 마을 치안대를 격파하고 점령하였으며, 이들은 월정리로 가서 국군과 전투를 하였다(이두종의 구술, 이병찬 외, 2015).

일대에도 중공군이 들어왔다. 이들은 미군의 공중폭격에 노출되어 있었으므로 낮에는 산에서 은신하고, 식사시간이나 밤에만 마을로 내려왔다고 한다. 이때의 상황을 시인 정춘근이 듣고 쓴 '중공군 소년병-정안리에서'라는 시가 있다. 정확한 날짜는 알 수 없지만, 주민들의 증언에 따르면, 그해 겨울, 중공군이 점심 식사를 하려고 마을로 내려왔을 때 미군의 대대적인 폭격으로 이들과 주민 150여명이 사망했고, 당시에 시신 처리를 제대로 하지 않아서 이듬해 봄까지 고통스러웠다고 한다.[7]

철원과 김화는 1951년 5월 27일부터 6월 20일까지 전개된 파일 드라이버(Pile Driver)작전에 의해 수복되었다, 이 작전은 유엔군과 국군이 중공군의 2차에 걸친 춘계 공세를 격퇴하고 철원-김화-양구-간성을 연결하는 선으로 진격하는 것으로, 이 작전에서 국군 제3사단과 제9사단은 6월 11일과 12일에 철원을, 미 제25사단은 김화를 점령하고, 6월 13일에는 미 제3사단이 평강에 진입하여 적정(敵情)을 수집한 후 철수하였다. 정연리도 이때 수복되었지만 전쟁이 진지전으로 전환되면서 최전선이 되었다. 미군이 이 지역을 처음 점령했을 때 젊은 마을청년들을 적정을 탐지하는 첩보대나 노무대로 활용하였고, 다른 주민들에게는 대대적인 폭격이 예정되어 있으니 피해야 한다고 설득하면서 트럭에 실어 남쪽으로 소개하였다. 이들은 포천 이동의 문암리를 거쳐 서울의 천호동(광나루)으로 보내졌다, 여기서부터는 수원이나 그밖의 경기도로 걸어서 이동했으며, 일부는 전남 광주까지 기차로 이동하여 여러 마을에 분산배치되었다. 늦게 소개된 사람들은 수원 피난민수용소로 이송되었다.

---

7) 임홍자의 구술, 정연리 마을의 끔찍한 전쟁기억, KBS 2018.7.26.

1951년 9월에는 미1군단이 주축이 돼 임진강 하류에서 한탄강과 남대천의 합류지점인 정연리까지 연결하는 '제임스타운선'을 장악하는 '코만도작전'을 개시했다. 제임스타운선은 임진강-고왕산-역곡천-철원-정연리를 잇는 선이다. 이 작전은 10월 3일 시작되있다. 그에 이어 김화의 동북방인 금성 남쪽에서 유엔군의 가을공세가 이루어졌다. 그 결과 미 제9군단이 금성 남방 2km까지 진격하여 금성 돌출부를 점령하였다. 당시 미군이 설정한 노매드선은 북한강과 금성천이 연결되는 지점을 중심으로, 폴라선은 더 위쪽으로 금성 남쪽 2km 까지 설정한 전선이었다. 그후 철의 삼각지대 지역을 되찾기 위한 중공군의 공격이 끊임없이 계속되어 1952년 10월의 철원 백마고지 전투, 10월부터 11월 사이의 김화 저격능선 전투로 이어졌고, 1953년 7월에는 중공군의 마지막 대공세인 금성전투가 이루어져 금성돌출부를 상시한 채 휴전이 이루어졌다.

1951년 평강지역의 상황에 관하여 특기할만한 것이 미군의 원폭투하계획이었다. 미 극동군사령부는 중공군의 대공세로 후퇴를 거듭하던 1950년 12월 22일, 중국본토에의 원폭공격에 대비해 오키나와에 핵무기를 배치하는 것을 검토하는 보고를 하였다. 1951년 7월부터 시작된 휴전회담의 진행상황에 따라 고착되기 시작한 중부지역의 전황이 달라지게 되었다. 중국지원군 전선사령부가 평강에 위치하고 있을 때인 1951년 9월, 미군은 북측의 전쟁물자 보급에 타격을 가하기 위하여 평강에 원폭투하계획을 세우기도 했다(유진석, 2011).[8]

---

8) 1995년 6월 23일 이 문서가 발견되어 일본의 NHK가 보도하였고 이를 한국 언론들이 추가로 보도하였다. 이에 따르면, 1951년 9월 15일자의 미극동군 제3참모본부 비밀보고서에는 중국군의 전선기지가 위치해 있던 평강에 히로시마 원폭의 2배규모인 40킬로톤급의 원폭을 투하한다는 계획이 지도상의 위치표시와 함께 실려있다. 이 계획은 당시 트루먼대통령의 최종사인만 남긴 상태였다. 이

1952년 여름 전선이 고착된 상태에서 전라도 지역으로 흩어졌던 정연리를 비롯한 철원 평강의 피난민들은 점차 수원으로 모여들었다. 북한에서도 1952년 12월 행정구역을 개편하여 면을 없애고 군리 중심제도를 도입했다. 이에 따라 평강군도 많은 변화를 겪었다. 평강군은 북부의 유진면, 세포면을 세포군으로 분리하고, 회양군 난곡면의 일부 지역을 편입하였다. 전통적인 평강읍의 중심지였던 동변리가 서변리와 합쳐 구읍리가 되었고, 복계리가 주변 리를 합쳐 평강읍이 되었다. 1961년 3월 구읍리가 평강읍으로 되고 본래의 평강읍은 복계리로 개칭되었다. 1984년 5월 장촌리가 장촌노동자구로 개편되었다. 행정구역은 총 30개리로 구성되어 있는데, 이수덕(李壽德) · 해방(解放) · 전승(戰勝) 등의 지명에 특이하다. 해방리는 평강면 어룡포리와 해방리와 합한 것이고, 전승리는 남면 중동리와 학전리를 합한 것이다. 이수덕리는 한국전쟁당시 평강유격대의 여성대장 이름을 딴 것으로, 내면 림단리와 북촌리를 합한 것이라고 한다.

4. 재건촌 정연리의 형성과 변화

1953년 7월 휴전협정이 체결된 이후 군사분계선이 기존의 금강산전철연선을 가로지르면서 파괴된 철도는 복구되지 못했을 뿐 아니라 완전히 폐선되었다. 철원역도 한국전쟁 당시의 격진으로 인해 철도역뿐만 아니라 철원군 시가지 전체가 흔적만 남을 정도로 완전히 사라졌고, 이후에 안보

에 관해서는 이기환, 이기환의 흔적의 역사: 원자폭탄 '불바다' 될 뻔한 한국전쟁, 경향신문 2012.9.5.

상의 이유로 복구하지 않고 방치했다. 현재 금강산 전철 노선 중에서 남한에 속한 구역은 철원역에서 광삼역까지인데, 이마저 민통선 구역에 걸쳐 있다. 하소역부터 내금강역까지는 북한에 속해 있다. 당시 쓰였던 차량은 북한 철도성 혁명사적관에서 보존 중이다.

휴전이후 남한에 속한 경의선, 경원선, 동해선의 일부 구간은 복원되었지만, 금강산선은 흔적으로 남았고, 철원역에서 남쪽으로 우회한 동철원역-동송역-양지역 구간은 민통선 남쪽에 위치하여 쉽게 접근이 가능하다. 원래 양지역이 있는 곳은 민통선보다 북쪽에 있었지만 두루미 철새도래지로 유명해지면서 2012년에 민통선이 조정되면서 들어갈 수 있게 되었다. MBC에서 방영한 통일전망대에서 남측 구간을 답사한 영상이 있다. 금강산 철도의 남아 있는 흔적은 정연리 금강산전기철도 교량과 용양보로 이용되는 철교에서 뚜렷하다. 보전관리지역으로 지정된 철원역터 남동쪽으로 분기하여 옛 금화역까지 가는 구간까지 대부분 지목이 철도로 나와 있다.

휴전과 함께 통천군과 회양군 평강군 이천군 김화군 등에 더해 철원군과 고성군 일부 지역은 미수복 지역으로 남게 됐다. 평강군은 대부분 북한에 속했지만 유독 남면 정연리는 남한에 속하게 되었다. 이들 지역 출신으로 고향에 돌아가지 못한 주민들은 각각 군민회를 조직했고, 평강 출신들도 평강군민회를 결성하였다. 각 군민회가 미수복 도민회로 모이게 된 것은 1987년 5월이었다. 당시 평강군민회의 이일무 회장이 초대연합회장에 취임했고 이후 미수복 도민회는 본격적인 활동에 들어갔다.

휴전협정 후 38선 이북의 수복지구는 1954년 11월 17일 수복지구 임시 행정조치법에 의해 대한민국의 행정구역으로 편입되었다(한모니까, 2008).

비무장지대의 남쪽으로 귀농선이 성정되고 이것은 민간인통제구역으로 명칭이 변경되어다(한모니까, 2020). 정연리를 포함하여 철원과 김화지역은 1951년 여름에 군사적으로 수복되었지만 이 법률에 따라 1954년 말에 철원군이 행정권을 인수하였다. 극히 일부만 수복된 지역은 행정구역 조정에 따라 다른 군에 편입시키는 조치가 1963년에 시행되었다. 평강군 남면에 속해 있던 정연리는 1963년 1월 1일에 김화군과 함께 철원군에 편입되어야 했지만, 입법과정에서 정연리만 실수로 누락되는 바람에 1972년 12월 28일에야 정식으로 철원군 갈말면 정연리가 되었다.[9]

정연리의 전쟁경험은 물론이고 수복 이후 영농과 마을 재건에 관하여 임희순의 증언(김영규, 2019)이 가장 귀중하다. 정연리를 포함한 평강 출신의 피난민들은 수원이나 광주 송정리까지 내려갔다가 경기도 인근으로 돌아왔다. 이들은 휴전 후에 포천에 들어와 대기하다가 철원군 갈말면 지경리에 만든 평강촌으로 머물렀으며, 다시 덕령산 아래에 있는 갈말면 토성리로 이동하였다. 철원, 김화, 평강의 피난민들이 모여 있었고, 이들은 군용 천막에서 생활했다(엄재천의 증언, 김영규, 2018. 171쪽). 1955년부터 동송읍 화지리, 이평리, 갈말읍 지경리, 토성리 등에 귀환하여 살던 주민들이 정연리와 이길리 일대의 농지에 출입증을 받아 출입영농을 시작하였다. 이들은 평강이나 철원 동송 출신 피난민들이었는데, 정연리 출신들은 주로 토성리에 근거를 두고 영농을 했다. 이들은 전쟁으로 인하여 황폐화된 농지를 개간하였나, 초기 출입영농에서 가장 큰 문제는 영농가능한 토지가 제한되었기 때문에 영농을 할 수 있는 토지를 분배하는 것이었다. 점

---

9) 1972년 12월 28일 법률 제 2395호에 의거 전 철원군 북면 유정리, 홍원리와 내문면 독검리를 철원읍에, 전 평강군 남면 정연리가 갈말면에 편입되었다.

차 개답이 확장되고 이길리에 속한 기린골 구역이 개답되자 정연리와 이길리 출신 주민들의 경지가 구분되었다.

파괴된 저수지 때문에 발생하는 관개용수도 큰 문제였다. 북한이 휴전 후 철원평야로 가는 봉래호의 물길을 차단하고 재령평야로 돌리자, 철원평야는 물 부족 상태에 빠졌다. 이를 해결하고자 양지리에 토교저수지를 만드는 공사를 하여 1967년 준공하였다. 정연리 주민들도 비슷했다. 정연리 출입영농 농민들은 물 확보에 주력하였다. 이들은 일제하의 수리조합 경험을 바탕으로 수리계를 만들어 이 문제를 해결하려고 노력하였다. 비무장지대에서 물을 끌어와 보를 막고 물길을 농경지가 있는 곳으로 돌리는 작업이었다. 군에서는 1963년 천막대신 임시건물을 지어 이들에게 양도하고 봄부터 가을까지 여기에서 숙식을 하면서 영농을 하도록 허락했다. 주민들은 이를 신흥농장이라고 이름하고 계절영농을 할 수 있게 되었다.

1971년 12월 10일 정연리 재건촌 건립이 허가되었다. 한탄강 상류인 화강과 한탄천이 합류하는 지점에 16평짜리 주택 60동을 건립하고, 1972년 4월 학교개설에 맞추어 여기에 120세대가 입주하여 정연리가 재건되었다. 최초의 입주자들은 850여명이었고, 1가구당 대지는 50평이었다. 주택은 정부에서 지어주었지만 소유를 위한 등기는 불가능했다, 마을의 위치는 원래 정연리 마을이 있던 곳으로부터 약 200-300m 남쪽으로 한탄강에 가까운 곳이었다, 주민들은 원래의 마을과 가까운 것을 선호하였으나 군 당국과 철원군은 오성산에서 발 보이는 곳으로 결정하였다. 재건촌이지만 선전마을의 성격을 가진 전략촌이었기 때문이다. 그러나 1가옥당 2가구가 살아야 했으므로 매우 불편했다. 공교롭게도 전략촌으로서의 정연리를 정당화한 것은 북한의 땅굴이었다, 1975년 3월 24일 강원도 철원군 동송읍 이길리에서 북한의 남침 땅굴이 발견되었다. 이때 발견된 땅굴을 제2땅굴이라고 부른다. 제2땅굴은 지하 50~160m 지점에 총길이 3.5㎞로 남측으로 1.1㎞, 북측으로 2.4㎞가 연결되어 있다. 현재 제2땅굴은 철원군 안보 관광 코스로 운영되고 있다. 정연리가 재건된 후 이 마을은 평강군에서 발원한 한탄강이 남한으로 내려와 처음 만나는 마을이 되었다. 마을 북쪽은 민통선 지역이며 마을 뒷산에 군사분계선이 지나가므로 접근이 자유롭지 않았다. 6·25전쟁 중에 전소된 정자는 1980년대 초반 제3사단장 박세직이 콘크리트 정자를 복원한 후 '세직정'이라 명명하였는데, 주민들의 반대로 정정하였다.

1979년 새마을 운동과 민북지역 개발 정책속에서 정연리는 새로운 변화를 겪었다. 철원 동송출신 주민들을 주축으로 하여 옛 이길리 지역에 새로운 주택을 마련하여 이주하였다. 이것이 정연리의 분화와 이길리의 재건이었다. 1979년 민북마을 개발사업의 일환으로 68세대가 이길리로 분가하였다. 이들은 주로 원래 이길리를 포함한 동송면출신 피난민들이 많았다. 마을 재건 시에 쟁점은 주택들을 어디에 짓는가였다. 주민들이 선호하는 원래 마을이 있던 산 아래는 비무장지대가 너무 가까워 주택을 지을 수 없었다. 군과 행정관청이 약간 달랐지만, 최종적으로는 북한의 오성산에서 관측되는 장소로 결정되었고, 이는 한탄강서 비교적 가까운 곳이었다. 또한 평강 유일의 학교라는 상징성을 가졌던 정연초교가 학생수 감소로 폐교하였다.

정연리나 이길리가 재건되었지만 선전촌 또는 전략촌으로서의 입지 때문에 한탄강 지역의 홍수라는 자연적 재앙에 매우 취약했다. 정연리는 1996년 홍수피해로 대부분의 가옥이 침수되고 사육하던 한우 500여마리와 논밭 수만평이 집중호우에 휩쓸려 나가면서 주민들은 50억여원상당의 재산피해를 입었다. 정연리 주민들은 침수피해 직후 근본적인 대책을 마련해줄 것을 요구했다. 이들은 현재의 마을보다 좀더 높은 북쪽에 주택을 짓고 이주하기로 합의했다. 그러나 주택건축비나 그밖의 어려움이 발생하면서 일부는 그대로 남고 일부는 주택을 건립하여 이주하였다. 이 과정에서 마을내 갈등이 발생하기도 하였다. 55가구 주민들이 200m거리의 인근 정연벌(평강군 상진리)로 이주한 뒤 새롭게 1반과 2반을 구성했고, 이주하지 않은 42가구 주민들은 3반이 되었다. 이런 분화는 소유농지의 위치에 따른 것이었다. 3반 주민들은 2003년 1, 2반 일부 주민들이 3반 주민을 무시한다는 등의 이유로 마을을 2개리로 분리해 달라는 건의문을 철원군에 제출했으며 1, 2반주민들은 "투표까지 마치고 이주를 하지 않은 것은 그쪽 책임"이라고 반박하는 논란을 빚기도 했다.[10] 더욱이 1999년 홍수 피해가 재차 발생, 일부 주민들은 정부로부터 지원받은 보조금을 갚느라 어려움을 겪었다.

정연리는 이런 불화와 갈등을 극복하고 2014년부터 3년간 건강장수마을 사업을 하면서 면모를 일신하였다. 이들은 자신의 마을을 금강산철길마을로 명명하고 마을 체험관을 만들었다. 2017년 정춘근 향토 시인 등 지역 문인들이 1년 동안 노력하여 〈정연리 역사이야기〉를 출판했다. 이책은 정연리 개척 1세대 주민 30여명의 이야기를 녹취하고, 〈철원군지〉와 〈평강군지〉 등 옛 자료와 신문기사 등을 수록하였다. 전쟁 중 미군 폭격으로 주민 등 150여명이 사망한 마을의 비극, 강제 소개 조치로 전라도와 수

---

10) 이정국, 강원의 숨결 (81) 철원군 갈말읍 정연리, 강원일보 2006.7.6

원 등을 떠돌다 귀향해야 했던 주민들의 삶, 아침저녁으로 검문소를 통과하며 농사를 지어야 했던 정연리 농장 시절, 대북 심리전을 위한 전략촌으로 조성된 정연리 마을 형성 과정, 1996년 수해 발생과 마을 이전 등의 역사등이 담겼다. 정연리는 2017년 12월 31일 기준으로 가구 수 148세대에 266명[남자 156명, 여자가 110명]의 주민이 살고 있다. 이길리도 '버들골'이나[11] '두루미 자는 마을'로 명명하면서 생태적 발전을 꾀했다. 국민민속박물관은 이길리의 민속지를 발간했다. 이길리의 주민은 2017년 12월 31일 기준으로 가구 수 73세대에 143명[남자 75명, 여자 68명]이었다.

정연리와 이길리는 2020년 8월 다시 큰 홍수피해를 입었다. 1996년에 466㎜, 1999년에 460㎜의 폭우가 쏟아졌는데, 2020년 여름에는 열흘 동안 최대 1천㎜가 넘는 집중호우가 쏟아지면서 한탄강이 범람해 이길리의 집과 농경지 대부분이 물에 잠겨 주택 68채가 침수됐고 이재민 139명이 발생했다. 이번에는 이길리 마을의 이주가 쟁점이 되었다. 이길리는 68가구 주민 141명이 살고 있었는데, 주민들은 마을을 '통'으로 이주해 줄 것을 요구하고 나섰다. 이들은 1979년 북한의 오성산에서 관측되는 곳에 주택을 지으려는 당시 정부의 전략촌 정책으로, 마을이 한탄강 강둑보다 4~5m 낮은 곳에 건설되면서 입주 당시부터 주민들이 수해를 입을 수 있다고 문제 제기를 했지만 번번히 묵살되었다는 것을 상기시켰다, 과거에도 수해가 발생하면 마을을 옮겨야 한다는 이야기가 있었지만, 2020년에는 마을 이주에 대부분의 주민들이 동의하였다. 대피소에 모여 있던 주민들에게 마을 이전에 대한 찬반 설문을 한 결과 90% 이상이 이전에 찬성

---

11) 지명복, 이길리 마을회관 준공기념, 주민화합 큰 잔치 열어, 환경일보 2009.06.12

했다. 주민들은 이전 장소로 현재 마을에서 동북쪽으로 800~1000m 떨어진 야산 기슭을 꼽았다.

마을 이주에는 많은 비용이 소요되는데, 철원군은 주민들의 이주비 부담을 덜기 위해 이길리 마을 부지를 직접 매입해 국가생태습지로 조성하기로 했다. 이에 따라 환경부는 민통선 이북의 '이길리습지'를 32번째 국가 내륙습지보호지역으로 지정했다.[12] 부지 매입비 60억 원 가운데, 20억 원은 군비로 확보하였다. 이들은 마을에서 민통선 밖으로 2㎞가량 떨어진 곳을 이주지로 선정하고 기반 시설을 조성했다. 이 지역은 최근에 군사보호구역에서 해제되어 건축물을 신축할 수 있게 되었다. 마을 기반 조성에 필요한 국비 등 사업비 148억 원을 확보하였다. 철원군도 주민들이 떠나가는 마을 일원을 생태공원으로 지정하고자 정부와 발맞추고 있다. 2024년 5월 집단 이주를 마치고 6월 11일 기념식을 하였다. 김종연 이장은 "옛날에 버드나무 군락을 이룬 동네였기에 새 마을 이름을 '버들골 이길리'로 정했다"고 말했다.

크게 보면, 정연리와 이길리는 원래 북쪽에 있는 산을 따라 산 아래에 마을이 있었으나 전략촌으로 재건될 때 남쪽 저지대 강변에 마을이 만들어졌는데, 이로부터 한 세대 이상이 지나서 홍수를 계기로 좀더 안전한 곳으로 옮겨 갔다고 볼 수 있다. 정연리는 원래의 마을과 전략촌의 중간 지점에 자리를 잡은 셈이다.

---

12) 이길리습지는 한탄강 상류의 민간인 통제선 이북지역에 형성돼 있는 하천 습지와 논 습지로 구성돼 있다. 환경부는 "지형과 경관이 오랜 기간 잘 보전되어 있고, 하천의 자연성이 우수하며, 논과 하천이 주변 산림과 연결돼 다양한 생물들에게 안정적인 서식 환경을 제공하는 곳"이라고 설명했다. 국립생태원이 2021년 실시한 '내륙습지 정밀조사'를 보면 이길리습지에서는 동식물 557종이 살고 있는 것으로 확인됐다. 멸종위기종인 흰꼬리수리, 묵납자루, 삵 등도 관찰됐다. 역시 멸종위기종인 두루미, 재두루미 등 철새의 월동지 기능도 하고 있다.

5. 전망: 정연리의 꿈

1998년 김대중 대통령 취임후 현대그룹의 주도로 제3차 금강산 관광, 즉 분단관광이 시작되었다. 원래 금강산 관광의 아이디어는 노태우대통령 취임 후인 1989년 1월 정주영 전 현대그룹 명예회장이 방북하여 조선대성은행 이사장 겸 조선아세아무역촉진회 고문 최수길과 체결한 '금강산 관광 개발 및 시베리아 공동 진출에 관한 의정서'에서 처음으로 드러났다. 그 후 현대와 북한 간에 금강산관광사업을 합의하기까지는 약 10여 년의 기간이 소요되었다. 김대중 대통령 취임 후인 1998년 4월 30일 정부의 '남북경협 활성화 조치'가 발표되고, 같은 해 6월 정주영 전 현대그룹 명예회장 일행이 북한을 방문하여 아시아태평양평화위원회(아태)와 금강산 관광 및 개발 사업에 합의하였다. 이어서 1998년 11월 18일 관광선 금강호가 이산가족 등 826명을 태우고 동해항을 출발하여 북한의 장전항에 입항함으로써 금강산관광이 시작되었다.

2003년 9월 육로 관광이 시작되었고, 2007년 6월 1일부터 시범사업으로 내금강 방문길이 열렸다. 2008년 3월 17일부터는 승용차 관광이 시작되었다. 7월 중순에는 비로봉 관광이, 7월 말에는 골프장 개장이 예정되어 있었고, 누적 관광객 200만 명을 앞두고 있었다. 그러나 2008년 7월 11일 북한군에 의한 우리 측 관광객 피격 사망 사건이 발생하면서 관광이 중단되었다.

이런 금강산관광의 기억은 한편으로 금강산관광의 재개라는 희망을 배태하며, 다른 한편으로는 보다 나은 금강산관광을 위한 새로운 접근로를 상상하게 한다. 당연히 철원을 비롯하여 한국에 있는 금강산 전철의 역이 있던 마을에서는 전철노선의 새로운 탄생을 꿈꿀 수 있다. 철원의 평화전망대나 김화 생창리의 잃어버린 마을관이나 용양보 중심의 생태평화공원도 이런 미래를 꿈꾸는 장소이기도 하다. 정연리도 마찬가지이다. 금강산으로 가는 정연철교의 잔해는 이를 더욱 간절하게 한다. 그렇다면 금강산전철의 복원가능성은 있는가? 김대중 전 대통령의 취임이후 경의선, 경원선, 동해북부선의 복원이 구체적인 남북 협력의 쟁점이 되면서 금강산전철도 부활 이야기도 묻어 나왔다. 다만, 이 노선이 험한 산악지대인데다가, 북한의 노선들은 대부분 철거되고 일부는 다른 방향으로 이설되었으며, 대부분의 노선이 군사분계선 부근에 존재하기 때문에 어려움이 많다. 북한의 창도역~화계역 구간은 금강산댐으로 인해 수몰된 상태이다. 이런 현실은 전철노선의 복원가능성이 매우 낮다는 전망을 유도한다. 다만 먼 미래에 금강산댐이 부실공사 판정을 받는다면 원래의 노선이 복구될 수 있다는 지극히 낙관적인 상상이 없는 것은 아니다.

오늘날 한반도의 현실은 냉엄하다. 금강산 관광이 중단된 지 16년이 되었다. 2018년 제3차 남북정상회담이 열리고, 9.19 군사합의에 의해 비무장지대의 군사적 긴장을 낮추고 화살머리고지 공동 유해발굴이 이루어질 때만해도 금강산 관광 재개에 대한 희망이 커져 정치적 압력으로 작용하기도 했으나 2019년 북미 정상회담의 결렬과 러시아 우크라이나 전쟁의 발발, 한국정치의 재보수화는 남북관계를 악화시키고 북미관계를 악화시켰다. 흥미롭다고 해야할지 다행이라도 해야할지 모르지만, 남북간 심리전이 재개되고 북한의 지도자가 남북관계를 민족 내부의 관계가 아닌 냉정한 국제관계라고 천명했음에도 불구하고, 한국사회에서는 금강산 관광 재개에 대한 희망과 금강산 가는 길을 둘러싼 잠재적 경쟁은 사라지지 않았다. 남북 강원도간 교류나 협력이라는 대안은 그대로 살아 있고, 강원도 내의 각 군들도 나름대로의 계획을 모색하고 있다. 또한 철원의 발전을 위해 금강산전철 복원이 필요하다는 주장도 제기되고 있는 상황이다.[13]

정연리를 포함한 철원-김화-평강 구역은 한국전쟁 기간 중에 가장 치열한 전투가 벌어졌고, 현재까지 지속되고 있는 분단의 경계를 만들어낸 진지전과 고지전의 현장으로, 철의 삼각지라고 불려왔다. 이 지역은 휴전 후 접경지역이 되어 한동안 접근이 제한된 냉전 공간이었다. 철원의 대마리로부터 평강의 정연리를 거쳐 김화의 생창리까지 이어지는 과거 금강산 전철 연선구역은 1960년대부터 1970년대에 거쳐 전쟁의 폐허를 딛고 새롭게 출발한 전략촌들이 자리잡은 재생의 공간이기도 하다. 이곳에서 생산되는 오대 쌀, 1990년대부터 각광받기 시작한 두루미등은 이곳의 생태적 환경의 가치를 일깨웠고, 독특한 경관들은 안보관광으로부터 평화관광으로의 전환의 토대가 되었다. 정연리와 주변 한탄강 일대에서 자주 발생하는 침수사태는 과거의 냉전 프레임의 부적절성과 현재 우리가 겪고 있는 지구적 기후환경의 위기에 대한 대응의 시급성을 동시에 알려주고 있다.

이런 맥락에서 정연리는 이런 생태적 위기를 넘어 지속가능한 마을로 발전하고, 북에 있는 평강의 이웃마을들이나 김화, 금성, 창도 등 그리운 이름의 마을들과도 소통하며, 다시 금강산으로 가는 관광객들이 정연리에 들르는 기회가 오기를 희망하는 꿈을 키우는 장소가 되어야 한다. 나는

---

13) 구체적인 사례로, (기자의 눈) 금강산 전철 개통 100주년에 부쳐, 철원신문, 2024.7.16.

정연리가 과거의 철의 삼각지라는 명칭을 떨치고 미래의 평화 삼각지라는 명칭을 갖게 되기를 소망한다. 오늘의 세미나가 그런 꿈들이 구체적으로 실현될 수 있는 계기가 오는데 조금이나마 기여할 수 있기를 바란다.

참고문헌

강인화, 2020, 1960-70년대 접경지역 전략촌의 형성과 냉전경관 - 강원도 철원지역 '재건촌'을 중심으로, 『사회와역사』 125, pp.7-43.

국립수목원·녹색연합, 2018, 『평화와 생명의 DMZ』, 산림청.

권홍진 외, 2021, 『한탄강 세계지질공원으로 떠나는 여행 : 유네스코가 인증한 한탄강 지질명소 톺아보기』, 서울 : 동아시아.

김기석·서보혁·송영훈 편, 2018, 『금강산관광: 돌아보고 내다봄』, 진인진

김백영, 2020, 금강산의 식민지 근대—1930년대 금강산 탐승 경로와 장소성 변화, 『역사비평』, 131, pp.382-414.

김영광·정근식, 2020, 「영농중심형 재건촌의 형성과 생태마을로의 전환: 철원 양지리 연구」, 『사회와 역사』 125. pp.83-126.

김영규 편, 2017, 『철원군과 김화군의 사라진 근현대사(조선중앙수리조합 사업계획서)』, 철원문화원.

김영규, 2018, 『38선과 휴전선 사이에서: 철원 주민 20인의 구술사』, 진인진.

김영규, 2018, 『갈말 & 갈말사람들』, 철원군 갈말읍사무소.

김영규, 2019, 『철원 민북마을 사람들』, 철원군.

김종구, 1987, 『금성전투』, 서울 : 국방부 전사편찬위원회.

김지나, 2018, 사회생태적 회복탄력성의 관점을 통해 본 DMZ 접경지역의 커뮤니티 기반 관광, 『국토연구』, 98, pp.113-133.

김지나, 2019, 『DMZ 접경지역의 진정성 재구성 과정 : 지역 자원 활용 공간을 중심으로』, 서울대학교 대학원 박사하위논문.

김지나·조경진, 2019, DMZ 접경지역 평화관광을 통한 지역 자원 활용의 특성 변화: 철원을 중심으로, 『한국도시지리학회지』, 22(3), pp.97-117.

김지영, 2019, 일제시기 철도여행 안내서와 일본인 여행기속 금강산 관광공간 형성과정, 『대한지리학회지』 54-1, pp,89-110.

김풍기·홍성구, 2022, 일제강점기 일간지 시대의 개막과 금강산 - 1920년대 〈동아일보〉, 〈조선일보〉를 중심으로, 『동아시아고대학』, 68, p.523-555.

박무형, 1994, 전쟁역사의 현장 1-3:잃어버린 땅, 일어서는 땅 철의 삼각지대 철원평야, 『북한』, Vol.270-272.

박윤식, 2011, 155마일 휴전선 따라 6 : 철새가 군무 펼치는 철의삼각지 '철원', 『통일한국』, Vol.332, p.54.

박은순, 2005, 『금강산 일만이천봉』, 보림출판사.

박한솔, 2022, 『DMZ 민북마을 경관의 형성과 특성』, 서울대학교 대학원 박사학위논문.

박한솔·윤승용, 2020, 살아있는 유산으로서 DMZ 접경지역 민북마을의 특성에 관한 연구 - 철원군 이길리와 유곡리를 중심으로, 『한국도시설계학회지』 제21권 제6호, 89-104.

서영애·박한솔, 2019, 금강산전기철도에 의한 철원지역 근대 경관과 흔적, 『한국경관학회지』, 11(2), pp.34-49.

서재철, 2015, 『지구상의 마지막 비무장지대를 걷다 : 민간인 최초, DMZ 248km 탐사의 기록』, 서울 : Humanist.

손용석, 2024, 일제강점기 금강산 관리와 개발의 역학: 1930년 금강산 보승에 관한 타합회를 중심으로, 『사학연구』, 153, pp.349-384.

신성희, 2016, '자연'의 생산과 근대적 '관광'의 형성 - 일제시대 금강산, 전기철도, 온천, 『문화역사지리』, 28(2), pp.81-100.

신원정·김종연, 2021, 철원군 이길리 습지의 지형 특성, 『한국지리학회지』 10권 3

호 371-389.

심영옥, 2022, 겸재 정선의 〈단발령망금강〉의 미적 가치 고찰, 『동양예술』, 54, pp.25-52.

오타니 마사키(大谷眞樹), 2020, 일본통치기 조선의 수력개발사업전개, 『공간과 사회지리사상』 23, 69-92.

우승하 외, 2014, 『두루미가 자는 마을 이길리: 강원도 철원군 동송읍 이길리 민북 마을 민속지』, 국립민속박물관.

유진석, 2011, 〈핵억지 형성기 최초의 전쟁으로서 6·25전쟁과 미국의 핵전략〉, 『한국과 국제정치』 제27권2호 통권 73호, 경남대 극동문제연구소.

이경화, 2023, 이재의와 최헌수의 '금강산도첩': 정선의 회화적 유산과 그 계승의 한 양상, 『미술사와 시각문화』, Vol.31, p.168.

이광규·이수동, 2020, 민간인통제구역 내 토지이용변화와 두루미류 서식영향분 석 및 보호지역 적용방안 - 철원군 이길리 일대를 대상으로, 『한국환경생 태학회 학술발표논문집』.

이기환, 1999, 『분단의 섬-민통선』, 책문.

이병찬 외, 2015, 『접경지역 한탄강 인문자원 보고서』, 행정자치부.

이부용, 2021, 금강산전기철도의 자연재해와 극복 과정, 『강원문화연구』, 44, p.135-157.

이연섭, 2006, 『한탄강 : 역사와 예술혼, 생명을 품은 큰여울의 강』, 서울 : 고래실.

이우신·임신재·허위행·최창용, 2004, 비무장지대 인접지역에서 서식지 유형과 야 생 조류 및 포유류의 종 구성 비교, 『한국산림과학회지』, 93(3), pp.181-187.

이철우, 2004, 『한탄강에 서면 통일이 보인다』 [전자책], 서울 : 새움.

장혜진, 2021, 일제강점기 금강산전기철도주식회사 설립과 금강산개발 실태 - 『금강산전기철도주식회사20년사』를 중심으로, 『강원문화연구』, Vol.44, p.159-178.

정근식, 2018, 「냉전·분단 경관과 평화: 군사분계선 표지판과 철책을 중심으로」, 『황해문화』 100, pp.150-179.

정근식·공민우, 2020, 「통일촌 유곡리의 조성과 공동체 형성의 난점들」, 『지방사와 지방문화』59-1. 역사문화학회. pp.7-48.

정근식·김하정·이재용, 2020, 「재건촌 생창리의 형성과 생태평화공원의 사회경제적 효과」, 『사회과학연구』 59-1. 강원대, pp.3-41.

정근식·이원규, 2020, 「전략촌 대마리의 형성과 향군촌 정체성의 변화: 평화함축적 상징의 수용을 중심으로」, 『통일과 평화』 12-1. pp.125-178.

정승진, 2019, 1922년 중앙수리조합(中央水利組合)의 설립과 철원 지역사회의 변동, 『사림』 제67호. 257-293.

정안기, 2022, 일정기 「금강산전기철도(주)」의 경영사 연구, 『경영사연구』, Vol.102, p.27-59.

정춘근 외, 2017, 『정연리 역사이야기』. 정연리역사편집위원회.

철원군 안전건설과, 2017, 『한탄강은 흘러야 한다 : 한탄강댐 백지화운동백서』.

철원문화원 편, 2004. 『한탄강 사랑』, 철원군 : 철원문화원.

한모니까, 2008, 「유엔군사령부의 '수복지구'점령정책과 행정권 이양(1950-54)」, 『역사비평』, 85, pp.360-395.

한모니까, 2020, 1950년대~1960년대 민간인통제선(CCL)의 변화와 '민북(民北) 마을'의 형성, 『북한연구학회보』, 24(1), pp.59-92.

Jung Keun-Sik, 2017, On the Ruins: Forgetting and Awakening Korean War Memories at Cheorwon, *Development and Society*, Vol.46. No.3, 523-555.

Jung Keun-Sik, 2019, The Militarization of the Border Area and the Cold War

Landscape: the Possibilities and Limitations of its Peaceful Use, *Journal of Asian Sociology* 48-3, 287-319.

山崎勝治, 1939, 『금강산전기철도주식회사 20년사』, 금강산전기철도주식회사.

朝鮮鐵道協會, 1937, 『金剛山電鐵の最近業績』.

조선총독부 철도국, 1940. 『朝鮮鐵道四十年略史』.

中川湊, 1923, 『江原道昌道重晶石鑛山』, 京城 : 中川昌道鑛山鑛業所.

금강산전철 개통 100주년의 의미

송영훈

강원대 교수

---

1. 돌아보고 내다봄

금강산 전기철도에 대한 논의들은 '돌아봄'의 관점에 기반을 두었음

- 금강산 탐승에 대한 민족적 감수성
- 금강산관광산업에대한일제기업의사업적이해
- 금강산 전기철도로 인한 지역사회의 변화
- 분단과 전쟁으로 인한 금강산 가던 철길의 폐선
- 금강산철길을언제어떻게복원할수있을것인가?

금강산 전기철도의 역사를 어떤 미래로 만들어 갈 것인가?

- 지역사회에서 평화관광 또는 안보관광의 차원에서 복원사업을 추진
- '희망고문'이 아닌 지속가능하고 국가적, 국제적 관심을 높일 수 있는 '내다봄'의 프레임 발굴 필요

2. 금강산 '탐승' 감수성

금강산 전기철도 개통(1924.8) 이전 금강산 관광은 호사가의 사치?

조선총독부의 금강산 관광 진흥정책도 있었다지만, 당시 벼 두 가마니에 해당하는 철도이용료를 내고도 일반 대중들이 금강산 관광에 나선 이유는?

1998년 11월부터 2008년 7월까지 약 200만 명이 금강산관광사업을 통해 금강산을 탐승하였음

현재 경색된 남북관계 속에서도 국민들의 다수는 금강산관광사업의 재개를 원하고 있음 (서울대학교 통일평화연구원, 2023 통일의식조사)

		①매우 찬성	②다소 찬성	③반반/보통이다	④다소 반대	⑤매우 반대	①+②	④+⑤	계
	사례수	%	%	%	%	%	%	%	%
■전 체■	(1200)	13.3	37.2	27.7	16.8	5.0	50.5	21.8	100.0
성별 남자	(610)	13.8	36.1	28.9	16.7	4.6	49.8	21.3	100.0
여자	(590)	12.9	38.3	26.4	16.9	5.4	51.2	22.4	100.0

총독부의 경제적 자립을 위한 정책의 일환으로 관광정책의 활용되었음

조선의 문인들이 동원되기도 하였지만, 이들의 작품들이 금강산 전기

철도에 의해 높아진 금강산에 대한 접근성은 대중의 금강산 탐승의 수요를 더욱 높였음

최남선 〈금강예찬〉 (1928)　　　　　이광수 〈금강산 유기〉 (1924)

3. 금강산 전기철도와 일제 기업의 이해

금강산전기철도(주) 설립 및 경영

- 1919년 12월 16일 공정자본금 500만원, 납입자본금 50만원으로 창립
- 1928년부터 1941년까지 매년 60만원 이상의 총이익을 남김
- 여객 운수량 : 68,011명(1924) → 837,182명(1940)
- 화물 운수량 : 12,393톤(1924) → 197,656톤(1940)

금강산전기철도 운영의 핵심, 수력발전

- 전등공급량 : 2,085kw(1924) → 10,339kw(1940)
- 전력공급량 : 1928년부터 1941년까지 매년 60만원 이상의 총이익을 남김
- 총수익 : 282,325원(1924) → 1,773,695원(1940)

유역변경식 수력발전으로 인한 원활한 전력공급이 금강전전기철도 운영의 기반

4. 자연재해와 극복의 역사

관동대지진(1923)으로 인한 철도 설치의 지연

- 전동발전기의 손실과 그로 인한 발송지연
- 증기기관차로 8월 개통, 10월 말에 전동발전기 도착

집중호우로 인한 피해와 복구

- 1925.7 대홍수 → 열차 운전·전기·통신 불능, 송전탑 전도, 교각 추락, 경성의 암흑도시화
- 1929.7 호우 → 발전소 수조 부근 산악 붕괴, 발전소 침수, 송전량 감소와 전기수입 감소
- 1930.7 호우 → 판유리·중대리발전소 침수, 송전량 감소, 금강구역 선로훼손, 대체 증기열차 투입

- 1933.7/8호우 → 선로붕괴, 열차운전불능, 철도사업큰지장초래
- 1936.8/9 폭풍우 → 말휘리-내금강 선로 붕괴, 열차운전 불능, 신일리 발전소 수해

기후 및 지형 정보에 대한 축적으로 피해를 복구하고, 새롭게 시설을 구축할 때 같은 피해가 반복되지 않도록 노력하게 되었음

2차 세계대전으로 폐선
- 1944년 10월 1일, 전시공출명령에 의해 창도-내금강 간 49km 선로 철거, 폐선

한국전쟁으로 인해 전 구간 폐선
자연재해보다 정치적, 사회적 요인에 의한 복합재난의 상흔

5. 복원과 되돌아봄 : 시간의 공존성

DMZ 생태평화공원

- 생태의보고
- 전쟁의상흔
- 일제강점의 역사
- 시간이 공존하는 공간

복원의 의미

- 무엇을 복원할 것인가?
- 복원의 시점은 언제인가?

5. 복원과 되돌아봄 : 이중성

- 복원 vs. 철거
- 중앙 vs. 지방
- 갈등 vs. 협력

6. 내다봄의 프레임

이분법적 갈등-협력의 프레임은 극복할 수 없는가?

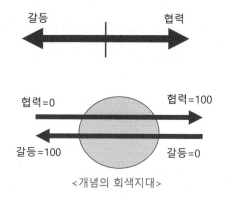

<개념의 회색지대>

- 국제적 문제에 대해서 유연하게 대처하면서도 남북관계는 정책
  결정자의 신념에 의해 결정되는 경향이 있음
  정책결정자의 신념이 오판의 근거가 될 수도 있음
  Group Think의 장점과 단점 모두 경계해야함

- 갈등과 협력의 이중구조 : 결국 현실은 회색지대 어디에 자리하고
  있을 것임
  장님 코끼리 만지기의 오류를 범할 것인가?
  오케스트라를 지휘할 것인가?

적과의 동침은 불가능한가?

대북 전단지 살포

북한의 오물풍선 살포

또 다시 금강산관광사업 중단의 경험을 반복할 수 없다.

- 중앙정부의 정책적 결정에 의한 사업 추진
- 사업활성화를위한다양한정책추진
- 지역사회의 석극석 참여 장려
- 중앙정부의 정책적 결정에 의한 사업 중단
- 지역 주민과 지역사회의 피해에 무관심
- 파산, 가족해체 등으로 인한 고통은 대체 불가

희망고문이 아닌 지속가능한 지역발전을 위한 프레임 발굴

- 무엇을 어떻게 복원할 것인가?
- 정치적 대립 속에서도 지속가능한 지역발전을 위한 비전과 전략이 있는가?
- 중앙정부, 지방정부, 지역사회의 지속적 협의는 가능한가?

공간과 시간을 복원하는 것은 무엇을 어떻게 미래에도 기억할 것인가와 연결됨

금강산 전기철도 100년의 역사도 앞으로 사람들의 기억 속에 존재할 것임

- 지역 차원에서, 국가적 차원에서, 국제적 차원에서 무슨 메시지를 던질 것인가?
- 지역이 추구하는 가치와 전략은 다른 지역에서 얼마나 공감할 수 있는 것인가?

더 많은 곳에서 더 많은 이들이 오늘의 논의를 공감할 수 있기를 바랍니다!

태봉학회 학술 활동

김영규

태봉학회 사무국장

■ 2024년 태봉학술회의 개최

2024년 학술회의 참가자 단체 사진

조인성 회장 개회사 겸 기조 발제

태봉학술회의는 해마다 10월 전후 하반기에 개최해왔으나 올해는 학술회의 주제가 '태봉역사문화권 설정 추진 연구'여서 일반인들에게 가능하면 빨리 널리 알려야 할 사안이기에 상반기인 6월 28일(금) 오전 11시 20분 철원군청 4층 대회의실에서 많은 철원군민이 참석한 가운데 성황리에 진행되었다. 개회식에서는 조인성 태봉학회 회장이 '태봉역사문화권 설정의 당위성과 의의'라는 제목으로 개회사 겸 기조 발제를 했고, 박경우 철원부군수, 박기준 철원군의회 의장, 문익기 강원일보 이사가 인사말을 했다. 오후에 진행된 주제발표는 '철원지역의 태봉 고고학' 심재연 한림대 한림고고학연구소 학술연구교수, '철원지역의 태봉 불교미술사' 정성권 단국대 자유교양대 연구교수, '후백제역사문화권 설정 추진 경과와 과제' 진정환 국립익산박물관 학예연구실장, '예맥역사문화권 설정과 과제' 김규운 강원대 사학과 교수, '태봉역사문화권 설정과 철원 발전' 김영규 철원역사문화연구소장 순으로 진행되었다. 주제발표에 대한 토론자로는 이재범 전 경기대 사학과 교수, 최종모 강원문화재연구소장, 홍성익 강원특별자치도 문화재위원이 참가했고, 종합토론 좌장은 유재춘 강원대 사학과 교수가 맡았다.

■ 태봉학회 총서5『태봉의 문화유산』발간

태봉학회는 해마다 학술연구총서를 발간해 2022년까지 4권 발간하였고, 2023년 태봉학회 총서5는 태봉의 문화유산을 다루었다. 태봉학회에서는 2021년 학술회의에서 철원의 문화유산을 다루었고, 2022년

태봉학회 총서5 표지

학술회의에서는 국방 관련 유적을 검토하였는데 이 두 학술회의에서 발

표된 글들을 모아 총서 제5권을 내었다. 제1부 불교문화유산편에는 「태봉의 불교 조각 – 새로운 도산의 수용과 다양한 양식의 전개」(최성은), 「태봉의 불교조각과 철원 동송읍 마애불」(정성권), 「泰封시기 星宿신앙 연구」(조성금), 「철원 도피안사 삼층석탑의 미술사적 검토」(오호석), 「왕건 사저와 봉선사」(심재연) 등 5편의 논문이 실렸고, 제2부 관방유적편에는 「철원의 관방유적」(이재), 「철원 한탄강변 성곽 유적의 성격 연구」(유재춘), 「철원지역 성곽의 특징과 성격」(권순진), 「태봉국 철원도성의 남쪽 방어체계 연구」(김호준) 등 4편의 논문이 실렸으며, 제3부 자료에 철원도성 신자료 소개 – 「朝鮮城址實測圖」의 '楓川原都城址'(조인성)와 부록으로 2023년 태봉학회 학술 활동 및 철원군 역사문화 소식을 실었다.

■ 철원군민 인문학 강좌 개설

| 2024년 인문학 강좌 진행 장면 | 인문학 강좌 참가자 현장 탐방 |

2024년 태봉학회 철원군민 인문학 강좌는 〈접경지역 DMZ 인문학 연합〉과 공동으로 금강산전기철도 개통 100주년 기념으로 금강산 가던 옛 길 인문학적 복원 관련하여 2024년 8월 1일 철원군 민북마을 정연리 마을

회관에서 진행하였다. 제1강 '금강산전철과 정연리 - 평화의 삼각지를 꿈꾸며'(정근식 서울대 명예교수), 제2강 '전통 시대 금강산 유람문화'(이상균 강릉원주대 교수), 제3강 '조선 시대 금강산 가는 길'(권혁진 강원한문고전연구소장), 제4강 '일제강점기 금강산전기철도 건설과 금강산 개발'(이부용 강원대 연구교수), 제5강 '금강산전철 개통 100주년의 의미'(송영훈 강원대 교수) 순으로 진행되었다.

■ 역사 전공 대학생 철원 답사

| 소이산 전망대에서 북녘땅 바라보기 | 승일교에서 참가자 단체 사진 |

2024년 3월 21일 강릉원주대학교 사학과 학생 80여 명이 노동당사, 철원역사문화공원, 근대문화거리, 소이산 전망대, 송대소 한탄강주상절리, 승일교 등지를 답사하였다.